予備知識なしで読める
ビジネス会話がわかるようになる

ビジネスのための
経済学・経営学

高校・大学・社会人
連携教材

吉田雅彦 著

鉱脈社

目　次

序 章　本書のねらい
―― 学ぶべき理由 ―― ────────────── 13

1. 本書のねらい ―― 学ぶべき理由 ―― ………………… 13
2. ビジネス、経済学、経営学 ………………………………… 15
3. 本書の構成 ……………………………………………………… 17
4. 各部・各章の内容 …………………………………………… 18

第1部　ミクロ経済学 I
―― 市場メカニズムの理論 ―― ──────── 21

第1章　需要と供給 ──────────────── 25

1. 需要と需要曲線 …………………………………………… 26
   - 1−1. 需要 ……………………………………………………… 26
   - 1−2. 需要曲線 ………………………………………………… 27
   - 1−3. 需要曲線の足し算 ……………………………………… 27
   - 1−4. 支出額 …………………………………………………… 29

2. 供給と供給曲線 …………………………………………… 32
   - 2−1. 供給 ……………………………………………………… 32
   - 2−2. 供給曲線 ………………………………………………… 35

3. 需要と供給、収入 ………………………………………… 36
   - 3−1. 需要と供給 ……………………………………………… 36
   - 3−2. 豊作・不作と農家の収入 …………………………… 43

4. 弾力性 ………………………………………………………… 46
   - 4−1. 需要の価格弾力性 ……………………………………… 47
   - 4−2. 供給の価格弾力性 ……………………………………… 50
   - 4−3. 弾力的・非弾力的 ……………………………………… 51
   - 4−4. 豊作貧乏 ―― 経済学の思考法の例として ―― …… 53
   - 4−5. 価格差別（経済学）とダイナミックプライシング（経営学）…… 58

5. 内生変数と外生変数 ……………………………………………………… 62

6. 価値と限界効用 …………………………………………………………… 65
　6-1. 限界 —— 経済学では微分のこと —— ………………………… 65
　6-2. 価値、効用 ………………………………………………………… 68
　6-3. 限界効用 …………………………………………………………… 69

第2章　収益モデル、費用、供給 ——————— 76

1. 収益モデル —— 経営学の理論 —— ……………………………… 76

2. 費用、供給 ………………………………………………………………… 78
　2-1. 総費用、変動費、平均費用 ……………………………………… 78
　2-2. 限界費用 …………………………………………………………… 79
　2-3. 供給曲線と限界費用 ……………………………………………… 81

第3章　市　場 ——————————————— 84

1. 市場メカニズム ………………………………………………………… 85

2. 石油危機と省エネルギー
　　—— 経済学の思考法の例として —— …………………………… 86

3. 余剰分析 …………………………………………………………………… 89
　3-1. 余剰 ………………………………………………………………… 89
　3-2. 消費税 —— 経済学の思考法の例として —— ………………… 95

4. 完全競争 …………………………………………………………………… 98

5. 市場の失敗 ……………………………………………………………… 103
　5-1. 市場の失敗 ……………………………………………………… 103
　5-2. 外部効果 ………………………………………………………… 103
　5-3. 公共財とフリーライダー ……………………………………… 104
　5-4. 不確実性とリスク ……………………………………………… 105
　5-5. 収穫逓増 ………………………………………………………… 106

第2部　ミクロ経済学Ⅱ
　── ゲーム理論、情報の経済学 ── と行動経済学 ── 111

第4章　ゲーム理論 ──────────── 113

1. 囚人のジレンマ ……………………………………… 114

2. 立地ゲーム …………………………………………… 116

3. 時間を通じたゲーム ──ツリー図── ………………… 117

4. 繰り返しゲーム ……………………………………… 120

第5章　情報の経済学 ──────────── 122

1. 保険 …………………………………………………… 122

2. エージェンシー理論 ………………………………… 123

3. モラルハザード ……………………………………… 124

4. 逆選択（reverse selection）とシグナル ………………… 125

第6章　行動経済学 ──────────── 127

1. 行動経済学の成り立ち ……………………………… 127
　　1−1. 経済人の仮説と人間の意思決定 ………………………… 128
　　1−2. 人間の2つの認知システムとヒューリスティック ……… 129

2. 人が誤った意思決定をしがちなことを説明する理論 … 129

3. ナッジ ………………………………………………… 134

4. マーケティングへの応用 …………………………… 135

第3部　経済事情とマクロ経済学 ——————— 139

第7章　人類の発祥から1945年までの経済事情 ——— 141

1. 人類の発祥と経済活動 …………………………………………… 141
1–1. 古代の経済活動 ……………………………………………… 142
1–2. 中世、近世の商品経済 — 12世紀半ば〜 1882年 — …… 143

2. 15世紀〜 1945年 ……………………………………………… 145
2–1. 大航海時代、近代資本主義 — 15 〜 20世紀前半 — ……… 145
2–2. 1867年〜　日本の近代化 ………………………………… 148
2–3. 19世紀末〜　金本位制 …………………………………… 150
2–4. 1920年代　ドイツのインフレ …………………………… 150
2–5. 1930年代の世界的な景気悪化 …………………………… 153
2–6. 1930年代〜 1945年　2つの経済政策の同時存在と第二次世界大戦 …… 156

第8章　マクロ経済学 ——————————————————— 160

1. マクロ経済学は国内経済をどう理解しているか ……… 161
1–1. マクロ経済学の基本用語 ………………………………… 161
1–2. 家計、企業、政府 ………………………………………… 163

2. マクロ経済政策 ……………………………………………… 164
2–1. 財政政策 …………………………………………………… 165
2–2. 伝統的金融政策 …………………………………………… 166
2–3. 株価 ………………………………………………………… 169
2–4. 円高・円安と日本の企業と雇用 ………………………… 171

3. GDP ……………………………………………………………… 173
3–1. GDP ………………………………………………………… 173
3–2. 経済成長率の予測 ………………………………………… 174
3–3. 日本の経済指標 — 日銀短観、景気動向指数、COVID-19 — ……… 176
3–4. 1974年〜　日本の経済指標 ……………………………… 178
3–5. 1970年代　2度の石油危機 ……………………………… 179
3–6. 世界の経済成長率予測 — 2020年からのCOVID-19による景気悪化 — ………… 179

4. 乗数効果、有効需要 ………………………………………… 183
4–1. 乗数効果 …………………………………………………… 183
4–2. 有効需要 …………………………………………………… 186

第4部 1945年～現在の経済事情 と国際経済学 ———————————— 191

第9章 1945年～1991年の経済事情 ———————————— 192

1. 1945～1991年 第二次世界大戦後、独立戦争、冷戦 ·············· 192
1−1. 1945年の日本の敗戦と東アジア諸国の独立 ····························· 192
1−2. 1947～1991年 冷戦 ··· 193
1−3. 1945年、1973年の自由経済国の通貨制度 ···························· 197

2. 1948年からの通商ルールと1950～1991年の貿易摩擦 ········ 199
2−1. 1948年からの自由経済国の通商ルール・ＧＡＴＴ ···················· 199
2−2. 1950～1980年代の貿易摩擦 ··· 201
2−3. 1991年、社会主義が滅び、グローバル化へ ·························· 203

第10章 1991年～、グローバル化後の経済事情 ———————— 208

1. 1991年代～ グローバル化の効果と副作用 ·················· 209
1−1. グローバル化の効果と副作用（マージナライゼーション） ··········· 209
1−2. 1997年 日本政府の経済協力の考え方 ······························· 212
1−3. 生産性と収入 —— 国の格差から個人の格差へ —— ·················· 212

2. 1995年ＷＴＯ設立 —— 通商ルールと貿易摩擦 —— ········ 216
2−1. 1995年ＷＴＯ設立、旧社会主義国の参加 ···························· 216
2−2. 1995年 日米自動車交渉 ··· 217
2−3. 2018年～ 米中貿易摩擦 ··· 219

3. 2000～2012年 ··· 221
3−1. 2001年～ 経済連携協定が盛んに ······································ 221
3−2. 2000年～ シリコンバレーの成功 ······································ 224
3−3. 2009～2011年 民主党政権のマクロ経済政策 ······················ 225

4. 2012～2024年 ··· 227
4−1. 2012年～ 自由民主党政権のマクロ経済政策 ······················· 227
4−2. 2013年～ 量的緩和 —— 新しい金融政策 —— ······················· 228
4−3. 電子マネー、2017年～ 暗号資産の規制 ····························· 230
4−4. 2020～2023年 新型コロナ感染症 ···································· 231
4−5. 2021年～ 米欧中央銀行の利上げと円安 ····························· 234

5. 19世紀から現在まで　長期の経済事情の振り返り ………… 234
　　5−1. 19世紀から現在までの世界経済 ………… 234
　　5−2. 1945年〜　第二次世界大戦後の日本の景気 ………… 236

第11章　有名人の人生と経済事情 ——— 241

1. 1939年生まれ　コシノジュンコさん ………… 241

2. 1939年生まれ　天坊昭彦さん ………… 246

3. 1929年生まれ　モフタル・リアディさん ………… 252

第12章　国際経済の仕組みと国際経済学 ——— 259

1. 為替 ………… 259
　　1−1. 外国為替市場 ………… 259
　　1−2. 為替レートの種類 ………… 263
　　1−3. 為替レートが経済・経営に与える影響 ………… 264

2. 世界規模の市場と先物市場 ………… 266

3. 国際収支 ………… 270

4. 比較優位理論 ………… 273

第5部　経営学 ——— 277

第13章　企業とは
——経営学を知れば企業がわかる—— ——— 279

1. マネジメント ………… 279

2. 経営学の構造 ………… 281

3. 仕事の流れと経営学 ………… 282

4. 将来が読めるとき／読めないときの経営理論 ………… 282

第14章　顧客は誰か ————————— 287

1. 顧客は誰か —— 使用者、意思決定者、支払者 —— ················ 287

2. ＳＴＰマーケティング、マーケティング・ミックス ················ 288

3. 製品ライフサイクル理論 ·· 291

第15章　顧客にとっての価値 ————————— 295

1. 顧客にとっての価値 ·· 296
- 1−1. 価値、効用 ·· 296
- 1−2. 使用価値、交換価値、知覚価値 ································ 296
- 1−3. プロダクト三層モデル ·· 298
- 1−4. BtoB ビジネスの顧客にとっての価値 ······················ 299
- 1−5. ポジショニング（位置取り） ···································· 300

2. 多角化戦略 ·· 301

3. オープンイノベーション理論 ···································· 304

第16章　事業遂行能力 ————————— 308

1. 事業遂行能力（ケイパビリティ） ···························· 308
- 1−1. 事業遂行能力（ケイパビリティ） ····························· 308
- 1−2. バリューチェーン理論 ·· 310
- 1−3. タイムベース戦略理論 ·· 311

2. 事業遂行能力は経営資源とオペレーションの組み合わせ ··· 313

3. 人材の能力、モチベーション ···································· 314
- 3−1. 人的資源マネジメント ·· 314
- 3−2. キャリア形成理論 ·· 315
- 3−3. リーダーシップ理論 ··· 318
- 3−4. ボスマネジメント ·· 321

4. プロジェクトマネジメント ·· 322

第17章　利益を得る —————————— 328

1. 収益モデル ———————————————— 328
1-1. 収益モデルの基本 ———————————— 328
1-2. 売上げの増やし方の基本 ——————————— 329
1-3. 収益モデルの進化 ———————————— 331

2. 会計 ———————————————————— 334
2-1. ビジネスの資金問題 —— 資金不足、赤字、黒字倒産 —— 334
2-2. 会計の目的 —— 財務会計、税務会計、管理会計 —— 335
2-3. 経理担当でなくても必要な会計知識 —— P/L、B/S、CF —— 336

第18章　企業戦略 —————————————— 341

1. 全社ベースの企業理念、経営計画 ——————— 341

2. パーパス、企業戦略と事業戦略 ——————— 342

3. 組織 ———————————————————— 344
3-1. 組織 ——————————————————— 344
3-2. 信頼の理論 ——————————————— 346
3-3. ＳＥＣＩモデル・組織的知識創造の基本理論 ——— 347
3-4. 職場での応用例 ————————————— 350
3-5. センスメイキング理論 ———————————— 351
3-6. ＢＴＦ理論 —————————————— 354

第6部　国際情勢 ————————————————— 359

第19章　国際情勢 —————————————— 360

1. 世界の宗教 ——————————————— 361
1-1. 世界の宗教 —————————————— 361
1-2. キリスト教 —————————————— 362
1-3. イスラム教 —————————————— 362
1-4. その他の宗教 ————————————— 363

2. 1941年以降の戦争・内戦・内乱 ——————— 365

2-1. 第二次世界大戦 ……………………………… 365

2-2. インドネシア、ベトナム独立戦争 ……………… 367

2-3. 中国内戦 ……………………………………… 367

2-4. 朝鮮戦争 ……………………………………… 368

2-5. 冷戦 …………………………………………… 368

2-6. ベトナム戦争 ………………………………… 369

2-7. 中国（共産党）の戦い ……………………… 369

2-8. イスラム原理主義 …………………………… 370

2-9. アフリカの内戦 ……………………………… 370

3. 世界各国の政治体制 …………………………… 372

4. 世界各国のカントリーリスク …………………… 373

図表等目次一覧 …………………………………………… 377

参考文献 …………………………………………………… 392

索　引 ……………………………………………………… 397

謝　　辞 …………………………………………………… 404

ビジネスのための経済学・経営学

── 予備知識なしで読める。ビジネス会話がわかるようになる ──

序 章　本書のねらい
─学ぶべき理由─

1. 本書のねらい ── 学ぶべき理由 ──

　本書は、学生や若い社会人が、ビジネス会話がわかる力を漏れなく最小労力で得ることを目標にしている。具体的には、ＮＨＫのビジネスニュース（Webで配信）がわかるレベルを目標にしている。ビジネスに最も必要な知識は経営学であるが、例えば、「米国の銀行の倒産が自社のビジネスにどう影響するだろうか？」といった問いには、経営学ではなくて経済学の知識が必要になる。

　若い人が本書の内容を学ぶべき理由は、経済学・経営学を知らないで社会人になるのは、英語を知らずに外国に行くのと同じだからである。大学３年生になれば就職活動で企業面接が始まる。社会人になれば、ビジネス会話がわからないと困ってしまう。大学生なり、新社会人なりにビジネス会話がわかる力が必要である。ビジネス会話がわかる力があれば、就職活動も、新社会人としての仕事も、採用担当者や、上司・先輩とコミュニケーションをとって、自分が思い描いたようにキャリアを形成していくことができる。

　今の時代に、特に、本書の内容を学ぶべき理由がある。今の学生の保護者の世代が就職した2000年以前の大企業は大学での教育に期待せず、何も知らない大学生を採用してゼロから教育するという気持ちでいた。したがって、学生は、大学でビジネスについて学ばなくても問題はなかった。

　しかし、2000年以降、先進国で伝統的な大企業のビジネスモデルが崩れ、転職する人が増え、企業側に新社会人をじっくり育てる余裕がなくなった。2010年代から、新入社員が３年経過したときに「仕事ができる・できない」という評価を行う会社がほとんどとなった[1]。「入社前にビジネス・経済をわかっている人と、そうでない人では、入社後３年間の仕事力の付き方・伸び方が違う」という企業の採用・研修部門からの指摘がある[2]。今のビジネス環境は、2000年以前とは大きく様変わりして、若い社会人に対して余裕がなく、冷たくなってしまった。大人の助言を聴くことは良いことだが、キャリア形成に関しては、若い人が保護者や年配者から助言を受けるとき、"今も通じる話なのか"選別する必要がある。

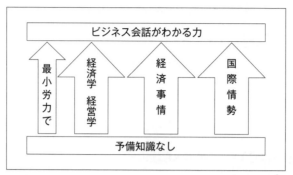

[図1] 学生や若い社会人が、ビジネス会話がわかる力を漏れなく最小労力で得る

　著者は、2017年から、宮崎大学、実践女子大学でのゼミや授業で、ビジネス会話がわかる力がつくように学生を指導してきた。学生たちは、一般的な経済学・経営学の教科書や、"就活本"を学んでも、なかなかビジネス会話がわかる力は身につかなかった。試行錯誤する中で、**図1**のように、**経済学・経営学、経済事情、国際情勢の3つの分野の知識が必要**であることがわかった。これらは、互いに関連して、ビジネス会話がわかる力を構成している。本書によって**読者が最小労力で漏れなく"ビジネス会話がわかる力"を手に入れ、社会で活躍することができる**。

　本書の前半は実践女子大学1年生の「経済学概論」で、後半は3・4年生の「国際経済論」とゼミの授業で使用して、一定レベルの学生が**予備知識なしで読んで理解できる**ことを確認している。学生からは、「経済ニュースがわかるようになった」「選挙のときに争点について考えることができた」などのうれしい声をもらっている。
　実務は経験しないとわからないので社会人にならないと学べないが、**理論は経験がなくても学んで理解できる**。頭脳が若くて時間がある学生時代にしっかりと学びたい。いずれ必要な知識なので、学生時代に学んでおかないと、社会人のスタートで出遅れることになる。社会人になって忙しい中で、勤務時間外に追いつくために学ぶことになる。
　大学生になったということは、順調なら4年以内に社会に出るということである。そろそろ、**自分が学ぶ内容が、社会に出てどんな職業で働く際に必要な知識なのか**、関係性を意識して調べておこう。どんな学部に進学したとしても、"好きな学問・勉強"と、"社会に出て必要な学問・勉強"の両方を学んでおこう。**図2**のように、大学では"好きなこと"と"社会に出て必要なこと"の両方に挑戦しよう。

出所:写真AC

[図2] 大学では"好きなこと"と"社会に出て必要なこと"の両方に挑戦しよう

2. ビジネス、経済学、経営学

　物理学と工学は近い関係にある。例えば、真空中で物体がどう動くかは、物理学で正確に予測できるので、火星に探査機を飛ばすことができる。他方、飛行機が墜落しないように設計するためには、物理学の理論を基礎にして、空気抵抗やエンジントラブルへの対応など、工学で安全運航を達成している。

　同じように、ビジネス、経済学、経営学も**図3**のように、深い理論科学から、応用科学、実務へと応用されていくという関係がある。

　社会人になってビジネスに関わるとき、直接的に必要になる知識は、経営学、ミクロ経済学、マクロ経済学、経済事情・近代の経済史である。

　例えば、学生時代に行うアルバイト、インターンシップは、"ビジネスを疑似体験する"という意識、"ビジネスで重要なチームワークを身につける"という意識で行うと力になる。しかし、学生のアルバイトは、会社が決めた作業の実行で、社会人の仕事とはまったく違う。

　大学卒の正社員の仕事は、会社経営が成り立つように企画・実践していく質の高い仕事である。**図3**の「社会に出ると必要になる知識」の枠線内のような知識が必要になる。

　非正規社員(アルバイト、パート、派遣など)**の生涯所得**(約1億円)**と、正社員の生涯所得**(約2〜3億円)**は、2〜3倍、1〜2億円違う**[3]。これは、仕事の質の差を反映している。

　経営学、経済学の知識は、**高校・大学・社会人 連携教育の根幹**で、社会人になってから最も使う知識である。

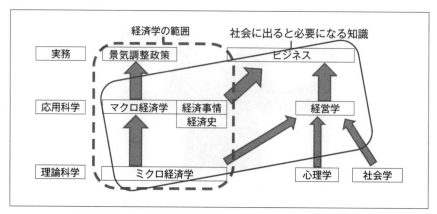

[図3] ビジネス、経営学、経済学などの関係

　経済学は、経済に関する18世紀以降の人類の知恵の蓄積で、世界中の大学で同じ内容を教えている。このため、経済学の理論は外国人とのビジネス・コミュニケーションに必要な思考法でもある。経済学は、経営学に、理論的基礎の多くを提供している。経済学の中にも、いくつかの学問領域がある。

　ミクロ経済学は、人や企業が経済的にどう行動するかを数学で考察する理論科学である。その理論は、マクロ経済学や経営学にも使われている。優れた理論にはノーベル経済学賞が贈られる。ミクロ経済学の思考法を理解しておかないと、経営学理論の約3分の1はミクロ経済学の基礎に乗っているので理解が難しい。年齢を重ねると、数学的思考法であるミクロ経済学を学ぶことが難しくなっていくので、頭が柔らかい、学生のうちにしっかり学びたい。本書は、数学に苦手意識がある人でも、学べるよう工夫している。

　マクロ経済学は、景気が良くなりすぎたり、悪くなりすぎたりして人々がとても困った経験をした経済事情の歴史から、国が景気調整をするための応用科学として発明された。中国が市場経済を採り入れ、他の社会主義国が滅びた後は、すべての国で活用され、現在も発展している。財務省や日本銀行に就職しなければ、仕事で景気調整政策を行うことはないが、どんな仕事でも経済環境の変化を解釈することは必要なので、マクロ経済学の基礎知識は必要になる。

　経営学は、ビジネスをうまく実践するための応用科学で、20世紀のはじめから始まった比較的新しい学問[4]である。その理論は、ミクロ経済学、心理学、社会学の理論を基礎にしている[5]。

　本書は、ビジネス会話がわかるようになるために、図3の経済学と経営学の基礎知識を漏れなく最小労力で学ぶことを目的としている。ミクロ経済学のような理論科学

は、暗記は必要なく理屈を理解すればよい。マクロ経済学や経営学のように実務に近い応用的な学問は、例えば、飛行機の構造を表す用語を覚えないと航空会社で働けないように、一定レベルの用語の暗記が必要である。**学問の性格によって学び方も違ってくる**。本書は、各々の学修内容ごとに学び方も紹介していく。

③．本書の構成

本書の構成は、経済学、経営学、経済事情、国際情勢から成る。
　経済学、経営学については、前節２．で概要を述べた。
　経済事情は、過去や近年の経済的なできごとをいう。**公務員試験や法科大学院試験の試験科目名**にもなっている。19世紀以降の世界的な景気悪化、生活困難、飢餓、戦争に対応するために、マクロ経済学と社会主義ができた。石油危機、リーマンショッ

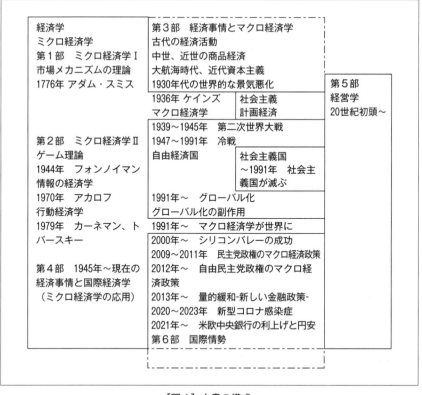

［図４］本書の構成

ク、新型コロナ感染症（COVID-19）など、**重要な経済事情は、日本、世界で連動して**いる。

　国際情勢は、グローバル化が進むビジネスや経済事情を理解するために必要な知識である。

　社会経験がないときは、**現場の話は経験がないのでわからないが、理論は理解できる**。本書は、**日本経済新聞の頻出用語（表1）**をはじめとする基本用語を、経済学・経営学、経済事情、国際情勢の3分野に**関連付けて理論的に理解**できるように解説している。その内容は、**就職活動の面接でも役に立つ**だろう。

　不易と流行という言葉がある。世の中を理解するには、本質的で変わらないもの（不易）と、その時々で変化していくもの（流行）の両方の知識が必要である。
　変化する情報は、ＮＨＫのビジネスニュース（Web配信）などから取り入れてほしい。わからない用語に出会ったら、その場ですぐに検索して調べることが最も良い勉強法である。政府のWebサイト、日本経済新聞、ＮＨＫのニュース解説、大企業や辞書Webサイトなど、**信頼できるサイト**で検索しよう。わからないことを学び続ける習慣を身につければ、5年,10年たつと大きな違いになる。
　本質的で変わらない知識は、検索してWeb解説を読んでも、すぐには理解できない深いものが多い。「すぐに役に立つものは、すぐに役に立たなくなる」という言葉もある。**不易の知識は、若い時に、本書や専門書で基本からしっかりと学んでほしい**。本書は、重要な知識はていねいに解説し、深く学ぶための推薦図書を示している。

4. 各部・各章の内容

　本書の構成は、**第1部、第2部**で、**ミクロ経済学**の伝統的な**市場メカニズムの理論**、近年発達している**ゲーム理論、情報の経済学**と、ミクロ経済学に心理学を採り入れた**行動経済学**を学ぶ。第1部第1章は、需要曲線、供給曲線、収入、弾力性、限界効用を学ぶ。第2章は、損益分岐点、費用、限界費用と供給曲線の関係を学ぶ。第3章は、市場メカニズム、余剰分析を学ぶ。第2部第4章の**ゲーム理論**は、囚人のジレンマ、立地ゲーム、時間を通じたゲーム、繰り返しゲームを学ぶ。第5章の**情報の経済学**は、保険、モラルハザード、逆淘汰、シグナルを学ぶ。第6章の**行動経済学**は、行動経済学の成り立ち、人が誤った意思決定をしがちなことを説明する理論、ナッジ（人の行動を変えるもの）、経営学のマーケティングへの応用を学ぶ。
　第3部で、**経済事情とマクロ経済学**を学ぶ。第7章は、人類発祥から1945年の第二次世界大戦終結までの経済事情を学ぶ。マクロ経済学は、近代資本主義以降の経済事情の歴史の中で必要とされて発明され、世界中に普及して人々の生活を支えている。

第8章のマクロ経済学は、マクロ経済学の基本用語、家計、企業、政府、マクロ経済政策、ＧＤＰ、乗数効果、有効需要を学ぶ。

第4部は、第9章で1991年に社会主義国が滅びるまで、第10章でグローバル化後の**経済事情**、通商ルールと貿易摩擦を学ぶ。通商ルールは、貿易の発展と貿易摩擦の歴史の中で積み上げられてきた法律学の国際法の一部である。第11章で有名人の人生によって経済事情を学ぶ。第12章でミクロ経済学の応用である**国際経済学**を学ぶ。

第5部は、**経営学**を学ぶ。経営学の知識がないとビジネスを理解することは難しい。経営学の基本的内容と、ビジネスで多用する理論を記述した。

第6部第19章は、グローバル経済を理解するため、**国際情勢**を学ぶ。**宗教、戦争、政治体制**など、現在の日本人が苦手な分野も解説している。

本書の本文を読む前に、**表1**のビジネス基礎用語（日本経済新聞の頻出用語）を確認してみよう。本書を読了した後に再確認すると、自分の理解が進んだことがわかるだろう。

[表1] 日本経済新聞の頻出用語 (主なもの)

ＡＳＥＡＮ	会社更生法	国連安全保障理事会
SDGs	株価指数	自己資本利益率 (ROE)
アジア太平洋経済協力会議 (APEC)	企業の合併・買収 (M&A)	失業率
サプライチェーン	企業決算	純利益
ジョブ型雇用	経済協力開発機構 (OECD)	政府開発援助 (ODA)
デフレ	経済成長率	先物取引
テレワーク	経済連携協定 (EPA)	日銀短観
ベンチャー企業	経常利益	非営利組織 (NPO)
ワークライフバランス	国債	米連邦準備理事会 (FRB)
為替相場	国際収支	有効求人倍率
欧州連合 (EU)	国際通貨基金 (IMF)	
会計基準	国内総生産 (GDP)	

出所：日本経済新聞[6]から著者作成

[注]
1) PHP 人材開発 https://hrd.php.co.jp/new-employee/articles/post-419.php 　(2023/8/21 取得)
2) 2023年6月27日、実践女子大学「キャリア・デザイン論」授業で、外部講師のＡ社人事担当部長の指摘。
3) プレジデント　https://president.jp/articles/-/9742 　(2024/07/11取得)
4) 加護野 , 吉村 (2021) (p.29)
5) 入山 (2019) (p.13)
6) 日本経済新聞社「経済用語 Basic72用語」　https://www.nikkei4946.com/knowledgebank/basic/index.aspx 　(2021/7/3取得)

質問コーナー

Q1　経済学、経営学を好きになるには、まずどうすればいいですか？

答え　勉強を好きになるのは、わかった時、役立つと感じた時だと思います。本書をよく読んで、よく理解してください。世の中の動きに関心を持ってください。NHK のビジネスニュース（Web 配信）を時々スマホで見てください。わかると楽しくなって、好きになると思います。

Q2　経済学を学ぶ上で心掛けた方がいいことは何ですか？

答え　人間は、何についても、気にしないと周りに情報があっても気づきません。大人として世の中に関心を持ってください。経済とは世の中の動きです。気にするだけで経済の知識は増えていきます。

Q3　これから社会に出て、経済学、経営学で学ぶ専門用語は頻繁に出てきますか？

答え　はい。企業に勤めても、行政に勤めても、病院や NPO に勤めても、経済や経営の考え方や用語から離れて仕事をすることはないです。大学で学ばないと、社会に出てから、出遅れて苦労しながら、忙しい中で勤務時間外に勉強することになります。

Q4　経済学、経営学の知識は、会社に就職してからどのような場面で活かせますか？

答え　どんな場面でも活かせます。経済学や経営学の知識がないと、職場の上司や先輩が何を言っているのかわからないと思います。

Q5　経済学を日常的に考えながら動くことはありますか？

答え　身につけば無意識にそうなります。ダンスを習った人が自然に踊れるように。世界中のビジネスパーソンは、そうです。ですから、身につけないとビジネス・コミュニケーションはできません。

　　"白い" という言葉の意味を知らない人に、"白い" を伝えることはできません。コミュニケーションは、日本語や英語だけでなくて、相手とのいろいろな共通の知識ベースがないとできないです。

　　ビジネス、経営学、経済学の知識は、人生の22, 23歳から70歳過ぎまで、これまでの人生の 3, 4倍の期間、重要な知識ベースになります。経営学、経済学の知識は、高校・大学・社会人 連携教育の根幹で、社会人になってから最も使う知識です。

Q6　経済学のニュースでオススメなものはありますか？

答え　まずは NHK のビジネスニュースを読みましょう。Web サイトに出ていて、スマホでいつでも読めます。予備知識がなくてもわかるような解説記事もあります。

第1部　ミクロ経済学 I
── 市場メカニズムの理論 ──

"標準的な**経済学**"は世界共通である。経済学の思考法を身につけることは、ビジネス会話がわかる基礎力として必要で、外国の社会人とコミュニケーションするために必要である。英語ができても、相手の思考法が理解できなければ、コミュニケーションはとれない。

経済学は、18世紀から現在までの間に試されて生き残り、洗練されてきた"経済に関する人類の知恵の集まり"である。**容易ではないが、若い時に基礎からしっかり深く学ぶ価値のある知識**である。

ミクロ経済学は、経済活動を人がどう行うかを考える学問である。ミクロ経済学は、経済現象を、人々が合理的に行動する結果として統一的に説明し、事実解明する。課題が起きるごとに、その場その場で考えるのではない。なぜなら、課題が起きるごとに、その場その場で一から考え始めるのでは、正しい事実解明にはなりにくいし、すべての人が納得する分析にはなりにくい[1]からである。

例えば、「コメの輸入を自由化するべきか」という課題に対して、「①コメの輸入を自由化したらどうなるか」は、ミクロ経済学で事実解明できる。その上で、「②コメの輸入を自由化した結果をどう受け止め、どう考えるか」は、様々な立場、意見があり得る。このように、ミクロ経済学を使えば、経済に関わる課題について、「①事実解明は正しく行い」、「②価値判断はみんなでディスカッションして考える」というように、分けて考えることができる。ミクロ経済学を使わずに事実認識を誤り、誤解に基づいて価値判断をした様々な意見が出ると、ディスカッションが混乱して、まとまらなくなってしまう。**ミクロ経済学は、経済に関するディスカッションの内容を、価値判断に絞って建設的に行うことに貢献する**[2]。

ミクロ経済学のうち、**市場メカニズムの理論の思考法**は、「人間は、こう考えて動くだろう」という**"仮説"**を置いて、**数学で、人間の経済活動をスケッチ（人物や風景などを大まかに描写すること）するように思考**していく。なぜ、スケッチするように思考するかというと、経済現象は全人類が関わる複雑な現象なので、初めから細かく考えると、うまくいかないからである。

経済学の創始者といわれるアダム・スミスは、人間が初めから細かく計画しなくても、人々が商品の価格を見てそれぞれに反応することで、おおまかには社会全体の利益が達成されることを**「見えざる手に導かれて（led by an invisible hand）」**と表現した[3]。

市場メカニズムの理論は、最初はスケッチのようにおおまかに形をとらえるように思考し、全体像をつかんだら、必要なことを細かく深く思考していく。

初めから細かく考え始めると失敗する。社会主義の経済運営は、指導者層と官僚で

国の経済を細かく計画して、その計画どおりに生産、消費しようとした。1922年にソビエト社会主義共和国連邦が成立し、1991年に滅びるまでの70年間、社会主義の経済運営は多くの国で行われたが、すべて失敗した。この事例は、市場メカニズムの理論の、"人間の経済活動をスケッチするように思考する"ことの重要性を教えてくれる。

　人類が長い時間をかけて築いてきた"市場"という制度の機能を正しく理解することが、経済現象を理解し、正しい対策を考えるために、最も必要なことである[4]。

質問コーナー

Q7　「見えざる手に導かれて」の説明における「おおまかに社会全体の利益が達成される」とは具体的にどういった状況ですか？

答え　遠いどこかの国の戦争で、石油が来なくなったりするかもしれません。しないかもしれません。その状況や可能性を、詳しく知ることは無理です。

　　　しかし、自分の家の近くのガソリンスタンドのガソリンの値段が高いか安いかはわかります。

　　　ガソリンの値段が高い地域は、ガソリンが不足しているから値段が高くなるわけです。値段が高いと、石油会社は、その地域にガソリンを運んで売ります。高く売れて儲かるからです。こうして、その地域のガソリン不足は解消します。

　　　世界全体でガソリンが高くなったら、ハイブリッド車や電気自動車が売れてガソリンを使わなくなります。ガソリンの需要が減るので、価格が下がっていきます。

　　　このように、1人ひとりが世界のことを詳しく知らなくても、世界全体の石油、ガソリンが適切に必要なところに運ばれ、足りなくなったら節約するように世界全体が動いていって、「おおまかに社会全体の利益が達成」されます。

Q8　アダム・スミスの「見えざる手に導かれて」を高校では「見えざる手」だけで覚えていたのですが何か違いはありますか？

答え　高校・大学・社会人教育を連携させて教育することが、日本の教育の課題になっています。社会人になったときに必要なことが、高校、大学で教育されているのか、疑問視する声があるからです。

　　　高校でアダム・スミスを教えるのは、社会人になったときに必要だと判断されているからです。「見えざる手」を記憶していたのは立派です。大学で、高校と社会人の最初の橋渡しをする役割が、経営、経済関係の科目です。

　　　質問への答えですが、原典は下記のとおりで、どう略すかはいろいろです。

　　　人は自分自身の安全と利益だけを求めようとする。この利益は、例えば「莫

大な利益を生み出し得る品物を生産する」といった形で事業を運営することにより、得られるものである。そして人がこのような行動を意図するのは、他の多くの事例同様、人が全く意図していなかった目的を達成させようとする見えざる手によって導かれた結果なのである。

...he intends only his own security; and by directing that industry in such a manner as its produce may be of the greatest value, he intends only his own gain; and he is in this, as in many other cases, led by an invisible hand to promote an end which was no part of his intention.

Q9 市場メカニズムの理論の思考法は経済学だけの話ではなく、普段の授業での課題解決の場でも重要な考え方だと気づきました。「おおまかに何が問題で何が正しいかスケッチするように思考し」おおまかに問題点と解決策、自分の考えをイメージしておいて、臨機応変に行動したいと改めて思いました。

答え すばらしい！　全体をコンセプト図のように把握する思考法、細かく言葉で考えていく思考法、データを統計処理して分析する思考法、大学ではいろいろな思考法を学びます。課題に応じた思考法を使えるようになってください。

[注]
1) 神取 (2014) (pp. 2 - 3)
2) 神取 (2014) (p. 3)
3) Adam Smith (1776) (アダム・スミス著, 大河内一男訳 (1978))
4) 神取 (2014) (p.vi)

第 1 章　需要と供給

　市場メカニズム (market mechanism) は、市場で、需要と供給により価格が決まるメカニズムをいう。

○この章のリサーチクエスチョン
　需要と供給とは？
　弾力性で何がわかる？
　限界効用　限界革命とは？
　価値とは？

○キーワード
　商品 (財〈モノ〉・サービス)
　需要曲線
　供給曲線
　需要曲線と供給曲線が X (エックス) の形に交わっている
　ビヨーンと大きくへこんだら弾力的
　ダンピング
　ミクロ経済学は、数学的思考法で、人間の経済活動をスケッチ (人物や風景などを大まかに描写すること) するように思考していく

○理論
　市場メカニズムの理論　需要と供給の均衡点
　需要の価格弾力性　供給の価格弾力性
　豊作貧乏
　価格差別 (経済学)・ダイナミックプライシング (経営学)
　内生変数・外生変数
　限界効用理論

1．需要と需要曲線

1-1．需要

　需要 (demand) は、ある**商品（財〈モノ〉・サービス）**を、消費者が購入しようとする欲求のうち、購買力に裏づけられたものをいう[5]。

　多くの場合、人は商品が安ければ多く買い、高ければあまり買わない。リンゴが、秋に売られ始めたときは高い。収穫が盛んになると安くなる。"ふじ"というリンゴの品種が、10月は1個300円、11月は1個200円、12月から4月までは1個100円、5月からは200円という値段だとする。

　店でリンゴを売られているのを見て、いくらなら、いくつ買うであろうか？

　Aさんは、1個100円のときは8個買う。1個200円のときは4個買う、300円のときは買わないとする。

　価格P、個数Xとして、
　P＝100　のとき　X＝8
　P＝200　のとき　X＝4
　P＝300　のとき　X＝0　となり、

中学校で習う座標の書き方で、座標（X，P）と表すと、（8,100）、（4,200）、（0,300）となる。**Aさんの需要をグラフ化**すると図5となる。

　英語で価格はPriceなので、グラフの縦軸が価格の場合、Pと表記されることが多い。Xは、数学で"わからない数字"を表すことが多い。

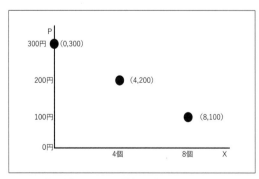

［図5］Aさんの需要をグラフ化

　ミクロ経済学は、このように、数学で思考する。本書は、数式や計算はなるべく避けて、グラフを使って数学的思考を目で理解できるようにしているので、嫌がらずについて来てほしい。最初は慣れない思考法にとまどうが、**ほとんどの読者は、反復すれば慣れて、市場メカニズムの理論を理解する。それは、一生の宝になる。**

1-2. 需要曲線

　リンゴの価格が1個150円、250円のときのAさんの需要（リンゴを何個買うか）は聞いていないが、前後から推測すると**図6**の曲線になる。これを**需要曲線**という。価格が0円になることは通常では考えられないが、もし価格が0円になったら、とてもたくさん需要があるだろう。需要曲線はなかなか0円の線とは交わらないので、価格0円の線に近づくと、少し傾きが緩やかになるように曲がる。

　Bさんは、リンゴ1個100円のときは6個買う。1個200円のときは3個買う、300円のときは1個買うとする。座標（X, P）で表すと、（6,100）、（3,200）、（1,300）となる。前後から推測するとBさんの需要曲線は**図7**のようになる。

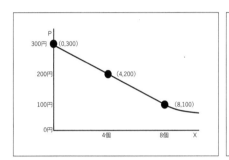
［図6］Aさんの需要曲線の推測

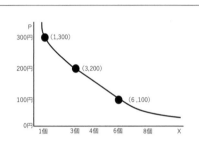
［図7］Bさんの需要曲線の推測

1-3. 需要曲線の足し算

　リンゴ1個の価格が、100円、200円、300円のときに、**表2**のように、**Aさんの需要とBさんの需要を足して、2人の需要の合計**を見ることができる。

［表2］Aさんの需要とBさんの需要（個）

	Aさんの需要	Bさんの需要	AさんとBさんの需要
100円	8	6	14
200円	4	3	7
300円	0	1	1

AさんとBさんの需要を座標（X，P）であらわすと、（14,100）、（7,200）、（1,300）となる。前後から推測するとAさんとBさんの需要を表す需要曲線となる（**図8**）。

　AさんとBさんは、**別の人間なので、本来は、AさんとBさんの考えや好みを数字で表して足すことはできない**。しかし、リンゴが100円なら何個買うかを聞けば、AさんとBさんのリンゴへの需要を足し算できる。これが、ミクロ経済学の数学的思考法の例である。

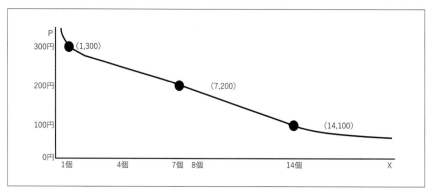

[図8] AさんとBさんの需要を足した需要曲線の推測

　リンゴのふじ品種は、年間で58万5,500トン、約20億個収穫される[6]。

　例えば、日本全体で、100円のときに15億個、200円のときに4億個、300円のときに1億個売れるとする。（実際の調査に基づく数字ではなく、需要とは何かを理解するための"たとえばなし"である）

　日本全体の需要を座標（X，P）、単位は億個と円で表すと、（15,100）（4,200）（1,300）となる。

　これは、**表3**のように、Aさん、Bさん……すべての日本人の需要を足したものである。前後から推測すると**日本全体の需要曲線**は図9のように推測される。

[表3] 日本の全需要（個）

	Aさんの需要	Bさんの需要	AさんとBさんの需要	すべての日本人の需要
100円	8	6	14	15億
200円	4	3	7	4億
300円	0	1	1	1億

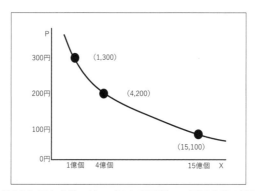

[図9] 日本全体のリンゴのふじ品種への需要曲線の推測

　需要曲線は、**価格が高いときは需要が少なく、価格が安いときは需要が多い**ことを表している。グラフで、縦軸を価格、横軸を数量とすると、**需要曲線は右下がりの曲線**になる。

質問コーナー

Q10　経済は世界と繋がっているというのは私たち一人一人の個人も、足せば需要曲線になるように、日本や世界と繋がっていることに気づきました。自分の需要も世の中の需要に関係していることを再確認しました。自分と経済のつながりを感じることができたのでもっと経済に関心を持つ良い機会になったと思います。

答え　すてきな発想ですね。視野が広がりましたね。

Q11　需要曲線は、企業などが使うイメージが私の中で大きいため、需要曲線をあまり身近なものとして感じることができないのですが、私たちの日常生活の中で、需要曲線を用いることで理解がしやすくなる場面はありますか？

答え　あとで焼肉のカルビを食べるときの需要曲線の話が出てきます。自分の好きな飲み物、食べ物で考えてみてください。

1-4. 支出額

　Aさんが、リンゴを100円で8個買うとき、100円×8＝800円払っている（支出している）。リンゴを200円で4個買うとき、200円×4＝800円　支出している。リンゴを

300円でゼロ個買うとき、300円×０＝０円　支出している。これをＢさん、日本人全体についても考えると、**表４**のようになる。**リンゴへの支出額は、リンゴの価格と買う個数をかけ算した数字**になる。

[表４] 日本のリンゴ全部（20億個分）への価格別支出額（円）

	Ａさんの支出	Ｂさんの支出	ＡさんとＢさんの支出	すべての日本人の支出
100円	800	600	1400	1500億
200円	800	600	1400	800億
300円	0	300	300	300億

[表３]（参考）日本の全需要（個）（再掲）

	Ａさんの需要	Ｂさんの需要	ＡさんとＢさんの需要	すべての日本人の需要
100円	8	6	14	15億
200円	4	3	7	4億
300円	0	1	1	1億

　Ａさんが、リンゴを100円で８個買うとき、800円支出している。これをグラフで表すと、**図10**の斜線の長方形の面積が、高さ100円×幅８個＝面積800円　を表していることがわかる。

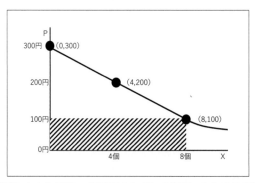

[図10] Ａさんがリンゴ100円のときに８個買ったときの支出額

例題1　Aさんのリンゴへの支出額

図11の斜線の長方形の面積は、Aさんが、リンゴをいくら（何円）で何個買ったときの支出額を表しているか？
　式　高さ○円×幅○個＝面積○円　を書いてみよう。

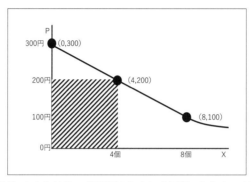

［図11］Aさんがリンゴ200円のときに4個買ったときの支出額

質問コーナー

Q12 "ブランドもの"のように値段が高いほど買うという心理はなぜ起こるのですか？

答え　すばらしい視点です！　経営学のマーケティング理論や、行動経済学の分野、応用理論の質問ですね。いくつかの要因が指摘されています。

行動経済学は、ミクロ経済学の枠組みに、心理学でわかった人間の行動の性質を加味したものです。ミクロ経済学は経済の基本をスケッチ（ここでは「安いと買う。高いと買わない」）し、応用（ここでは「"ブランドもの"は高いほど買う」心理）は別に考える一例です。2002年、行動経済学の先駆者として知られる米国プリンストン大学のダニエル・カーネマン名誉教授がノーベル経済学賞を受賞しました[7]。

ヴェブレン効果は、顕示効果ともいい、見せびらかしたい心理による消費です。「商品を少しでも安く購入したい」という心理が一般的ですが、ヴェブレン効果はその逆です。例えば、価値ある高級ブランドの商品を購入することで、周囲から「すごい」と思われたいという自己顕示欲を満たすための消費行動です[8]。

スノッブ効果は、多くの人が持っているものに対して購買意欲・需要が減少する効果です。多くの人が持っていないもの、特別なものに対しては希少性、限定性に魅力を感じ、購買意欲・需要が増加します[9]。スノッブ（snob）は、英国の「自分より社会的、経済的に上の階層の人にあこがれ、まねをしたり仲間入りをしたがる人」のことをいいます[10]。英国は厳しい階級社会が現在も続いているので、スノッブな人も現れ続けます。

バンドワゴン効果は、「人が持っているから自分も欲しい、流行に乗り遅れたくない」という心理で、他者の所有や利用が増えるほど需要が増加する効果をいいます。「バンドワゴン」は行列の先頭をいく楽隊車のことで、「バンドワゴンに乗る」とは、時流に乗る、多勢に与するということをいいます[11]。

Q13 需要と供給のグラフによれば、値段が安ければ安いほど買う数量が多くなるという理論になります。しかし、あまりに価格が安すぎると品質を疑いはじめて買わないという現象は起きないのでしょうか。もし仮に起きるとした場合、このグラフは正しくないということになるのでしょうか。

答え すばらしい視点です！　ミクロ経済学は、経済現象をおおまかにスケッチするようにとらえ、数学を使って思考を展開する学問です。ですので、まずは基本として「値段が安ければ安いほど買う数量が多くなる」と考えます。

その上で、「品質を疑いはじめて買わないという現象」を、「情報の非対称性」という応用経済学の理論で考えます。これは、アカロフ（Akerlof）が、2001年のノーベル経済学賞を受賞した研究内容です。

2．供給と供給曲線

2-1．供給

供給（supply）は、企業などが提供する商品（財・サービス）の数量をいう。ある価格で提供される商品の数量を供給量という 。

リンゴのふじ品種は、日本全体、1年間で、100円で15億個、200円で4億個、300円で1億個、合計20億個売れるとする。需要がある量しかリンゴは売れないので、農家は、需要量と同じになるようにリンゴの供給量を決める。供給量の合計は**20億個**である。

リンゴ農家の売上げは、**表4**のように、100円のとき1500億円、200円のとき800億円、300円のとき300億円で、合計は、

1500億円 +800億円 +300億円＝2600億円　　となる。

[表4] 日本のリンゴ全部（20億個分）への価格別支出額（円）（再掲）

	Aさんの支出	Bさんの支出	AさんとBさんの支出	すべての日本人の支出
100円	800	600	1400	1500億
200円	800	600	1400	800億
300円	0	300	300	300億

リンゴ1個当たりの平均価格は、全売上金額÷全売上個数なので、
2600億円÷20億個＝130円／個　となる。

図12は、リンゴのふじ品種が、平均130円で売れるとき、日本全体のリンゴ農家は年間20億個生産するという日本全体のリンゴ農家の"供給"の考え方を表したものである。

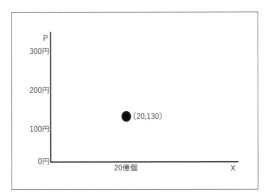

[図12] リンゴ農家の生産行動

リンゴ農家は収入を上げたい。高い値段で売れ、生産コストが安く済むリンゴの品種を生産したいと考える。リンゴには**図13**のように様々な品種があり、売れる値段や、育てる手間、きれいに育って商品になるリンゴの比率が高いか低いかなど、様々な考慮要因がある。

考えやすくするために、**農家は、リンゴのふじ品種が、値段が高く売れれば生産を増やし、値段が安くしか売れなければ生産を減らすという"供給"の考え方**を持っているとする。

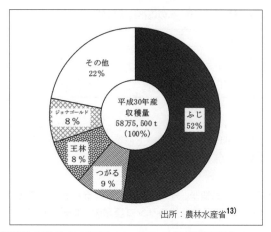

[図13] 東北地方で生産しているリンゴの品種の割合（2018年）

　例えば、日本全体のリンゴ農家が、ふじ品種のリンゴが平均130円で売れると考えれば20億個生産し、平均200円で売れると考えれば30億個に増産し、100円でしか売れないと考えれば15億個に減産するとする（実際の調査に基づく数字ではなく、供給とは何かを理解するための"たとえばなし"である）。これを、縦軸が価格、横軸が個数のグラフに表すと、**図14**のようになる。

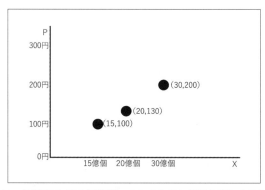

[図14] リンゴ農家はふじの価格がいくらのときに何個生産しようと考えるか

2-2. 供給曲線

前後を推測すると、**図15**のようになる。この曲線は、日本全体のリンゴ農家が、ふじ品種のリンゴの価格がいくらのときに、何個生産（供給）しようとするかを考えているかを表したもので、**供給曲線**という。

需要曲線が、Aさん、Bさんの需要曲線を足し算でき、日本全体の消費者の需要を足し算できたように、リンゴ農家の供給曲線も足し算できる。何軒かのリンゴ農家の供給曲線を足すことができるし、日本全体のリンゴ農家の供給曲線をすべて足し算することもできる。**図15の供給曲線は、日本全体のリンゴ農家の供給曲線を、すべて足し算したもの**である。

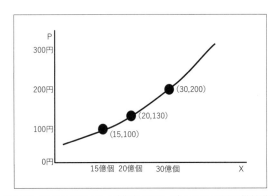

[図15] 日本全体のリンゴ農家のリンゴのふじ品種の供給曲線

供給曲線は、**価格が高いときは供給が増**え、**価格が安いときは供給が減**ることを表している。グラフで、縦軸を価格、横軸を数量とすると、**供給曲線は右上がりの曲線**となる。

質問コーナー

Q14 供給曲線を農家以外に活用している場所はありますか。
答え：モノやサービスを提供・供給している人、組織は、すべて関係します。

Q15 生産者が供給量を増やすのは、価格が高い以外の理由はありますか。
答え：政府が補助金を出せば、価格は同じでも、生産者の売値は上がるので供給量を増やします。コメ、サトウキビなどです。

> **Q16** もし、リンゴを売るとして、他の農家とは違う時期（夏など）に売ったら、需要が多く、高く売れることにより、儲かりますか。
> **答え** すばらしい！ 儲かります。経営学のブルーオーシャンです。（競合相手がいなくて儲かる様子。青い海のイメージから。反対語はレッドオーシャン。血で血を洗う激しい競争のイメージから）。
> 　例えば、宮崎のマンゴーは日本人受けする品種をハウス栽培をして、沖縄などのマンゴーが出荷されて値段が下がる前（毎年6月前後）に販売します[14]。

3. 需要と供給、収入

3-1. 需要と供給

日本全体のリンゴのふじ品種の需要と供給はどうなっているか。消費者は**図9**のように、価格が高ければあまり買わず、安ければ多く買う。生産者は、**図15**のように、価格が高ければ多く供給し、安ければあまり供給しない。

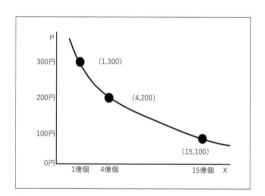

[図9] 日本全体のリンゴのふじ品種への需要曲線の推測 (再掲)

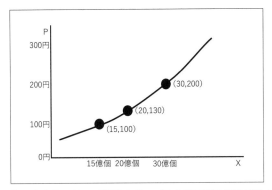

[図15] 日本全体のリンゴ農家のリンゴのふじ品種の供給曲線（再掲）

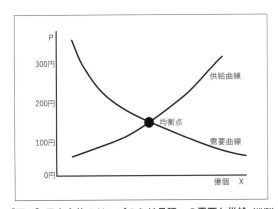

[図16] 日本全体のリンゴのふじ品種への需要と供給（推測）

理論1 需要と供給の均衡点

　図16では、右下がりの需要曲線と、右上がりの供給曲線が交わる点が1つだけある。そこでは、ある価格で、需要量と供給量が釣り合ってバランスしている。この点を**均衡点**という。図16は、**需要曲線と供給曲線がX（エックス）の形に交わっている**。この図は、ミクロ経済学の**市場メカニズムの理論**の基本であり、思考法の中心である。

　市場価格は、商品の需要量と供給量が均衡するときの価格をいう。需要量と供給量の相対的変化に対応して価格も変動していく。また価格の上下が、需要量と供給量に影響を与える。

　均衡点では、需要と供給が一致して安定している。需要と供給が一致していれば、余ることや品切れになることもない。無駄がなく、エコである。

例題 **2** 需要と供給の均衡点

需要曲線とはどういうもので、供給曲線とはどういうもので、均衡点は何なのかを自分の言葉で説明しなさい。

例題 **3** リンゴの品種の特徴

ふじ、つがる、王林、ジョナゴールドなどのリンゴの品種の特徴を、Web サイトで調べて、それぞれの品種のメリット・デメリットを生産者・消費者の立場から考えてみよう。

リンゴの生産者・消費者は、それぞれ何を気にしているか、考えてみよう。

質問コーナー

Q17 どのようにして均衡点を見つけるのですか？

答え：すごい質問をしますね。

簡単に言うと、

価格が高くなる↑→需要が下がる↓・供給が上がる↑→価格が下がる↓

という過程を経て、需要と供給が同じになる価格で均衡します（需要も供給も価格も動かなくなります）。

このテーマは、タトヌマン（模索過程）といい、ミクロ経済学の理論研究の一分野です。タトヌマン（tâtonnement。フランス語）は、模索過程の意味で、競争市場の下で市場メカニズムが働き、市場均衡に至るという調整プロセスを 経済学者のワルラスが、模索する過程に例えたものです。タトヌマンが市場均衡をもたらすとするのが一般均衡理論の基本的考え方ですが、経済には相互依存関係などが存在するため、経済的に意味のある市場均衡が成り立つことを数学的に証明できるとは限りません[15]。経済学者で、一生をかけてこの問題に取り組んだ人がたくさんいます。

現在は、理論が解明されたのであまり取り組んでいる人はいません。新しい分野の、ゲーム理論、情報の経済学、行動経済学の研究が、ノーベル経済学賞を多く受賞しています。

Q18 スーパーの割引シールを貼るのは供給（商品の数）に対して需要（買う人）が少ないから、値段を下げて需要を少しでもあげようとしているからですか？

答え そうです。売れ残って廃棄すると処分費用がかかるので、閉店前には激安にします。捨てるのはもったいないですしね。

図17で、リンゴのふじ品種の価格が300円のときの需要と供給を考えてみよう。

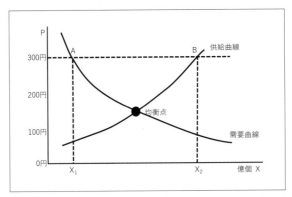

[図17] 日本全体のリンゴのふじ品種の価格が300円のときの需要と供給

　需要は、300円を表す横線と需要曲線が交わる点Aで決まる。そのときの数量は、横軸の億個でどれくらいかを読み取ればわかる。X_1億個である。
　供給は、300円を表す横線と供給曲線が交わる点Bで決まる。そのときの数量は、横軸の億個でどれくらいかを読み取ればわかる。X_2億個である。
　価格300円は、消費者にとっては、リンゴ1個の価格として高いと思うので、X_1億個は少ない個数になる。
　生産者にとっては、価格300円は魅力的なので増産し、X_2億個という多い個数を生産、出荷（供給）する。X_2億個供給されるが、需要はX_1億個しかないので、余ってしまう。何個余るかというと「X_2億個－X_1億個」となる。

質問コーナー

Q19　価格が高いときは、消費者の需要が少ないため、たくさん供給しても余ってしまうのになぜ増産しようとするのですか？
答え：価格が高いということは、その前の状態として、供給が少なく、需要が多かったので、価格が高くなっていたと考えられます。
　価格が高いので、生産者は供給を増やし、消費者は買い控えします。そうすると、価格は下がっていきます。
　世界の経済の動きは、すぐには調整されないことがあります。例えば、石油価格が高くなると、消費はすぐに落ちますが、油田は増産までに設備投資や準

備が必要で時間がかかります。一度、油田で増産してしまうと、価格が低下したときに、すぐには生産を止められません。掘ったパイプに向かって地下から原油が噴出してしまうからです。ですから、産油国は、石油が不足して石油価格が上がっても、先を心配してなかなか増産しません。

図18で、リンゴのふじ品種の価格が100円のときの需要と供給を考えてみよう。

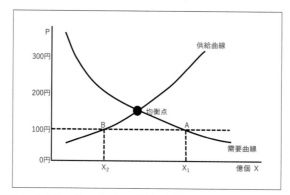

[図18] 日本全体のリンゴのふじ品種の価格が100円のときの需要と供給

　需要は、100円を表す横線と需要曲線が交わる点Aで決まる。そのときの数量は、横軸の億個でどれくらいかを読み取ればわかる。X_1億個という多い個数である。
　供給は、100円を表す横線と供給曲線が交わる点Bで決まる。そのときの数量は、横軸の億個でどれくらいかを読み取ればわかる。X_2億個という少ない個数である。
　価格100円は、消費者にとっては、リンゴ1個の価格として安いと思うので、X_1億個という多い個数を欲しがる。生産者にとっては、価格100円では利益が少ないので減産し、X_2億個という少ない個数を生産、出荷（供給）する。X_2億個しか供給されず、需要はX_1億個あるので、品不足になってしまう。何個不足するかというと「X_1億個－X_2億個」である。

第1章 需要と供給 41

質問コーナー

Q20 需要と供給が均等になりにくい仕事はありますか？

答え：ある意味、ほとんどの商品が需要と供給が均等になりにくいです。そのために、経営学のマーケティング理論があります。

Q21 需要と供給が均等になりにくい仕事についての質問で、ほとんどの商品が需要と供給が均等になりにくいという回答にびっくりしました。

答え 何も変化がなければゆっくりと需要と供給は均衡に向かいますが、社会は、いつも事件や変化があり、動いています。

昨日売れていた服が、今日売れるとは限りません。

グローバル化で、世界中の事件が価格の変動に影響します。グローバル化で、途上国の人の給料が安い影響で、日本人の給料も低くなる方向へと市場メカニズムの影響を受けます。途上国で生産した安いものを輸入するからです。

Q22 意図的に生産量を減らして価値を高めて供給している企業も中にはありますか？

答え：あります。例えば、石油を算出する産油国が、生産を減らして石油の価格を高くしたり、高くしようとしたことがあります。特に、1970年代の石油危機は、産油国が生産を減らして石油の価格を高くすることに2回も成功したので、日本をはじめ世界経済に大きな打撃を与えました。

Q23 今回はリンゴ農家でしたが、これがおもちゃやお菓子など材料があればすぐに作れるものになったら一定以上の収入が見込めるようになるということですか？

答え 世の中、そんなに甘くありません。経営学を勉強すれば、収入のあげ方がわかります。

Q24 バブル時代が終わってしまったのは、需要と供給のバランスがあまりにもとれていなかったからですか？

答え

1. バブル（bubble. 泡）は、株価・地価など資産価格が、投機目的によって、合理的な価格を大幅に上回り、経済が実体以上に泡のように膨張した状態をいいます。

日本では1980年代後半の好景気時期をさします。1985年以降の日本銀行の金融緩和政策のためお金が余り、株式や土地に投機が集中して価格がとても高くなりました。1989年から日本銀行が金利を上げたため、株価や地価が急落し、バブルは崩壊し、銀行が倒産し、連鎖倒産で景気がひどく悪くなり、人々はその影響に長く苦しめられました。

歴史的には、17世紀オランダのチューリップ恐慌、18世紀英国の南海泡沫事

件などがバブルとして有名です[16]。

2. バブルは、歴史上、様々な国で起こっています。原因と結果はいつも同じです。

何かのきっかけで、何かが価値以上の価格で買われる。→値上がりする→買った人が儲かる→他の人が真似して買う→ますます値上がりする→ますます買った人が儲かる→ますます他の人が真似して買う→どんどん値上がりする　＝　バブル

バブルのときは、本来の価値を離れて、とんでもなく高い価格で取り引きされます。

何かのきっかけで、バブル価格で売れなくなる。→値下がりする→買って持っていた人が損する→慌てて売る→ますます値下がりする→買って持っていた人がますます損する→借金して買っていた人は破産して返せなくなる→破産した人におカネを貸していた銀行が倒産する→倒産した銀行に預金を預けていた人は預金がなくなる→破産した人や倒産した銀行が持っていた財産を、債権者が競売で売る→どんどん値下がりする　＝　バブル崩壊

バブル崩壊は一瞬で起こるので、バブルに乗っかった人々は逃げる暇もなく破産します。

Q25　実際に需要、供給曲線を仕事で使用する機会はありますか？

答え：消費者の需要をどう取りにいくか考えて行動するのが、マーケティングで、経営学の一分野です。供給を考えるのは、経営学のマネジメントや工学です。社会に出れば、みんな関わることになります。

Q26　需要供給曲線を使って、生産だけでなく、スーパーなどの値引きも考えられていたりするものですか？

答え　スーパーの値引きは、

・需要が少なく供給が多いので価格が下がっていることを反映したもの　経済学
・賞味期限が近いので、価値が下がっているもの　経済学
・客寄せのため、利益率を下げて、客にアピールしているもの　経営学
・本部で大量に安く仕入れることができたもの　経営学

など、いろいろな要素があります。

Q27　利益をちゃんと得るには意識しないといけないことが経済学概論で、今の時点で学んだことですら応用できる気がしないのに社会人の方々はさらに多くのことを知りつつ話を理解し応用できるというのはすごいなと思いました。

答え：経済学、経営学ができる18世紀、20世紀以前から、人間は直感と知恵と努力で利益を出しています。あなたも、その子孫ですから大丈夫。でも、経済学、経営学を学んでおく方が、失敗を少なく、成功を多くできます。**過去の失敗に学ぶ**ことができるからです。

例題 4　需要と供給が一致する場合、価格が高い場合、価格が安い場合

図16：需要と供給が一致する場合、図17：価格が高い場合、図18：価格が安い場合どうなるか、自分の言葉で説明しなさい。

3-2. 豊作・不作と農家の収入

リンゴが豊作だったり、不作だったりするとどうなるか考えてみよう。**図19**で、リンゴ農家は、これまでの経験からふじ品種のリンゴをX_0億個生産すると、ちょうど売り切ることができると知っている。価格も130円で売れて利益も出る。そこで、X_0億個を生産する計画を立てる。

しかし、農産物は、天候や災害などで計画どおりに生産できるとは限らない。豊作の年もあれば、収穫直前に台風が来て不作の年もある。農家は、何年か時間をかければリンゴの木を増減させて生産量を調整できるが、その年のリンゴの木の数は変えられないので、リンゴの生産量は天候や災害などに左右され、生産量は調整できない。

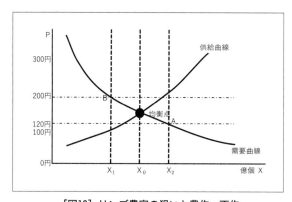

[図19] リンゴ農家の狙いと豊作・不作

図19で、ふじ品種のリンゴをX_0億個生産する計画を立てて、X_2億個生産できた豊作の年があるとする。需要は、X_2億個を表す縦の線と、需要曲線が交わる点Aとなる。その時の価格は約120円の安値になっている。

ふじ品種のリンゴをX_0億個生産する計画を立てて、X_1億個しか生産できなかった不作の年があるとする。需要は、X_1億個を表す縦の線と、需要曲線が交わる点B

となる。その時の価格は約200円の高値になっている。

　図19の右上がりの供給曲線は、農家は、何年か時間をかければリンゴの木を増減させて生産量を調整できることを示している。
　X_0億個、X_1億個、X_2億個それぞれの縦棒の供給曲線は、その年のリンゴの木の数は変えられないので、リンゴの生産量は天候や災害などに左右され、リンゴの価格がどうであっても、農家は生産個数を途中で変えることができないことを示している。

　図10、**図11**で、消費者が、リンゴをある価格で何個か買うときに、いくら（何円）支出しているかをグラフで読み取った。

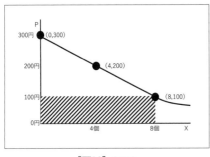

[図10]（再掲）

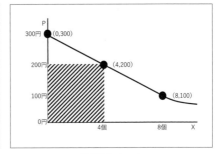

[図11]（再掲）

　同じように、リンゴ農家が、リンゴのある価格で何個か売るときに、いくら（何円）収入を得られるか、グラフで読み取ることができる。

　豊作のときのリンゴ農家の収入は、X_1億個生産できたけれども、価格がP_1と安値なので、収入は、P_1円×X_1億個となる。

　同じように、**図20**の斜線の長方形の面積が、豊作のときのリンゴ農家の収入を表している。

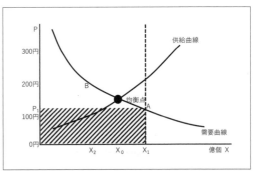

[図20] 豊作のときのリンゴ農家の収入

不作のときのリンゴ農家の収入は、X_2億個しか生産できなかったけれども、価格がP_2と高値なので、収入は、P_2円×X_2億個となる。

図21の斜線の長方形の面積が、不作のときのリンゴ農家の収入を表している。

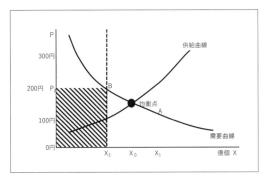

[図21] 不作のときのリンゴ農家の収入

豊作になると農家の収入は増えるのだろうか？ 計画どおりの生産が行われたときの価格をP_0円とすると、豊作のときの収入「P_1円×X_1億個」と、計画どおりのときの収入「P_0円×X_0億個」とを比べることによってわかる。

不作になると、農家の収入は減るのだろうか？ 不作のときの収入「P_2円×X_2億個」と、計画どおりのときの収入「P_0円×X_0億個」とを比べることによってわかる。

計画どおり、豊作、不作のときのリンゴ農家の収入は、「P_0円×X_0億個」「P_1円×X_1億個」「P_2円×X_2億個」となり、

図22の3つの長方形で表される。その面積の大小は微妙である。なぜなら、豊作だと数量は増えるが価格が下がり、不作だと数量は減るが価格が上がるからである。これらをどう考えればよいかは、次の節の**"弾力性"という"経済学の思考法"**が必要である。

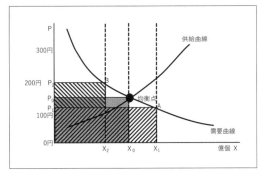

[図22] 計画どおり、豊作、不作のときのリンゴ農家の収入

例題 5　計画どおり、豊作、不作のときのリンゴ農家の収入

図19　図22の意味を自分の言葉で説明しなさい。

4．弾力性

　弾力性 (elasticity) は、価格が変化したとき、その結果として、需要がどれくらい変化するか、その性質をいう。例えば、リンゴが100円高くなったときに需要がどれくらい減るかである。英語の elasticity は，1　弾力，弾性；伸縮性．2　不幸から立ち直る力．3　融通のきくこと，順応性．[17] という意味である。

　多くの経済学用語は、経済学が発達した英国や米国の用語の直訳なので、わかりにくい翻訳もある。弾力性 (elasticity) は、ある量が変化したときに、他の量が影響を受けて変化するときの"変化しやすさ"である。あまり良い翻訳ではない。

　"弾力性が大きい"は、例えば、価格が変化したとき、リンゴの需要が変化しやすいことをいう。"弾力性が小さい"は、価格が変化したとき、リンゴの需要が変化しにくいことをいう。

　ゴムボールをイメージしてみよう。手でギュッと握ってみよう。**ビヨーンと大きくへこんだら弾力的**である。握ってもあまりへこまなかったら、固い感じで、弾力的ではない。「図23のイメージでビヨーンと大きく変化するのが弾力的」と覚えよう。

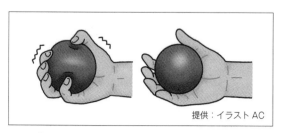

提供：イラストAC

[図23]　ビヨーンと大きく変化するのが弾力的

質問コーナー

Q28　弾力性について、図があったのでわかりやすかったです。質問です。ゴムボールは握ると形が変化しますが（弾力性）、元に戻ろうとすると思います。物

理では弾性力と表現されると思いますが、市場も元に戻ろうとしますか？　見当違いでしたらごめんなさい。

答え　おもしろいことを考えますね。その発想を大事にしてください。

答えは、yes and no ですね。

価格が高くなると、みんな買わなくなって、供給が増えて、価格が下がります。そういう意味では市場も元に戻ろうとします。そういう市場メカニズムが安定に向かうという意味では yes です。

しかし、経済は人間がすることなので、物理のように、法則性、再現性は100％ではありません。経済学の数学は、論理の確かさを保証するもので、実際に観測される経済事象の法則性、再現性は保証しません。

4-1. 需要の価格弾力性

|理論2|　需要の価格弾力性

需要の価格弾力性 (elasticity) の定義は、$\dfrac{需要量の変化率}{価格の変化率}$ の絶対値である。

需要の価格弾力性の定義は、次のとおりである。

$$需要の価格弾力性 = -\dfrac{需要量の変化率}{価格の変化率} = -\dfrac{\dfrac{需要の増減量}{元の需要量}}{\dfrac{価格の変化額}{元の価格}}$$

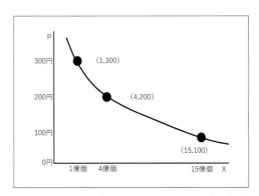

[図9] 日本全体のリンゴのふじ品種への需要曲線の推測 (再掲)

例えば、**図9**で、価格が300円から200円に下がるとき、需要は1億個から4億個に増える。このときの需要の価格弾力性は、

$$需要の価格弾力性 = \cfrac{\cfrac{需要の増減量}{元の需要量}}{\cfrac{価格の変化額}{元の価格}} = -\cfrac{\cfrac{4億個-1億個}{1億個}}{\cfrac{200円-300円}{300円}} = -\cfrac{\cfrac{+3億個}{1億個}}{\cfrac{-100円}{300円}}$$

$$= -\cfrac{\cfrac{+3}{1}}{\cfrac{-1}{3}} = -\cfrac{3}{-0.33\cdots} = 9$$

このとき、注目してほしいのは、億個を億個で割り算し、円を円で割り算するので、弾力性は、個や円といった**単位が付かない数字**になっている。**ビヨーンと大きく変化するかどうかを、個や円などの単位とは関係せずに、その性質を表現**している。

なお、需要の価格弾力性に－（マイナス）が付いているのは、結果をプラスにする（絶対値にする）ためである。

| 数学の復習1 | 絶対値 |

　絶対値は、数字が正（プラス）のときは数字自身、数字が負（マイナス）のときは－を付ける。その数字とゼロとの距離を表す。常に正（プラス）の数字である。

　弾力性の絶対値が1を超えると弾力的、1を下回ると非弾力的という。需要の価格弾力性が弾力的であれば、価格変動により需要が変動する割合が高い。
　上のリンゴの計算の例では、需要の価格弾力性が9で、1より大きいので弾力的である。価格の変動で、需要がビヨーンと大きく変わっている。

例題6

需要の価格弾力性が小さい商品、大きい商品を考えてみよう。

第1章　需要と供給　49

質問コーナー

Q29　数学が苦手なのですが、経済学で使用する数学の勉強方法を教えていただきたいです

答え：本書はなるべく数式は使わずに、数学的考え方をグラフなどで解説します。必要な数学は、本書の「数学の復習」で解説しますので、別の教材で勉強する必要はありません。

　　解説を読んでもわからない人は、わからないまま、読み進めてもらって大丈夫です。一般に、数学が苦手な人は、小学校高学年、中学や高校低学年で習った時につまずいている人です。気になるときは、例えば、Web で「絶対値」と検索すると、【中1数学】絶対値ってどういう意味？ などがヒットするので、それらを読んで復習してください。

　　これから受験するわけではないので、「数学」をすべて復習する必要はありません。本書のあらすじが理解できれば、経済学の数学的思考法を理解したと言えますから、安心して取り組んでください。

Q30　需要の価格弾力性が大きい例のなかにモノだけでなく、サービスも含まれるのでしょうか。

答え　はい。サービスも含まれます。

　　例えば、歯痛の治療は需要の価格弾力性は小さいと考えられます。痛いので、高くても歯医者にかからないといけないでしょう。

　　ネイルは、需要の価格弾力性は大きいと考えられます。高かったらあまり行かないでしょう。ネイルの需要の方が、価格によってビヨーンと増えたり減ったりするでしょう。

Q31　転売ヤーが、自ら購入した新商品を元の価格よりも高い価格で出品した上、利益を得ているところを見ると、需要の価格弾力性の変化は小さいままで、転売ヤーが味を占めてしまい、これからも本当に購入したい人に、商品が届きづらい状況が続いてしまうのではないかと思っています。こうした問題を経済学の視点から解決することは可能なのでしょうか。ご教授いただければ幸いです。

答え　定価で商品を仕入れ、それを高値で売却することで利益を得る個人または事業者を〝転売ヤー〟と呼ぶことがあるようですね。

　　経済学では、安く仕入れて高く売るのは、市場の需要をとらえた良い行為だと考えます。例えば、買いにくい商品を一所懸命買う手間を、忙しい人はする暇がありません。転売ヤーから高く買ってもよいと思う人がいれば、買う人も、転売ヤーも効用がプラスになるので、経済学的には Win-win だと考えます。

　　それがモラルに反するかどうかということは、経済学では考えません。法学

の担当分野になります。例えば、かつては、困った人を安く働かせる契約をすることは自由でした。法律の基本である民法の基本原則は"契約は自由"です。しかし、困った人が安くても働かないといけない状況にあるときに、安く働かせることはモラルに反するので、民法の例外として労働法を作り、最低賃金制度を作りました。

4-2. 供給の価格弾力性

理論3　供給の価格弾力性

供給の価格弾力性の定義は、次のとおりである。

$$供給の価格弾力性 = \frac{供給量の変化率}{価格の変化率} = \frac{\frac{供給の増減量}{元の供給量}}{\frac{価格の変化額}{元の価格}}$$

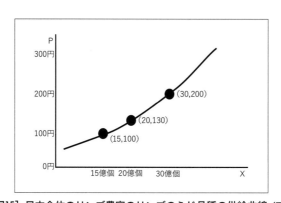

[図15] 日本全体のリンゴ農家のリンゴのふじ品種の供給曲線（再掲）

例えば、**図15**で、日本全体のリンゴのふじ品種の価格が100円から130円に上がるとき、供給は15億個から20億個に増える。この数字を使って、供給の価格弾力性を計算することができる。

4-3. 弾力的・非弾力的

図24には２つの需要曲線がある。需要は英語でDemandなので、**需要曲線はDと表記されることが多い。**

２つの需要曲線D_1とD_2を比べると、**価格の変化に対して、D_1は、需要量が大きく変化しているので弾力的な需要曲線である。D_2は、需要量があまり変化しないので非弾力的な需要曲線**である。

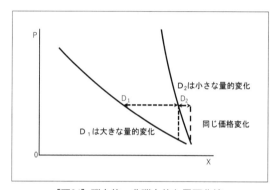

[図24] 弾力的・非弾力的な需要曲線

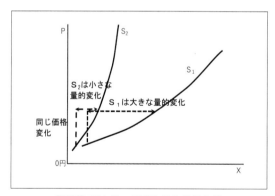

[図25] 弾力的・非弾力的な供給曲線

図25の２つの供給曲線S_1とS_2を比べると、**価格の変化に対して、S_1は、供給量が大きく変化しているので弾力的な供給曲線である。S_2は、供給量があまり変化し

ないので非弾力的な供給曲線である。

例題7

供給の価格弾力性が小さい商品、大きい商品を考えてみよう。

質問コーナー

Q32 供給の価格弾力性がよくわかりません。モノを生産販売するとき、安定して売れるものが弾力性が低い（小さい）ということであっていますか？

答え 安定して売れるということは、需要が安定していることなので、需要の価格弾力性が低い（小さい）ですね。

供給の価格弾力性が高い（大きい）は、価格が上がったときに、生産をビヨーンと増やせることです。

例えば、学園祭でクレープを100円で売ろうと思っていたら、周りが200円で売っていて、それでも売れるので200円で売る、販売量も増やすことにしました。その時、作る量をビヨーンと増やせるか　ということです。仕入れを増やしたり、調理を工夫したり、機敏にチームワーク良く動かないと、作る量をビヨーンと増やせないでしょうね。プロの製造業も、需要が増えたら作る量をビヨーンと増やし、需要が減ったら作る量をビヨーンと減らすために必死です。

Q33 需要の価格弾力性が高いのも、供給の価格弾力性が高いのもブランド品のバッグやアクセサリーだと考えたのですが、矛盾していますか？

答え 需要の価格弾力性が高いということは、価格が安くなるとすごく売れて、価格が高くなるとぜんぜん売れなくなることです。ブランド品は、価格が安いと価値がなくなって買わないでしょうし、高くても買いたい人は買いますね。需要の価格弾力性は低い、つまり、価格が高くなっても安くなっても売れる量はあまり変わらないです。

供給の価格弾力性が高いということは、価格が安くなるとぜんぜん生産しなくなり、価格が高くなるとすごく生産量を増やすことです。

ブランド品は、価格が値崩れしないように生産を絞っていると思います。供給の価格弾力性は高くないです。ポルシェやフェラーリは、わざと需要以下しか生産しないで、価値を高くしていると聞きます。

Q34 わたくしの考えなのですが、供給の価格弾力性の小さい商品はガソリンなのではないかと考えていたのですが、正確に供給の価格弾力性を理解できているか心配になりました。教えていただきたいです。よろしくお願いいたします。

第1章 需要と供給　53

答え あっています。ガソリンは、価格が上がっても、急には増産できませんし、価格が下がっても、なかなか減産できません。

そういう意味では、ウナギ、マグロなど、絶滅危惧種の食材も供給の価格弾力性の小さい商品ですね。資源に限りがあるかないかで考えると供給の価格弾力性が理解しやすいですね。

Q35 都会では需要の弾力性が大きい自家用車だけど、田舎では必要なものなので、自家用車は需要の弾力性が小さいということですが、そうなるとすべてにおいてどこを中心に考えるかで需要の弾力性と供給の弾力性の大小の例は変化するものだと考えたのですが、この理解であっていますか？

答え 需要の価格弾力性は、消費者の需要が価格でどう変化するかです。消費者の需要は、みんな違います。都会と田舎では違う傾向になることもあります。

都会の駐車場代は高いので、自家用車を持つことはものすごくお金がかかることで、ぜいたく品です。田舎では、駐車場代はタダな一方で、何をするにも自家用車がないと動けません。トイレットペーパーと同じように必需品です。

一方で、供給の方は、都会にも田舎にも自動車会社は車を売るので、日本全体、世界全体の市場の性質によります。白菜や工業製品など、商品の特性によることになります。

4-4. 豊作貧乏 ── 経済学の思考法の例として ──

リンゴの生産の例では、リンゴを植えた後は、収穫まで農家が供給量を変えることはできない（**図19**）。作付けしたリンゴは天候次第で収穫量（供給）が決まる。

一方で、農家がリンゴの作付け量を変えることができる数年間以上の長い期間を考えれば、供給曲線は**図19**の太線のように右上がりとなる。

リンゴの需要は弾力的と考えることができる。なぜなら、リンゴは、デザートにもなるし、朝食、昼食代わりにもなる。"1日1個のリンゴは医者を遠ざける（An apple a day keeps the doctor away）"という英語のことわざもある。オーブンで焼けば焼きリンゴにもなるし、カレーやサラダの具材にもなる。リンゴの需要曲線は、価格が安くなれば需要が大きく増え、高くなれば大きく減ると考えられる。

図19の右上がりの供給曲線は、農家は、何年か時間をかければリンゴの木を増減させて生産量を調整できることを示している。

X_0億個、X_1億個、X_2億個それぞれの縦棒の供給曲線は、その年のリンゴの木の数は変えられないので、リンゴの生産量は天候や災害などに左右され、リンゴの価格がどうであっても、農家は生産個数を途中で変えることができないことを示している。

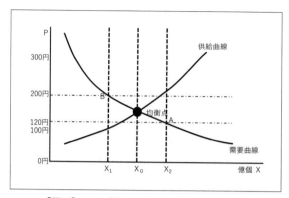

[図19] リンゴ農家の狙いと豊作・不作（再掲）

リンゴの豊作、不作のときの農家の収入は、**図22**でみたように、多い、少ないは微妙である。

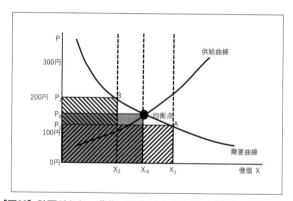

[図22] 計画どおり、豊作、不作のときのリンゴ農家の収入（再掲）

　白菜はどうであろうか。白菜も農作物なので、X_0を狙って生産しても、豊作（X_2）の年もあれば、不作（X_1）の年もある。秋に作付けしてしまうと、その年の収穫は天候次第で決まる。
　白菜の主な需要は鍋物である。日本人は冬になると鍋物を食べる。白菜は鍋物には欠かせない。鍋は、出汁を取り、肉、魚、野菜、しらたきなど、いろいろな具を入れる。白菜の価格が高くても安くても、鍋全体の費用に比べるとたいしたことはない。一方で、白菜が安いからといって大量に買う人はあまりいない。リンゴのようにいろ

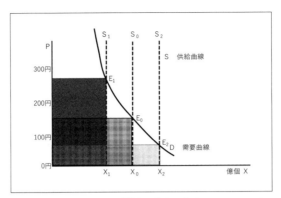

[図26] 白菜の需要と供給と農家の収入（それぞれの年）

いろな食べ方は思い浮かばない。**白菜の需要は、価格が高くても安くても、あまり変わらない**と考えられる。したがって、**白菜の需要の価格弾力性は小さい。白菜の需要曲線は図26**のように、リンゴの需要曲線よりも**傾きが急**になる。

　白菜農家の収入は、狙いどおりの収穫であれば、E_0の価格×X_0となる。
　豊作であれば、E_2の価格×X_2となる。
　不作であれば、E_1の価格×X_1となる。

　図26では、豊作のときの方が、狙いどおりの収穫や不作のときよりも収入が少なく見える。
　例えば、E_0は、価格150円、2億個。E_1は、価格280円、1.5億個。E_2は、価格70円、2.4億個とすると、
　E_0の収入は、価格150円×2億個＝300億円（狙った収入）
　E_1の収入は、価格280円×1.5億個＝420億円（不作で収入増）
　E_2の収入は、価格70円×2.4億個＝168億円（豊作貧乏）
になる。

　|理論４| **豊作貧乏**
　白菜の需要の価格弾力性は小さいので、収穫量が増える効果よりも、価格が下がって収入が減る効果の方が大きい。こういう状況を**豊作貧乏**という。農作物が獲れすぎると、出荷しても赤字になる。せっかく美味しそうに収穫できた農作物を、そのまま、トラクターで畑に粉々にして埋めてしまうこともある。テレビニュースでそういう残念な光景が時々報道される[18]。

提供：イラストAC

[図27] 豊作貧乏

例題 8

白菜が豊作のとき、農家が豊作貧乏になる（収入が減る）ことがあるのはなぜですか？ 弾力性という言葉を使って説明しなさい。

質問コーナー

Q36 今回の授業で、農家にとって不作が悪いとは思いませんでした。不作だとしても、その分価格が上がるからです。農家にとって不作はどのようなデメリットがあるのですか？

答え あまりにも不作になると利益が出ませんし、食べるものがなくなります。例えば、1991年にリンゴ台風というひどい被害があり、農家の収入は大きく減りました[19]。江戸時代の"天保の飢饉"による死者は、餓死・疫病死など、全国で20万〜30万人に達したそう[20]です。

Q37 貧困農家にならないための方法などはあるのですか？

答え 例えば、収穫時期をずらせば、価格が高いときに販売できます。
宮崎のマンゴーは日本人受けする品種をハウス栽培をして、沖縄などのマンゴーが出荷されて値段が下がる前（毎年6月前後）に販売します[21]。

Q38 その年の気候などを予測して、豊作になりすぎるかを予測することはできないのですか？

答え ある程度はできて、予測する気象ビジネスもあります[22]。

Q39 農作貧乏の対策としてどのようなことが効果的ですか。

答え　どうしても起こるので、貯金しておくことですね。

Q40　美味しそうにできた農作物を畑に粉々にして埋めてしまわず、どこかで使う方法はないのですか？

答え　採算を考えなければ何かに利用できるでしょう。しかし、経営学で習うビジネスモデル（ビジネスの骨格）を考えて、利益が出なければ損をします。損をしたら借金をするか破産、倒産します。**どんなに良いことでも、企業でもNPOでも、利益が出ないビジネスモデル（損をする事業）を続けることはできません。**「国が補助金を出せばよい」と言う人がいますが、税金もみんなが払ったおカネで、限りがあるので、何でもぜいたくに使えるわけではありません。

　宮崎県の道本食品は、地元の余った野菜を買い取ることを目指して、乾燥野菜のビジネスを始めました[23]。余った農作物を黒字のビジネスモデル（利益が出る事業）を作って使おうという挑戦です。

Q41　農業についての質問と回答を見て、本当に農家さんは大変なんだと感じました。普段野菜などが買えることに感謝したいです。また、経済学を通して、農家さんについて知れると思っていなかったので、こういう見方もあるんだと勉強になりました。

答え　農業、子育て、介護は、働きに見合った収入が得にくいけれども、人間に必要不可欠です。給料は生産性に比例するので、これらは低収入、低賃金になりやすい分野で、人手確保や後継者が課題です。

Q42　2022年、世界情勢によって半導体などが手に入りにくく供給が追いついていない状況が続いていますが、経済に大きく影響してきているのですか？　新入生のパソコンが4月に間に合わなかったり、知り合いが車の納期が遅れたというのを聞いたのですが、スマホの価格が跳ね上がったりする可能性もあるのでしょうか？

答え　半導体が不足すると、世界中で半導体の価格が上がることは、ミクロ経済学の市場メカニズムの理論で理解することができます。

　半導体の需要の価格弾力性（＝需要量の変化率／価格の変化率）は低いと考えられます。なぜなら、鍋料理の白菜のように、車やPC、スマホに絶対に必要だからです。ということは、**半導体を作りすぎると豊作貧乏になるだろうと、経済学で推測することができます。**事実、過去に、半導体が余って値

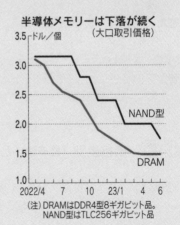

半導体メモリーは下落が続く（大口取引価格）

（注）DRAMはDDR4型8ギガビット品。
NAND型はTLC256ギガビット品

出所：日本経済新聞（2023年7月7日）

段が急に安くなったことは何回もありました。2022年も、途中から半導体価格が下落し、日本経済新聞2023年7月7日の記事は「代表的なメモリー製品のDRAMは4月まで12か月連続で値下がりした。価格指標となる「DDR 4型8ギガビット品」は6月に1個1.48ドル前後と1年間で45%値下がりした」と報じています。

Q43　生産物ではなく、サービスにも同じことがいえるのですか？

答え　そうですね。例えば、医療サービスの方が、ネイルサービスより、需要の価格弾力性（＝需要量の変化率／価格の変化率）は小さいと思います。

　値段が高くても病気になったら医療サービスは受けますし、安いから病院に何回も行くということもないでしょう。ネイルサービスは、おカネがないときは、あまり行かないでしょう。

Q44　販売者にとっては、弾力性が高いものと低いもの、どちらを売るのが得なのでしょうか？　需要がなくならないという点から低いものですか？

答え　販売者にとって、弾力性が高いか低いか、どちらが得かはケースバイケースです。弾力性が低いと、白菜、半導体のように、価格が上がっても需要は減りませんが、作りすぎると価格が暴落して損してしまいます。生産者・販売者は、自分の商品の弾力性が高いか低いかを考えて、どれくらい生産する計画にするか、ビジネス戦略を考えるでしょう。

Q45　あるモノの価格弾力性を意図的に変化させることは可能ですか？

答え　需要は消費者が決めることなので、消費者のマインド（気持ち）を変えるしかないですね。広告宣伝は、消費者のマインドを変える企業努力です。

Q46　一時的な流行りは弾力性が大きいというのはタピオカにも当てはまりますか？

答え　当てはまりますね。店が増え、人気が無くなったあとは、どんなに値下げしても、たいして売れなかったと思います。

Q47　弾力性がごちゃごちゃになってよくわからなかったです。

答え　一晩寝て、もう一度繰り返し本書を読んでみてください。人間は、寝ている間に、脳の中を整理するそうです[24]。

4-5. 価格差別（経済学）とダイナミックプライシング（経営学）

　映画館では、大人料金よりも子供料金が安いことが多い。企業（映画館）としてお客さんへの慈善的行為なのか、利益を求める合理的な行動なのか、ミクロ経済学の思考法で考えてみよう。

図28は、左の図が価格に対して非弾力的な需要曲線で、右の図が価格に対して弾力的な需要曲線（価格が動くと、需要がビヨーンと大きく伸び縮みする）である。

例えば、**大人**は、おカネをもっているが忙しいので、見たい映画はおカネを気にせず時間があれば見るし、興味がない映画は安くても見ないとすると、**価格に対して非弾力的な需要**である。子供は、おカネを持っていないし、保護者と一緒に行くと保護者のおカネもかかるので、料金が高いと映画に行かない。安ければ映画に行きやすいとする。**子供は、価格に対して弾力的な映画への需要**を持っている。

企業（映画館）からすると、大人は、元々の料金（P_0）をP_1に値下げしても、来客数は、X_0からX_1とあまり変わらない。収入は大きく減る。

子供は、元々の料金（P_0）をP_1に値下げすると、来客数は、X_0からX_1と大きく増える。値下げをすると得をする。そうであれば、子供料金は、安く設定する方が、企業（映画館）にとって得である。

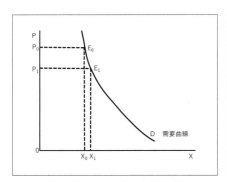
価格に対して非弾力的な需要曲線

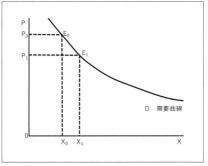
価格に対して弾力的な需要曲線

[図28] 価格に対して非弾力的な需要曲線と弾力的な需要曲線

| 理論5 | 価格差別（経済学）・ダイナミックプライシング（経営学） |

このように、**企業が利益を上げるために、顧客によって違う価格設定をすることを経済学では価格差別**という。

同じ内容を、**経営学ではダイナミックプライシング**（dynamic pricing）という。**ダイナミックプライシング**は、需給状況に応じて価格を変動させることによって需要の調整を図ることである。例えば、需要が集中する季節・時間帯は価格を割高にして需要を抑制し、需要が減少する季節・時間帯は割安にして需要を喚起する。航空運賃、宿泊料金、有料道路料金などで導入されているほか、電力料金についても導入に向けて社会実験が行われている[25]。

質問コーナー

Q48 女性と男性、大人と子供などで料金の違う価格差別は世間的に良いことなのでしょうか？

答え "差別"と言うと、そういうコメントがくるので、経営学ではダイナミックプライシングという名前にしたのだと思います。

Q49 ダイナミックプライシングと価格差別の違いがよくわかりません。経済学的に、または経営学的に考えるという前提がなければどちらを使っても差はないのでしょうか。教えていただけると幸いです。

答え 内容は同じで、ネーミングが違うだけです。ネーミングを変えた理由は、"差別"というとネガティブなイメージがあるので、ビジネスでは使いたくないからです。

Q50 弾力性の様々な例を見て、どれが弾力性が大きいか小さいか判断できるようになってきたと感じました。物だけでなくサービスにもあると見て、確かにと思い面白いと感じました。弾力性の大きい物を取り扱っている店や、サービスは流れについていかなければならないため、大変だと感じました。

答え ミクロ経済学の思考法を身につけましたね。一生の宝になるでしょう。経営学も理解しやすくなります。

社会に出たときに、ビジネス会話も早く理解できるようになるでしょう。

ダンピング (dumping) は、商品の安売りのことをいう。特に、輸出ダンピングは、国内市場でつけている価格よりも安い価格で外国に輸出することをいう[26]。ダンピングをされた国の政府は、ダンピングをした企業や国を非難することが多い。しかし、経済学では、ダンピングは非合理とは言い切れないと考えている。例えば、日本の自動車会社が、日本市場では価格に非弾力的な需要がある、すなわち、日本の自動車会社を指名で買う顧客が多い。他方、米国市場では価格に弾力的な需要、すなわち、顧客は日本の自動車会社を意識しないで、コストパフォーマンス（コスパ）が良いものを選ぶとしたら、日本の自動車会社にとって、日本市場では高い価格で売り、米国市場では安い価格で売るのは、映画館の子供料金と同じように、利益を増やす手段として合理的である。

このように、ミクロ経済学の思考による結果と、現実的な国民感情、住民感情が合わないことがある。

日本の自動車会社による米国市場への輸出ダンピングの例では、ミクロ経済学の思考は、日本の自動車会社の利益最大化だけを考察の対象としている。米国民の感情の

ことは考えていない。米国民は、輸出ダンピングを嫌う国民感情、住民感情を持つ。なぜなら、品質に比べて安い日本車が輸出されてくることで、米国の自動車会社の利益が減り、社員が解雇されて生活に困ったり、ふるさとの街がさびれて悲しく感じたり、米国企業や米国車が競争に負けて惨めな感じになるなど、経済的に被害を受けたり、プライドが傷つけられて感情的に嫌な思いをするからである。

　経済学の思考法を身につけたとしても、その思考法で、どこまでを考慮しているのかを意識する必要がある。「経済学では、輸出ダンピングは悪いわけではない」と、ＴＰＯ（Time, Place, Occasion, 時と場所、場合に応じた方法、態度、服装などの使い分け）に配慮しないで発言しても、相手の立場や困りごとも考えないと不快に思われるだけで、相手との協力関係を築くことはできない。

　ＷＴＯ（ダブリューティーオー , World Trade Organization, 世界貿易機関）**は、①輸出ダンピングが行われていること、②国内産業に損害が出ていること、③輸出ダンピングと国内産業の損害に因果関係（原因と結果の関係）がある場合、輸出ダンピングを止めてよい**というルールを決めている[27]。輸出ダンピングは、企業にとって経済学で説明できる合理性があるので、すべて〝悪〟ではないが、相手国の産業や人々の雇用や生活に損害を与えるようであれば規制できるというルール（国際法）になっている。

　一般に、**法制度は、過去に起こった様々なトラブルを、どう考えてどう折り合って解決するのが妥当かということについての人類の智恵の蓄積**である。ほとんどの人にとって、いつも必要な知恵ではないが、何かの時には絶対に必要な知恵である。企業では、法務部は利益を生む部署ではないので、ふだんは目立つ部署ではない。しかし、企業の法律違反や、経営者のパワハラなどが起きたときに、法律を無視して対応すると、企業が倒産するような痛手を受ける。

　コンプライアンス（compliance, 法令順守）は、法律や社会的な通念を守ることをいう。1990年代後半から企業の法律違反事件が相次いで発生したことから、企業は厳密に法律を守ることが重要だという社会的要請が強まった。商法、独占禁止法、不正競争防止法、個人情報保護法などの法律、モラル（社会通念）を守るコンプライアンスが企業に求められている[28]。

　企業の法務部は、車のブレーキにたとえられる。車はエンジンが強ければ速く走れるかというとそうではない。車のレースでは、レーシングカーがくねくねと曲がった走路を高速で走行する。1950年代以降は、優れたブレーキシステムの車が優勝するようになった[29]。カーブを曲がる手前で素早くスピードを落とすことができる車が、速く走ることができるからである。腕の良い法務部スタッフ、企業法務弁護士は、優れたブレーキシステムであり、企業が法令順守しながら素早く発展するために必要である。

質問コーナー

Q51　ダンピングがきっかけで国際関係が悪化することはありますか？

答え　過去にはありましたし[30]、これからもあるでしょう。今は、米国と中国の関係が悪化しています。（あとで「2018年～　米中貿易摩擦」を解説します。）

Q52　ダンピングを行った国や企業を非難することが多いといわれていますが、法律には引っかかっていないのでしょうか。

答え　WTOのルールは国際経済法です。WTOのルールに該当すれば、ルールに沿って措置を採ることができます。

Q53　経済学的な思考法と、現実的な国民的感情、住民感情が合わない場合はどちらが優先されるなどあるのでしょうか。

答え　その優先順位を決めるのが政治です。政治の基礎は民意（みんなの考え）です。

5．内生変数と外生変数

　ここまで、リンゴの需要と供給は、価格だけで変化すると考えてグラフを作成してきた。しかし、需要は、ほかにも、需要期の天候や、みかんなど他のフルーツの価格が安いか高いか、有名人が"リンゴ健康法がいいよ"という投稿をSNSでしたなど、様々な影響を受ける。供給は、リンゴ農家の高齢化で生産が減少したり、優れた新品種ができて、その生産を増やしたりなどの影響も受ける。

　内生変数は、グラフなどで経済現象を考えるときに、注目している変数をいう。ここまでの例では、リンゴの価格と需要・供給の数量が内生変数である。

　これに対し、**外生変数**は、グラフなどで経済現象を考えるときに、**無視している変数**をいう。ここまでの例では、需要期の天候や、みかんなど他のフルーツの価格が安いか高いか、有名人のリンゴ健康法の投稿、人口減少、リンゴの新品種については、グラフで考えるときに無視してきた。

　しかし、グラフで無視しているからといって、世の中からこのような要因がなくなっているわけではないし、このような要因がないと考えているわけでもない。**ミクロ経済学は、数学的思考法で、人間の経済活動をスケッチ**（人物や風景などを大まかに描写すること）**するように思考**していく。まずは、価格と需要・供給の数量でスケッチして、他にも描かないといけないことがあれば、追加で細かく描きこんでいく思考法である。

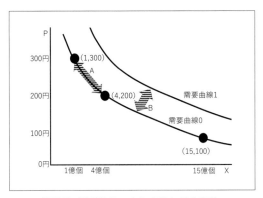

[図29] 需要曲線の内生変数と外生変数

　図29で、需要曲線の内生変数と外生変数を考えよう。**リンゴの価格と数量は内生変数**である。このグラフで注目して考えている。例えば、価格が300円から200円に値下がりすると、需要量は1億個から4億個に増えるとグラフの中で考えている。価格が200円から300円に値上がりするときは逆である。このとき、**需要曲線の線に沿って（需要曲線上を）、Aの矢印のように価格と需要が変化**する。

　次に、天候や、みかんなど他のフルーツの価格が安いか高いか、有名人がリンゴ健康法の投稿をした場合を考えてみよう。例えば、今年は冬らしい寒い冬だとすると、リンゴの需要は増えるかもしれない。みかんなど、他の冬のフルーツが値上がりしたら、リンゴの需要は増えるかもしれない。有名人がリンゴ健康法の投稿をしたら、リンゴの需要は増えるだろう。

　このような場合は、需要曲線の線に沿って価格と需要が変化するのではなく、同じ価格でも、需要は増える、同じ供給量なら価格は上がるという動きをする。例えば、200円、300円のときの需要数量は、1億個、4億個ではなくて、もっと増える。4億個供給されるとき、200円よりも価格は高くなる。このように、**外生変数**で需要が増える場合、**図29**のグラフでは、需要曲線0（ゼロ。元々の需要曲線）から需要曲線1に、需要曲線が移動する。有名人の投稿が忘れられて元に戻れば、需要曲線1から需要曲線0に、需要曲線が移動する。このとき、需要曲線は、Bの矢印のように、右上、左下に移動する。この移動を、経済学では**需要曲線のシフト（shift, 移動）**という。

　供給曲線でも、内生変数、外生変数を考えることができる。リンゴの例では、ふじ品種が高く売れそうであれば、農家は生産量を増やすことを分析した。これは内生変数である。他方、作付けをした後の天候で、生産量は、農家の意思とは関係なく変わった。これは外生変数である。**図19**で、農家は、X_0を狙って生産する（X_0を通る供給

曲線）が、天候によって、X_1やX_2を通る供給曲線にシフトすると考える。

図19の右上がりの供給曲線は、農家は、何年か時間をかければリンゴの木を増減させて生産量を調整できることを示している。

X_0億個、X_1億個、X_2億個それぞれの縦棒の供給曲線は、その年のリンゴの木の数は変えられないので、リンゴの生産量は天候や災害などに左右され、リンゴの価格がどうであっても、農家は生産個数を途中で変えることができないことを示している。

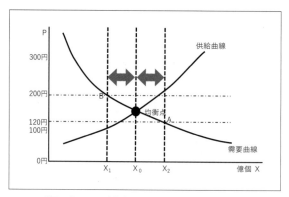

[図19] リンゴ農家の狙いと豊作・不作（再掲）

|理論6| 内生変数・外生変数

経済学では、分析で注目する価格、数量などの変数を内生変数といい、グラフで表現するときは、需要曲線・供給曲線に沿って（需要曲線・供給曲線上を）内生変数が変化する。

分析で注目しない変数を外生変数といい、グラフで表現するときは、需要曲線・供給曲線がシフトすると考える。

質問コーナー

Q54 外生変数のことを無視しようとしたのはなぜですか？ 商品は発売した時から外生変数と一緒に需要と供給が変化するのではないかと考えました。

答え はじめから何もかも一緒に考えようとすると、経済活動のような複雑なものを適切に理解することはできないからです。

経済学の創始者といわれるアダム・スミスは、人間が初めから細かく計画しなくても、人々が商品の価格を見てそれぞれに反応することで、おおまか

には社会全体の利益が達成されることを「見えざる手に導かれて (led by an invisible hand)」と表現しました。市場メカニズムの理論は、最初はスケッチのようにおおまかに形をとらえるように思考し、全体像をつかんだら、必要なことを細かく深く思考していきます。

初めから細かく考えはじめると失敗します。社会主義が滅びたのは、政府と官僚が、すべてを内生変数として処理しようとしたからです。

社会主義の経済運営は、指導者層と官僚で国の経済を細かく計画して、その計画どおりに生産、消費しようとしました。1922 年にソビエト社会主義共和国連邦が成立し、1991 年に滅びるまでの 70 年間、社会主義の経済運営は多くの国で行われましたが、すべて失敗しました。この事例は、市場メカニズムの理論の、"人間の経済活動をスケッチするように思考する" ことの重要性を教えてくれます。人類が長い時間をかけて築いてきた "市場" という制度の機能を正しく理解することが、経済現象を理解し、正しい対策を考えるために、最も必要なことです[31]。

6．価値と限界効用

6-1．限界 ── 経済学では微分のこと ──

経済学の **限界 (Marginal)** は、"微分" の概念である。微分の基本は、例えば、1 円だけ価格を上げたら、需要がどれくらい減るかを見ることで、いろいろなことを考える数学手法である。

数学の復習 2 微分

微分は、高校の数学 II で学修する。

$Y = X^2$ という数式を、X をゼロから10まで計算すると **表 5** のようになる。

[表 5] $Y = X^2$

X	0	1	2	3	4	5	6	7	8	9	10
Y	0	1	4	9	16	25	36	49	64	81	100

これをグラフで表すと、**図30**となる。

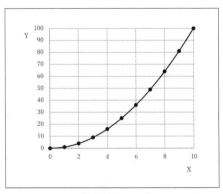

[図30] $Y = X^2$

微分は、Xを少し増やしたときにYがどれくらい増えるかを考えることで、YとXの関係を知ろうとする考え方である。

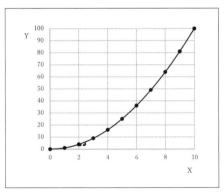

[図31] X＝2の近くでXを少し増やしたときにYがどれくらい増えるか

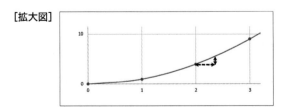

[拡大図]

図31では、X＝2の近くで、Xを少し増やしたときにYがどれくらい増えるかを見ている。元のグラフでは小さすぎて見えないが、拡大図では、Xを少し増やしたときにYがどれくらい増えるかを見ている様子がわかる。

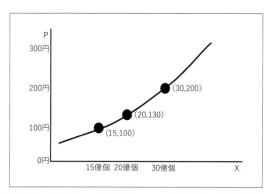

[図15] 日本全体のリンゴ農家のリンゴのふじ品種の供給曲線（再掲）

図15は、日本全体のリンゴ農家のリンゴのふじ品種の供給曲線である。この曲線は、$Y＝X^2$のように、数学的に法則のある処理しやすい数式にはなっていない。このような曲線は、数式や数学の計算で価格と数量の関係を表すことはできない。

しかし、微分の考え方であれば、ある価格や個数の近くで、P（価格）が少し上がったときに生産量X（数量）がどれくらい増えるかを見ることは可能だ。これが、微分が経済学で使われる理由である。現実の経済では、$Y＝X^2$のような数学的にきれいな形をした需要曲線、供給曲線は存在しないが、微分の考え方は適用できる。

| 理論7 | 限界革命

1870年代に、当時の最先端の経済学者の何人かが、それぞれ別々に、経済学に微分を応用する理論を発見した。後述する消費者の"限界効用"、生産者の"限界生産力"など、経済現象を微分で説明する[32]ことで、現在のミクロ経済学の基礎の大きな部分が完成した。1870年代の経済学への微分の導入による学問の進化を、**限界革命**（marginal revolution）という。

経済学は、過去の**天才**、**秀才**たちが、**一生をかけて研究**、**発見した理論**の中から、現在まで評価されて生き残っている内容を、基礎から順に教えてくれる。一生覚えておく価値がある"**不易**（価値が変わらない）"の智恵である。

これらを学ばないで、経済や経営を自分だけで考えようとすることは「自分は、過

68

去の天才、秀才の全部を１人で超えられる」と考えることである。人間の短い一生の中で、成功する可能性が高い方法とは言えない。

6-2. 価値、効用

価値 (value) は、経済学の用語で、具体的な形態・性質に応じて人々に役立つ**使用価値**をいう。人にとって何がどれくらいの価値を持つかは心の内面の問題で、本当のところはわからないが、どれくらいのお金と交換するかを見ることで、その人がその財にいくらの価値を認めているかを推測することができる。これを**交換価値**という。

効用 (utility) は、消費者が財やサービスの消費から得る満足をいう[33]。経済学では効用という概念で、消費者の満足度と購入の関係を分析する。

限界効用 (marginal utility) は、ある商品の消費量を１単位増加したとき、増加する効用の大きさをいう[34]。

一般的な経済学は、消費者は、一定の予算制約（限られたお金しか持っていないこと）の下で、消費者の主観的判断に基づいて効用を最大にするように、各種の財・サービスに支出する（**限られたお金で、できるだけ満足できるように、何をいくら買うか考えて買う**）と仮定して様々な分析をする[35]。

例えば、１万円のアルバイトの収入を得て、これは使っていいおカネだとする。予算制約は１万円である。これを、飲み会に使うのか、服を買うのか、旅行に行くために貯金するのかなど、自分の満足を最大にする使い道を考えるだろう。このようなことを、「**一定の予算制約の下で、各自の主観的判断に基づいて効用を最大にするように、各種の財・サービスに支出する**」という。

経済学は、**商品を財とサービスに分け**、財は商品のうちモノ、例えば服である。サービスは、商品のうち、何かしてもらうことをいう。例えば、雰囲気の良い飲食サービスや、楽しい旅行サービスを提供してもらうことである。

財、モノは、企業は生産して在庫することができる。したがって、例えば、平日の８時から17時まで生産して在庫しておいて、毎日、週末も夜も販売することができる。

経営学の会計学で、以前は企業の収入のことを"売上げ"と言うことが多かったが、最近の株主総会資料や投資家向け資料では"売上収益"と表現することが多い。かつてのビジネスは「モノを売る」ことが多く、"売上げ"という表現で違和感が少なかった。しかし、手数料ビジネスやサブスクリプションなど"売上げ"という言葉にぴったりでない"サービス収入"や、本業以外の収入（収益）が増えてきたため、

第1章 需要と供給 　69

"売上収益" と表現することが増えたといわれる[36]。

質問コーナー

Q55 たまに、サービスを無料で受けられるなどと言っている企業などはどのような意図でそれを言っているのか疑問に思いました。

答え 経済学のサービスは、商品のうち、財・モノ以外のことですが、日本語ではタダで何かしてあげることもサービスと言います。混同しないように気をつけましょう。サービスを無料で受けられるのは、だいたい宣伝・広告、個人情報の取得が目的です。

Q56 サービスが無料でない理由がよくわかりませんでした。経済学においてのサービスは全てお金がかかるのですか。

答え 英語の service の意味は以下のとおりです。無料のことをサービスというのは日本だけの慣習です。英語の service のうち奉仕は無料ですが、他はたいてい有料で、service に無料という意味はありません。

service
サービス、点検、修理
役に立つこと、奉仕、世話、貢献、尽力
勤務、勤労、雇用、業務

理論8 サービスの性質

"もの" は、企業は生産して在庫することができる。したがって、例えば、平日の8時から17時まで生産して在庫しておいて、週末を含め毎日販売することができる。しかし、サービスは、

A）無形性："もの" のように形がない、
B）不可分性：生産と消費が同時に行われる、消費者も生産に関与している、
C）異質性・変異性：厳密には同じサービスはない、
D）消滅性：在庫が不可能
といった特徴がある[37]。

6-3. 限界効用

理論9 限界効用理論

限界効用理論を、焼き肉屋でお肉を注文する例で説明する。「今日は焼肉だぁ」と言ってコンロの前に座り、カルビ、ロース、牛タンなどから、自分の好きなカル

ビの1皿目を注文する。お腹も空いていて、久しぶりのカルビに大満足。1皿500円だが、心の中の満足度としては、1皿目は2000円だとしても注文して満足だっただろう。これを経済学では、カルビの1皿目の効用が2000円相当であるという。

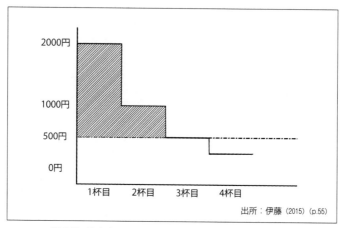

[図32] 焼き肉の1皿目、2皿目、3皿目……の限界効用

　もう1皿頼む。ちょっとお腹は落ち着いてきて、口の中も焼肉のタレの後味が残っている。期待していたので、やはり美味しい。500円は安い。心の中の満足度としては、2皿目は1000円でも OK だ。
　勢いで3皿目を頼んだ。半分くらいまでは美味しかったが、後半飽きてきた。500円の価値はあるが、それより高ければ以上は頼まない。肉の種類を変えるか、野菜にするかな。ということを3皿目の効用が500円相当であるという。
　経済学では、その財の消費される最後の1単位（ここでは3皿目）の効用が、交換価値（焼肉1皿の値段、500円）よりも高いところまで需要があると考える。図32の例の4皿目は、効用は300円で、価格は500円なので、注文しないと考える。
　焼肉の1皿目の効用が一番大きく、2皿目、3皿目はだんだんと効用が小さくなっていくことを**限界効用逓減の法則**（diminishing marginal utility）という。**逓減**とは、だんだん減ることである。図32の右下がりの階段状の線は、ある価格のときに、消費者が焼肉を何皿需要するかを表しているので、需要曲線になっている。

　このように、**顧客にとっての価値は、顧客の欲求**（ニーズ, Needs）**を反映したもの**である[38]。人間の欲求については、米国の心理学者である**マズローの欲求5段階説**[39]が著名である。人間の欲求は、もっとも下位の①生理的欲求に始まり、②安全欲求、

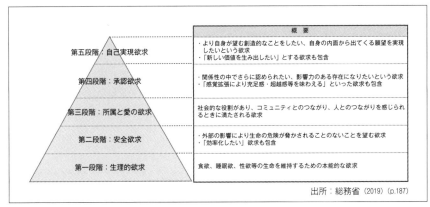

[図33] マズローの欲求5段階説

③社会的欲求、④尊敬（自我）欲求、⑤自己実現欲求へと順に高次の欲求を満たす方向に進むとする[40]。このような**人間の欲求・ニーズに応えることが、消費者にとっての価値を生み出すことになる**[41]。

質問コーナー

Q57　限界効用の階段が"登りの形"になる例はありますか？

答え　おカネは何とでも交換できるので、限界効用は逓減しません。金銭感覚がしっかりしていれば下りでも登りでもない、横線になります。人間は、経済的に合理的とは限らず、苦労せずに手に入れたおカネはパッと使ってしまう（おカネの限界効用が逓減する）こともあることを行動経済学では考えます。

麻薬、スマホの依存症、買い物依存症、ホスト依存症、ギャンブル依存症などは、脳の報酬系という回路が刺激され、本人の意思とは関係なく反復するクセがついてしまう症状[42]です。

消費すればするほど、ますます消費したくなるので、限界効用の階段が"登りの形"になる例です。登っていくと人生が終わります。

Q58　先日クレーンゲームの景品が取れなくてたくさんお金を使ってしまったのですが、これはお金の限界効用が逓減しないことと関係がありますか？

答え　麻薬、スマホの依存症、買い物依存症、ホスト依存症、ギャンブル依存症などは、脳の報酬系という回路が刺激され、本人の意思とは関係なく反復するクセがついてしまう症状[43]に当たります。ほどほどにしてください。

感想：スマホ依存症やギャンブル依存症にならないように、金銭感覚を狂わ
　　せないようにしたいなと思いました。
答え　そのとおりですね。
Ｑ59　クレーンゲームも麻薬やスマホの依存症に近いものだと知り、アイドルを
　　推すことも捉え方によってはそれに近しいのかなと思いました。
答え　そのとおりです。ホストに大金を使うのも同じです。

・・

【例題１の回答例】　高さ200円×幅4個＝面積800円

【例題２の答えの例】　需要曲線は、価格が高いときは需要が減り、価格が安いときは
　　需要が増える。価格を縦軸、数量を横軸に取るグラフでは、右下がりの曲線にな
　　る。
　　　供給曲線は、価格が高いときは供給が増え、価格が安いときは供給が減る。価
　　格を縦軸、数量を横軸に取るグラフでは、右上がりの曲線になる。
　　　均衡点は、需要曲線と供給曲線が交差した点のこと。均衡点では、需要と供給
　　が一致して安定している。需要と供給が一致していれば、余ることや品切れにな
　　ることもない。無駄がなく、エコである。

【例題３を考える際の論点の例】
　　生産者・消費者の立場に関係するもの
　　　価格（高い・安い、安定している。）
　　　味（甘味、酸味、香り、ジューシー、蜜、食感・歯ごたえ）
　　　果実（大きさ。形が丸い、角ばっている。表面に蝋があって保存性が高い。）
　　　加工、料理に向いているか。
　　生産者の立場に関係するもの
　　　生産しやすさ（病気になりにくい。害虫がつきにくい。落下しにくい。着色管理がしやす
　　　い。）
　　　貯蔵性（長期保存できるか。常温保存できるか。傷みにくいか。）
　　　収穫時期（早いか遅ければ、品薄期に高く売れる。短いと収穫が忙しい。）

【例題４の答えの例】　需要と供給が一致する場合、商品は過不足なく売れる。価格
　　が高い場合、商品は「その価格での供給量」－「その価格での需要量」分だけ余
　　る。価格が安い場合、商品は「その価格での需要量」－「その価格での供給量」
　　分だけ不足する。

【例題５の答えの例】　図19はリンゴ農家が狙って生産したかった量のときの価格と、
　　豊作、あるいは不作になった場合の価格の変動を表している。豊作だと供給量が

増えるので価格が安くなっている。不作のときは供給量が減るので価格が高くなっている。

　図22はリンゴ農家が計画したとおりにリンゴが生産できた場合の収入と、豊作、不作になった場合の価格、需要と供給が均衡する数量、収入の変化を表している。価格の弾力性がわからない場合、豊作になった、不作になったことによる農家の収入の増減は断定することができない。

[例題6の答えの例]

　　需要の価格弾力性が小さい商品

　　ティッシュペーパー、シャンプー、歯ブラシ、たわし、医薬品、使い捨てコンタクトレンズ、コメ、たまご、納豆

　　需要の価格弾力性が大きい商品

　　不動産、ブランド品、家電、アパレル、マクドナルド、タピオカ

[例題7の答えの例]

　　供給の価格弾力性が小さい商品　農作物、食品、石油（油田）、ディズニーランドのチケット、トイレットペーパー、半導体（設備投資が必要で急に生産を増やすことができない工業製品）

　　供給の価格弾力性が大きい商品　工業製品の多く

[例題8の答えの例]　白菜は、秋に作付けしてしまうと、その年の収穫は天候次第で価格には関係しないので、供給の価格弾力性はゼロになる。

　　白菜の主な需要は鍋物である。日本人は、冬になると鍋物を食べる。白菜は鍋物には欠かせない。鍋は、出汁を取り、肉、魚、野菜、しらたきなど、いろいろな具を入れる。白菜の価格が高くても安くても、鍋全体の費用に比べるとたいしたことはない。したがって、白菜の価格が高くても安くても、需要はあまり変わらないと考えられる。白菜の需要の価格弾力性は小さい。

　　供給の価格弾力性はゼロで、需要の価格弾力性が小さいとき、図26のように、豊作になると、通常よりも売れる量はあまり変わらず、価格は大きく下がるので、農家の収入は減少する。

･･

[注]

5）有斐閣 経済辞典 第5版

6）農林水産省 https://www.maff.go.jp/tohoku/press/toukei/seiryu/attach/pdf/190516-1.pdf　（p.6）（2021/7/13取得）

　　リンゴ1個の重さは約300グラムなので、年間に生産されるふじの数は、下記のように

約20億個となる。

ふじ全体の重さ÷ふじ1個の重さ

＝58万5,500トン÷300グラム

＝585,500,000キログラム÷0.3キログラム

＝1,951,666,700

≒20億個

7) https://www.nikkei.com/article/DGXZQOUF286D90Y4A320C2000000/ （2024/4/8取得）

8) https://news.mynavi.jp/article/20210310- （2022/6/30取得）

9) https://news.mynavi.jp/article/20210217-1710420/ （2022/6/30取得）

10) 世界大百科事典 第2版

11) https://www.jmrlsi.co.jp/knowledge/yougo/my10/my1033.html#:~:text=%E3%83%90%E3%83%B3%E3%83%89 （2022/6/30取得）

12) 有斐閣 経済辞典 第5版

13) 農林水産省 https://www.maff.go.jp/tohoku/press/toukei/seiryu/attach/pdf/190516-1.pdf （p.6）（2021/7/13取得）

14) https://www.pref.miyazaki.lg.jp/contents/org/shoko/appeal/jaja/17_13.html （2022/6/30取得）

15) ブリタニカ国際大百科事典 小項目事典　Leon Walras（1877）（ワルラス（著），久武 雅夫（訳）（1983））

16) 株式会社平凡社百科事典マイペディア

17) 新英和（第7版）・和英（第5版）中辞典　株式会社研究社

18) 日本テレビ　https://www.news24.jp/articles/2020/02/03/07589412.html （2021/7/18取得）

19) http://www.mutusinpou.co.jp/news/2021/09/67015.html （2022/6/30取得）

20) 国立公文書館

21) https://www.pref.miyazaki.lg.jp/contents/org/shoko/appeal/jaja/17_13.html （2022/6/30取得）

22) https://business.nikkei.com/atcl/report/15/278202/110900054/ （2022/6/30取得）

23) https://www.michimoto-foods.co.jp/Products/DriedVegetable.html （2022/6/30取得）

24) https://www.meiji.net/topics/trend20201001 （2022/6/30取得）

25) デジタル大辞泉

26) 有斐閣 経済辞典 第5版

27) 経済産業省 https://www.meti.go.jp/policy/external_economy/trade_control/boeki kanri/trade-remedy/about/index.html （2021/8//6取得）

28) ASCII.jp デジタル用語辞典

29) https://jp.motorsport.com/f1/news/motorsport-feedback-to-roadcars-no1-brake/6560769/ （2024/3/11取得）

30) 外務省 https://www.mofa.go.jp/mofaj/gaiko/tpp/pdfs/j_us_rekishi.pdf （2022/7/1取得）

31) 神取（2014）（p.vi）

32) 有斐閣 経済辞典 第5版

33) 有斐閣 経済辞典 第5版

34) 有斐閣 経済辞典 第5版

35) 有斐閣 経済辞典 第5版

36）https://cpa-noborikawa.net/uriagedaka-uriagesyueki-chigai/　（2024/2/28取得）
37）現代用語の基礎知識 2019
38）三谷（2019）（p.80）
39）Maslow（1954）（マズロー（小口訳）（1987））
40）有斐閣 経済辞典 第5版
41）三谷（2019）（p.81）
42）https://www.ncasa-japan.jp/e-learning/basic/menu.html　（2024/2/28取得）
43）https://www.ncasa-japan.jp/e-learning/basic/menu.html　（2024/2/28取得）

第2章 収益モデル、費用、供給

収益モデルは経営学の理論である。企業、NPO など、すべての組織は収益モデルが必要で、NPO も赤字が続けば存続できない。ビジネスでは、収益モデルが成功・失敗を分ける[1]。

○この章のリサーチクエスチョン
企業、行政、NPO が持続可能であるためにはどうしたら良いか？

○キーワード
固定費
損益分岐点
費用　限界費用

○理論
収益モデル
規模の経済
範囲の経済
限界費用逓増の法則・収穫逓減の法則
限界費用曲線は供給曲線と一致する

1. 収益モデル──経営学の理論──

理論10 収益モデル
収益モデルは、事業で収益を得る仕組み[2]をいう。収益モデルの基本は、

損益（損失または利益）　＝　売上げ － 総費用
売上げ　＝　販売単価 × 数量
総費用　＝　固定費 + 変動費　＝　固定費 + (仕入単価 × 数量)

である。

固定費（正社員の人件費や家賃など）は、生産していなくてもかかる費用をいう。売上げ（販売で得た代金）がゼロのときは、固定費と同額の損失が発生する（**図34**参照）。売上高が少ない間は固定費によって赤字（損失）になるが、販売単価が仕入単価よりも大きければ、生産数量が増えれば損失が減っていき、いずれ黒字（利益）となる。赤字から黒字に転換する点を**損益分岐点**（break‐even point）という。損益分岐点では、収益と費用とが等しく（利益がゼロ）となっている[3]。

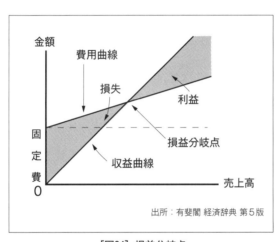

出所：有斐閣 経済辞典 第5版

[図34] 損益分岐点

質問コーナー

Q60 平均費用は、最初は、固定費があるので高いが、生産を増やすにつれて安くなる。その後も生産量を増やすと、限界費用が高くなる効果で、平均費用も高くなるというところのイメージをつかむのに苦戦しました。もし実例があれば教えていただきたいです。

答え 漁船を買いました。中古で小さい船でも400万円です。→ 平均費用は、最初は、固定費があるので高い。

漁に出て一所懸命マグロを獲りました。ノウハウも覚えて効率的になり、必要な漁具やエサも大量に仕入れるので平均費用は安くなりました。→ 生産を

増やすにつれて平均費用は安くなる。

その後も生産量を増やすと、獲りすぎてマグロが獲れなくなり、燃料や人件費の割に漁獲が少なくなるという限界費用が高くなる効果で、平均費用も高くなりました。

Q61　固定費は毎年変化するものですか。

答え：変動します。例えば、新しい工場を作れば固定費は増えます。

経営学の会計学の分野になりますが、例えば、建物を建てたとき、10年で固定費を分割する。機械を買ったとき、3年で固定費を分割する。という考え方があります。そうすると、1億円の建物と300万円の機械を買うと、

1年目：建物1000万円、機械100万円、計1100万円の固定費
2年目：建物1000万円、機械100万円、計1100万円の固定費
3年目：建物1000万円、機械100万円、計1100万円の固定費
4年目：建物1000万円、計1000万円の固定費
5～10年目：建物1000万円、計1000万円の固定費
11年目：固定費0ゼロ　となります。

Q62　スーパーなどで、夜になるとお総菜などが"おつとめ品"として売り出されるが、あれは利益はだいぶ少ないのでしょうか？

答え：少ないでしょうね。利益＝売値ー製造コストですから、

200円の総菜のコストが150円だとすると、利益＝200－150＝50
2割引きにすると、利益＝160－150＝10

しかし、閉店が近づくと、利益＝売値ー製造コストー廃棄コストとなります。売れ残って廃棄するコストが30円かかるとすると、売れないと、利益＝0－150－30＝－180　と大きなマイナスになります。

50円で売れれば　利益＝50－150＝－100　なので、廃棄するより損が少なくなります。閉店間際に投げ売りみたいに安くするのはこのためです。

2．費用、供給

2-1．総費用、変動費、平均費用

総費用は、**固定費**と**変動費**からなる。

変動費は、生産を増やすときに、それに応じて増える費用をいう。例えば、商品を1個生産するには、原材料や部品を仕入れないといけないし、電気代がかかるなどである。

平均費用は、総費用／生産量をいう。生産量が少ないと、固定費のために平均費用は大きくなる。まとめ買いをすると安くなるのは、生産量を多くすれば1個当たりは安く生産できるからである。

|理論11| **規模の経済**

規模の経済は、経済学の用語で、企業や工場が規模を拡大し大量生産することで、製品1つ当たりの生産コストを下げることをいう[4]。

|理論12| **範囲の経済**

（参考）経営学の**範囲の経済**（scope of economy）は、企業が製品数を増やしたり、事業を多角化したりするほど、1製品当たり1事業当たりのコストが低下することをいう。

2-2. 限界費用

限界費用は、少し生産を増やすと、どれくらい費用が増えるかをいう。計算は引き算で値を出しているが、**考え方は微分の考え方**である。微分は、ある量を少しだけ微妙に増やしたときに、他の量がどれくらい変化するかを考える。なぜ、少しだけ動かして考えるかというと、少しの範囲であれば曲線ではなく直線と考えることができ、直線であれば引き算すれば価格と量の変化（グラフでは傾き）がわかるからである。

限界費用は、総費用を微分したものである。（数学の復習2 微分の**図31**参照）

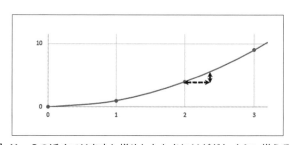

[図31] X＝2の近くでXを少し増やしたときにYがどれくらい増えるか（再掲）

|理論13| **限界費用逓増の法則・収穫逓減の法則**

限界費用は、生産量が少ないときはあまり増えないが、生産量が多くなると、人

を雇わなければならない、工場を増設しなければならない、原料が少なくなって、原料費が高くなるなどの要因で高くなっていくと、経済学では考える。これを、**限界費用逓増の法則**という。例えば、マグロやウナギを獲りすぎると、マグロやウナギの数が少なくなってしまい、獲るのに船の燃料代や人件費のコストが多くかかるようになり、マグロやウナギの値段が上がって、寿司や"うな重"の生産費用は高くなる。また、レアメタルという貴重な金属を使うことで強力な磁石を作れるようになったり、パソコンやスマホの部品やバッテリーに使われるレアメタルの需要が増えると、世界中のレアメタル資源を各国が奪い合うようになり、レアメタルの価格は上がってしまう。

収穫逓減の法則は、生産を増やしていくと、同じ努力をしても収穫量が減っていくことをいう。例えば、漁師が、マグロやウナギを獲る時間を増やしていくと、だんだん、マグロやウナギが1時間当たりに獲れる量は減っていくと考える。

限界費用逓増の法則と収穫逓減の法則は同じ現象である。費用に注目して表現したのが限界費用逓増、だんだん収穫するのが難しくなることに注目して表現したのが収穫逓減の法則である。

限界費用は初めは大きく増えないので、規模の経済によって平均費用は小さくなる。生産量を非常に増やして、世界中のマグロを乱獲したり、レアメタルを奪い合ったりするようなレベルになると、限界費用は非常に高くなる。工業製品ではあまり起きないが、鉱業、石油、小麦、漁獲などは、地球上の資源が少なくなるほど取りつくして、奪い合いになって価格が高くなることがしばしば起きている。

質問コーナー

Q63 生産する量を増やすほど、生産者側の費用が増えるはずなのに、まとめ買いをすると安くなる理由がわかりません。また、通販やフリマアプリなどではまとめ買いをすると重さが増え送料が高くなるはずなのに安くする理由がわかりません。

答え 経済学の限界費用逓増の法則、収穫逓減の法則は、世界のマグロを獲りつくすくらいのことを考えています。そうすれば確かにマグロの価格は上がります。

しかし、工業製品では、みんなが買いすぎて生産コストが上がることはなかなか起きません。規模の経済、大量生産することで製品1つ当たりの生産コストを下げる効果の方が大きいので、まとめ買いは歓迎され値引きされることが多いです。

2022年、半導体の生産能力が不足して、パソコン、スマホ、自動車の価格が

高くなったのは工業製品としては例外的です。一方で、農作物、ウナギ、マグロなどの農水産物、石油やレアメタルは、資源が足りなくなって価格が上がることはよく起きています。

　地球の資源をなくすほど資源を使ったら、経済学の限界費用逓増の法則、収穫逓減の法則が働き、値段が高くなります。資源に余裕がある場合は、規模の経済の効果で、まとめ買いをすれば割安に買えます。

Q64　固定費の多くは事業への先行投資ということが書かれており、そうなんだと納得しました。利益を上げるために行われていることが他にも多くあるんだろうなと思いました。

答え　それは経営学で学びます。楽しみにしてください。

Q65　限界費用逓増の法則や限界費用逓減の法則がある限り、漁業で黒字を出すことは難しいのでしょうか。

答え　獲りすぎないように、マグロやウナギを守りながら続けていけば、黒字を出すことも可能でしょう。マグロのお寿司や、うな重が好きな人がいる限りは。

2-3. 供給曲線と限界費用

生産者は、モノがいくらで売れるか、モノを生産するのにいくら費用がかかるかによって生産量を決める。

　固定費は生産しなくてもかかる費用なので、投資してしまったら、あとで気にしても仕方がない。

　0個から順番に生産個数を1個ずつ増やして増えていく費用（限界費用）を考えてみ

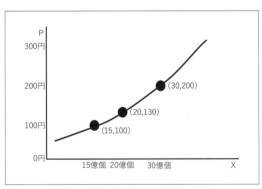

[図15] 日本全体のリンゴ農家のリンゴのふじ品種の供給曲線（再掲）

よう。限界費用は、初めはあまり大きくは増えないので、規模の経済によって平均費用は小さくなる。生産量を非常に増やして、世界中のマグロを乱獲したり、レアアースを奪い合ったりするようなレベルになると限界費用は非常に高くなる。

損益（利益）を最も大きくしたいと考えるなら、**生産者は、限界費用≦販売価格（限界費用が販売価格以下）であれば、1個ずつ生産を増やしていけばよい**。限界費用＞販売価格（限界費用が販売価格を超える）になったら損をするので生産をやめればよい。

ある販売価格のときに何個生産するべきかを表すのは供給曲線であることを、**図15**で学んだ。

| 理論14 | 限界費用曲線は供給曲線と一致する

限界費用曲線も、供給曲線も、ある価格のときに生産者は何個生産するべきかを表しているので、**限界費用曲線は供給曲線と一致する**。

供給曲線を、価格と数量と限界費用によって説明することができた。
経済学に数学の微分の考え方を導入した"限界革命"の一例である。

質問コーナー

Q66　企業は限界費用曲線と価格が交わる数量を生産すると、利益が最大化するが、計算で思いどおりに利益を最大化させることは可能なのでしょうか？

答え　製造業の経理部門に配属されて経験を積むと、製品の製品単価を計算できるようになります。製品の製品単価は、生産数量が1億個なのか3億個なのか10億個なのかで違うので、それぞれ計算します。マーケティングで売れる数量を予測して、それによって製品の製品単価を計算し、工場を新規に建造するなどの経営判断をしていきます。文系の人は、就職すると、こういう計算や経営判断をする職種に就く可能性があります。

Q67　限界革命について詳しく教えていただきたいです。

答え　価格と数量との関係を表す需要曲線や供給曲線は、概念としては考えることはできますが、直線のようなきれいな線ではないので、それを現実に当てはめることはできません。しかし、価格を少しだけ上げたり下げたりしたときに、需要や供給が少しだけどう動くかを考えれば、その小さな範囲では、需要曲線や供給曲線を直線と考えることができます。

例えば、**図35**で、運動場に400mの楕円の競走路が書いてあるときに、明らかにカーブしているわけですが、近くに寄って1cmだけ見ると、カーブしているところも、直線と考えることができます。これが微分の考えで、曲線を小さな範囲だけ見て直線として処理する手法です。

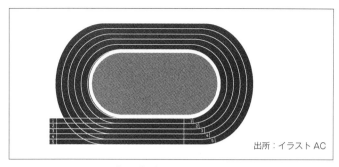

[図35] 陸上トラック

| 理論7 | 限界革命（再掲）[5]

　アダム・スミス、リカードなどの初期の経済学者は、価値の逆説（paradox of value）、例えば、水はとても必要なのに、ふだんは価格が低い理由を説明できなかった。

　1870年代のほぼ同じ時期に、ジェボンズ（英国）、メンガー（オーストリア）、ワルラス（スイス）という3名の経済学者が、それぞれ独立に、限界効用逓減の法則を発見し、普通の環境では、水はたくさんあるので価格が低いと理論的に説明した。焼肉の例でいえば、肉が食べきれないほどたくさんあれば、焼肉の価格は低くなる。

　1890年代、マーシャル、ウィックスティード（英国）、ウィクセル（スウェーデン）、クラーク（米国）は、限界効用を生産、供給にも応用した。これらを限界革命という。

［注］
1）三谷（2019）（p.195）
2）実用日本語表現辞典
3）有斐閣 経済辞典 第5版
4）有斐閣 経済辞典 第5版
5）日本大百科全書（ニッポニカ）

第3章 市場

　経済学で、市場（しじょう）(market) は、需要と供給が出会い、商品 (財とサービス) を取り引きする場をいう。抽象的な概念で、豊洲市場のような特定の場所だけを意味しているわけではない。例えば、電話、インターネット、口（くち）コミなどを通じた取り引きのように、場所を特定できないものも市場である。取り引きされる商品によって、モノを売買する市場、求人と求職をマッチングする労働市場、金融商品を売買する金融市場などがある[1]。

○この章のリサーチクエスチョン

　商品の過不足は価格の変動を通してうまく解決されるか？

　経済学の思考法は、経済問題を解決するためにどうすればよいかについて、正しい方向性を数学で証明された理論で示すことができる？

　市場メカニズムで均衡している状態を、何らかの人為的な操作で歪（ゆが）めると、誰の利益にもならない損失が発生する？

○キーワード

　石油危機

　余剰　消費者余剰　生産者余剰

　歪み

　プライステイカー

　経営学のポーターの競争戦略論は、経済学の完全競争から出発している

　外部効果、公共財、不確実性、収穫逓増

　福島第一原子力発電所の事故原因

　独占　寡占

○理論

　市場メカニズム

　最適な資源配分と歪み

　完全競争

　レッドオーシャン・ブルーオーシャン

厚生経済学の第1基本定理
厚生経済学の第2基本定理
市場の失敗

1．市場メカニズム

理論15 市場メカニズム

　市場メカニズムは、価格の上下によって、需要と供給が一致するように調整されるメカニズムをいう。需要が多くて供給が少ないと価格が上がり、需要が減って供給が増えて、需要と供給が調整される。逆に、需要が少なくて供給が多いと価格が下がり、需要が増えて供給が減って需要と供給が調整される。このように、価格が上下に動くことで、すべての商品の需要と供給が調整され、経済が安定していく。均衡点では、需要と供給が一致して安定している。需要と供給が一致していれば、余ることや品切れになることもない。無駄がなく、エコである。

　市場メカニズムはミクロ経済学の基本概念である。例えば、中東情勢、中国の景気動向、戦争など複雑な世界情勢の動きがあっても、石油価格が上下することで、世界の石油やエネルギーの資源配分が適切に行われる。中東の戦争で現実に何が起きているのかは正確に知ることは難しいが、近所のガソリンスタンドのレギュラーガソリンの価格はわかる。一人ひとりが、世界情勢を意識しなくても、売買相手の事情を知らなくても、ある商品が不足すれば価格が上昇する。価格の上昇は需要を減少させ、供給を増大させるので、商品の不足は解消される。誰かが全体をコントロールしなくても、商品の過不足は価格の変動を通してうまく解決される[2]。

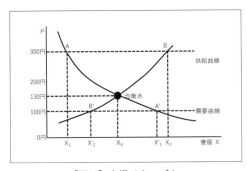

[図36] 市場メカニズム

図36は、価格130円、需要と供給の数量X_0で均衡している。最初に価格130円であれば、価格は動かない。

最初の価格が300円の場合は、価格が高いので、生産者は喜んで生産を増やし、X_2生産する。消費者は価格が高いのであまり買わないので、X_1しか消費しない。「X_2-X_1」が余ってしまう。そうすると価格が下がる。どこまで下がるかというと、需要と供給が一致する130円まで下がる。130円まで下がったら、価格は動かない。

例題 9

最初の価格が100円だとするとどうなるか、考えて文章で書いてみよう。

質問コーナー

Q68　今回の授業を踏まえると、需要と供給をバランスよくものを生産していくことってとても難しいことではありませんか？

答え　そのとおりです。市場メカニズムは、価格が高ければ企業が生産を増やし、消費者は消費を減らす。価格が安ければ企業は生産を減らし、消費者は消費を増やす。世界中の需要と供給をバランスさせ、生産や消費が無駄や不足のない効率的な状態にします。その過程で、企業は、価格が上がったら生産を増やし、価格が下がったら生産を減らす対応に日々追われています。生活者も、必要なモノやサービスの値上がりを見て、他の安いものに切り替えたり、節約したり、知恵を絞らないといけません。

社会主義は、市場メカニズムを使わずに、国の役人が需要と供給を計画しました。バランスよく生産、消費できなかったので、無駄や不足が出て経済がおかしくなり、人々は貧しくなっていきました。1978年、中国は市場メカニズムを採り入れ、ソビエト連邦などの他の社会主義国の経済は1991年までにうまくいかなくなり、国が滅びてしまいました。

2．石油危機と省エネルギー
──経済学の思考法の例として──

図26で、白菜の豊作貧乏を考えた。需要曲線が非弾力的（価格が変化しても、需要量がビヨーンと大きく変化しない）であると、豊作になると、かえって、農家の収入は減ることを学んだ。

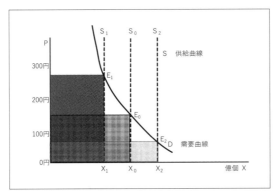

[図26] 白菜の需要と供給と農家の収入（それぞれの年）（再掲）

　1970年代に２度の石油危機があった。第一次石油危機は、1973年、第４次中東戦争が起こり、アラブ諸国が石油輸出を減らしたり、止めたりしたため、石油価格は４倍値上がりした。第二次石油危機は、1979年にイラン革命が起こり、石油価格は２倍値上がりした。日本をはじめ、世界の石油が採れない国は、大混乱し、大きな景気悪化になった[3]。日本の石油輸入に支払うおカネは増えて、貿易収支が赤字になった。

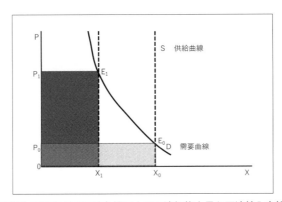

[図37] 1970年代の石油危機による石油価格上昇と石油輸入支払額

　図37のP_0、X_0は、石油危機前の石油価格と、日本の石油輸入量を表している。均衡点はE_0である。このとき、石油輸入支払額は、価格P_0×数量X_0で、「P_0、E_0、X_0、0」の薄い長方形の面積で表される。
　1970年代の日本の石油の需要曲線は価格に対して非弾力的であった。家庭や産業が

安い石油に依存していたので、急に輸入を減らされても、すぐにはどうにもならなかった。世界中がそうだったので、石油危機で、石油の輸入を少なくされると、世界の石油価格は大幅に値上がりした。**図37**では、P_1、X_1は、石油危機後の石油価格と、日本の石油輸入量を表している。均衡点はE_1である。このとき、石油輸入支払額は、価格P_1×数量X_1で、「P_1、E_1、X_1、0」の濃い長方形の面積で表される。

石油危機前よりも、日本の石油輸入支払額が大幅に増えていることがわかる。これは、**1970年代の日本の石油の需要曲線が価格に対して非弾力的であったため**である。

その後、日本をはじめとする先進国では、省エネルギー技術や、石油代替エネルギー技術が進んだ。ふだんから石油を多めに輸入して在庫しておく石油備蓄（**写真1**）も行われている。東日本大震災で不幸な事故を起こした原子力発電も、石油代替エネルギーとして増設された。

提供：写真AC

［写真1］日本の石油備蓄

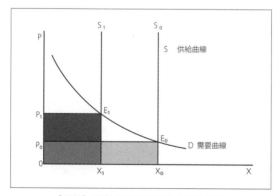

［図38］現在の日本の石油の需要曲線

図38は、省エネルギー技術、石油代替エネルギー技術が進んだ現在の日本の石油の需要曲線である。石油をあまり使わないで生活したり、石油が少なくても産業が困らない**省エネルギー技術**が普及し、石油の価格が高くなれば、石油を使用しないで、他のエネルギーを使うようになった**(代替エネルギー技術)**ので、石油の需要曲線は価格に対して弾力的（価格が変化するとビヨーンと需要が大きく変化する）になった。もし、産油国が、日本や世界の石油輸入を減らしても、価格は大きく上がらず、日本の石油輸入支払額は、「P_0、E_0、X_0、0」の薄い長方形の面積から「P_1、E_1、X_1、0」の濃い長方形の面積になる。石油輸入支払額はあまり増えないか、少し減るくらいであることがわかる。

　そうすると、産油国は、石油輸出を減らしても、世界は困らないし、産油国の収入は増えないことになる。現在は、省エネルギー技術、石油代替エネルギー技術、石油備蓄や、英国、米国で石油やオイルサンドが採れるので、アラブ諸国が石油危機を起こすことはできなくなっている。

　このように、アラブ諸国が石油を売り惜しむことによって起きた石油危機に、すぐには有効な対応はできなかったが、長い時間をかけて有効な対応をすることはできた。**経済学の思考法**を知っていれば、石油危機の直後に有効な対応ができなかった理由は、「日本の**石油に対する需要の価格弾力性が小さかったからだ**」と理解することができる。そうすれば、時間がかかっても「日本の**石油に対する需要の価格弾力性を大きくすればよい**」と正しい解決方法の基本を導くことができる。解決方法の基本が決まれば、その方針に合った具体的な対応案を考えればよい。その具体策が、省エネルギー技術開発、石油代替エネルギー技術の開発、石油備蓄、原子力発電を一定以上の割合で持つなどであった。原子力発電については、2011年の東日本大震災での被害の大きさから、持つべきか、経済性はどうなのか議論されている。

　このように、**経済学の思考法は、経済問題を解決するためにどうすればよいかについて、正しい方向性を数学で証明された理論で示すことができる。**直感的に思いついた対策は正しいものとそうでないものがあるが、それを経済学で見分けることができる。

3．余剰分析

3-1．余剰

経済学で、**余剰**（surplus）は、ある商品を買う消費者が、**支払ってもよいと考える**

最大の価格から実際の購入価格を引いた差額を消費者余剰といい、ある商品を販売する生産者の販売価格と生産費用の差（利益または損失）を生産者余剰という[4]。

　焼肉の限界効用逓減の例を復習すると、1皿目の焼肉は、空腹で美味しかったので、2000円支払ってもよいと考えた。焼肉一皿の価格は500円なので「2000円－500円＝1500円」が消費者余剰である。

　2皿目の焼肉は、1000円支払ってもよいと考えた。焼肉1皿の価格は500円なので「1000円－500円＝500円」が消費者余剰である。

　3皿目の焼肉は、500円支払ってもよいと考えた。焼肉1皿の価格は500円なので「500円－500円＝0円」が消費者余剰である。

　4皿目以降は、支払ってもよいと考える価格が、焼肉の500円よりも安くなるので、焼肉は買わない。もし買うと、4皿目の効用が300円とすると、「300円－500円＝－200円」と**マイナスの消費者余剰**になる。

　図32（再掲）の斜線部分が、消費者余剰である。

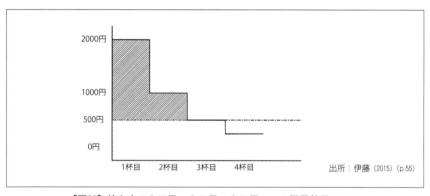

[図32] 焼き肉の1皿目、2皿目、3皿目……の限界効用（再掲）

　需要曲線と供給曲線が、均衡点（価格P_0、数量X_0）で交わっているとき、**消費者余剰は、図39の斜線部分**となる。消費者が、支払ってもよいと考える価格から、均衡点の市場価格（P_0）をマイナスした差額の合計である。

　需要曲線がどのようなものか数式でわかっていれば、高校の数学Ⅱの積分をすれば、斜線の面積を求めることができる。ただし、本書では積分の計算はしない。また、一般に、需要曲線は簡単に積分できるような数学的にきれいな数式ではない。

　生産者余剰は、ある商品を販売する生産者の販売価格と生産費用の差（利益または損失）である。

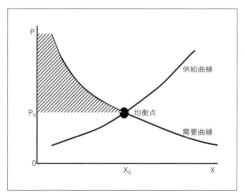

[図39] 消費者余剰

　需要曲線と供給曲線が、均衡点（価格P_0、数量X_0）で交わっているとき、**生産者余剰**は、**図40の斜線部分**となる。均衡点の市場価格（P_0）から、生産者が生産できる価格をマイナスした差額の合計である。

　供給曲線がどのようなものか数式でわかっていれば、高校の数学Ⅱの積分をすれば、斜線の面積を求めることができる。

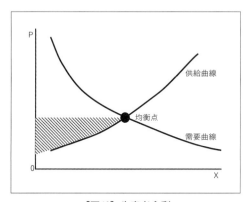

[図40] 生産者余剰

　図39と図40から、**価格と数量が均衡しているときの消費者余剰と生産者余剰の合計は図41の斜線部分**となる。

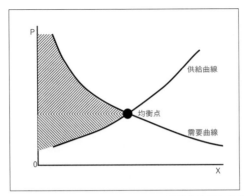

[図41] 価格と数量が均衡しているときの消費者余剰と生産者余剰

価格が高すぎるときは、**図42**のように、生産者余剰は大きいが、消費者余剰は小さい。

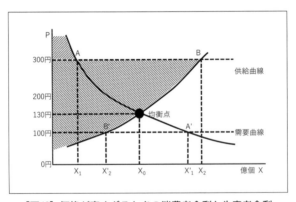

[図42] 価格が高すぎるときの消費者余剰と生産者余剰

価格が安すぎるときは、**図43**のように、消費者余剰は大きいが、生産者余剰は小さい。

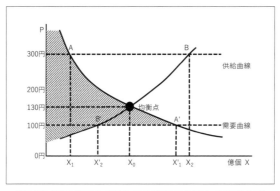

[図43] 価格が安すぎるときの消費者余剰と生産者余剰

例題10　消費者余剰と生産者余剰

①価格と数量が均衡しているときの消費者余剰と生産者余剰はどれか？　図A，図B，図Cの中から選びなさい。
②価格が高すぎるときの消費者余剰と生産者余剰はどれか？　図A，図B，図Cの中から選びなさい。
③価格が安すぎるときの消費者余剰と生産者余剰はどれか？　図A，図B，図Cの中から選びなさい。

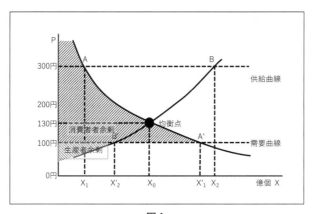

図A

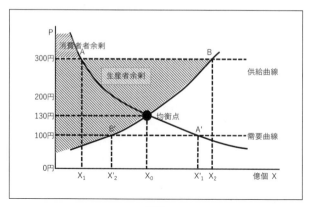

図 B

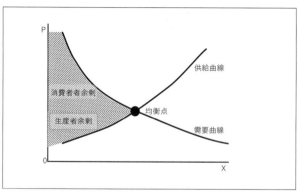

図 C

質問コーナー

Q69 価格が高すぎるときの消費者余剰と生産者余剰と、価格が安すぎるときの消費者余剰と生産者余剰のグラフの見方について詳しく教えてください。

答え

1. 価格が高すぎるとき
   消費者　高いのであまり買わない　消費者余剰　少ない
   　消費者余剰とは、思ったより安くてラッキー！なので、価格が高すぎると少なくなります。
   　推しのライブチケットが3万円になって、行けなくて悲しい感じです。

生産者　高いので利益・収入が多い

　　　デビューしても売れなくて苦労して、やっとメジャーになって、収入激上がりの感じです。

　2．価格が安すぎるとき
　　　消費者　安いので買う　消費者余剰　多い

　　　ねらっていた服がセールになって半額で買えた感じです。

　　　生産者　安いので利益少ない　せっかく作ったのに、売れ残って処分で、悲しい感じです。

Q70　均衡点って誰が決めているのですか？　一定期間安定したらそこが均衡点？消費者と生産者双方の気持ちを考えても均衡点に合わせにいって己らの需要と供給を調整している気はしないです。

答え　売ったり買ったりするすべての人が決めています。

　　　高ければ売る。　　安ければ売らない。
　　　高ければ買わない。　　安ければ買う。

　　　それを世界の80億人の人が日々刻々と行うことで決まります。相手に合わせて考えるのではなく、自分の考えだけで、人々が勝手に売り買いすることで決まるのです。ですから、均衡点は、何かの事情で常に動きます。例えば、Web サイトで、円ドルレートを見ると、秒ごとに上下しています。何かの事情で均衡点が動いているのです。

3-2.　消費税 ── 経済学の思考法の例として ──

　日本の消費税は、商品に10％の税金をかける。生産者が100円で売る商品は、消費者は110円で買う。「売れた数量×10％分の10円」が、税金として政府の収入になる。
　図44は、消費税があるときの消費者余剰と生産者余剰を表している。

　消費者は、生産者価格に10％の消費税が上乗せされた110円で買うので、消費税がないときの消費量X_0に比べて、消費量はX_1に減る。消費者余剰は、110円の横線と需要曲線で囲まれた部分になる。
　生産者は、生産者価格100円で販売量X_1を売るので、100円の横線と供給曲線で囲まれた部分が生産者余剰になる。
　政府は、消費税10％に当たる10円に、消費量X_1をかけ算した、**図44**の110円、100

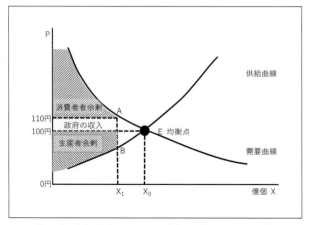

[図44] 消費税があるときの消費者余剰と生産者余剰

円の横線と、販売量がゼロとX_1の縦線で囲まれた長方形の面積が、政府の収入・税収となる。

消費税がないときの均衡点Eと、A、Bで囲まれた三角形（斜めの2辺が曲線）の部分は、消費税がないときは、上部は消費者余剰、下部は生産者余剰であったが、消費税があるときは、誰の余剰にも税収にもなっていない。**この部分は、消費税の導入によって、日本から失われてしまった損失**である。

| 理論16 | 最適な資源配分と歪み

このように、**市場メカニズムで均衡している状態を、何らかの人為的な操作で歪めると、誰の利益にもならない損失が発生**する。これを、経済学の用語で、"**資源配分**"が最適な状態ではなくなったという。**歪み**（distortion）は、経済学の基本概念の一つで、市場メカニズムでベストな状態にあったものを、何らかの人為的操作（例えば消費税導入）で、ベストでない状態にすることをいう。

資源配分（resource allocation）は、人々の効用（満足度）を上げる商品のために、稀少資源（生産に必要な労働・土地・自然資源などで、入手に限りがあるもの）を適切に割り当てることをいう。例外はあるが、**市場メカニズム**によって、例えば、石油が、石油価格の上下によって、世界中の必要な人に過不足なく行きわたるなど、**最適な資源配分が実現**する。

第3章　市場　97

質問コーナー

Q71　消費税が生まれたことにより損失が生まれたことに驚きました。そうなると、社会的にみると、高齢者の安心や若者の未来のために大切ですが、経済的に見たら、消費税は低い方が良いのですか。

答え　すばらしい質問です！

すべての税金は、"資源配分" が最適ではない状態にします。経済を歪めます。

消費税は、消費しないように歪めます。

所得税は、働いて稼がないように歪めます。

相続税は、子供のために働いて稼がないように歪めます。

自動車税は自動車を持たないように歪めます。

不動産取得税は、家を持たないように歪めます。

これらの中から、ましなものを選んで課税しています。

Q72　経済学の基本概念の一つである歪みで、市場メカニズムでベストな状態にあったものを人為的操作でわざわざベストでない状態にするのはなぜですか。

答え　例えば、政府が税金を取るのは、市場メカニズムに任せると、必要なものが提供されない場合があるからです。市場の失敗として習います。

例えば、警察がないと "悪い人が悪いことをし放題" で困ります。しかし、市場メカニズムに任せると、警察サービスは提供されません。ですので、消費税や様々な税を取って、警察官を雇い、警察組織を維持しています。

Q73　誰の利益にもならない損失が発生しないと経済は回らないということなんだと感じました。

答え　おもしろい発想です！　でも事実ですね。

例題 11

消費税を導入する前と後では、日本全体の効用（満足度）は増えますか？　減りますか？　図44で示しながら答えなさい。

4．完全競争

理論17 完全競争

完全競争は、市場で激しい競争が永久に行われていて、一つひとつの企業は全体の中では小さくて無力で特色がまったくない存在である状態をいう。

現実の社会では完全競争は存在しない。現実の社会を考えるときに拠りどころ（ベンチマーク , benchmark。指標や基準）となる概念である。物理学・工学で、鉄球と鳥の羽を真空中で落とすと同時に落下するという重力の法則[5]を踏まえて、地球上で飛行機を安全に飛ばす工夫をするのに似ている。

完全競争の諸仮定は、以下のとおりである。

1．市場に無数の小さな企業がいて、どの企業も市場価格に影響を与えられない。
2．新規参入、撤退のコストがゼロ。
3．どの企業の製品、サービスも同一。
4．ある企業の経営資源が他の企業に移動するコストがゼロ。
5．ある企業の製品、サービスの完全情報を顧客、同業他社が持っている。

ある産業が完全競争の状態にあるとき、企業Ａとまったく同じ製品を生産している企業が無数にあって、企業Ａが生産を増やしたり減らしたりしても、製品が余って価格が下がることもなければ、製品が不足して価格が上がることもない。

企業Ａとまったく同じ製品を生産している企業が無数にあるので、値上げをすると、1つも売れなくなる。ある価格で、いくらでも売れるので、低い価格を付ける理由もない。

プライステイカー（price taker）は、他人が付けた価格を受け入れて、その価格で売る企業をいう。完全競争の状態にあるとき、企業Ａも、他の企業も、プライステイカーである。

完全競争の状態にあるとき、企業は価格をダイナミックプライシング（需給状況に応じて価格を変動させることによって需要の調整を図ること）などの価格戦略は、一切行えない。（第1章　需要と供給　4．弾力性　4－5．価格差別（経済学）とダイナミックプライシング〈経営学〉参照）

図45は、完全競争のときの、需要と供給を表している。

供給曲線は、通常のものと同じである。マグロを獲りすぎると、マグロの生産費用があがっていくように、生産数量を増やすと費用が上がっていくと考える。

第3章 市場 99

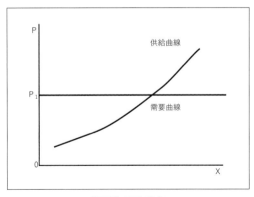

[図45] 完全競争

　需要曲線は、完全競争の仮定で、価格P_1よりも高いと誰も買わない。価格P_1よりも安くしなくても、価格P_1で買ってくれるので、生産者は価格P_1よりも安くでは売らない。どの数量でもP_1価格で売れるので、需要曲線はP_1の高さの横線になる。以上から、完全競争の需要と供給は、図45のように表現できる。図45では、企業は、需要曲線と供給曲線が交わる点で生産をし続ける。

例題12

　図45で、完全競争のときの、企業全体の生産量と、そのときの企業全体の生産者余剰を斜線で示したグラフは図A，図Bのどちらか選びなさい。

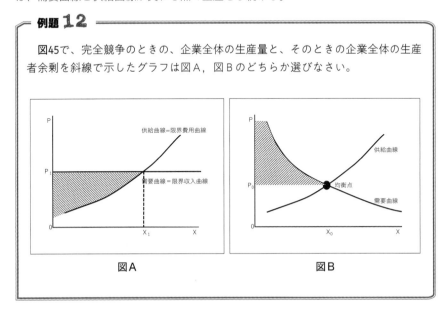

　完全競争は、現実にはない学問上の概念である。物理学が、摩擦のない真空空間を

物体が動くことを考えるようなものである。

　完全競争の結果、需要と供給が一致すると均衡（需要と供給が釣り合って価格が落ちつく状態）に達するが、どの企業の製品、サービスも同一と仮定しているので、均衡に達した世界では、技術開発も経営革新も行われず、同じ製品、サービスだけが同じオペレーションで永久に提供され続けていき、**永遠に何の変化も起こらない。経済活動としては死んだ世界**と言える。

　著者が1982－84年在籍した東京大学経済学部 根岸隆ゼミでは、根岸教授に、本当に体感しているかのように、完全競争の"虚無的な世界観"をていねいに教えていただいた。

　経済・経営学者の入山教授は、「完全競争の諸仮定をみて、皆さんはこんな産業は現実にはありえないと思われるだろうが、ありえないほど極端だから論理のベンチマーク（比較のために用いる指標）となりうるのである。経営学のポーターの**競争戦略論は、経済学の完全競争から出発**している。ポーターの差別化戦略は、自社を完全競争の状態から遠ざけて、独占に近づける戦略にほかならない[6]」と指摘している。

　ポーターの差別化戦略は「第5部　経営学」で解説する。経営学の3分の1くらいは、ミクロ経済学の理論をベースにしている。工学が物理学の基礎理論を元に発達し、工場の現場のトラブルの解決に役立っているのと似ている。

　ミクロ経済学は思考法を学ぶ学問であり、経済理論がそのまま現実であると言っているわけではない。時々、経済学をよく学ばないでおいて「経済学が現実に合わない」と批判している人がいる。しかし、ミクロ経済学で経済をおおまかにスケッチすることを学ばなければ、経済を理解することはできない。ミクロ経済学を学ばないで経済を理解したり、語ったりしようとすることは、18世紀から現在までの数々の天才、秀才たちが考えた土台に乗らないで、自分だけで、経済について発見、発明して、語ろうとすることである。人間の短い一生の中で、成功する可能性が高い方法とは言えない。

理論18 　レッドオーシャン・ブルーオーシャン

　経営学の用語で、血で血を洗うような激しい価格競争が行われている既存市場を**レッドオーシャン**（red ocean）という。競争のない未開拓市場、新しい商品やサービスを開発・投入することで創出される競合相手のいない市場を**ブルーオーシャン**（blue ocean）という[7]。

　経営学は、完全競争をベンチマーク（比較対象の基準）として、ブルーオーシャンに身を置くように考えて行動し、利益をあげる方法を考える。ミクロ経済学の理論が、

第3章　市場　101

応用科学である経営学の基礎になっている一例である。

> ### コラム 1
>
> ### 厚生経済学の基本定理　なぜ完全競争の仮定が大事なのか
>
> 　ミクロ経済学の市場メカニズムの理論は、**「もし、こういう仮定を了解するなら、経済に関して必ずこうだと言えます」と数学で証明できる理論**を作る。経済学は、社会科学の中で、数学で証明された理論をもつ数少ない学問である。
>
> 　経済問題というあいまいな課題の中でも、現実から少し離れているかもしれない仮定をあえて置くならば、数学で必ず成り立つと証明できる事実があるということである。経済問題に関して様々な意見がある中で、まあまあ納得できる仮定を前提にすれば数学で証明できて正しいと言えたり、あるいは、まったく正しくない主張だと数学で証明できたりする。**これは、社会科学ではすごいことだ**[8)]。
>
> 　完全競争の仮定は、上で見たように、ある意味で現実をスケッチしている面もあり、よく考えると現実離れした面もある。しかし、**完全競争の仮定を置けば、以下の定理を数学で証明できる**。だから、ミクロ経済学では、完全競争の仮定は大事にされる。

理論19　厚生経済学の第1基本定理

　消費量を連続的に変化させることができ、消費者にとって、消費が増えると満足（効用）が高まる商品があれば、完全競争によってパレート効率的な資源配分が実現される[9)]。

　パレート効率的（Pareto efficient, パレート最適ともいう）とは、誰かの満足（効用）を上げようとすると、必ず、他の人の満足（効用）を下げないといけない状態をいう。一とおりではなく、いろいろなパターンのパレート効率的な状態が無数にある。

　資源配分とは、誰が何をどれだけどうやって作るか？　誰が何をどれだけもらうか？　をいう[10)]。

　パレート（Vilfredo Federico Damaso Pareto）（1848 ～ 1923年）は、イタリアの経済学者・社会学者で、市場メカニズムの理論の一般均衡理論を無差別曲線による消費者選択の理論の上に発展させた。「パレート効率的」の考え方を導入するなど多くの業績をあげた[11)]。

　まったく別の理論であるが、パレートは、"パレートの法則"も発見した。パレートの法則は、全体の数値の8割は、全体を構成する要素のうちの2割の要素が生み出しているという経験則をいう[12)]。

102

理論20 厚生経済学の第2基本定理

　一括固定税（各個人に一律に同額を課す税）と一括補助金（各個人に一律に同額を渡す補助金）で所得再分配すれば、どのようなパレート効率的な資源配分も完全競争で実現できる[13]。

　厚生経済学の基本定理を数学でどう証明するかを学びたい人は、「推薦図書 2　ミクロ経済学の力　神取道宏 (2014)『ミクロ経済学の力』日本評論社」の第3章をお薦めする。

質問コーナー

Q74 資源配分といわれてもピンとこないので具体例を知りたいと思いました。

答え　アパレルの材料の糸があります。当然、年間に手に入る糸の量には限りがあります。この糸をどうすれば、効率的に配分できるでしょうか？

　答えは、「糸を作った人が、一番高く買ってくれる人に売ればよい」です。

　ユニクロや、ZARA や、島村が、本当に必要な量は高く買い、もういいなと思ったら、高ければ買いません。（限界効用逓減の法則）

　こうして、糸は、ユニクロや、ZARA や、しまむらに、最適に資源配分されます。

Q75 ミクロ経済学もマクロ経済学も経営学も「科学」なのが不思議だなと思いました。科学という言葉に理系のイメージを持っていたので、数学を使うミクロ経済学はまだしも経営学なども科学の中に入ってくるのが気になりました。

答え　科学 (science) は、一定の目的・方法のもとに種々の事象を研究する認識活動。また、その成果としての体系的知識。研究対象または研究方法のうえで、自然科学・社会科学・人文科学などに分類される。一般に、哲学・宗教・芸術などと区別して用いられ、広義には学・学問と同じ意味に、狭義では自然科学だけをさすことがあります[14]。理系というと狭義の意味で理解していましたね。

　経済学も経営学も広義では科学で、狭義の意味の自然科学には含まれません。

　ミクロ経済学は、納得できる仮定をおいて数学で理論を証明するので「社会科学の女王」と呼ばれ、ノーベル経済学賞があります。

第3章　市場　103

5．市場の失敗

5-1．市場の失敗

　例外はあるが、市場メカニズムによって最適な資源配分が実現する、例えば、石油が、石油価格の上下によって、世界中の必要な人に過不足なく行きわたる。しかし、その例外に当たるのが市場の失敗である。

理論21　市場の失敗

　市場の失敗 (market failure) は、資源配分メカニズムとしての市場が持っている欠陥で、要因として、**外部効果、公共財、不確実性、収穫逓増**などがある。これらの要因は、市場の成立を困難にしたり、非効率にしたりする[15]。そのほか、情報の非対称性、行動経済学にも市場の失敗を説明する理論があり、それは「第2部　ミクロ経済学Ⅱ ── ゲーム理論、情報の経済学 ── と行動経済学」で解説する。

5-2．外部効果

　外部効果 (external effect) は、市場を通さないで（市場の外部から）影響を受ける効果をいう。例えば、企業が増えて水不足になったり、汚水や有毒な煙で住民が病気になったりである。良い影響は**外部経済**といい、悪い影響は**外部不経済**という。このとき、市場や競争に任せるとうまくいかない。市場の失敗が起きる[16]。外部不経済が起きる場合は、政府が法律を作って自由な経済活動を規制する。例えば、環境規制を作る。

　図46の上図は、企業の供給曲線と需要曲線を表している。市場メカニズムによる均衡点はE_0で、生産量はX_0となる。

　企業は、環境破壊を起こしているが、その社会的費用を払っていない。社会は、この企業から外部不経済を受けている。どれくらい外部不経済、環境破壊を受けているかというと、**図46**の下図のように、企業が生産を少しずつ増やすと、環境破壊が少しずつふえていく（環境破壊の限界費用）。これが、市場メカニズムでは無視されているので、市場は失敗する。**図46**の上の図の「供給曲線＋環境破壊の限界費用」曲線は、企業が生産を少しずつ増やすときに、生産の限界費用と、環境破壊の限界費用を足した"社会の総費用"がどれくらい増えるかを表している。その曲線と需要曲線が交わる均衡点E_1は、生産量はX_1とX_0より少なく、そのときの価格も高くなる。この企業は、本当は、環境破壊に見合った費用を払って、例えば、浄化装置で水や空気をきれ

いにするべきであるので、E_1で生産するべきである。しかし、市場に任せると実現しないので、政府が規制して、企業に環境破壊をさせないようにする必要がある。

対策としては、例えば、環境破壊の限界費用と同じ金額の税金を国が企業から取って、環境保全をしたらよい。このような税金をピグー税という。**環境税や炭素税**は、ピグー税の考え方に基づいている。

ピグー（Pigou, Arthur Cecil）(1877～1959年)は、英国の経済学者で、主著『厚生経済学』(1920)は、社会の貧困をなくす理論を考えた。失業、雇用理論でも有名[17]である。

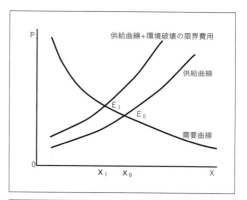

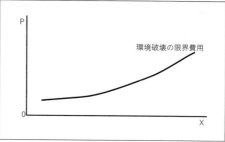

[図46] 環境破壊の外部効果（外部不経済）と市場の失敗

5-3. 公共財とフリーライダー

公共財は、人が共同消費し、対価を支払わない人を排除できず（**非排除性**）、ある人の消費により他の人の消費を減少できない（**非競合性**）ものをいう。例えば、国防、警察、道路・堤防、法制度、商慣習、灯台の光、ラジオ放送、花火、蚊の駆除などである。

非排除性は、例えば、警察が街の治安を守っているときに、税金を滞納している人も治安の良い街に住める。税金を払っていないからといって、街の中のその人の家だけ、治安の悪い状態にすることはできないことをいう。

非競合性は、例えば、公園を作り、木を植えて、池を作ってなごむ景色にしたときに、誰かが公園を眺めて楽しんでも、他の人も同じように眺めて楽しめることをいう。

公共財は、市場メカニズムが働かないので、フリーライダー（free rider）問題を起

こす。**フリーライダー**は、公共財を使う人、例えば、警察による良い治安の恩恵を受ける人が、費用負担しないことをいう。したがって、民間による警察というのは成立しにくく、政府が税金を集めて警察を維持することになる[18]。

　発明もフリーライダーの被害を受ける。発明するのはたいへんだが、結果がわかれば真似はしやすい。市場に任せると、発明した人は妥当な報酬を得られない。政府（特許庁）は、特許法など知的財産法を作り、発明した人の利益を守る。ただし、永遠に利益を守るのではなく、期限（特許は20年、著作権は生存期間と死後70年）を設けて、その後は開放している。

　特許が期限切れになると、その技術は誰でも自由に使える。**後発医薬品（ジェネリック医薬品）**は、新薬の特許が切れた後に製造・販売され、同じ有効成分を同量含んで、同等の効き目があると認められた医薬品をいう。薬の値段が安いため、政府（厚生労働省）が推奨している[19]。

5-4. 不確実性とリスク

　不確実性（uncertainty）は、ある行動に対してどのような結果が生じるか、確率がわからないか、確率を考えること自体が無意味であるような場合をいう[20]。不確実性があると、何か起こったときの損失を重視する（慎重、怖がりな）生産者は、市場メカニズムによる望ましい量よりも生産を小さくするため、市場が失敗する。

　リスクは、不具合の発生確率を想定でき、計算で対応を考えることができるので、**市場の失敗が起きない**ものをいう。不確実性とは異なる。

　福島第一原子力発電所の事故原因の一つは「すべての電源を長時間失う」という**不具合の発生確率が存在するのにリスクと考えなかった**ことである。海外で発生した事例があり、日本政府から「発生確率は少ないが大津波の対策を検討するよう」電力会社各社に要請があったので、東京電力の担当者は対応に前向きだったという。

　ところが、土木学会の学者たちの間で発生確率の評価が分かれ[21]、対策の必要性を疑問視する学者もいた。東京電力の経営層は、津波を防ぐ費用が数百億円かかるため後ろ向きだった。これらの結果、土木学会に研究を依頼するという形で、東京電力は問題を先送りした。こうして、東日本大震災まで対応されなかったという[22]。その結果、2011年3月の東京電力福島第一原子力発電所の事故発生で14.7万人が避難し、多くの人たちが長期間帰宅できず、農林漁業を長期に営めないなど、大きな被害が起きた（**写真2**）[23]。

　学者の意見が様々に分かれるのは自然で健全なことである。しかし、**企業は、一部の学者や学会の意見を切り取って、ビジネスのリスク判断をしてはいけない**。会社が

出所：環境省 除染アーカイブサイト
注：大熊町 除染作業、浪江町 除染作業、飯舘村 汚染土仮置場

［写真２］リスクをリスクと考えなかった結果、大きな被害が起きた

世間に損害を与えたときに、学者や学会が責任を取ってくれるわけではないのだから。

5-5. 収穫逓増

収穫逓増(increasing returns)は、生産を少しずつ増やしていくと、費用の増加以上に生産量が増え、限界費用が下がっていくことをいう[24]。市場メカニズムは、前章までで学んだように、収穫逓減になり、限界費用が増える（マグロを獲りすぎると、だんだん獲れなくなり、値段が上がる）ことを前提としているので、収穫逓増があると市場は失敗する。

収穫逓増の産業は、政府が介入しないと一つの独占企業に集約されることが知られている。例えば、電力事業は、送電線をたくさんの企業がバラバラに作るよりも、１社で全部作る方が効率的なので収穫逓増になる。日本では、明治時代、市町村単位く

第3章　市場　107

らいの規模の電燈会社が乱立したが、収穫逓増の経済原理で独占企業に集約されていった。政府が介入しないと、独占企業のデメリット、例えば、競争がないので価格を不当に上げたり、経営努力をしないなどが起こるので、政府は、電力料金を公共料金にして規制している[25]。

　独占（monopoly）は、市場で売手（企業）が1社の状態をいう。寡占（oligopoly）は、少数の売手（企業）が、市場全体の供給の大きな割合を占めている状態をいう[26]。

　公正取引委員会は、独占禁止法を運用する政府組織で、企業間の競争が健全に行われて市場メカニズムが働くように、不当な独占、寡占などを防止している[27]。

◇◇◇

○さらに学びたい人へ

【推薦図書1】経済学の基本書
　伊藤元重（2015）『入門経済学』日本評論社
　　　数学を使わずに経済学の本質をわかりやすく解説しており、公務員試験などの試験対策の定番にもなっている。

　スティグリッツ（2012）『入門経済学』東洋経済新報社
　　　現在、世界でもっとも普及している経済学の教科書の一つである。

・・・

［例題9の答えの例］

　　最初の価格が100円だとする。価格が安いので、生産者は生産を減らし、図36のX'_2生産する。消費者は価格が安いので喜んで買うので、X'_1消費する。「$X'_2 - X'_1$」が不足してしまう。そうすると価格が上がる。どこまで上がるかというと、需要と供給が一致する130円まで上がる。130円まで上がったら、価格は動かない。

［例題10の答え］

　　①価格と数量が均衡しているときの消費者余剰と生産者余剰　図C
　　②価格が高すぎるときの消費者余剰と生産者余剰　図B
　　③価格が安すぎるときの消費者余剰と生産者余剰　図A

［例題11「消費税を導入する前と後では、日本全体の効用（満足度）は増えますか？ 減りますか？　図44で示しながら答えなさい」の答えの例］

消費税を導入する前と後では、日本全体の効用（満足度）は減る。消費税を導入する前は、下図のように、均衡点Eと需要曲線、供給曲線で囲まれた斜線の部分が日本全体の効用（満足度）となる。

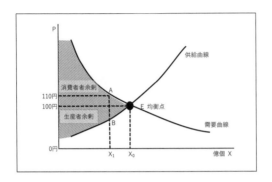

　消費税を導入した後は、図44のように、数量X_1を表す縦線と、需要曲線、供給曲線で囲まれた斜線と政府の収入の部分が日本全体の効用（満足度）となる。価格110円以上は消費者余剰、価格100円以下は生産者余剰、価格100円から110円までの長方形部分が消費税の政府税収となる。

　均衡点Eと、A、Bで囲まれた三角形（斜めの2辺が曲線）の部分が、消費税の導入によって、日本全体の効用（満足度）の中で、失われてしまった損失を表している。

[例題12　図45で、完全競争のときの、企業全体の生産量と、そのときの企業全体の生産者余剰を斜線で示したグラフは図A，図Bのどちらか選びなさい。企業全体の生産者余剰は、グラフの　どの部分になるか示しなさい」の答えの例]

図A

・・

［注］
1）有斐閣 経済辞典 第5版
2）有斐閣 経済辞典 第5版
3）平凡社百科事典マイペディア
4）有斐閣 経済辞典 第5版
5）BBC　https://www.youtube.com/watch?v=E43-CfukEgs　（2022/ 8 /29取得）
6）入山 (2019) (pp.34-49)
7）小学館デジタル大辞泉

8) 神取（2014）(p.234)

9) 神取（2014）(p.231)

10) 神取（2014）(p. 1)

11) 小学館デジタル大辞泉

12) 野村総合研究所ナレッジ・インサイト

13) 神取（2014）(p.240)

14) 小学館デジタル大辞泉

15) 有斐閣 経済辞典 第 5 版

16) 有斐閣 経済辞典 第 5 版

17) ブリタニカ国際大百科事典 小項目事典

18) 有斐閣 経済辞典 第 5 版

19) 政府広報 https://www.gov-online.go.jp/useful/article/201309/ 4 .html （2021/ 9 / 8 取得）

20) 有斐閣 経済辞典 第 5 版

21) 東京電力（2013）(pp.16-17)

22) NHK https://www 3 .nhk.or.jp/news/special/nuclear-power-plant_fukushima/ feature/article/article_05.html （2022/ 8 /29取得）

23) 国会 https://warp.da.ndl.go.jp/info:ndljp/pid/3856371/naiic.go.jp/blog/reports/main-report/reserved/ 4 th- 1 / （2022/ 8 /31取得）

24) 有斐閣 経済辞典 第 5 版か

25) 消 費 者 庁 https://www.caa.go.jp/policies/policy/consumer_research/price_measures/utility_bills/about_001/ （2020/05/18取得）

26) 有斐閣 経済辞典 第 5 版

27) 公正取引委員会 https://www.jftc.go.jp/soshiki/profile/shimei/index.html （2021/09/13 取得）

第 2 部 ミクロ経済学 II
── ゲーム理論、情報の経済学 ── と行動経済学

「第 1 部 ミクロ経済学 I ── 市場メカニズムの理論 ── 」は、研究分野としては成熟していて、新しい学問的進展は少ない。ミクロ経済学の最新の研究は、**ゲーム理論、情報の経済学**を中心に行われている[1]。2002年、2013年のノーベル経済学賞を受賞した**行動経済学**は、人の行動特性に関わる心理学の知見を経済学に取り込んだ研究である[2]。

第4章 ゲーム理論

　市場メカニズムの理論は、需要と供給で価格と数量が決まる市場や、消費者が効用（良いなと思うこと）を最大にし、企業が利益を最大にするように行動すると仮定することで、人々が作り出す経済の動きを大まかにスケッチした。

　しかし、一般的な経済の問題は、無数の名もない大勢の消費者や企業で、完全競争の仮定のように決まるわけではなく、例えば、自動車メーカーのトヨタとホンダのように、大企業どうしでお互いに相手の戦略を読みあいながら行動を決めている。

　ゲーム理論で、**戦略的状況**は、①自分にとって何が得かは**相手の出方による**。②したがって、**相手の出方を読む必要がある**状況をいう。

　経済の問題のほとんどは、戦略的状況にある。経済の問題は、市場メカニズムの理論だけでは全部を解くことはできず、相手の出方をどう読むかも考える必要がある。その科学が、ゲーム理論である。ゲーム理論は、ジョン・フォン・ノイマンとオスカー・モルゲンシュテルンによる共著『ゲームの理論と経済行動』(1944) から始まり[3]、経済学、経営学、社会学、生物学、コンピュータ・サイエンスで応用されている[4]。

○この章のリサーチクエスチョン
　戦略的状況　相手の出方を読む必要がある状況の理論とは？
　長い付き合いをすれば、人間はお互いを信頼して協力関係を作ることができる？

○キーワード
　談合　カルテル
　裏切りの誘惑

○理論
　ゲーム理論
　囚人のジレンマ
　ミニマックス法
　ナッシュ均衡
　市場メカニズムに任せれば最適になると考えるのは誤り

立地ゲーム
時間を通じたゲーム － ツリー図 －
繰り返しゲーム

理論22 | ゲーム理論

　ゲーム理論で、ゲームは、①参加者は誰か、②参加者はどんな行動を取ることができるのか、③その結果、誰がどれだけ得するのか明確に記述するものをいう。

1．囚人のジレンマ

理論23 | 囚人のジレンマ

　ゲーム理論の基礎である囚人のジレンマは、図47のように、共同して犯罪をした容疑者が別々の取り調べ室で警察の取り調べを受けるときの、容疑者それぞれの利得（利益）がどうなるかを考える。

		B	
		協力	裏切り
A	協力	（2年，2年）	（10年，罰なし）
	裏切り	（罰なし，10年）	（5年，5年）

出所：構造計画研究所から著者作成

[図47] 囚人のジレンマ　A，B の選択と受ける罰（A の罰，B の罰）

　「囚人のジレンマ」ゲームでは、囚人 A，B は互いに相談できない別々の取り調べ室にいる。A，B は「**相手と協力するため白状しない**」と「**相手を裏切って白状する**」という2つの選択肢のどちらかを選択するが、相手が何を選択しているかは知ることができない。A，B の選択の結果によって、自分の受ける罰が**図47**のように決まる。A，B とも協力なら A，B とも2年の懲役（**図47**の左上）。A が協力・B が裏切りなら A は10年の懲役、B は罰なし（**図47**の右上）。A が裏切り・B が協力なら A は罰なし、B は10年の懲役（**図47**の左下）。A，B とも裏切りなら A，B とも5年の懲役（**図47**の右下）になる。A，B は、できるだけ自分が軽い罰になる選択をすると考える。

　このゲームでは、相手が何を選択しているかはわからない。しかし、A の選択を

第4章　ゲーム理論　115

考えると、
① A が協力する選択をする場合（B も協力なら懲役2年、B が裏切りなら懲役10年）
② A が裏切る選択をする場合（B が協力なら罰なし、B も裏切りなら懲役5年）

A は B の選択はわからないが、B がどちらの選択をする場合でも、裏切る選択をする方が得なので、裏切って白状する選択をする。

理論24　ミニマックス法

ミニマックス（minimax）法は、考えられる最大限の損失を最小限に抑えようとするゲームの手を選択する方法をいう。ゲーム理論のプレイヤーの選択の合理的な判断基準の一つである。ミニマックス法は、A は最悪のケースで受ける罰を最小にするように判断すると考える。懲役10年にならないように、裏切って白状し、懲役5年を覚悟する選択をする。

B も A と同じ罰の組み合わせなので、B も、A がどちらを選択しようと、B は裏切った方が良いという判断になる。
結果として、A，B とも裏切る選択になり、懲役5年になる。もし協力し合えば懲役2年で済んだのに、合理的に考えて行動した結果それができず、よりつらい懲役5年になることを、**囚人のジレンマ**という。

理論25　ナッシュ均衡

ナッシュ均衡は、自分一人だけ戦略を変えても得をしないということが、すべての人について成り立っている状態をいう[5]。囚人のジレンマは、ナッシュ均衡である。

ナッシュ（John Nash, 1928～2015年）は、ゲームの理論、「利害が交錯する競争者の間では勝つために競争相手について研究することが必要」という数学の一分野を確立した。1994年、ジョン・C. ハルサヌイ、ラインハルト・ゼルテンとともにノーベル経済学賞を受賞した。映画『ビューティフル・マインド（A Beautiful Mind）』（2001）は、ナッシュの伝記を元にした作品である[6]。

企業が**談合**（競争しないで市場や利益を分け合うこと。**カルテル , cartel**）するのは、囚人のジレンマを避ける行動である。これに対して、政府が談合をやめさせるには、白状した企業だけに利益を与えて**裏切らせればよい**。具体例は、2023年3月、公正取引委員会は、関西電力、中部電力、中国電力、九州電力の談合を摘発した。罰である課徴金は、中部電力201億円、中国電力707億円、九州電力27億など計1010億円であった。関西電力は、最初に自主申告したため、課徴金減免制度によって罰を免れた[7]。

理論26　自由放任主義は誤り

ゲーム理論が経済学に応用される前、経済学者の中には「合理的な人々の自由に任せればすべてうまくいく」という考えを信じている人たちがいた。しかし、現状よりも全員にとって良くなる方法があるとしても、それを実現するためには、「自由に任せていてはダメで、拘束力のある契約を全員が結ばなければならない」ことが、ゲーム理論で明らかになった。誤解していた経済学者も誤りを認め、**「合理的な人々の自由に任せればすべてうまくいく」という考え（自由放任主義）は否定**された[8]。

政府の規制緩和も、「規制をなくせば、すべてうまくいく」と考えるのは誤りで、**社会の変化に合わせて、合理的で最適な新しい規制を作ったり、今ある規制を新しい規制に変更して**実行するという考え方が正しい。

2．立地ゲーム

理論27　立地ゲーム

立地は、産業などを営む際、まわりの自然的・社会的条件を考えて場所を定めること、また、そこに工場や商店などをつくること[9]をいう。

例えば、商店街に、2つの店がどのように出店（立地）したら得かをゲーム理論で考える。**図48**は、A店は商店街の左の端に寄っており、B店は中央右寄りにある。商店街に均等に客がいて、近い店に行くと考えると、端に寄っているA店よりも、B店の客の方が多くなる。A店は、商店街の中央に寄っていけば客が増えるので、ナッシュ均衡（自分一人だけ戦略を変えても得をしないということが、すべての人について成り立っている状態）ではない。

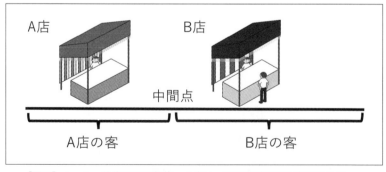

[図48] ナッシュ均衡でない状態　A店は、右に移動すると客が増える。

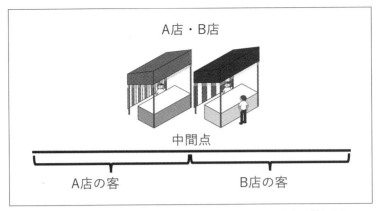

[図49] 立地ゲームのナッシュ均衡　A・B店は、市場の中央で隣り合う。

　A店は中央に寄っていくと客が増える。B店も対抗して中央に寄っていくと客が増える。商店街の中間点に、A店・B店が隣り合う時（図49）、ナッシュ均衡になる。

　立地ゲームのナッシュ均衡は、様々な場面で見ることができる。例えば、対立する2つの政党や、2人の候補者は、特色のある主張をすると、支持する有権者がどちらかに偏ってしまう。2人の候補者が同じような主張をすれば、ナッシュ均衡になり、同じように票を集めることができる。したがって、政治家は、自分独自の意見があったとしても、選挙民が平均的に望むことを言う方が、ゲーム理論では合理的となる。2大政党の政権交代が定着している国では、2大政党が同じような主張をしていることを観察できる[10]。

3．時間を通じたゲーム ── ツリー図 ──

　理論28　**時間を通じたゲーム** ── ツリー図 ──
　ゲーム理論の**ツリー図**（図50）では、自分と相手の行動を、囲碁や将棋のように一手ずつ時間を通じて考えていく。
　1回目の行動を決めるためには、2回目に何が起こるのかを先に分析しなければならない。2回目の行動を決めるためには、3回目に何が起こるのかを先に分析しなければならない。時間を通じたゲームで**行動を決めるためには、ゲームを時間の後ろから順に解くと良い**[11]。

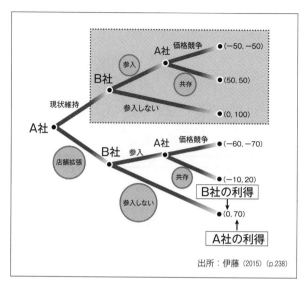

［図50］ツリー図

　A社、B社というライバル企業があり、A社だけが、ある街に店を持っていて儲かっているとする。B社も同じ街に出店することを考えている。A社は店を拡張するべきか？　現状維持にするべきか？
　ツリー図は、行動を場合分けして考える。
　まず、A社には、ある街の店を①現状維持にする、②拡張するという2つの選択肢がある。**図50**の左のA社から①「現状維持」②「店舗拡張」という2つの枝分かれが書かれているのは、A社の2つの選択肢を表している。
　次は、B社の行動である。B社がどう行動するか想像するのではなくて、B社の採りうる行動を、すべて場合分けして考える。B社は①同じ街に出店する、②しないという2つの選択肢を持っている。**図50**のA社の2つの選択肢の先に、B社の①「参入」②「参入しない」という2つの選択肢の枝分かれが書かれているのは、B社の2つの選択肢を表している。
　さらに、B社が参入しなければ平和だが、B社が街に出店して参入してくる場合、それに対してA社は、①価格競争をしかけて利益は出ないけれども相手の店をつぶそうとする、②B社の店と共存するという2つの選択肢がある。**図50**の一番右の枝分かれは、それらの選択肢を表している。
　ここまでで、A社、B社の行動の選択肢をすべて書き表した。
　そうしてから、**すべての選択肢のA社、B社の利得を、時間の後ろから評価してい**

く。

　A社が現状維持で、B社が①出店してきて、A社が①価格競争をしかけて利益は出ないけれども相手の店をつぶそうと戦えば、A社、B社の利得は「A社−50，B社−50」と両社とも良くない。というように右上から順番に、利得を評価していき、**図50**の一番右の列に（B社の利得、A社の利得）を書き込んでいく。

　ここまで準備して、A社の採るべき選択肢を考える。

A社が現状維持する場合、

　　B社が参入しない場合は、B社は利益も損もなく、A社は市場を独占する (100,0)

　　B社が参入すると

　　　両者が価格競争すると傷つけあって（−50、−50）

　　　両者が共存するとまあまあ利益を得て（50，50）

　　B社が参入した前提では、A社はより得な共存を選ぶのが合理的である。

　　B社は、参入しない場合利得「0」＜参入する場合利得「50」なので参入する選択肢を選ぶのが合理的である。

A社が店舗拡張する場合

　　B社が参入しない場合は、B社は利益も損もなく、A社は市場を独占するが費用がかかるので (70，0)

　　B社が参入すると、A社は店舗拡張、B社は参入の費用を使うため

　　　両者が価格競争すると傷つけあって（−70、−60）の利得

　　　両者が共存するとまあまあ利益を得て（20，−10）の利得

　　A社の利得が多い理由は店舗拡張の方が参入より費用が安いからである。

　　B社は最も利得が多い（ましな）(70，0) の利得を選択し、参入しない選択をするのが合理的である。

　　A社は、B社の行動のすべての選択肢を評価して、B社の合理的な行動を考えると、A社が店舗を拡張する場合は利得70、現状維持する場合は利得50になる。A社は、店舗を拡張する選択をするのが合理的なので、店舗を拡張する。

　　この行動が、A社、B社の行動の**ナッシュ均衡（自分一人だけ戦略を変えても得をしないということが、すべての人について成り立っている状態）**になっている。

　　このように、ゲーム理論のツリー図を考えることで、**相手が合理的な選択をする場合、自分がどう行動すればベストな結果を得られるかを考えながら、行動を決めることができる。**

4．繰り返しゲーム

|理論29| 繰り返しゲーム

　繰り返しゲームは、参加者が、今回だけでなく、将来も同じ参加者で同じようなゲームをするものをいう[12]。

　例えば、囚人のジレンマで大きな罰を受けた2人が、刑を終えた後に話し合って「次回は2人とも白状しない」約束をして守れば、次回以降は、捕まっても囚人のジレンマにならず、高い利得を得続けることができる。しかし、1人だけが裏切ると得をすることができるので、**裏切りの誘惑**が常にある。繰り返しゲームを成功させるためには、「裏切った人を、裏切りによる得よりもひどい目に遭わせる罰を与える」ことが必要になる[13]。

　時間を通じたゲームの分析で明らかになった重要なことは、"**長い付き合いをすれば、人間はお互いを信頼して協力関係を作ることができる**"ということである[14]。長期的関係を結べば、利己的な個人も協調できることを、数学で証明できた[15]。

提供：時事通信社（2011年3月12日）東日本大震災・コンビニに長蛇の列。
停電が続くコンビニエンスストアに、食料などを求めて住民らの
長蛇の列ができた（宮城・仙台市若林区）

[写真3] 深刻な災害でも略奪が起きず、静かに列を作る日本人に世界が驚き称賛した

第4章　ゲーム理論　121

　日本人は、ルールを守り、恥にならないように振る舞い、お互いを信頼して協力関係を作る傾向が強い（**写真3**）。これは、日本社会が、世代交代はするものの、同じと考えてよい"参加者"が、繰り返しゲームを長期にしてきたからと考えることができる。

　日本の統治システムは、西暦645年の大化の改新で、当時の最先端の政府・統治システムを導入してから、変化しながらも断絶せずに継続している。2024年まで1380年間、安定した繰り返しゲームが続いているから、お互いを信頼して協力関係を作る傾向が強いと解釈できる。

　「日本人が人類の中で特別に強い道徳心を持つＤＮＡを持っている」と考えるよりも、合理的な説明と言える。

[注]
1) 神取（2014）（p.vi）
2) 参議院調査室 https://www.sangiin.go.jp/japanese/annai/chousa/rippou_chousa/backnumber/2018pdf/20180801002.pdf　（2023/10/24取得）
3) https://jshet.net/old/annals/het47-50/4901/okada4901.pdf　（2023/12/22取得）
4) 神取（2014）（pp.305-307）
5) 神取（2014）（p.310）
6) ブリタニカ国際大百科事典 小項目事典
7) 公正取引委員会 https://www.jftc.go.jp/houdou/pressrelease/2023/mar/230330_daisan.html　（2023/10/24取得）
8) 神取（2024）（pp.40-44）
9) 精選版 日本国語大辞典
10) 神取（2014）（pp.321-323）
11) 神取（2014）（p.359）
12) 神取（2014）（p.391）
13) 神取（2014）（p.397）
14) 神取（2014）（p.390）
15) 神取（2014）（pp.391-397）

第 5 章　情報の経済学

　伝統的なミクロ経済学が、費用なしで完全な情報を得られると仮定するのに対して、情報の経済学は、得られる情報は不完全であり、新しい情報を得るためには費用がかかる。自分と相手では持っている情報が違うことがあり（**情報の非対称性**）、相手の情報を得るには費用がかかると仮定して分析する。1970年のアカロフの「レモン市場」の論文（2001年、ノーベル経済学賞[1]）から急速に発展した[2]。

○この章のリサーチクエスチョン
　得られる情報は不完全であり、新しい情報を得るためには費用がかかる、情報の非対称性があるときの行動はどうすれば良い？
　人を動かす方法の一つはインセンティブ。他には？　シグナル　ナッジとは？

○キーワード
　代理人（エージェンシー）
　保険
　危険回避的　危険中立的
　モラルハザード

○理論
　エージェンシー理論
　逆選択
　シグナル

1．保険

　保険は、火災、死亡など偶然に発生する事故によって生じる経済的不安に備えて、多数の者が掛け金を出し合い、それを資金として事故に遭遇した者に一定金額を給付する制度をいう。生命保険、損害保険などがある[3]。

第5章　情報の経済学　123

　保険の起源は紀元前2250年頃、バビロンのハンムラビ王の時代という。隊商による交易が活発だったものの、自然災害や盗賊に襲われるなどのリスクがあったため、損害を受けた隊商をほかの隊商全体で助けようという申し合わせがあった。

　17世紀、ロンドンに社交や商談の場となるコーヒー・ハウスが増えた。エドワード・ロイド（Edward Lloyd）が始めたロイズ・コーヒー・ハウスは、海運業者や貿易商人、海上保険業者が船舶や積荷の売買、海上保険の取り引きなどを行っていた。そのため、ロイドは海外情報に精通することができ、その情報を公開したことからロイドの店は繁盛し、彼の店を拠点とする海上保険業者はロイズ（Underwriters of Lloyd's Coffee House）として知られるようになった。ロイズは、現在も損害保険会社として存続しており、損害保険のルーツといわれている。

　伝統的なミクロ経済学は、保険は、リスク（危険）を避けることに違う効用（良いなと思うこと）を持つ複数の人が取り引きすると、全員の効用が上がるから成り立つと説明する。

　一般の消費者は、火事、自動車事故、けが、入院などのリスクを避けたいと考える。このような人を**危険回避的**という。他方、保険会社は大きな資産を持っているので、保険料の収入や、事故への保険支払いで収支が増減しても、あまり困らないと考えられる。このような人を**危険中立的**という。

　危険回避的な一般の人が、危険中立的な保険会社に保険料を払い、事故の時に保険金をもらえるという契約をすると、火事、自動車事故、けが、入院などがあっても、**損害、支出を小さくでき、効用が上がる。**他方、危険中立的な保険会社は、保険料の収入と事故への保険支払いで収支が増減しても、長い目で見ると保険料収入の方が大きい（**事故の確率を考えると収支の期待値はプラス**）なので、**効用が上がる**[4]。一般の人も保険会社も効用が上がり、両方が良いと感じるので保険が成り立つと説明できる。

　期待値は、偶然に支配されていろいろな値をとる数があるとき、それが平均してどの程度の値をとるかを示す量をいう[5]。

　伝統的なミクロ経済学は、費用なしで完全な情報を得られると仮定しているので、保険会社と一般の消費者の間にトラブルの種はないと考える。

2．エージェンシー理論

理論30　エージェンシー理論
　エージェンシー（agency, 代理人）理論は、情報の経済学で、**代理人を、きちんと働かせるにはどうしたらよいか考える理論**をいう。

会社のオーナーは危険中立的な人、雇われた経営者は危険回避的な人だとすると、会社のオーナーとしては、経営者が業績を長期に向上させてくれればよい。その年その年の業績が良くても悪くても、報酬が同じであれば、経営者はうれしい。このように、①会社のオーナーは長期的な会社の成長で満足し、②雇われた経営者は報酬が安定するので満足し、両方の効用（良いなと思うこと）は上がり、経営者を雇う契約は成立する（保険の理論）。

　しかし、業績が良くても悪くても報酬が同じであれば、雇われた経営者は安心してしまって怠けて、長期的な会社の成長が達成できないかもしれない。会社のオーナーは、それを見張ることができないので困る。

　情報の非対称性は、企業、経営者、消費者などが、自分しかわからない情報を持っていることをいう。

　エージェンシー理論は、エージェンシー（代理人、依頼される人）がまじめにやるか怠けるかは、依頼する人にはわからない情報で、**エージェンシー（代理人）本人しかわからない情報**である、**情報の非対称性がある**と考える。

　エージェンシー理論は、情報の非対称性があるので、情報の非対称性がない場合に比べて、

①**雇われた経営者の報酬に、業績と連動させたインセンティブを与えないといけない**。まじめにやるか怠けるか、わからないので、まじめにやるように動機づけする必要があるからである。

②報酬がその年その年の業績によって変動するリスクがあるので、危険回避的である雇われた経営者の効用は下がってしまう。このため、情報の非対称性がない場合よりも**報酬を少し高くしないと経営者を雇うことができない**。これは、情報の非対称性で生ずる“会社のオーナーのコスト”であり、“社会的コスト”でもある[6]。

　インセンティブは、人に動機づけするような刺激となるようなものをいう。主なものは、昇給、昇進・昇格、一時金（賞与・ボーナス、報奨金等）、職場環境、労働条件の改善など[7]である。

3．モラルハザード

　モラルハザード（moral hazard）は、隠された行動があるときや、行動が観察できないときは、適切な行動をとるように当事者を動機付けすることが難しくなることを

いう。モラル（moral）は、道徳・倫理、ハザード（hazard）は危険・障害物をいう。

例えば、火災保険の会社は、加入者が「火災保険に入ったから安心してしまって火の用心をさぼるかどうか」を、いつも見張っていることはできない。

会社のオーナーが、経営者を雇って会社を経営させるとき、会社のオーナーは、経営者がまじめに経営するかどうか、いつも見張っていることはできない。

4. 逆選択（reverse selection）とシグナル

理論31 逆選択

逆選択（reverse selection）は、隠された情報があるときに、市場の失敗が起こることをいう。逆選択による市場の失敗を防ぐためには、隠された情報をうまく引き出す工夫が必要になる。

例えば、自動車保険で、「事故を起こしやすい人は保険に入りたがる」「事故を起こしやすいかどうかは、隠された情報なので本人しかわからない」とする。保険会社が、平均的な事故率で保険料を設定すると、

①優良ドライバーは、保険料が高すぎるので加入しない。

②事故を起こしやすい人は、保険に入る。

ということになり、保険に入った人の事故率は高く、保険料支払いが多くなる。保険会社は採算が合わないので自動車保険を提供できなくなる。

この例で、**逆選択は、保険が"事故を起こしやすい人だけを選んで集めてしまっている"**ことをいう。

理論32 シグナル

経済学で、**シグナルは、隠された自分の情報を他人に伝える行動**をいう。

シグナルの例は、

企業の経営の健全性のシグナルは、**株式の配当金**である。儲かっている企業は配当金を出せるが、資金繰りが厳しい企業は、決算をごまかすことはできても、高い配当金は出しにくい。

缶コーヒーの美味しさのシグナルは、**広告に大物俳優を使う**ことである。飲んでみて美味しくないと広告費が無駄になる。広告に大物俳優を使って費用をかけているということは、味に自信があるからだろうというシグナルになる。

自動車保険で、逆選択による市場の失敗を防ぐためには、隠された情報をうまく引き出す工夫が必要になる。自動車保険の損害補償に**自己負担額**を入れると、事故を起こしやすい人がわかる。例えば、事故を起こしたときに、
　タイプＡ：３万円は自己負担で、高い保険料
　タイプＢ：10万円は自己負担で、安い保険料
を設定すると、優良ドライバーはタイプＢ、事故を起こしやすい人はタイプＡに入る。

　暑い夏でも**ネクタイをしてスーツ**を着ていると、まともな社会人だと思われやすい。

　鹿の雄が大きな角を持っているのは、大きな角は何の役にも立たず、めんどうなだけなので、それでも生きているということは、生活力があり、病気への抵抗力も強いと、雌にシグナルを送るためという。
　生物学でハンディキャップの理論は、雄が生存に不適切な形質を発達させて自らの強健さを雌にアピールする進化をいう[8]。

[注]
1) 小学館　日本大百科全書 (ニッポニカ)
2) ブリタニカ国際大百科事典 小項目事典
3) 小学館デジタル大辞泉
4) 神取 (2014) (pp.399-403)
5) 平凡社世界大百科事典 第２版
6) 神取 (2014) (pp.403-417)
7) アクティブアンドカンパニー　人材マネジメント用語集
8) 朝日新聞 知恵蔵

第6章　行動経済学

1. 行動経済学の成り立ち

　行動経済学（behavioral economics）は、経済的な意思決定を説明するために、人の行動に関する心理学を採り入れた経済分析をいう。1979年のカーネマン、トバースキー（Kahneman, Tversky）のプロスペクト理論の論文（2002年ノーベル経済学賞）から発達し、伝統的なミクロ経済学で説明できなかったいくつかの経済・社会現象をうまく説明できるようになった[1]。

　伝統的なミクロ経済学は、人間は全知全能だという"経済人（けいざいじん）"という仮説を置いて考察する。しかし、「経済人の仮説では現実の人の行動を十分に説明できない」ことから行動経済学は発展した。行動経済学は、人の意思決定プロセスには、人や社会の"認知、感情バイアス（偏見）"があるので、誤った意思決定、行動になりうることを説明した[2]。心理学と経済学の融合といわれるが、重要な研究貢献は、ミクロ経済学者から多く行われている[3]。

―――

○この章のリサーチクエスチョン
　経済人の仮説を使わない経済学とは？
　人間には、自動システム、熟慮システムという2つの認知システムがあることで、経済行動はどうなるか？

○キーワード
　限定合理性
　ヒューリスティック（経験則や先入観）
　マーケティングへの応用

○理論
　経済人の仮説
　人が誤った意思決定をしがちなことを説明する理論　アンカリング効果　利用可能性　代表性（固定概念や偏見）　楽観と自信過剰　現状維持バイアス　フレーミング

効果　サンクコスト効果　バンドワゴン効果　メンタルアカウンティング（心の中の会計区分）　保有効果　うっかり、ぼんやりミスをする　スラッジ
プロスペクト理論
ナッジ

1-1. 経済人の仮説と人間の意思決定

理論33　経済人の仮説

　経済人（homo economicus, ホモ・エコノミクス）は、人は「経済的なことがらについて、情報を分析して合理的に考え、効用、利得を最大にするよう意思決定する。他人の効用、利得は考慮しない」というミクロ経済学の仮説をいう。経済人の仮説は、考察の方法論としての仮説であり、現実の人間をそうだと考えているわけではない[4]。

[表6] 経済人の仮説と行動経済学が考える人

経済人（伝統的なミクロ経済学の仮説）	行動経済学が考える "人"
完全情報。市場に関してすべての情報を持つ。	市場に関して知らない情報がある。 **限定合理性**：合理的であろうとするが、人間なので、認識能力に限界があり、限られた合理性しか持てない[5]。
自分の効用、利得を最大にするよう意思決定する、他人の効用、利得は考慮しない。	自分の効用、利得だけでなく、他人の効用、利得も考慮する。
経済的なことがらについて、情報を分析して合理的に考える。	**ヒューリスティック**（経験則や先入観）で、不合理な判断もする。
冷静で無駄なことはしない。	感情的で無駄なこともする。

出所：真壁（2022）(p.13) から著者作成。

　人間の歴史を見ると、全知全能と仮定する「経済人」から見れば「誤った意思決定になる」になることをたくさんしている。これらの「誤り」は、現実の人間心理を考慮すると必然である面もある（**表6**）。いくつかの「人間が誤った意思決定をしがちなことを説明する理論」で、経済活動で人間が間違えることも合理的に理解できるという学問が、行動経済学である[6]。

第6章　行動経済学　129

1-2. 人間の2つの認知システムとヒューリスティック

人間には、自動システム、熟慮システムという2つの認知システムがある。

自動システムは、速く直感的に考え、本能的に反応する。自動システムに頼りすぎると判断ミスをしやすい。一方で、例えば、散歩しているときに、突然、何か重要なアイデアが浮かぶのは自動システムによる。

熟慮システムは、遅くてじっくり考える。例えば、母国語は自動システムで話せるが、多くの人は、外国語は熟慮システムで話す[7]。

ヒューリスティック（Heuristic, 経験則や先入観）は、意思決定の場面で、論理で一つひとつ確認しながら判断するのではなく、経験則や先入観に基づく直感で素早く判断することをいう。人は、日々の問題を解決するためにヒューリスティックを使う。人は以下のようなときにヒューリスティックで判断しやすい[8]。

1. その問題を注意深く考える時間がない
2. 情報が多過ぎて十分に処理できない
3. その問題が自分にとってさほど問題ではない
4. 意思決定に用いる他の知識や情報がほとんどない

2. 人が誤った意思決定をしがちなことを説明する理論

> |理論34| 人が誤った意思決定をしがちなことを説明する理論
>
> 人が誤った意思決定をしがちなことを説明する理論には、アンカリング効果、利用可能性、代表性（固定概念や偏見）、楽観と自信過剰、プロスペクト理論、現状維持バイアス、フレーミング効果、サンクコスト効果、バンドワゴン効果、メンタルアカウンティング（心の中の会計区分）、保有効果、うっかり、ぼんやりミスをするがある。

アンカリング効果

最初に提示された数字が頭に残り、再提示された数字への認識が正常に働かない状態をいう。「通常価格10万円が、今ならセールで5万円」など、元の価格とディスカウント価格を見比べてお得に感じることなどがこれにあたる[9]。

利用可能性

入手しやすい情報、目立つ情報は、利用可能性が高い情報で、人の判断に、認知、感情バイアス（偏見）をもたらす。例えば、地震が起きると地震保険に入る人が急増するが、記憶が薄れるにつれて新規加入は少なくなる[10]。

代表性（固定概念や偏見）

見た目や特徴をもとに、ものごとの判断を行うことをいう。例えば、金髪で青い目の人が困っているようだったので、外国人だと思い英語で話しかけた。警察官を名乗る制服姿の人間が訪問してきたので、信頼して個人情報を話してしまったなど[11]。

楽観と自信過剰

人は、非現実的なほど将来を楽観視し、自己評価が高い傾向がある。例えば、結婚や起業に関して、実際に失敗する確率よりも、人は低い確率でしか失敗しないと考えている[12]。

| 理論35 | プロスペクト理論

不確実な状況を評価するとき、人々は損失を避けようとする習性（損失回避性）や、事象が発生する確率を歪めて認知してしまうことを説明する理論をいう。

例えば、当たる可能性が低くても、過度な期待で宝くじを買ってしまう。株式投資などで損切り（投資家が損失を抱えている状態で保有している株式等を売却して損失を確定させること[13]）が難しい。などが、プロスペクト理論で説明できる[14]。

レジ袋の削減をしたいときに、エコバッグを無料で配るよりも、レジ袋を有料化する方が効果的であったという。人は、わずかな金額でもお金を失いたくない（損失回避性）からと考えられる[15]。

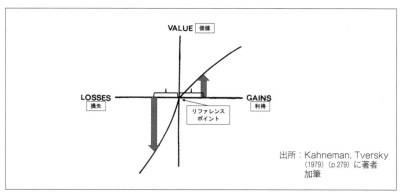

[図51] プロスペクト理論の価値関数

第6章　行動経済学　131

　図51は、縦軸に価値（効用、満足度）、横軸に利得と損失を示し、軸の交点はゼロ点ではなく、リファレンスポイントである。

　リファレンスポイントは、心の中の期待の参考点で、期待よりも結果がプラスなら利得と認識されて価値（効用、満足度）はプラスになる。期待よりも結果がマイナスなら損失と認識されて価値（効用、満足度）はマイナスになる。

　例えば、レジ袋は無料だと期待していたのに、5円取られると、損失と認識されて価値（効用、満足度）はマイナスになる。

　図51の右上側の曲線は、45度線ではなく、だんだん緩やかになっている。リファレンスポイントを超えて利得が得られたとき、利得の大きさに比例して価値（効用、満足度）が増えるのではなく、だんだん増えなくなると考えている。ミクロ経済学の経済人は、金額に応じて効用が増えるので45度線になる。しかし、プロスペクト理論は、1億円の利得の価値（効用、満足度）は、100万円の価値の100倍よりは小さいと考える。

　図51の左下側の曲線は、右上側よりも急に下がっている。リファレンスポイントから同じ金額の利得と損失に対応する価値（効用、満足度）を比較すると、損失の方が価値のマイナスが大きいと考える。これは、例えば、レジ袋の削減をしたいときに、エコバッグを無料で配るよりも、レジ袋を有料化する方が効果的であったという経済行動を説明できる。

コラム2

アレの逆説

　"経済人"の仮説が成り立たないことを示す"アレの逆説（Allais Paradox）"がある。モーリス・アレ（Maurice Allais, 1911～2010）は、フランスの経済学者、物理学者で、1998年ノーベル経済学賞を受賞した[16]。

　1回目の選択は、
　　オプションA：確実に1,000ドルがもらえる。
　　オプションB：10%の確率で2,500ドルがもらえて、89%で1,000ドル、そして
　　　　　　　　　1%は賞金なし。
　多くの人は、オプションAを選択する。

　2回目の選択は、
　　オプションA：11%の確率で1,000ドルがもらえて、89%は賞金なし。
　　オプションB：10%で2,500ドルがもらえて、90%は賞金なし。
　多くの人は、オプションBを選択する[17]。

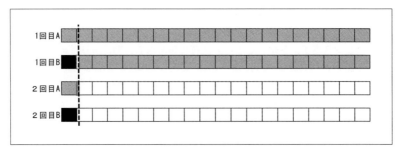

[図52] アレの逆説

　しかし、**図52**で見ると、１回目、２回目のオプションA,Bともに、89％については、賞金が確実にもらえるか、もらえないか同じ内容である。したがって、"経済人"なら、残りの11％についての選択になるはずである。１回目、２回目ともに、
　オプションA：11％について、確実に1,000ドルがもらえる。
　オプションB：11％について、10％で2,500ドルもらえる。１％は賞金なし。
　と、同一である。"経済人"なら１回目と２回目の判断は、AかBかで一致していないといけない。

　１回目の選択では、確実に1,000ドルがもらえるのに、もらえないと効用ががっくりと下がるので、確実に1,000ドルもらう方を選択する。
　２回目の選択では、確実にもらえる選択肢はないので、期待値が高い方を選択する。と考えられる。

　アレの逆説は、"経済人"の仮説では人の意思決定を十分に説明できない例示である。プロスペクト理論は"人は期待よりも悪くなると大きく後悔する"ことを理論化し、アレの逆説がどうしてそうなるかを論理的に説明できた。

現状維持バイアス（bias, 傾向）

　人は、今置かれている状況にこだわる傾向がある。例えば、学生は教室で同じ席に座る傾向がある。３か月無料のサービスがあると、多くの人はキャンセルするのを忘れ、自動的に正規料金を払い続ける。デフォルト（Default, 初期設定）に設定された製品は、多くは大きな市場シェアを占めるなど[18]である。

フレーミング効果

　表現する枠組みを変えることで、同じモノ・コトに対する価値の感じ方が変わる状

態をいう。「ビタミンC 1g配合」より、「ビタミンC 1,000mg配合」という表記の方が、より多く配合されていると錯覚するなどがこれにあたる[19]。

サンクコスト（sunk cost）効果

すでに支払ったコストに気をとられ、「せっかくだから」「もったいないから」という心理が働き、正常な意思決定ができない状態をいう。バイキングレストランでの食べ過ぎや、コレクション品をせっかく途中まで集めたので全部集めたいなど[20]をいう。sunkは、救いようがない、すっかり駄目という意味である。

バンドワゴン効果

「みんながそうするから」と、多くの人が選択したものに対し、本来の価値より大きく感じてしまうなど、正常な判断ができない状態をいう。「販売部数10万部突破！」といったキャッチフレーズに引き寄せられたり、行列のできるラーメン店に魅力を感じたりといった行動がこれにあたる[21]。

バンドワゴン（band wagon）は、パレードで楽隊を乗せて走る、飾りを付けたワゴン車。転じて、流行、傾向をいう。

メンタルアカウンティング（心の中の会計区分）

人が支出の意思決定をする際に無意識に行う行動で、心の中で"家計費"や"娯楽費"というようにアカウンティング（accounting, 会計）を別々に考えることにより、支出の意思決定を単純化することをいう。合理的に全体の資産の中での効果を考えるのではなく、狭い勘定項目の中でのやりくりで判断する。同じおカネでも、入手方法や使い道で無意識に重要度を判断することもある。無意識なので、不合理な選択をする傾向がある。

例えば、ある実験で、映画を見に行こうとして、1000円の前売りチケットを買った。映画館に入ろうとして、自分がチケットをなくしたことに気づいた。もう一度1000円を払って映画のチケットを買いますか？という問いに対して、「もう一度買う」と答えた人は46％だった。

料金が1000円の映画館に、映画を観に行き、劇場でチケットを買おうとした時、1000円をどこかで落としたことに気づいた。1000円を払って映画のチケットを買いますか？という問いに対しては、88％の人が映画のチケットを購入すると答えた。

どちらの例でも"失った金額"は1000円で同じだが、娯楽費という心の中の会計で考えると、チケットを再度購入すると2000円かかることになり、割高に感じられる。1000円の現金をなくすことは娯楽費とは関係ないので、映画代に1000円出すことは苦にならないと、メンタルアカウンティングで、この結果を説明できる[22]。

ギャンブル（賭け事）で儲けたおカネをパッと使ってしまう傾向も、メンタルアカウ

ンティングで説明できる[23]。「悪銭身に付かず」ということわざは、不正な手段で得た金は、手元に残らないで、すぐに無くなってしまう。労せずして手に入れた金は、結局、後に残らない[24]ことをいう。

保有効果 (エンダウメント効果, endowment effect)

自分が所有したモノは価値が上がり、手放したくないという傾向をいう。ある実験で、参加者に宝くじ（200円相当）か 200円を与えた。しばらくして、参加者に、「宝くじとお金を交換できますよ」という機会を与えたが、交換した人はほとんどおらず、自分に与えられたものを好んだ。これが保有効果である。保有効果は、損をしたくないというプロスペクト理論や、損失回避性、現状維持バイアスに関係している[25]。

うっかり、ぼんやりミスをする

人の注意力には限りがあり、ミスしてしまう。その対策としては、あらかじめ、チェックリストを作る方法がある。例えば、手術するときに感染症を起こさないためには、事前に手洗いするなどのチェックリストを作って守ることが有効である[26]。

スラッジ (sludge, ヘドロ、汚泥、どろ)

スラッジは、良い行動をできなくする仕組みをいう。不利な選択へ誘導するなど、合理的な行動をさせない仕組みをいう[27]。例えば、政府の助成金申請の手続きが必要以上にめんどうなので、多くの人は助成金申請をしない。多くの人は、3か月無料のサービスをキャンセルするのを忘れ、自動的に正規料金を払い続ける。「申請したら、買った価格の一部を現金で戻します（キャッシュバック, cashback）」という宣伝で、買う人は増えるが、手続きがめんどうなので申請する人は少ない[28]などをいう。

以上、**人が誤った意思決定をしがちなことを説明する理論**を見てきた。

例えば、温室ガスは減らすべきなのに対策が進んでいないことは、「温室ガスは減らすべきなのに、現状維持バイアスがあって、車を使い続けたい、今の生活は変えたくない。炭素税は温室ガスを減らす有効な手段なのに、費用を払いたくない」など、プロスペクト理論、損失回避性で説明できる。

3. ナッジ

理論36 ナッジ

行動心理学で、**ナッジ**（nudge, 注意を引くために肘で軽くつつく）は、人に対して、ある選択を禁ずることなく、おカネで誘導することもなく、人の行動を予測できる形

で変えるものをいう[29]。

　有名な例は、オランダの空港で、男子用トイレの小便器に「ハエ」の絵を描いた（**写真4**）ところ、清掃費が80％も減ったという話がある[30]。

出所：Wikimedia Commons

[**写真4**] 男子用トイレの小便器に「ハエ」の絵を描いた

　別の例は、家庭の電力使用量を、近所の家庭と比べて多いか少ないか、電気を節約するにはどうしたらよいかを情報公開したら、2％電力使用を節約できた。2％の電力使用の節約を、電力料金の値上げでやろうとすると、11〜20％上げなければならないという調査がある。
　電力料金の値上げをせずに、情報公開で電力使用を節約できることはすごいことで、ナッジが優れた対策であることがわかる[31]。

4．マーケティングへの応用[32]

　行動経済学と経営学のマーケティングは関係があることが知られている。例えば、イケアの家具は、自分が組み立てるので愛着が強くなる。自分が所有したモノは価値が上がるという**保有効果**を使っている。

　手間がかかるパンケーキ粉の方が、簡単にできるパンケーキ粉よりも売れた。自分が所有したモノは価値が上がるという**保有効果**と、食べる人は作る人に手作りを求め

るという**代表性（固定概念や偏見）**を使っている。

2000円と1980円で売れ行きが違うのは、表現する枠組みを変えることで、同じモノ・コトに対する価値の感じ方が変わる**フレーミング効果**を使っている。

同じようなお菓子、お土産でも、パッケージデザインで売れ行きが違うのは、表現する枠組みを変えることで、同じモノ・コトに対する価値の感じ方が変わる**フレーミング効果**に拠る。

テレビショッピングでは、「通常価格10万円が、今ならセールで5万円」など、元の価格とディスカウント価格を見比べてお得に感じる**アンカリング効果**を使っている。有名人を使うことで、**利用可能性（入手しやすい情報、目立つ情報）**を使っている。「今から30分だけ値引き」と言うことで、買わないと大きく損をしてしまうのではないかという**プロスペクト理論、損失回避性**を使っている。

〇さらに学びたい人へ

【推薦図書2】ミクロ経済学の力

神取道宏（2014）『ミクロ経済学の力』日本評論社
　　東京大学経済学部2年生（文科Ⅱ類）の教科書である。東大経済学部のほとんどの学生は、卒業後、研究者ではなく社会人になる。その前提で、一からわかりやすく、大学院の初級くらいまでのミクロ経済学の内容を、2年生に教えるのが東大経済学部の伝統だという。きちんと読めば、この本だけで、使用している数学を含めて内容を理解できる。

【推薦図書3】 実践 行動経済学 完全版

Richard H. Thaler, Cass R. Sunstein（2021）Nudge, Yale University Press
（リチャード・セイラー , キャス・サンスティーン , 遠藤 真美（訳）（2022）『**実践 行動経済学 完全版**』日経BP

［注］
1）小学館　日本大百科全書（ニッポニカ）
2）Oxford Reference を著者意訳。

3) 2023年10月、神取 道宏 特別教授の講演の「ホモエコノミカスを打ち破る行動経済学が、伝統的な経済学の本場であるハーバード大学とＭＩＴからでてきた」。神取（2024）(p.45)
4) ブリタニカ国際大百科事典 小項目事典
5) ダイヤモンド・オンライン
6) 2023年12月、宮本 光晴 専修大学経済学部名誉教授。
7) Thaler, Sunstein（2021）（セイラー , サンスティーン（2022）(pp.74-82)）
8) グロービス経営大学院
9) EL BORDE 野村證券
10) Thaler, Sunstein（2021）（セイラー , サンスティーン（2022）(pp.59-61)）
11) Sprock
12) Thaler, Sunstein（2021）（セイラー , サンスティーン（2022）(p.64-66)）
13) ＳＭＢＣ日興証券　初めてでもわかりやすい用語集
14) EL BORDE 野村證券
15) Thaler, Sunstein（2021）（セイラー , サンスティーン（2022）(pp.67-68)）
16) https://www.nobelprize.org/prizes/economic-sciences/1988/allais/facts/ （2023/11/8 取得）
17) Oxford Reference から著者作成。
18) Thaler, Sunstein（2021）（セイラー , サンスティーン（2022）(pp.69-71)）
19) EL BORDE 野村證券
20) EL BORDE 野村證券
21) EL BORDE 野村證券
22) SMBC ビジネスクラブ
23) Thaler, Sunstein（2021）（セイラー , サンスティーン（2022）(pp.100-104)）
24) ことわざを知る辞典
25) Oxford Reference を著者意訳。
26) Thaler, Sunstein（2021）（セイラー , サンスティーン（2022）(pp.140-142)）
27) 日本の人事部
28) Thaler, Sunstein（2021）（セイラー , サンスティーン（2022）(pp.214-246)）
29) Thaler, Sunstein（2021）（セイラー , サンスティーン（2022）(p.31)）
30) https://diamond.jp/articles/-/304177 （2024/2/17取得）
31) Thaler, Sunstein（2021）（セイラー , サンスティーン（2022）(pp.400-406)）
32) 阿部（2021）(pp.106-131)

第3部 経済事情とマクロ経済学

経済の国際化は、東洋と西洋がシルクロードで交易していたように古代から行われてきた。しかし、1991年以降、地球規模の経済の国際化・グローバル化が急速に進んでいる。現在の経済のグローバル化を理解するためには、大航海時代、近代資本主義、植民地、社会主義国の成立、マクロ経済学の発明、東西冷戦、社会主義国が滅びるといった、現代につながる経済事情の歴史を知る必要がある。

　マクロ経済学や、雇用、生活を守る法律・制度は、19世紀以降、人類が、ひどい景気悪化、戦争、独裁者による虐殺などで、たくさんの犠牲者を出した多くの失敗で得た知恵の蓄積で、時代を超えて必要な不易（いつまでも変わらないこと）の知識である。「すぐに役に立つものは、すぐに役に立たなくなる」という言葉がある。不易の知識は簡単ではないけれども、**マクロ経済学も若い時に基本からしっかりと学んでほしい。**

経済学 ミクロ経済学 第1部　ミクロ経済学Ⅰ 市場メカニズムの理論 1776年　アダム・スミス	第3部　経済事情とマクロ経済学 古代の経済活動 中世、近世の商品経済 大航海時代、近代資本主義 1930年代の世界的な景気悪化		
	1936年　ケインズ マクロ経済学	社会主義 計画経済	第5部 経営学 20世紀初頭～
第2部　ミクロ経済学Ⅱ ゲーム理論 1944年　フォンノイマン 情報の経済学 1970年　アカロフ 行動経済学 1979年　カーネマン、トバースキー 第4部　1945年～現在の経済事情と国際経済学 （ミクロ経済学の応用）	1939～1945年　第二次世界大戦		
	1947～1991年　冷戦 自由経済国		
		社会主義国 ～1991年　社会主義国が滅ぶ	
	1991年～　グローバル化 グローバル化の副作用		
	1991年～　マクロ経済学が世界に		
	2000年～　シリコンバレーの成功 2009～2011年　民主党政権のマクロ経済政策 2012年～　自由民主党政権のマクロ経済政策 2013年～　量的緩和-新しい金融政策- 2020～2023年　新型コロナ感染症 2021年～　米欧中央銀行の利上げと円安 第6部　国際情勢		

［図4］**本書の構成**（再掲）

第7章 人類の発祥から1945年までの経済事情

○この章のリサーチクエスチョン

現在の経済のグローバル化を理解するためには、大航海時代、近代資本主義、植民地、社会主義国の成立、マクロ経済学の発明、東西冷戦、社会主義国が滅びるといった、現代につながる経済事情の歴史を知る必要がある？

平和を願うなら、経済学を理解して、世界経済の安定を保つ必要。平和を祈ったり、戦争に反対したり、戦争を禁止する条約や法律を作るだけでは平和は維持できない？

大恐慌への対処策　マクロ経済学と社会主義とは？

○キーワード

通貨・貨幣
大航海時代
産業革命　近代資本主義
植民地支配　人種差別問題
日本の近代化　白人でない国で植民地にされた歴史がないのは日本、タイ、トルコ
大恐慌　第二次世界大戦

○理論

金本位制
インフレーション　デフレーション
非自発的失業

1. 人類の発祥と経済活動

経済活動は人類の始まりから行われていて、おカネ (money) は、経済活動を促進する発明である。物々交換を補うための間接的な交換手段として、おカネが人々に使

われるようになった。

　現在、**通貨・貨幣は、売買の支払い手段**のことをいう。具体的には、100円玉のように金属を熱して溶かして鋳物の型にはめて形を整えた鋳貨や、紙に1万円と印刷した紙幣などである。

　現在の通貨・貨幣は、複雑で多様な役割や機能、ルールがある。これらを理解するのはたいへんだが、人類の通貨・貨幣に関する試行錯誤や失敗の歴史を学ぶと、なぜ、通貨・貨幣が今の性格になったのかを、わかりやすく学ぶことができる。

1-1. 古代の経済活動

　古代、経済が未発達の頃、人々は欲しいものを手に入れるために**物々交換**を行っていた。

　その後、交換の仲だちをするものとして、生活必需品の米や布・塩などが**物品貨幣**の役割を果たした。技術の発展で、金属を鋳造できるようになり、**金属貨幣**も造られるようになった。

　物々交換だけでは需要と供給のマッチングに限界があるので、中間に、金（gold）などの誰もが欲しがる財貨を使用した。例えば、おコメを持っていて魚が欲しい農家と、魚を持っていておコメが欲しい漁師なら、物々交換ができる。しかし、おコメを持っていて魚が欲しい農家と、野菜を持っていて魚が欲しい農家では、物々交換はできない。そこで、おカネを中間に使用する。農家は、おコメが欲しい人、野菜が欲しい人を探して、その人が持っているおカネと交換する。農家は、手に入れたおカネで、魚でも農具でも、好きなモノと交換できる。これが、人類がおカネを使うようになった理由である。

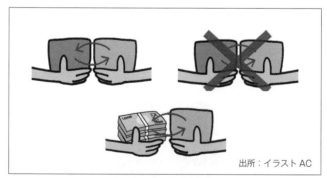

出所：イラストAC

［図53］モノとモノの交換は合意できる場合とできない場合がある。
　　　　お金を仲介させれば何にでも交換できる。

中国では、紀元前16世紀〜8世紀、貝が貨幣として使われた[1]。おカネに関係する漢字に貝がつくのは、このためである。例えば、貨・財・寶・貯・買・購・賃・貴・販・貧・賠・償などである。

古代ギリシャ、ローマなどでも、金属貨幣が作られた[2]。

金属貨幣が利用された理由は、おコメや塩などよりも、価値のわりに軽くてかさばらず、腐らず、水に落としたときに溶けてなくなったりしないので、**持ち運びや貯蓄がしやすい**からである。

1-2. 中世、近世の商品経済 —— 12世紀半ば〜1882年 ——

日本は、12世紀半ば、中国から金属貨幣が大量に流入し、商品経済が発達した。16世紀まで日本は貨幣を発行せず、人々は中国の金属貨幣を使用した。16世紀後半、中国からの銭貨の流入がなくなり、米や金・銀を貨幣として使用するようになった。

織田信長、豊臣秀吉、徳川家康は、金銀鉱山、金属貨幣の製造技術・体制を整えた。江戸幕府は、金貨は額面を表示し、銀貨は重さを計って取り引きし、金属貨幣（銭貨）は、1枚1文とした[3]。おカネを持っていない人を"文無し"というのは「1文も持っていない人」というのが由来である。

江戸時代の通貨体系は次のとおり整備されていた。

　公定相場：金1両＝銀50匁＝銭4000文
　金貨1両（小判1枚）＝ 4分 ＝16朱
　銀貨1匁（≒3.75g）＝10分，1000匁 ＝ 1貫
　銭貨1000文 ＝ 1貫文

慶長大判
1601年

慶長小判・慶長一分金
1601年

慶長丁銀・慶長豆板銀
1601年

寛永通宝
1636年

出所：日本銀行[4]

[写真5] 江戸幕府の通貨

1600年以降、商人や、藩が、小額貨幣の不足や、財政赤字を補うため、紙幣、藩札を発行するようになった。幕末までに、約8割の藩が藩札を発行した。

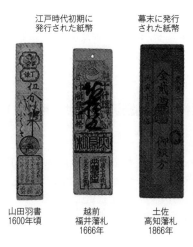

[写真6] 江戸時代の紙幣・藩札

　少額貨幣の不足を補うかたちで円滑に流通した藩札もあったが、乱発により藩札の価値が下落し、モノを買うのにたくさんの藩札が必要になった藩札もあった。例えば、おコメを買うのに、藩札100文だったのが、藩札1000文が必要になったということがあれば、藩札の価値が1/10になり、物価が10倍上昇していることになる。このように、江戸時代にもインフレ（インフレーションの略称、inflation, 通貨価値の下落・物価上昇）はあった。

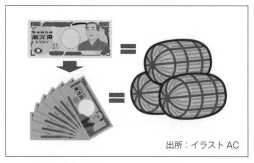

[図54] 裏付けなしに紙幣を印刷して増やすとインフレになる

第7章　人類の発祥から1945年までの経済事情　145

　明治政府は、当初は、江戸時代の金・銀・銭貨や藩札などをそのまま通用させた。幕末から明治維新の戦乱で混乱した貨幣制度を建て直すため、1871年、十進法の貨幣単位「**円・銭・厘**」の制度とし、近代洋式製法による金・銀・銅の新貨幣を発行した。

　後述する金本位制を採用しようとしたが、当時の日本は、金銀が不足していたため、発行された政府紙幣は金銀貨と交換できなかった。西南戦争（1877年）の費用を、政府紙幣の増刷で支払ったので、政府紙幣の価値が落ちてインフレになった。

　1882年、金本位制の確立と近代的な通貨・金融制度のため、**日本銀行を開業**させた[6]。

質問コーナー

Q76　通貨の価値は何によって決まるのですか。
答え　やはり市場メカニズムです。円に人気が出ると円高になり、人気がないと円安になります。

２．15世紀〜1945年

2-1. 大航海時代、近代資本主義 ── 15〜20世紀前半 ──

　15〜17世紀前半の**大航海時代**は、ポルトガル、スペインなどの欧州諸国が地球規模の遠洋航海を行い、新航路・新大陸を発見し、積極的な国外進出を行った。ガマのインド航路開拓、コロンブスのアメリカ大陸発見、マゼランの世界周航など[7]が行われた。世界の大陸や、日本列島を含む主な島、海や海峡などを載せた地球儀や世界地図が作られ、**グローバルな世界の姿が初めて人々に共有**された。

　18世紀後半、英国で蒸気機関などの技術革新による産業・経済・社会の大変革（**産業革命**）が起きた。**19世紀前半**までに産業革命は欧州各国に広がり、機械設備による大量生産によって社会が大きく変化して、**近代資本主義という経済運営の仕組みができた**[8]。近代資本主義を採り入れた欧州諸国は、経済力、軍事力が、短時間で飛躍的に強くなった。古代から4000年以上も世界最高水準の文明を繁栄させてきた中国、インド、中東諸国は、この**短期間で欧州諸国との力関係が逆転した**[9]。

　20世紀初期までの間に、地球上の土地のほとんどすべてが、欧州諸国の**植民地**とな

出所：Wikimedia Commons　坤輿万国全図

［写真7］1602年の世界地図。鎖国時の日本にも輸入された『坤輿万国全図』

った。古代からの生活様式、経済活動に比べて、近代資本主義がいかに効率よく国力を強める優れた仕組みであったかがわかる。

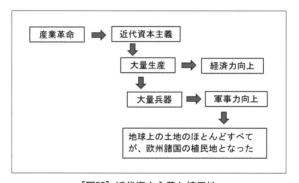

［図55］近代資本主義と植民地

　植民地支配は、アジアは1945年頃、アフリカは1960年まで続いた。アジア、アフリカは、地元の人が中心となって独立国家となった国が多いが、南アフリカや北米・南米は、植民地の支配者の子孫である欧州系住民が数多く定着して、現在も独立国家の支配者層となっている国が多い。
　16世紀から20世紀初期まで、欧米諸国や日本に**軍事的に対抗できなかった国・地域は植民地化**されたか、**半植民地化**（形式的には独立しているが、実質は植民地にされること）された。その多くは、抵抗を試みたが戦いに敗れて植民地化された。
　現在も深刻な**人種差別問題**は、差別する側の、政治的経済的優位性を維持したいという欲望と、社会的、歴史的な人種的偏見による。かつては、米国や南アフリカなど

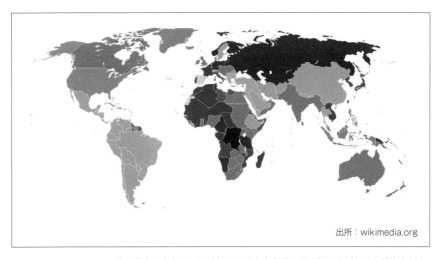

注：北米、南米は、1776年アメリカ合衆国、1816年アルゼンチン独立など、欧州系住民を主導として独立したため、1914年時点では植民地でない。

[図56] 植民地（1914年，各本国を含む）

の国内問題、本国と植民地の問題であったが、植民地各国の独立によって、国際政治の課題になった[10]。人種差別は、支配した側の一部の人たちの心の内面の問題が主因である。地元住民が独立した場合は、旧支配国の一部の人たちが、旧植民地の人たちを差別する構図である。旧支配者の子孫が中心となって独立した場合は、旧支配者の子孫の一部が、地元住民や、他国から奴隷として連れて来られた人たちの子孫を差別する構図である。これらが、白人の一部が有色人種を差別するという人種差別の基本である。そのほかにも、地域の歴史によって、様々な差別や憎しみが世界各地にある。**これらの差別、偏見、憎しみがなくなるめどはまだない。**

米国	アフリカ	世界中の差別
旧支配層（欧州人・白人）	旧支配層（欧州人・白人）	白人
ネイティブアメリカン アフリカからの奴隷 アジアなどからの移住者	アフリカ人	有色人種

[図57] 人種差別の構造

> **質問コーナー**
>
> **Q77** 差別、偏見、憎しみがなくなるめどはまだつかない。とありましたが、どのようなきっかけがあればなくなっていくのでしょうか。
> **答え** 差別する方が、なくす気がないので、なくならないと思います。

2-2. 1867年〜 日本の近代化

　日本は、1867年の大政奉還から明治維新、1872年からの富国強兵・殖産興業策で、近代工業を興し、近代資本主義を実現し、欧米諸国に対抗する軍隊を持つことで、国の独立を守り、植民地にされなかった。1894〜1895年の日清戦争以降は、**武力で植民地を得る側**となった。

提供：富岡市

[写真8] 官営 富岡製糸場 繰糸所(そうし)

　指導者を育成する目的を持った富岡製糸場では、工女の待遇も画期的だった。敷地内には診療所もあり、食事、治療費、薬代も工場負担という好待遇。週7日のうち6日就労、1日は休日、労働時間は1日8時間以内、技能によって階級分けした能力給と、すでに現在に近い労働体系を採り入れていた。
　製糸技術以外に、読み書きや算術、裁縫などを学ぶこともできた。指導者として、社会人としての活躍を期待され、なみなみならぬ使命感とプライドを持って、仕事に勉強にと日々励んでいたことだろう。共に暮らし、互いに競い合い、技を磨く。そうした中で指導者に成長した工女たちは、新たに建てられる製糸場へと全国各地へ羽ばたいていった。

明治から昭和という激動の時代を縁の下から支えたのが、そんな女性たちだった[11]。

明治期の輸出品は、①生糸34.3%、②茶22.1%、③石炭3.6%、④陶磁器2.3%、⑤金属製品2.1%、⑥銅2.0%（1981年）であった[12]。これらの輸出による外貨と外国からの借金で、戦艦三笠など軍備品を輸入した。**1867年の大政奉還から1904年の日露戦争まで38年で、鎖国していた東洋の国からトップレベルの近代資本主義・軍事国家になった。**

国税庁は、「日露戦争は、日清戦争の8倍以上もの軍事費を必要としました。そのため、明治37・38（1904・1905）年の第1次・第2次非常特別税による増税が行われました。非常特別税は、地租や営業税・所得税・酒税など、税目ごとに増税分が決められ、戦争終結後には廃止される限定的なものでした。

明治37年には石油と織物に消費税が課税されるようになり、翌年には恒久的な税として相続税が新設されました。塩が専売制となったのもこの年です。また、酒の密造を防止するため酒母や麹の取締法も制定されました[13]」と解説している。

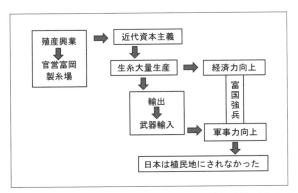

[図58] 日本は欧米の近代資本主義をマネしたので植民地にされなかった

白人でない国で植民地にされた歴史がないのは日本、タイ、トルコである。タイは、19～20世紀初め、英国、フランスに東西から侵略され、国土の多くを失ったが、緩衝地帯（対立する国の衝突を緩和するために設けた中立地帯[14]）となった。自力で独立を維持してはいない[15]。トルコは、13世紀にできたオスマン帝国が東欧、西アジア、北アフリカの広い領土を支配したが、1878年から1920年までに多くの領土を失って現在の領土に縮小しながら独立を維持した[16]。

中国は、アヘン戦争などの強引で正当性がない軍事圧力で、租界（上海などの外国人

居留地）や香港やマカオなどの植民地を作らされ、その後も抵抗を試みたが武力で半植民地化された。1899 〜 1901年、義和団事件が起きた。欧米日諸国の植民地支配に反抗して、義和団（宗教的秘密結社）を中心に民衆が抵抗した。北京の各国公使館やキリスト教会を襲撃し、清朝政府の支持を受けて勢いがあったが、日本を含む8か国連合軍に鎮圧された。この結果、中国はさらに半植民地化された[17]。

2-3. 19世紀末〜 金本位制

| 理論37 | 金本位制

　金本位制（きんほんいせい, gold standard system）は、**19世紀、英国で始まった通貨制度**で、**貨幣と金が交換されることを国が保証する制度**をいう。紙幣や、銅の鋳造貨幣など、そのモノに価値がなくても、国が金との交換を保証してくれたので、人々は安心して使用した。貨幣と金とが自由に交換でき、金貨の輸入や鋳造の自由も保証されていた。19世紀末、大部分の国が金本位制を採用（日本は1897年）し、第一次世界大戦（1914 〜 1918年）で一時停止されたが、戦争の後で復活した。

2-4. 1920年代　ドイツのインフレ

　近代資本主義は、民間企業の自由を尊重し、政府は介入（当事者以外の者が入り込むこと）をしなかったので、**景気が過熱してインフレになったり、ひどい景気悪化でデフレ（デフレーションの略称）になったり**を繰り返した。

| 理論38 | インフレーション

　インフレ（インフレーションの略称、inflation）は、**全体的な物価水準の継続的上昇**のことをいい、野菜だけ値上がりしているなど、特定の財・サービスの価格上昇だけではない状態をいう[18]。

　物価は企業間で取り引きされたり、消費者が購入したりする**商品（財・サービス）の価格水準**という定義[19]で、**土地価格は含まない**。物価と土地価格の統計は別[20]である。
　1985年から日本の土地価格は上がり始めた（バブル）。日本銀行が金融引き締めをしたのは1989年である。この間、地価は上がっていたが、商品の物価は上がっていなかったためである。1989年、バブルはすでに手がつけられないほど進んでいた。失敗である。日本銀行自身も「物価にだけ注目して、土地価格を見ないで金融政策を運営するのでは、バブル防止には手遅れになる可能性がある」と失敗に学ぼうとしている[21]。

　インフレが人々の生活に与える悪影響は、おカネの価値が下がるので、おカネを稼

第7章　人類の発祥から1945年までの経済事情　151

いで持っていても、どんどん価値がなくなってしまうことである。例えば、アルバイトをして1万円のバイト代を夕方もらったとする。次の日の朝起きたら、1万円の価値が半分になって、5000円分の買い物しかできなくなっているとしたら、どう思うだろうか。　高齢者は働けないので貯蓄や年金で暮らしている。老後の資金のために貯めていたおカネが、1年で1/10に価値が下がったとしたら、老後を暮らしていけない。

[図59]　インフレでおカネの価値がどんどん下がる

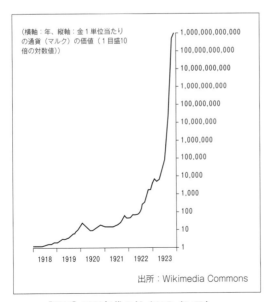

[図60]　1920年代のドイツのインフレ

インフレの有名な例は、第一次世界大戦（1914～1918年）で敗戦したドイツで起こった。ドイツは、多額の賠償金を相手国の通貨で支払うように要求された。最初はなんとか払っていたが、1921年、ドイツ政府におカネがなくなった。そこで、自国通貨（マルク）をたくさん印刷・発行して、相手国の通貨と交換して、賠償金を支払った。そうすると、大量に印刷されたマルクの価値は下がり、インフレが起こった。

1923年、ドイツは歴史的なインフレとなった。図60の最高目

盛りは１兆である。あまりにも大きいので、グラフの目盛りは実数ではなく、１目盛
10倍の対数値を示している。**図60**の1918年と1923年の値を比較すると、1918年、金１
単位は約１マルクだったのが、1923年末、１兆マルクまでインフレが進んだ。人々
は、現金を受け取ると価値が下がるので、できるだけ早く使ってしまおうとした。ど
んどん紙幣の価値が下がるので、金額の大きな新しい紙幣を常に作っていかなければ
ならず、政府は紙幣の印刷に追われた。インフレで物を買うのが困難となり、食料を
手に入れるために何時間も並ばなければならなかった。人々の貯金は無価値になり、
深刻な状態となった。マルクの**購買力**（モノを買う力）が、半日で半分から３分の１に
なるため、賃金や給与はもらったらすぐにモノに替えなければならなかった。小売業
や農民は価格上昇を見越して売り惜しみ、物々交換だけに応じるようになった。**食料
やその他の生活必需品の供給が止まり、各地で略奪や暴動が広がって、1923年９月27
日、戒厳令**（非常時に、立法権、行政権、司法権を軍に任せること[22]）**が出された。**

　都市の商店に食料がないため、農村に買い出しに行くほかなかったが、農民も紙幣
を信用しないので、物々交換しかできなかった。都市住民はわずかなスペースで家庭
菜園を作り、鶏やウサギを飼育して食べた。食料を手に入れられず、子供が栄養失調
になり餓死した。

　一方で、大企業や金持ちは、インフレによってそれまでの**借金が実質的に帳消しと
なり、大きな利益を得た。**インフレを利用して工場、炭鉱、企業、土地などをどんど
ん買った。その支払い額はインフレですぐに無価値なものとなったため、ほとんどタ
ダで大きな富を手に入れた[23]。

（参考）日本の戦後のインフレ

1945年以降、第二次世界大戦敗戦後の日本もインフレになり、都市の住民が農村に
食料を買い出しに行くなど、**何年間も食べること、生きていくことに苦労**した。農家
でない人は食べるものがなかった。1923年のドイツと違うのは、第一次世界大戦の戦
後処理の経験から、米国などの戦勝国が敗戦国に高額な賠償金を要求せず、日本、西
ドイツなどに経済支援をした。歴史の教訓から学んでいる。

　2023年度現在、日本の国債残高（借金）は1,068兆円である[24]。もし、1923年のドイ
ツのように、１兆倍のインフレが起きたら、日本の国債残高（借金）は、インフレ前
の1068円の価値になる。１人がアルバイトで１時間働いた代金で、日本の借金の全額
を返せる。そのかわり、高齢者の貯蓄は無価値になって生活できなくなり、病気の人
や一人親世帯などの生活弱者は生活に困り、農地を持っていない人は飢えて死ぬ。

　日本銀行など世界各国の中央銀行は、物価の安定、インフレ・デフレに対処するこ
とが求められており、なかでも、このような悲惨なインフレの経験から、**インフレを
起こさないことが中央銀行の一番の役目**であると考えている。

第7章　人類の発祥から1945年までの経済事情　153

2-5. 1930年代の世界的な景気悪化

理論39 デフレーション

デフレ（デフレーションの**略称**, deflation）は、有効需要（おカネを持っている人が実際に買ってくれる需要）が供給に対して不足なため、物価水準が下がることをいう。デフレは、需要が減って生産物が売れなくなり、生産が低下し、雇用が減って、失業が増える[25]ことをいう。

　　需要↓→生産↓→雇用↓・失業↑→デフレ（有効需要＜供給、物価↓）

失業（unemployment）は、働く意思と能力があるのに、雇用されない状態をいう。家計からの労働の総供給と、企業による労働の総需要との差が失業である。ケインズは、失業を、自発的失業，摩擦的失業、非自発的失業の3つに分類した。

自発的失業（voluntary unemployment）は、より高い賃金や福利厚生を求めて、職探しのために自分で離職、失業することをいう。転職するときに、次の勤め先が決まってから今の職場を辞めれば失業は起こらない。

摩擦的失業（frictional unemployment）は、ある産業が時代に合わなくなって企業が倒産、廃業したり、社員を解雇する一方で、ある産業は新しいニーズや技術を使って発展して求人をしているときに、人々の転職がうまくいかない場合に起こる失業をいう。人々が、新しい仕事を覚えて、違う業界に再就職しようと思わないと解決しない。

理論40 非自発的失業

非自発的失業（involuntary unemployment）は、マクロ経済全体の有効需要（「第8章　マクロ経済学　4. 乗数効果、有効需要」で後述する）の不足によって、社会全体として全員を雇用できないために生ずる失業をいう。個人から見ると、いす取りゲームのように、誰かが雇用されると、他の人は仕事に就けない。ケインズは、「非自発的失業は、個人の努力では解決できないので問題だ」とし、解決のためのマクロ経済学を提唱した[26]。

18世紀後半からの近代資本主義を採用した国の経済は、極端な好況・不況を繰り返した。**1930年代の大恐慌**で、諸国は荒廃し、人々の生活は苦しく、飢えて死ぬ人もいた。日本でも、同じ年に昭和恐慌になり、デフレ（デフレーションの略称）となった。デフレになると、継続的にモノの値段が下がり続け、経済全体が縮んでいく。モノの値段が下がると賃金が下がり、賃金が下がると消費が減り、モノが売れないので、モ

提供：イラストAC

[図61] 5人が就職しようとして4人分の求職しかないと、1人は非自発的失業になる

ノの価格がさらに下がるという悪循環が続き、景気が落ち込み続ける[27]。農村は飢え、企業倒産が続出し、都会は失業者であふれた[28]。

英国などが大恐慌に対応するために、仲間内だけで貿易する**経済のブロック化（仲間の国としか貿易しない諸国の集まり[29]）**をしたため、ドイツのように後から近代資本主義を採用し、植民地が少ない国との経済的格差・対立が大きくなったことが、第二次世界大戦が起きた原因の一つと考えられている。

英国経済の衰退、世界の景気悪化（大恐慌）により、**1930年代、英国など各国が金本位制を維持できなくなった**[30]。

質問コーナー

Q78 1930年代の不況はどのようなものだったのか気になりました。

答え 1930年代の世界的な景気悪化・デフレ（大恐慌）の始まりは、1929年10月24日木曜日（暗黒の木曜日）、米国のニューヨーク株式市場の大暴落でした。

米国から各国に景気悪化が波及し、**1929～1933年までの間、史上最大規模の景気悪化**となりました。例えば、1929～1932年の間に、工業生産は、米国56％、英国32％、ドイツ52％、フランス36％も低下しました。失業者は1930年400万人、1932年1250万人、1933年1600万人となり、失業率は30％となりました[31]。1万以上の銀行が倒産し、多くの人々の貯蓄が失われました。

英国が大恐慌に対応するために経済のブロック化（仲間の国としか貿易しない諸国の集まり）[32]をしたため、ドイツが生活に困り、飢えて人が死ぬほどでし

提供:Wikimedia Commons

[写真9] 銀行倒産で預金がなくなることを心配してアメリカ連合銀行に集まった群衆

た。ヒトラー(Adolf Hitler, ドイツの政治家)の全体主義、ユダヤ人や有色人種を差別する民族主義が、経済的に苦しんでいたドイツ国民から支持されました[33]。こうして、**世界の景気悪化(1929～1930年代後半)は、第二次世界大戦(1939～1945年)の原因**となりました。

1930年代のデフレ(大恐慌)に対して、米国は、1933年から、失業者の救済や公共事業を行うニューディール政策を行いました。しかし、生活不安は解消せず、1939年からの第二次世界大戦で、武器や関連物資への財政政策を強めた結果[34]、ようやくデフレが収まりました。1945年、第二次世界大戦が終わって以降は、自由経済国で、マクロ経済政策の重要性が認識され、大恐慌にならないように景気対策が必要に応じて行われています。

歴史の教訓からわかることは、**平和を願うなら、経済学を理解して、世界経済の安定を保つ必要**があります。人は、自分や自分の子供が飢えて死にそうになったら冷静ではいられません。そのような状況の中で、誰かに自分の身内を殺されたら、冷静ではいられません。**平和を祈ったり、戦争に反対したり、戦争を禁止する条約や法律を作ることは大事ですが、それだけでは平和は維持できません。**経済が安定せず、衣食住が満たされないと暴力が発生します。教育がないと未来がありません。飢えて死に物狂いで食料を奪いにくる群衆や、貧しい国民の支持を得て他国を侵略する独裁者を、条約や法律で止めることはできません。

Q.79 多くの質問や解答を読んで、経済を回すということは簡単ではないのだと感じました。様々な関係や影響を配慮しなければならないのだと感じました。

答え 人類が飢えたり戦争しなくてよいようにすることなので、簡単ではありません。

2-6. 1930年代〜1945年　2つの経済政策の同時存在と第二次世界大戦

近代資本主義の欠点により、大恐慌という悲惨なデフレが起きた。このような**近代資本主義の大きな欠点に対して2つの経済対策**が示された。

第一に、英国の経済学者のケインズ（John Maynard Keynes）が、1936年に『雇用・利子および貨幣の一般理論[35]』という本で示した**政府による景気調整策（マクロ経済学）**である。それ以降、純粋な近代資本主義を運用する国はなくなり、企業に自由を認めながらも、政府が必要に応じて調整・介入する経済運営方法（**市場経済＋有効需要管理**）が採用された。それから現在まで、1930年代のような**深刻な景気悪化はマクロ経済学で回避**されている。マクロ経済学は、人類の平和に貢献してきた。

第二に、マルクス（Karl Heinrich Marx）が1883年に亡くなるまで主張した**社会主義[36]**である。社会主義の経済運営（社会主義計画経済）は、国の指導者層と官僚が経済を計画し、それに従わなければならない。自由な経済活動はできない。財産や企業は国有となり、個人で財産を持つことはできない。

社会主義は、貧しい人たちが資産家に対して戦い、貧しい人たちが暴力で現在の政府を倒して、貧しい人たちの政府を作る（革命）という思想で、次のような内容である。

- **資本主義社会の次に社会主義社会が出現し、その次に、理想的な共産主義社会が実現する**と考える。**社会主義**は、能力に応じて労働し、労働に応じた分配を受ける社会をいう。**共産主義**は、生産力が高度に発展し、能力に応じて労働し、必要に応じて分配を受ける社会をいう[37]。
- 社会主義を**暴力で実現（プロレタリア革命）**しようと考える。社会主義は、現状の社会を暴力で倒して社会主義の実現を目指す[38]。したがって、現政権を倒さないと内乱罪で処罰される。

レーニン（Lenin）は、ロシアの社会主義者で、学生時代から革命運動を行い、刑務所に入れられたり、外国に逃げたりしたが、1917年、帝政ロシアを暴力で倒す**ロシア革命に成功**した。日本は、1904年の日露戦争（日本と帝政ロシアの戦争）を有利にするため、ロシアの社会主義者を支援した[39]。レーニンは、**1922年、最初の社会主義国であるソビエト連邦を設立**した[40]。その後、ソビエト連邦や、ソビエト連邦の働きかけで作られた中国共産党の働きかけで社会主義は国数を増やした（**図63**）。社会主義国は、土地や企業を国有化し、指導者層と官僚による中央集権的な計画経済を運営し[41]、**民間企業が自由に経済活動することや、個人が財産を持つことは認めなかった**。この結果、近代資本主義の欠点であるひどい景気悪化を起こさないことに成功した。

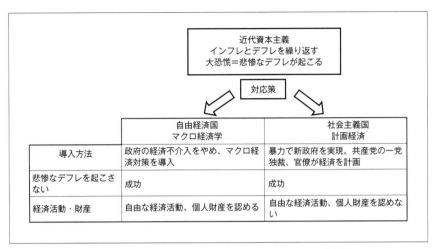

[図62] 近代資本主義の大きな欠点に対して２つの経済対策

第二次世界大戦は、1941～1945年、連合国（英国、米国、フランス、ソビエト連邦、中国など）対、枢軸国(すうじくこく)（ドイツ、日本、イタリアなど）の戦争をいう。遅れて近代資本主義を導入したドイツ、日本、イタリアは、植民地が少なかったため、1930年代の英米によるブロック経済化で自国経済が行き詰まった。そこで、植民地の拡大をめざし、1931年満州事変、1935年イタリアのエチオピア併合、**1937年日中戦争、1939年ドイツのポーランド侵略**と各地で侵略を開始し、**1940年、日独伊三国同盟**を結んだ。米国は、英国、フランスを支援し、1941年、ドイツ、イタリアのファシズム打倒のため、自由経済国、社会主義国が協力した。

日本でも、1922年設立の日本共産党が暴力革命を目指し、1945年まで、政府から非合法とされていた。1955年、日本共産党がそれまでの方針を変えて「暴力による社会主義革命を行わない」と宣言した。その結果、日本共産党の除名者、離党者が中心となって暴力で革命を目指す集団（過激派, テロ組織）が数多く生まれ、1960年代から1980年代半ばまで、暴力、殺人などテロ事件を起こした。

1945年設立の日本社会党は、1993年まで自由民主党に次ぐ最大野党であった。

1991年、社会主義国が滅びて世界からなくなって以降、テロ組織は「暴力革命が一般人の共感を得られない」と考え、組織名を柔らかい名に変え、環境、人権問題を強調するなど、暴力性や社会主義思想を隠して活動している[42]。

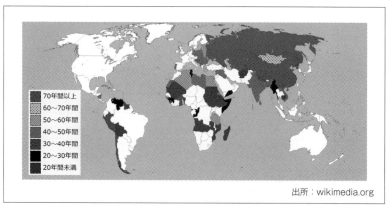

[図63] 社会主義を経験した国

例題 13

保護者に、第二次世界大戦敗戦中や戦後の、親戚や近しい人たちが苦労した話の言い伝えを聞いてみよう。

「保護者に、第二次世界大戦敗戦中や戦後の、親戚や近しい人たちが苦労した話しの言い伝えを聞いてみよう」それぞれの話を聴いて考えよう。身近な人から聴けない人は、国立博物館「昭和館」https://www.showakan.go.jp/ や、各地の戦争の悲惨な体験を伝える施設を訪問してみよう。

[注]
1) 日本銀行 https://www.imes.boj.or.jp/cm/research/kinken/mod/gra_china1.pdf （2022/05/17）
2) 三菱UFJ銀行 https://www.bk.mufg.jp/currency_museum/exhibit/world/index.html （2021/8/12取得）
3) 日本銀行 https://www.imes.boj.or.jp/cm/history/ （2021/8/12取得）
4) 日本銀行 https://www.imes.boj.or.jp/cm/history/ （2021/8/12取得）
5) 日本銀行 https://www.imes.boj.or.jp/cm/history/ （2021/8/12取得）
6) 日本銀行 https://www.imes.boj.or.jp/cm/history/ （2021/8/12取得）
7) 大辞泉
8) 小学館デジタル大辞泉

9) Baldwin（2016）（ボールドウィン , 遠藤 訳（2018））（p.13）

10) ブリタニカ国際大百科事典

11) https://www.cedyna-mail.jp/mail/cn/special/index_2101.html

12) file:///C:/Users/mayos/Downloads/KU-1100-19950625-11.pdf

13) https://www.nta.go.jp/about/organization/ntc/sozei/shiryou/library/10.htm

14) 広辞苑 第七版

15) 平凡社百科事典マイペディア

16) 旺文社世界史事典 三訂版

17) 旺文社日本史事典

18) 有斐閣 経済辞典 第5版

19) 日本銀行 https://www.boj.or.jp/statistics/outline/exp/pi/faqprice05.htm　（2024/2/7取得）

20) 総務省統計局 https://www.stat.go.jp/data/nenkan/66nenkan/20.html　（2024/2/7取得）

21) 日本銀行 https://www.imes.boj.or.jp/research/papers/japanese/kk19-4-8.pdf　（2024/2/7取得）

22) 平凡社百科事典マイペディア

23) Wikipedia「ヴァイマル共和政のハイパーインフレーション」https://ja.wikipedia.org/（2021/8/9取得）

24) 財 務 省 https://www.mof.go.jp/zaisei/financial-situation/financial-situation-01.html　（2023/11/19取得）

25) 有斐閣 経済辞典 第5版

26) 有斐閣 経済辞典 第5版

27) ASCII.jp デジタル用語辞典

28) 日本経済新聞　https://www.nikkei.com/article/DGXMZO62128360R30C20A7TCL000/（2021/6/19取得）

29) 有斐閣 経済辞典 第5版

30) 旺文社世界史事典

31) 小学館 日本大百科全書（ニッポニカ）

32) 有斐閣 経済辞典 第5版

33) 小学館 デジタル大辞泉

34) ブリタニカ国際大百科事典 小項目事典

35) Keynes（1936）（間宮 訳（2008））

36) 有斐閣 経済辞典 第5版

37) 広辞苑 第七版

38) 広辞苑 第七版

39) 小学館　日本大百科全書（ニッポニカ）

40) 広辞苑 第七版

41) 小学館　日本大百科全書（ニッポニカ）

42) 警察庁　https://www.npa.go.jp/archive/keibi/syouten/syouten269/sec02/sec02_0202.htm　（2022/8/30取得）

第8章 マクロ経済学

　マクロ経済学は、近代資本主義が、景気が極端に良くなったり、耐えられないほど悪くなったりするという欠点を克服するために生まれた学問で、ミクロ経済学とは性質が異なる。

　ミクロ経済学は、人間が経済活動を行う、その行い方について考える学問である。その思考法は、「人間は、こう考えて動くだろう」という"仮説"を置いて、数学的思考法で、人間の経済活動をスケッチ（人物や風景などを大まかに描写すること）するように思考していく。

　マクロ経済学は、例えば、工場で部品を生産するときに、機械で部品を削りすぎたり、削らなさすぎたりしないで、ちょうど良く削るために、微妙に機械を調整するように、景気が極端に良くなったり、耐えられないほど悪くなったりしないように**景気を調整できないかという発想、目的**である。

　したがって、マクロ経済学は、国内経済を、いろいろな部品が関係している大きな機械のように考えて、どの部分をどうすれば経済がちょうど良い具合にできるかを考える。このため、マクロ経済学を理解するためには、**マクロ経済学が、国内経済をどのような構造であると考えているか**を知らなければならない。例えば、機械を理解するためには、機械を構成する部品や機能を覚えなければならないように、マクロ経済学を理解するためには、マクロ経済学が定義する国内経済の構成部分や、その機能を覚えないといけない。それらを覚えないと、マクロ経済学を使って考えることはできない。例えば、医者になるのに、最初は、人体の骨や筋肉や神経や臓器のすべてを暗記しなければいけないのと同じである。

　したがって、**ミクロ経済学は思考法を身につける学問**で暗記は必要なかったが、**マクロ経済学の前半は暗記科目**になる。基本用語・概念を暗記しないと、理解することも考えることもできないので、徹底的に暗記しよう。その知識は一生の宝になる。社会人になって、ビジネスを取り巻く経済環境を理解したり、考えたり、職場の人たち、外国人と議論したりするときの前提の知識となる。

〇この章のリサーチクエスチョン
　マクロ経済学は、景気が極端に良くなったり、耐えられないほど悪くなったりしないように景気を調整できないかという発想、目的？

マクロ経済学は、国内経済を構成部分に分けて、構成部分ごとの相互関係を考えて理解する考え方？

○キーワード

マクロ経済政策は財政政策と金融政策
マクロ経済学で、1930年代の大恐慌のような破滅的な景気悪化は起きていない
株価
円高・円安と日本の企業と雇用
経済予測、景気予測
日銀短観
OECD Economic Outlook

○理論

財政政策
伝統的金融政策
GDP
GDPの三面等価
乗数効果
45度線図

1．マクロ経済学は国内経済をどう理解しているか

1-1．マクロ経済学の基本用語

　表7 は、マクロ経済学の基本用語である。日本経済新聞頻出用語[1] にも選ばれているビジネスの基本用語であるものも多い。既に知っているか確認し、知らなければ暗記しよう。そして、本書のマクロ経済学の解説の文脈の中で記憶を定着させてほしい。社会人になったときは、ビジネス会話で常識として使われるので、「一所懸命考えてやっと思い出せる」というのではダメで、「さっと意味がわかる」ようになるまで暗記してほしい。

[表7] マクロ経済学の基本用語

基 本 用 語	意 　味
ＧＤＰ・国内総生産	1年間に、国内の企業、政府、非営利団体が創り出した付加価値の総計（生産ＧＤＰ）
物価	物価水準（price level）。取り引きされる財・サービスの価格の平均価格。
インフレーション（インフレ）	（inflation）　一般的な物価水準の継続的上昇。特定の財・サービスの価格上昇だけでないもの。
デフレーション（デフレ）	（deflation）有効需要が供給に対して不足なために生ずる一般物価水準の低下現象のこと。デフレと同時に、生産物が売れなくなり、生産は低下し、雇用が減って、失業が増える。
成長率・経済成長率	（rate of economic growth）　実質 GDP の年間増加率。
景気動向指数	（composite index；CI）　景気変動に拡張と収縮の時期がある。その転換点を捉えるための指数。内閣府が作成・発表する。
日銀短観	日本銀行が調査する「企業短期経済観測調査」の略。業況判断、設備投資、経常利益等に関する四半期調査。
消費	（consumption）　欲望を満足させるために、財（モノ）やサービスを利用したり消費したりすること。すべての生産物は消費と投資に分けられる。投資も、将来の消費をより豊かにするためなので、経済の最終目的は消費にある。
民間設備投資	（private non‐residential investment）　民間企業の生産活動に用いられる建物、機械設備などに対する支出。
政府支出	（government spending）　政府部門の消費と投資。政府消費は、政府活動のために必要な財およびサービスを購入する。政府投資は、将来の生産活動に貢献していく投資。政府支出は GDP の総需要の一部。財政政策は、政府支出を増やしたり、減らしたりして、景気の調整をする
輸出	日本から海外への財（モノ）の輸出
輸入	海外から日本への財（モノ）の輸入
貿易収支	（balance on goods）　ある国と海外との財（モノ）の輸出入取り引き。
金利	（interest）　おカネを借りた時に、借手から貸手に支払われる利子。
失業率	（unemployment rate）　労働力人口に占める失業者の割合。完全失業率（％）＝（完全失業者÷労働力人口）×100
為替相場・為替レート	（exchange rate）　円と外貨の交換比率のこと。自国通貨の対外価値を示す。需要と供給により変動する。先物相場もある。銀行間市場で形成される。
政府財政収支	政府の歳入（年間収入）と歳出（年間支出）の差。景気悪化で生活保護が増える社会保障費などのように景気に応じて変動する部分と、固定的な部分に分かれる。

出所：伊藤（2015）（p.249）、日本経済新聞社「経済用語 Basic[2]」72用語から著者作成

1-2. 家計、企業、政府

理論41 家計、企業、政府

マクロ経済学は、経済全体が、家計、企業、政府の3つの部門から成り立っていて、その相互の関係が、国全体の経済活動の根幹であると考える。

家計（household）は、人や家族・世帯の集合で、マクロ経済学では、消費の主体、消費財の需要者であり、労働サービスの供給者である[3]。

企業は、民間企業、産業全体を意味している。

政府は、中央政府、地方政府を合わせた政府全体で、税金を集めて、様々なサービスをしている。

図64は、**家計、企業、政府の3つの部門の相互関係**を示している。相互関係をa～jでそれぞれ示している。順に確認していこう。

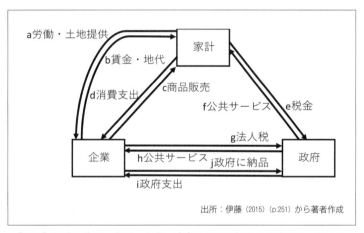

出所：伊藤（2015）（p.251）から著者作成

[図64] 経済全体は、家計、企業、政府の3つの部門から成り立っている

家計と企業の関係は、

第一に、左上のa) 世帯の誰かが企業で働いて（労働を提供して）、b) 賃金をもらう。家計が地主であれば、a) 企業に工場用地を売ったり貸したりして、b) 地代をもらう。

第二に、c) 企業は商品（財＝モノとサービス）を売り、d) 家計は、企業が作った商品を買う（消費支出）。という関係がある。

家計と政府の関係は、

第一に、e) 家計は政府に税金を納め、

第二に、f) 政府から、警察、道路、医療保険、福祉、教育などの公共サービスを受け取る。

企業と政府の関係は、

第一に、g) 企業は政府に税金を納め、h) 政府から道路、港湾、自由貿易の保証などの公共サービスを受け取る。

第二に、i) 政府が必要なものを企業に発注、支出して、j) 企業が政府に商品（財とサービス）を納品する（**図64**の真ん中の下の矢印）。

これが、**マクロ経済学が、国内経済を構成部分に分けて、構成部分ごとの相互関係を考えて理解する考え方**である。工場の人が機械の構造を理解したり、医者が人体の構造を理解して、問題や病気に対応しようとするのと同じ発想である。

2．マクロ経済政策

マクロ経済政策は、景気悪化やインフレの克服のため、政府が民間経済に積極的な介入をして、景気の調整を図る政策をいう。英国の経済学者のケインズによって発見、1936年に提唱された。**マクロ経済政策は、財政政策と金融政策がある。**

マクロ経済学は、国内経済を、**家計、企業、政府の３つの部門**から成り立っていて、相互に関係して作用しあうと理解する。そして、マクロ経済政策を行うと、後述する**図65**や**図66**のように、効果が国内経済に順々に伝わっていって、人々の雇用や収入が守られると考える。例えば、工場の人が機械の構造を理解して修理したり、医者が人体の構造を理解して、薬や手術で治療するように、**国内経済の問題を理解して改善の手を打つことができる。**

マクロ経済学は、工学が機械を直し、医学が人体を治療するのと同じような発想があるので、文系に分類される社会科学であるが数学を多用する。複雑な経済現象を分析するには、データやエビデンス（証拠）に基づいて数学で思考することが重要である。

ただし、人間の営みの総体である経済は、問題解決に必要なデータやエビデンスがいつも十分に手に入るわけではない。機械は分解したり、不具合の原因を仮定して様々な実験をして必要な量のデータを取得して考えを進めたり、確認することができる。病気の治療は、世界中の患者から多くのデータを得ることができる。しかし、経

第8章　マクロ経済学　165

済は、世界経済という意味ならサンプル数（統計調査で調べられる数）は1しかないし、先進国でもサンプル数は最大38[4]しかない。経済の動きは一度きりで、人間が条件を変えて繰り返して実験することはできない。したがって、工学や医学とは異なる方法がマクロ経済学には必要になる。

　1936年以降、マクロ経済学による経済政策を採用する国が増え、経験を蓄積しているので、1930年代の大恐慌のような破滅的な景気悪化は起きていない。COVID-19（新型コロナ）で先行きがわからなくなったときも、世界は景気悪化への対応の仕方をマクロ経済学で知っていた。

2-1. 財政政策

| 理論42 | 財政政策 |

　財政政策（Fiscal policy）は、政府の財政の内容や収支（黒字・赤字）によって、資源配分、所得再分配、経済安定化を図ろうとする政策[5]をいう。

　財政による資源配分は、例えば、地球温暖化で水害が増えているが、民間経済に任せていては川や海の堤防は強化されないので、政府が税金を集めて堤防を強化するなどである。堤防は公共財である。市場メカニズムに任せると、公共財は必要な量を確保できない（市場の失敗）ことは、ミクロ経済学で学んだ。
　また、財政政策は累進課税により、金持ちから収入が少ない人に所得を再分配する機能がある。**累進課税制度**は、所得や財産が多いと、税率が上がって納税額が増える税の仕組みをいう。
　所得再分配は、例えば、一人親世帯は貧困になりがちなので、税金の中から生活費を支援するなどである。
　経済安定化は、景気が悪いときは、拡張財政（財政収支を赤字）にして景気を上昇させる。例えば、税金を安くして民間の消費、投資を増やす。公共工事を増やして、仕事がなくて困っている建設会社に政府が仕事を頼み、雇用と利益を増やすなどである。
　景気が過熱しているときは、緊縮財政（財政収支を黒字）にして景気を低下させる。例えば、税金を多くとって民間の資金を吸い上げ、公共工事を減額して、多忙な建設会社に政府が仕事を頼まないようにするなどである。

　拡張財政は、税金を下げ、赤字国債（国の財政の赤字を補填するために発行される特例国債[6]）を発行し、政府支出を多くすることをいう。
　緊縮財政は、税金を上げ、政府支出を少なくすることをいう。そうすると、需要は

減り、企業の投資も減り、企業の生産も減る。そうすると、雇用は減り、所得も減る。そうすると、物価は下がり、デフレになる。

図65は、その伝わり方を記したものである。

「拡張財政（財政収支を赤字）＝税金↓、政府支出↑」
→「需要↑、企業の投資↑、企業の生産↑」
→「雇用↑、所得↑」→物価↑

「緊縮財政（財政収支を黒字）＝税金↑、政府支出↓」
→「需要↓、企業の投資↓、企業の生産↓」
→「雇用↓、所得↓」→物価↓

[図65] 財政政策のマクロ経済への影響

拡張財政（財政収支を赤字）にすると、順々に伝わって、雇用と所得が上がり、景気が過熱すれば物価は上がってインフレになる。緊縮財政（財政収支を黒字）は、上下の矢印を逆にすればよい。

2-2. 伝統的金融政策

金融政策は、伝統的金融政策と量的緩和（インフレターゲット。新しい金融政策）がある。

| 理論43 | 伝統的金融政策

伝統的金融政策は、中央銀行（日本では日本銀行）が、金利を上げたり下げたりして、国内の景気・需要や物価をコントロールしようとする。

金利 (interest) は、おカネを借りたときに、借手から貸手に支払われる利子をいう[7]。

企業は、技術開発をしたり、工場を建てたりするとおカネがたくさん必要だが、その成果はすぐには現れないので、技術開発をしたり、工場を建てたりするとおカネが足りなくなる。そこで、企業は、銀行からおカネを借りたり、株式を株主に買ってもらっておカネを用意する。銀行から借りたときは、借りた金額に、金利を足した額を返さないといけない。

家計は、将来の病気への備えや、子供の教育、老後資金などのために貯蓄をする。

家計が銀行におカネを預けると、預けた金額に金利が付いて返ってくる。

金利は、おカネを借りたい人が多ければ上がり、少なければ下がる。マーケットメカニズム（市場原理）である。

マクロ経済への金利の影響を考えてみよう。金利が上がると、企業は、借金を返すのがたいへんになるので、なるべく借りたくない。おカネを借りたくないので、技術開発や、工場を建てたりする投資を、なるべくしないようにする。これらの影響が、国内経済に順々に伝わっていく様子を、次のように書き表してみよう。

　　金利↑→企業の投資↓

金利が下がれば、企業は、借金を返すのが楽になる。技術開発や、工場を建てたりする投資をしようとする。

　　金利↓→企業の投資↑

企業の投資が多くなると、企業が技術開発するために、研究に必要な機材を買ったり、研究者をたくさん雇用したり、工場を建設したり、工場に据え付ける機械を買ったりする。そうすると、機材、機械、雇用などへの需要は増える。

逆に、企業の投資が少なくなると、機材、機械、雇用などへの需要は減る。

金利の上下から続けて書き表すと、次のようになる。

　　金利↑→企業の投資↓→需要↓
　　金利↓→企業の投資↑→需要↑

家計は、金利が上がれば、なるべく貯蓄しようとし、金利が下がれば、この際、住宅ローンを借りて家を購入しようかなどと考える。

　　金利↑→家計の消費↓→需要↓
　　金利↓→家計の消費↑→需要↑

企業は、需要が増えれば生産を増やし、需要が減れば生産を減らす。企業が生産を増やすと、雇用が増え、所得が増える。そうすると、物価が上がる。逆のときは、逆になる。これを書き表すと、次のようになる。

　　需要↑→企業の生産↑→「雇用↑、所得↑」→物価↑
　　需要↓→企業の生産↓→「雇用↓、所得↓」→物価↓

企業や資産家・お金持ちは、世界中に投資していて、おカネが増えそうな案件に、国境を越えて投資している。日本の金利が下がれば、金利が高い外国の案件に投資をするので、日本から資金が外国に流出する。外国に資金が出るときは、円をドルに交換するので、円の需要が下がり、ドルの需要が増える。そうすると、円のドルに対する価値が下がる。**円のドルに対する価値が下がることを、円安ドル高**という。

　円安になると、日本のモノ・サービス価値は、ドルを持っている米国人からすると割安になる。米国人は、同じドルでも、たくさんの日本のモノ・サービスを買えるようになる。そうすると、日本から米国への輸出は増えて輸入は減少する。外国人が日本に観光に行くと安く感じる。企業は、海外需要（海外への輸出）や、外国人の買い物需要が増えるので、需要が増える。

　逆のときは、逆になる。これを書き表すと、次のようになる。

金利↑→資金が外国から流入→「円高↑ドル安↓」→「輸出↓輸入↑」→需要↓
金利↓→資金が外国に流出　→「円安↓ドル高↑」→「輸出↑輸入↓」→需要↑

　伝統的金融政策で、金利を下げて、景気対策をしたときに、効果が国内経済に順々に伝わっていく様子をまとめると、**図66**のようになる。**金利を低くすると、①投資、②消費、③為替（円安ドル高）・輸出　の３つのルートを通じて需要が増大し、生産、雇用、所得が増大**する好影響がもたらされる。副作用は、景気が良くなりすぎたときに、物価が上昇することである。

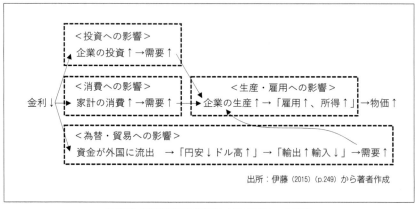

[図66] 伝統的金融政策のマクロ経済への影響

2-3. 株価

株価 (stock price) は、株式の価値を金額表示したもの、株式市場で取り引きされる価格のことで、1株当たりの金額をいう[8]。

株価指数 (stock price index) は、ある時点を基準に、総合的な株価の動向を指数化して表したものをいう。

東証株価指数 (TOPIX, Tokyo Stock Price Index) は、東京証券取引所に上場している銘柄を広く網羅し、一定の計算方法によって指数化したものをいう[9]。

日経平均株価 (別名：日経平均、日経225) は、日本経済新聞社が、東京証券取引所プライム市場に上場する約1700銘柄の株式の中から225銘柄を選定し、ダウ式平均株価として算出している株価指標をいう。

ダウ式は、米国の経済新聞である Wall Street Journal を発行しているダウ・ジョーンズ社が考案した、株価を平均する手法をいう[10]。

NHKの毎時のニュースの最後に、市場動向を報道しているが、その内容は、円ドル為替レート、円ユーロ為替レート、日経平均株価、東証株価指数の4つである。社会人、ビジネスパーソンが、これらの数字に注目していることがわかる。

提供：著者撮影

[写真10] NHKニュースの市場動向の報道

日本の主要企業の例として、日経平均採用銘柄企業が使われることがある。日経平均株価に選定されている企業は**表8**のとおりで、これらを産業分類（大分類）でみると、鉱業が1社、建設業が9社、電気・ガスが5社、商社・卸売・小売業が15社、金融・保険業が21社、不動産業が5社、運輸業が15社、情報通信業が6社、サービス業が12社、水産加工、食品加工、医薬品、石油を含む製造業が多数となっている。

株価は、景気が良くなって、企業の業績が良くなった結果、株価が上がるというよ

［表8］ 日経225企業

日経平均採用銘柄	
水産	マルハニチロ、日水
鉱業	国際帝石
建設	大成建、コムシス HD、大和ハウス、日揮、大林組、積水ハウス、清水建、鹿島、長谷工
食品	明治 HD、キッコーマン、アサヒ、キリン HD、JT、ニチレイ、日本ハム、味の素、サッポロ HD、日清粉 G
繊維	ユニチカ、帝人、東レ、東洋紡
紙・パルプ	王子 HD、日本紙
化学	昭電工、日東電、花王、住友化、デンカ、東ソー、宇部興、日化薬、富士フイルム、トクヤマ、クラレ、三井化学、三菱ケミ HD、日産化、旭化成、資生堂、信越化、DIC
医療品	大塚 HD、エーザイ、武田、塩野義、中外薬、アステラス薬、大日住薬、第一三共、協和キリン
石油	出光興産、JXTG
ゴム	ブリヂストン、浜ゴム
窯業	東海力、板硝子、日電硝、太平洋セメ、AGC、ガイシ、TOTO、住阪セメ
鉄鋼	神戸鋼、JFEHD、新日鉄住、大平金
非鉄金属製品	SUMCO、三井金、東邦鉛、洋缶 HD、住友鉱、日軽金 HD、フジクラ、住友電、三菱マ、古河電、DOWA
機械	IHI、ダイキン、クボタ、荏原、コマツ、日立造、NTN、住友重、日立建、アマダ HD、日精工、三菱重、ジェイテクト、日製鋼、オークマ
電気機器	東エレク、スクリン、TDK、アルプス、富士通、太陽誘電、安川電、富士機電、三菱電、アドバンテ、NEC、ソニー、キヤノン、OKI、リコー、オムロン、日立、日清紡 HD、パナソニック、エプソン、GS ユアサ、カシオ、横河電、デンソー、ミネベアミツミ、京セラ、ファナック
造船	川重、三井 E & S
自動車	日産自、三菱自、いすゞ、マツダ、ホンダ、日野自、SUBARU、トヨタ、ヤマハ発、スズキ
輸送用機器	―
精密機器	テルモ、オリンパス、ニコン、シチズン、コニカミノルタ
その他製造	ヤマハ、大日印、凸版印、バンナム HD
商社	三井物、豊通商、住友商、伊藤忠、丸紅、双日、三菱商
小売業	ファーストリテイ、ユニー・ファミマ、丸井 G、イオン、高島屋、7 & I ― HD、ミツコシイセタン、J フロント
銀行	三井トラスト、ふくおか、あおぞら、新生銀、三井住友、千葉銀、静岡銀、りそな HD、コンコルディア、三菱 UFJ、みずほ
その他金融	クレセゾン
証券	松井証、野村 HD、大和証 G
保険	SOMPOHD、東京海上、ソニー FH、T & DHD、第一生命、MS & AD
不動産	住友不、東急不 HD、東建物、菱地所、三井不
鉄道・バス	JR 東海、京王、JR 西日本、京成、東武、JR 東日本、小田急、東急
陸運	日通、ヤマト HD
海運	郵船、商船三井、川崎船
空運	ANA
倉庫	三菱倉
情報・通信	NTT ドコモ、KDDI、NTT、NTT データ、スカパー J、ソフトバンク G
電力	関西電、中部電、東電力 HD
ガス	東ガス、大ガス
サービス	東宝、電通、トレンド、コナミ HD、DeNA、楽天、日本郵政、エムスリー、ヤフー、リクルート HD、セコム、サイバエージ

出所：日本経済新聞社（2020年4月現在）

うに、景気を表す指標の一つである。

　株式を持っている人は、株価が上がると、手持ちのおカネが増える。例えば、1000万円分の株式を持っている人がいて、株価が2倍になると、2000万円持っていることになる。そうすると、「海外旅行に行こうかな」といった気持ちになる。逆に、株価が1/2になると、1000万円持っているはずが、500万円しかもっていないと感じるので、節約する気持ちになる。企業であれば、株式を借金の担保にしている場合は、借金の返済を求められたり、今以上に貸してもらえなくなったりする。このように、持っている財産の価値が、株価など変動する評価によって増えたり減ったりすることで、人や企業が消費や投資をしたくなったり、したくなくなったりする効果を、経済学の用語で**資産効果**という。

　　景気↑→企業業績↑→株価↑→資産効果↑→需要↑
　　景気↓→企業業績↓→株価↓→資産効果↓→需要↓

　政府が、経済運営を判断する際に、株価の下落を気にするのは、**景気の現状が悪い**ことを示していると同時に、**資産効果によって、景気の先行きの悪化が加速**する恐れがあるからである。

例題 14　日経225企業

　日経225企業の中から、気になる企業をひとつ選び、何をしている会社か、Webサイトを調べてみよう。

2-4. 円高・円安と日本の企業と雇用

　産業空洞化は、生産拠点が海外に移転し、国内産業が衰退していくことをいう。①円高による輸出の減少、②円高で、国内生産が輸入品に負けて置き換わる、③円高で日本企業が海外生産を増大させ、国内生産を縮小することで、国内の製造業が縮小する、すなわち、産業空洞化が起こる。

　米国や英国では1970年代から[11]、日本では80年代半ばから産業空洞化が起こった。1985年からの急激な円高により価格競争力を失った日本の輸出企業が、海外生産を本格化させ、東南アジアや中国に生産拠点が移動した。初めは、労働集約的な繊維、食料品産業、次いで、電気、機械、ITも産業空洞化した。産業空洞化の問題点は、①企業や工場がなくなった地域経済が衰退する、②国内の雇用機会が減少するなどがある。経済の低成長に悩む日本の深刻な問題になった[12]。

円高になると、ドル表示での日本の賃金は高くなり、低賃金の中国、東南アジアなどへの工場移転が急速に進んだ。円安になって国内生産の競争力が回復したとしても、一度海外に流出した製造拠点の国内回帰は困難である。

　円高・円安と日本の企業と雇用の関係について考えよう。
　企業は、景気が良ければ投資を増やす傾向、工場増築や新規工場を作る傾向となる。また、円高なら海外に、円安なら国内に投資する傾向となる。なぜならば、

　１ドル79円 (2011年平均) と、１ドル120円 (2015年平均) を比較した場合、年収500万円の日本人社員のドルでの年収は、
　・１ドル79円の場合、500万円×１ドル／79円 =63,291ドル
　・１ドル120円の場合、500万円×１ドル／120円 =41,666ドル
　このように、円安の場合は、日本人の年収がドルで安くなるので、海外より国内に投資する傾向となる。安い人件費で優秀な人材を雇用できるからである。

　日本円で200万円の車を製造する場合、ドルでの製造費用は、
　・１ドル79円の場合、200万円×１ドル／79円 =25,316ドル
　・１ドル120円の場合、200万円×１ドル／120円 =16,667ドル
　このように、円安の場合、日本での製造費用がドルで安くなるので、海外より国内で生産する傾向となる。

　円高は悪いことばかりではない。10万円持って海外旅行する場合、
　・１ドル79円の場合、10万円×１ドル／79円 =1,266ドル
　・１ドル120円の場合、10万円×１ドル／120円 =833ドル
　このように、円高の場合、日本のお金の価値がドルで高くなるので、海外旅行したときに、お金持ちになる。
　2024年現在の国内企業は、為替レートが１ドル110円前後なら利益が出る、１ドル100円あるいは90円台になると利益が出ない、円高すぎると感じている。「１ドル75円なんて、とんでもない円高だ。そうなったら日本から企業は出ていくしかない」「１ドル150円は円安すぎる。輸入品の価格が高くなってしまう」と思っている。
　円安のときは、円の価値が下がるので、１ドルに対して大きな金額の円になる。民主党政権時代の１ドル75円95銭の円高に比べて、自由民主党、アベノミクスの１ドル110〜120円前後は円安であった。円高・円安と、１ドルが円で大きいか小さいかは混乱しやすい。間違えないように、理解して暗記しよう。
　円安は良いことばかりではない。円安になりすぎると、外国から輸入するモノ・サービスに、多くの円を払わないと買えなくなる。外国から輸入するモノ・サービス

は、ドルで同じ値段でも、日本での円での価格は上がってしまう。

3．GDP

3-1．GDP

理論44 GDP
　GDP・国内総生産 (gross domestic product) は、1年間に、国内の各産業、企業、政府、非営利団体が生産した中で、原材料費などを差し引いて実際に創り出した付加価値の総計をいう[13]。

これを、各産業、企業などが生産して創り出したという意味で**生産GDP**という。

生産GDP＝各産業、企業などの付加価値の合計

　付加価値 (value added) は、生産において新たに付け加えられた価値をいう。産出額から原材料使用額などの中間投入分を差し引いたものである。例えば、100円の小麦粉を使って300円のパンを製造したとすれば、300－100＝200円が、パン生産の付加価値である[14]。
　1年の間に、企業などが生産して販売する商品 (財、サービス) は、日本全体では、同額を誰かが買っていることになる。消費者は生活や娯楽のためにモノやサービスを買う。企業は、生産を継続するために必要な機械などを買う (投資する)。政府は、住民の安全や生活を守るために、福祉、教育、公共事業などに支出する。外国の消費者が日本企業の商品を買う (外需)。このように、**GDPは、誰かが支出した額の合計**でもあるので、以下の式が成り立つ。

支出GDP＝家計の消費＋企業の投資＋政府支出＋外需 (純輸出〈輸出－輸入〉)

　支出GDPを使って、国内の需要 (内需) と、海外からの需要 (外需) について考えることができる。企業にとっては、内需も外需も重要である。国内の景気が悪いときに、輸出が好調で助かったときは「内需が悪かったが、外需に助けられた」などという。支出GDP (総需要) は、内需と外需に分けられる。

支出GDP (総需要)＝内需＋外需

＝内需（家計の消費＋企業の投資＋政府支出）＋外需（純輸出〈輸出－輸入〉）

　付加価値は、産出額から原材料使用額などの中間投入分を差し引いた利益なので、誰かに分け与えられる。人々は働いた対価として賃金を受け取る。経営者は、マネジメントがうまくいった報酬として利潤を受けとる。地主は、土地を貸した報酬として地代を受け取る。このように、国内の付加価値（GDP）は、誰かに報酬として分配されるので、以下の式が成り立つ。

分配GDP＝賃金＋利潤＋地代＋税収

理論45 GDPの三面等価

　生産GDP、支出GDP、分配GDPは、同じGDPを、見方を変えているだけなので、合計額はどれも同じである。このことを"GDPの三面等価"という。

図67は、GDPの三面等価を、実際の数字で確認したものである。

3面から見た日本のGDP（2008暦年）

支出		生産		所得	
最終消費支出	385.1 兆円	製造業	100.3 兆円	雇用者報酬	263.8 兆円
総固定資本形成	117.8	卸売・小売業	69.6	営業余剰・混合所得	83.8
在庫品増加	1.5	サービス業	114.0	固定資本減耗	108.2
財貨・サービスの純輸出	0.7	その他	211.7	間接税マイナス補助金	39.8
支出側GDP	505.1	生産側GDP	495.6	所得側GDP	495.6
		統計上の不突合	9.5	統計上の不突合	9.5

出所：深尾（2010）[15]

[図67] GDPの三面等価[15]

3-2. 経済成長率の予測

　経済予測、景気予測（business forecast）は、将来の景気状態を予測すること[16] をいう。経済政策や企業の経営判断のために、経済予測、景気予測は必要だが、天気予報やあらゆる予測と同様に、完全な予測はできない。経済予測、景気予測は、民間シ

[表9] 政府経済見通しの主要経済指標（2024年度）

	令和4年度（実績）兆円（名目）	令和5年度（実績見込み）兆円程度（名目）	令和6年度（見通し）兆円程度（名目）	対前年度比増減率 令和4年度 %（名目）	令和4年度 %（実質）	令和5年度 %程度（名目）	令和5年度 %程度（実質）	令和6年度 %程度（名目）	令和6年度 %程度（実質）
国内総生産	566.5	597.5	615.3	2.3	1.5	5.5	1.6	3.0	1.3
民間最終消費支出	315.8	324.9	336.4	5.9	2.7	2.9	0.1	3.5	1.2
民間住宅	21.8	21.9	22.2	1.5	▲3.4	0.4	0.6	1.3	▲0.3
民間企業設備	96.9	100.1	104.8	7.8	3.4	3.3	0.0	4.7	3.3
民間在庫変動 （ ）内は寄与度	3.6	2.5	2.1	(0.2)	(0.1)	(▲0.2)	(▲0.2)	(▲0.1)	(0.0)
政府支出	151.3	155.0	157.6	1.9	▲0.1	2.4	0.9	1.7	0.7
政府最終消費支出	122.1	124.4	125.6	2.8	1.4	1.9	0.7	1.0	0.0
公的固定資本形成	29.3	30.6	32.0	▲1.7	▲6.1	4.5	1.9	4.7	3.5
財貨・サービスの輸出	123.2	130.2	136.8	18.7	4.7	5.6	3.2	5.0	3.0
(控除)財貨・サービスの輸入	146.2	137.0	144.7	32.3	7.1	▲6.3	▲2.6	5.6	3.4
内需寄与度				5.3	2.0	2.6	0.2	3.2	1.4
民需寄与度				4.8	2.0	2.0	▲0.0	2.7	1.2
公需寄与度				0.5	▲0.0	0.6	0.2	0.4	0.2
外需寄与度				▲2.9	0.5	2.8	1.4	▲0.2	▲0.1
国民所得	409.0	431.6	443.4	3.3		5.5		2.7	
雇用者報酬	296.4	305.5	313.8	2.4		3.1		2.7	
財産所得	30.3	32.4	33.8	12.1		6.9		4.4	
企業所得	82.2	93.7	95.8	3.9		13.9		2.3	
国民総所得	600.6	633.6	653.8	3.1	0.4	5.5	2.9	3.2	1.4
労働・雇用	万人	万人程度	万人程度	%		%程度		%程度	
労働力人口	6,906	6,928	6,933	0.1		0.3		0.1	
就業者数	6,728	6,749	6,759	0.3		0.3		0.2	
雇用者数	6,048	6,089	6,101	0.6		0.7		0.2	
完全失業率	%	%程度	%程度						
	2.6	2.6	2.5						
生産	%	%程度	%程度						
鉱工業生産指数・増減率	▲0.3	▲0.8	2.3						
物価	%	%程度	%程度						
国内企業物価指数・変化率	9.5	2.0	1.6						
消費者物価指数・変化率	3.2	3.0	2.5						
GDPデフレーター・変化率	0.8	3.8	1.7						
国際収支	兆円	兆円程度	兆円程度	%		%程度		%程度	
貿易・サービス収支	▲23.4	▲8.9	▲10.9						
貿易収支	▲18.0	▲3.9	▲3.7						
輸出	99.7	101.8	107.4	16.4		2.1		5.4	
輸入	117.7	105.7	111.1	35.0		▲10.2		5.0	
経常収支	8.3	22.7	23.1						
経常収支対名目GDP比	%	%程度	%程度						
	1.5	3.8	3.7						

出所：内閣府（2024）(p.5)

ンクタンク（調査研究組織）や、内閣府が行っている。

　内閣府が行う**政府経済見通し**は、年間の経済成長率などを予測し、国の予算の税収見通しの根拠になるので、毎年1月に公表され、その予測に基づいて、国の予算額が決められる。

　政府経済見通し（**表9**）を見ると、ＧＤＰ（国内総生産）の成長率（経済成長率）や、支出ＧＤＰの内わけの項目である家計の消費（民間最終消費支出、民間住宅）、企業の投資（民間企業設備投資、民間在庫変動）＋政府支出＋純輸出（財貨・サービスの輸出、〈控除〉財貨・サービスの輸入）を予測していることがわかる。

　災害や疫病などで、年度途中で、経済、景気が予想外に悪くなると、政府経済見通

しよりも税収が入らなくなる。その場合は、マクロ経済政策を行って、当初の経済見通しの経済成長率に近づくように経済対策を作って手を打ったり、税収予測を見直して、予算を修正（財政法という法律で「補正予算」という）したりする。

著者は、1998〜1999年、政府経済見通しや経済対策を担当する経済企画庁（現在の内閣府）調整局調整課長補佐の職にあった。

3-3. 日本の経済指標 —— 日銀短観、景気動向指数、COVID-19 ——

日本の景気の状況を知るには、**日銀短観**（日本銀行全国企業短期経済観測調査）が良いとされ、最も信頼されている。日銀短観は、日本銀行が行う統計調査で、全国の約1万社の企業に職員が出向いて聴き取り調査し、四半期（3カ月）ごとに実施・公表している。日銀短観は、企業の業況や経済の現状・先行きをどうみているか、売上高や収益、設備投資額の実績・予測値などを調査している[17]。

日銀短観の業況判断のグラフは、景気を良いと考える企業数から悪いと考える企業数を引いた数字を示している。みんなが景気が良いと思えば高い数字に、悪いと思えば低い数字になる。COVID-19の影響を見ると、製造業は、2019年、景気後退が始まっており、COVID-19でいっそう落ち込んだことがわかる。非製造業は、2019年の終わりまでは好調だったのに、2020年にかけて一気に景気が悪化していることがわかる。COVID-19で飲食業、交通などの需要が急減したことを反映している。製造業、非製造業ともに、2020年4月が最悪で、7，10月は横ばいか少し回復している。その後も、飲食、観光以外の産業は回復か好調の状態にある。

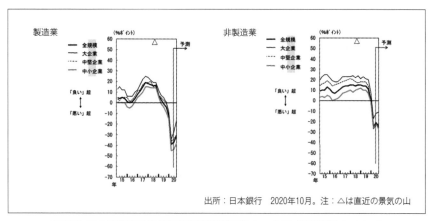

[図68] 日本銀行全国企業短期経済観測調査（日銀短観）業況判断（2015年〜）

日本の経済成長率（実質ＧＤＰ成長率）の推移を見ると、2019年10月の消費税増税の影響などで10～12月、2020年１～３月はマイナス成長している。2020年４～６月の３か月間は、COVID-19の影響で、マイナス7.8％であった。年率換算するとマイナス27.8％であり、このままの状況が１年間続けば、GDPの１／４が失われるような激しい落ち込みであったことがわかる。

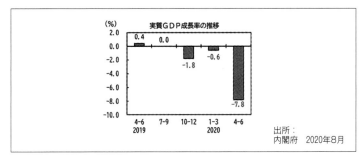

[図69] 日本の実質GDP成長率（2019年4月から。四半期）

　日本の鉱工業の生産動向を見ると、2019年後半から緩やかに下がっていたが、2020年前半に急落し、５月、2015年を100とする指数で78.7と、年初から約23％下落した。生産の約１／４が失われた落ち込みで、実質GDPの下落動向と概ね一致している。その後、少し回復し、９月、88.7と、年初から約11％減の水準まで回復した。その後も緊急事態宣言が何回も出されたが、製造業は回復した。

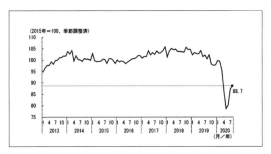

2020年の月別指数

1月	2月	3月	4月	5月	6月	7月	8月
99.8	99.5	95.8	86.4	78.7	80.2	87.2	88.7

出所：経済産業省　2020年9月

[図70] 鉱工業生産指数

3-4. 1974年〜 日本の経済指標

　2020年のCOVID-19による景気の落ち込みと、過去の景気後退を比較すると**図71の上段（2000年〜）は、2001年のITバブル崩壊**による景気悪化、**2008年9月**からの**リーマンショック**による景気悪化に相当している。**図71の下段（1974年〜）は、1974〜1975年の第一次石油危機**による景気悪化、**1992〜1993年のバブル崩壊**による景気悪化、**1997〜1998年の北海道拓殖銀行、山一證券**など、**金融機関の相次ぐ倒産**を伴う景気悪化、が、2020年のCOVID-19による景気の落ち込みに匹敵する。このように、**COVID-19による景気の落ち込みは、歴史に残る大きな景気悪化**の一つと言える。

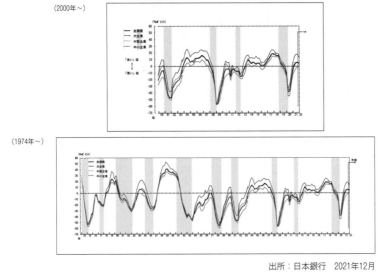

出所：日本銀行　2021年12月

[図71] 日本銀行全国企業短期経済観測調査（日銀短観）製造業の業況判断（2000年〜）

　景気動向指数（composite index；CI）は、内閣府が公表している景気変動の拡張と収縮を捉えるための指数をいう[18]。景気拡大がいつからいつまで続いたかとか、景気はいつから悪くなったのかなどは、景気動向指数で判断される。
　長い景気拡大は名前がつけられる。**神武景気**は、日本の高度経済成長の始まりの1954年12月〜1957年6月の好景気で、神武天皇以来の好景気だという意味で名づけられた。**いざなぎ景気**は、1965年11月〜1970年7月の高度経済成長時代の好景気。**いざなみ景気**は、2002年2月〜2008年2月のゆるやかな景気拡大期をいう。民主党

政権から自民党政権に移行した後の2012年12月〜 2018年10月の景気拡大期は、**アベノミクス景気**という。若い人には日本神話（「古事記」や「日本書紀」）はなじみがないが、1945年までは子供の時に学校で神話を教えていたので、習った人にはわかりやすかった。

3-5. 1970年代　2度の石油危機

1970年代に2度の石油危機があった。**1973年**、第4次中東戦争が起こり、アラブ諸国が石油輸出を減らしたり、止めたりしたため、**石油価格は4倍値上がり**した。**1978年**にイラン革命が起こり、**石油価格は2倍値上がり**した。日本をはじめ、世界の石油が採れない国は、**大混乱し、景気が悪化**した。日本の石油輸入に支払うおカネは増えて、**貿易収支が赤字**になった。

その後、日本をはじめとする先進国では、省エネルギー技術や、石油代替エネルギー技術が進んだ。ふだんから石油を多めに輸入して在庫しておく石油備蓄も行われている。東日本大震災で不幸な事故を起こした原子力発電も、石油代替エネルギーとして増設された。

現在は、省エネルギー技術、石油代替エネルギー技術、石油備蓄や、英国、米国で石油やオイルサンドが採れるので、**アラブ諸国が石油危機を起こすことはできなくなっている。**（「第3章　市場　2．石油危機と省エネルギー―経済学の思考法の例として―」参照。）

3-6. 世界の経済成長率予測
── 2020年からの COVID-19による景気悪化 ──

世界経済の状況と予測を知るには、OECD Economic Outlook[19] が定評（広く世間に認められて動かない評判・評価[20]）がある。**OECD（経済協力開発機構）**は、世界経済の見通しを推計した経済見通し（Economic Outlook）を、通常は年2回公表している。経済情勢が急変した場合、臨時に経済見通しを修正して追加的に公表する。

COVID-19の前後で、世界の経済成長率予測がどのように変化したかを見てみよう。**表10**は、COVID-19の拡大前後に公表された3つの OECD Economic Outlook である。

2019年11月公表された経済成長率予測は、COVID-19の影響を考慮していない定例の経済成長率予測であった。この頃には、中国の武漢で COVID-19の感染と死亡例があったことが後からわかったが、世界はまだ知らされていなかった[21]。

2020年6月に公表された予測は、COVID-19の第1波の影響を受けて、日本を含む世界各国の厳しい経済の落ち込みの状況を見て作成・公表された。第2波があるかないかで予測が変わるので、2通り公表された。

例えば、2019年の世界経済成長率（**表10**　2019年11月公表　2019　世界）は、2019年12月公表では2.9％であったものが、2020年6月は2.7％。2020年9月は2.6％に修正されている。日本は、1.0％、0.7％、0.7％に修正されている。これらの修正が、COVID-19の世界経済への影響の評価である。

[表10] OECD Economic Outlook の経済見通し（抄）

2019年11月公表

	2018	2019	2020	2021
世界	3.5	2.9	2.9	3.0
米国	2.9	2.3	2.0	2.0
欧州	1.9	1.2	1.1	1.2
日本	0.8	1.0	0.6	0.7
中国	6.6	6.2	5.7	5.5
インド	6.8	5.8	6.2	6.4
ブラジル	1.1	0.8	1.7	1.8

2020年6月公表

第2波があるケース

	2018	2019	2020	2021
世界	3.4	2.7	△7.6	2.8
米国	2.9	2.3	△8.5	1.9
欧州	1.9	1.3	△11.5	3.5
日本	0.3	0.7	△7.3	△0.5
中国	6.7	6.1	△3.7	4.5
インド	6.1	4.2	△7.3	8.1
ブラジル	1.3	1.1	△9.1	2.4

第2波がないケース

	2018	2019	2020	2021
世界	3.4	2.7	△6.0	5.2
米国	2.9	2.3	△7.3	4.1
欧州	1.9	1.3	△9.1	6.5
日本	0.3	0.7	△6.0	2.1
中国	6.7	6.1	△2.6	6.8
インド	6.1	4.2	△3.7	7.9
ブラジル	1.3	1.1	△7.4	4.2

2020年9月公表

	2019	2020	2021
世界	2.6	△4.5	5.0
米国	2.2	△3.8	4.0
欧州	1.3	△7.9	5.7
日本	0.7	△5.8	1.5
中国	6.1	1.8	8.0
インド	4.2	△10.2	10.7
ブラジル	1.1	△6.5	3.6

出所：OECD

2020年9月の OECD Economic Outlook は、**図72**のように、従来の見通しと、現在の見通しの比較も公表された。一番上の線が、COVID-19の情報が得られなかった2019年11月の見通しである。その後の実績は、2020年第2四半期（Q2,4-6月）に大きく落ち込み、2020年9月（図の「現時点」）までに少し回復している。それ以降の予測は、現状の見通し、楽観的な見通し、悲観的な見通しの3つの見通しを示している。どの見通しも COVID-19がない時の見通しよりも低くなっている。

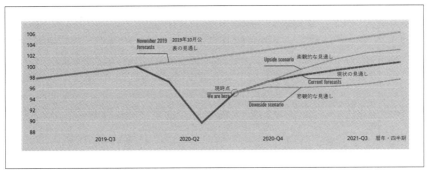

出所：OECD

[図72] 2020年9月、OECD Economic Outlook の世界経済見通し

このように、OECD Economic Outlook の経済成長率予測を継続的に見て、予測の変化とその根拠を読み取ると、その時その時のできごとが、世界経済にどれくらいのインパクト・衝撃を与えるかと、世界の優秀なエコノミスト（経済の専門家）たちが考えているかがわかる。

日本の一般的なマスコミ情報などの情報源だけでは、グローバルな視点、中長期の視点が欠けることがある。社会人、ビジネスパーソンになったら、OECD Economic Outlook が、どのような経済変化に着目していて、それはどれくらいのインパクト（衝撃、強い影響）なのか、グローバルな視座（物を見る姿勢）から状況分析する習慣をつけることが必要である。

質問コーナー

Q 80 日本はもうバブル経済が起きることはないのでしょうか？
答え：小さいですが、時々起きています。例えば、タワーマンションの一部は、老朽時の建て替えや、災害時でエレベータが止まったときのことなどを考えると、本来の価値以上になっている物件があると思います。

> **コラム3**

経済対策の執筆で不眠不休

　著者は、1998～1999年、内閣府の前身の経済企画庁調整局調整課の筆頭課長補佐の任にあった。調整課は、1年に1回、**政府経済見通し**を出し、毎月の経済の見立てである**月例経済報告**を出すのが通常業務で、景気が悪くなると**経済対策**を作る。これは今でも内閣府で続けられている。

　1997年、山一證券、北海道拓殖銀行という日本を代表していた金融機関が倒産した。当初、金融機関の倒産は、一般の企業の倒産と同じで、自分たちの経営が悪いから自己責任であって、普通の人々は関係ないと思われた。しかし、取引先の企業が倒産すると、商品を売った代金を支払ってもらえなくなり、自社が倒産してしまうことがある。これを連鎖倒産という。北海道拓殖銀行は、北海道の多くの一流企業に貸付けていた。北海道拓殖銀行が倒産すると、北海道の多くの一流企業は、必要な資金を得ることができなくなって、北海道の企業、経済は大混乱し、景気が悪くなった。

　金融機関の倒産は自己責任であるから放っておくという考え方は、法律や社会通念ではそのとおりだが、1997～1998年は、金融機関の相次ぐ倒産が見込まれて、"北海道拓殖銀行の倒産と北海道経済の危機"という関係が、日本全国に広がると見込まれた。

　1998年11月16日の経済対策閣僚会議で決定された「緊急経済対策」は、多くの関係者の危機意識と知恵の結晶だが、文章は著者が書いた。経済企画庁調整局調整課長補佐は、歴代、経済対策を書く担当で、通産省から出向していた。

　経済対策は、ある日、総理から作るよう指示が出る。指示が出るまでは、経済企画庁調整局調整課長補佐は、各省庁の担当者と自由に意見交換ができるが、指示が出た後は、交渉はするが意見交換はできない決まりだった。経済対策の公平性を保つためである。したがって、ふだんから各省庁の担当者と意見交換して、様々な事情を知っておくことが大事であった。通産省という産業に特化した役所にはない、各省庁を見渡す広い視座と、経済学の知識が必要であった。

　「緊急経済対策」を作る1か月前、小渕総理から指示が出た。それから11月16日まで、ほとんど満足に寝ていない。仕事の合間にうつらうつらしている程度である。各省庁と細かい調整をして「緊急経済対策」の文章を書いていく。ちょっとした文章表現も、各省庁にとっては大事である。少し表現を変えようとすると、A省庁は喜ぶが、B省庁は激怒するようなことが起こる。各省庁の合意形成のために、経済企画庁（現在の内閣府）の仲間と一緒に戦った。大学卒業後に経済企画庁に入って経済に詳しい人（大学の同級生もいた）もいれば、著者のように各省庁から派遣された人も多くいた。それでも、堺屋太一経済企画庁長官・大臣（当時）を支えて、ワンチームで働ききった。

第8章　マクロ経済学　183

11月15日の夜、すべての調整を終えて、文章を確定して、数時間寝た。起きたら、あちこちの文章の表現がそうなっている理由、すなわち、各省庁のこだわりポイントを忘れかけていた。1か月それに関わってきたのに何ということだ！　自分で自分にびっくりした。慌てて、各省庁のこだわりポイント、なぜ、こういう経済対策にしたのかをメモした。

そのメモの内容は、
経済企画庁調整局（1999）『解説 緊急経済対策』国政情報センター出版局
に掲載している。

4．乗数効果、有効需要

4-1. 乗数効果

理論46　乗数効果

Aさんが支出してBさんが作ったモノを買うと、Bさんの収入になる。Bさんがその収入でCさんが作ったモノを買うと……というように、次々と支出、収入の関係が連続していく。これを**波及効果**という。**乗数効果**（multiplier effect）は、**このような波及効果が伝わり切ったときに、最初の支出の数倍の収入を経済全体で生み出す効果**をいう。

最初の支出を100万円として、次の人は収入の50％を消費して、50％は貯蓄する（**消費性向**が50％）と考えると、次々と支出、収入の関係が連続していく様子は、次のようになる。

Aさん　100万円支出→　Bさん　100万円の収入のうち50万円支出
→　Cさん　50万円の収入のうち25万円支出　→　Dさん　25万円の収入のうち12.5万円支出　→　……

この波及効果は、次のように数式で表すことができる。
100万円＋100万円×0.5＋100万円×$(0.5)^2$＋100万円×$(0.5)^3$＋……
または、分数で、

$$100\,万円 + 100\,万円 \times \left(\frac{1}{2}\right)^1 + 100\,万円 \times \left(\frac{1}{2}\right)^2 + 100\,万円 \times \left(\frac{1}{2}\right)^3 + \cdots\cdots$$

結論を先にいうと、Aさんの100万円支出の乗数効果は、消費性向が50％であれば「数学の復習3」で示すように、合計すると全部で200万円になる。

消費性向が70％のようにもっと**大きな数であれば、乗数効果ももっと大きな数になる。**

消費性向（propensity to consume）は、消費者が所得のうちどれだけを消費に向けるかを示す割合をいう。平均消費性向と限界消費性向がある[22]。

平均消費性向は、ある人の全所得からどれだけ消費するか（平均）をいう。限界消費性向は、宝くじで1万円当たったなど、少し増えた所得のうち、どれだけ消費するかをいう。

数学の復習3 数列、級数

数列、級数は数学Ⅲの範囲なので、読者の多くは、復習ではなくて初見になるかもしれない。

数列は、自然数1、2、3、4、5、6……に対応して並べられた数の列をいう[23]。

例えば、上の式の例は、2項目の0.5は $(0.5)^1$、すなわち、0.5の1乗なので、

$(0.5)^1 \times 100\,万円 + (0.5)^2 \times 100\,万円 + (0.5)^3 \times 100\,万円 + \cdots\cdots$ というように、自然数1、2、3、4、5、6……に対応した数列になっている。

関数は、2つの変数x、yがあって、xの値が決まれば、それに伴ってyの値がただ1つ決まるとき、yはxの関数であるという。

級数は、数列のうち、ある関数を順番に足したものをいう。

ある数XをY乗するのも関数である。したがって、$X^1 + X^2 + X^3 + \cdots\cdots$ というように、1乗、2乗、3乗……した数を足してたものも級数である。$2 \times 2 = 4$、$\times 2 = 8$、$\times 2 = 16$ というように同じ比率で増えていくので、特に、等比級数という[24]。

例えば、上の式の例は、

$100\,万円 + 100\,万円\left((0.5)^1 + (0.5)^2 + (0.5)^3 + \cdots\cdots\right)$ と式変形できるので、等比級数になっている。

これを、分数で表すと、$100\,万円 + 100\,万円 \times \left\{\left(\frac{1}{2}\right)^1 + \left(\frac{1}{2}\right)^2 + \left(\frac{1}{2}\right)^3 + \cdots\cdots\right\}$ となる。

$(0.5)^1 + (0.5)^2 + (0.5)^3 + \cdots\cdots$ や、$\left\{\left(\frac{1}{2}\right)^1 + \left(\frac{1}{2}\right)^2 + \left(\frac{1}{2}\right)^3 + \cdots\cdots\right\}$ は、

等比級数が無限に続いているので、無限等比級数という。

[図73]でわかるように、$\left\{\left(\frac{1}{2}\right)^1+\left(\frac{1}{2}\right)^2+\left(\frac{1}{2}\right)^3+\cdots\cdots\right\}$ の合計は1である。

無限に続く数列を足していくからといって、∞（無限大）にはならない。だんだん足す数が小さくなっていって、無限に小さくなっていくので、すべての合計は限りのある数になる。

図73から、

$$100万円 + 100万円 \times \left(\frac{1}{2}\right)^1 + 100万円 \times \left(\frac{1}{2}\right)^2 + 100万円 \times \left(\frac{1}{2}\right)^3 + \cdots\cdots$$

$$= 100万円 + 100万円 \times \left\{\left(\frac{1}{2}\right)^1 + \left(\frac{1}{2}\right)^2 + \left(\frac{1}{2}\right)^3 + \cdots\cdots\right\} \quad となる。$$

$= 100万円 + 100万円 \times 1 = 200万円$　となる。

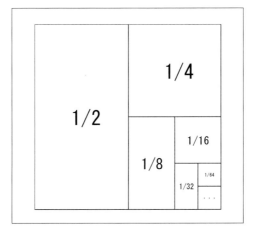

[図73] 1／2＋1／4＋1／8＋……の無限等比級数の和は1

無限等比級数の合計の公式は、証明は省略するが、

$$a + ar + ar^2 + ar^3 + \cdots\cdots = \frac{a}{1-r}$$ である。

消費性向によって、乗数効果がどのように変化するかを見てみよう。
最初の支出 $a = 100万円$、消費性向 $r = \frac{1}{2}$ のとき、

乗数効果（無限等比級数の合計）は、$\dfrac{100万円}{1-\frac{1}{2}} = \dfrac{100万円}{\frac{1}{2}} = 200万円$ となる。

消費性向 r ＝70％＝ $\frac{7}{10}$ のとき、

乗数効果は、$\dfrac{100万円}{1-\frac{7}{10}} = \dfrac{100万円}{\frac{3}{10}} = \frac{1000}{3}$ 万円＝333.3万円となる。

消費性向 r ＝90％＝ $\frac{9}{10}$ のとき、

乗数効果は、$\dfrac{100万円}{1-\frac{9}{10}} = \dfrac{100万円}{\frac{1}{10}} = 1000万円$ となる。

乗数効果は、最初の支出の数倍の収入を、経済全体で順々に波及効果が伝わって、最終的に生み出す効果をいう。消費性向 $\frac{1}{2}$ と $\frac{9}{10}$ では、乗数効果は、200万円と1000万円というように大きく違う。このように、**消費性向が大きいと、乗数効果は大きくなる**。

消費性向 r ＝100％＝ $\frac{10}{10}$ のときはどうだろうか？

乗数効果は、$\dfrac{100万円}{1-\frac{10}{10}} = \dfrac{100万円}{0} = \infty$ となる。

全国民が、すべての所得を常に100％使い切れば、経済は無限大に大きくなると計算される。しかし、現実には、そのようなことは起こらない。また、全国民が、すべての所得を常に100％貯蓄すれば乗数効果はゼロになるが、現実には、そのようなことも起こらない。

現実には、$0 <$ 消費性向 < 1 である。

日本の消費性向（消費／賃金）の実績は、76 〜 88％程度（2011 〜 2018年）である[25]。

4-2. 有効需要

有効需要（effective demand）は、おカネを持っていないのに「モノを買いたいな」といった単なる願望ではなく、所得があり、おカネを持っているので、**買おうと思えば買える人による需要**をいう。

マクロ経済学は、経済全体の所得、需要、生産などを考える。需要される見込みがなければ生産されないので、**経済全体の需要と生産は等しくなる**。経済活動で生み出された賃金、地代、配当、利子などの合計である所得は、国民の誰かに分配されるの

で、経済全体の生産と所得も等しい。（GDPの三面等価）

図74で、生産（縦軸）と所得（横軸）は等しいので、両方ともYと表現している。縦と横（生産と所得）が同じ数字であることを図74で表現すると、(1,1)(2,2)(3,3)……の座標を通る45度（45°）線となる。

所得をY（横軸）、消費をC（縦軸）とする。消費は所得が増えれば増え、減れば減る。所得が少ないときは、所得が増えると大きく消費が増える。所得が大きいときは、所得が増えても、それほど消費は増えないと考えれば、図74のC（Y）のような、最初は急だがだんだん緩やかになる曲線となる。

|理論47| 45度線図

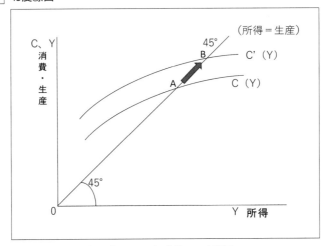

[図74] マクロ経済学の45度線図

図74は、消費がCからC′に拡大したとすると、生産・所得がAからBに増えることを示している。

有効需要が不足して、**非自発的失業**が起きている（図74のA）ときに、**マクロ経済政策で消費・需要を増やせば**（図74のAからBへの矢印）、需要が増えるので生産が増える。生産が増えれば、企業は給料や雇用を増やす。**所得を増やす**（図74のBの横軸の所得の値）ことができ、**非自発的失業を減らすことができる**[26]ことを、このグラフ「45度線図」は示している。

「45度線図」は、マクロ経済学で世界中の学生が習う。理解しよう。

ケインズが発見したマクロ経済学の重要な点は、消費が不足すれば、低いレベルで生産、所得が均衡し、"非自発的失業"が発生することである。このとき、人々がどんなに努力して自分磨きをしても、全員は就職することができない。

社会学は、「先入観を排除して考えることで、離婚や失業など、一見すると一個人にだけ関係すると思われることが、実は大きな社会問題の反映であることなどを理解できる学問[27]」である。ケインズは、優れた社会学者でもあったことがわかる。

ケインズは、近代資本主義の欠点である大恐慌の発生を未然に防止したり、起きてから解決する方法を、社会主義・計画経済以外の方法で、発見、提案した。

> **コラム4**
>
> ## 仁徳天皇のマクロ経済政策
>
> 西暦313年に即位したとされる仁徳天皇[28]には「民のかまど」の逸話がある。あるとき、仁徳天皇は、高台に登って国見（国の様子を見ること）をされた。民の生活が苦しくて、かまど（台所）から煙が立ち上っていなかった。そこで、かまど（台所）から煙が立ち上っていない間は免税して政府は節約し、民が豊かになった（かまどから煙が立ち上った）のを確認した後に税を復活させたという話が日本書紀にある[28]。マクロ経済学の財政政策のうち、徴税を厳しくしたり甘くしたりすることで景気の過熱や景気悪化をコントロールする手法と同じ内容である。
>
> 減税が経済を活性化する効果がある理由は、減税によって、住民の生活が楽になり、衣食住などに以前より多くのお金を使うようになる。そうすると、農家、職人など様々な職業の人たちの収入が増える。そうすると彼らも必要なものを以前より多く買うようになる。例えば、農民はクワ、スキなどの農具、大工職人は大工道具などを買うようになる。そうすると、鍛冶屋さんや道具造りの職人さんも収入が増える。このように、減税の効果は、経済を順番に伝わっていって、結果として大きな経済活性化効果を持つ（マクロ経済学の乗数効果）ことを、この節で確認した。
>
> 仁徳天皇の逸話は、先駆的（他に先がけて物事をすること）なマクロ経済政策の事例である。1936年のケインズの『雇用・利子および貨幣の一般理論』[29]の発表の1300年前に、同じ発想の政策をしていたとすれば驚きである。

[注]
1）日本経済新聞社「経済用語 Basic72用語」 https://www.nikkei4946.com/knowledge
bank/basic/index.aspx （2021/7/3取得）

第8章　マクロ経済学　189

2) 日本経済新聞社　https://www.nikkei4946.com/knowledgebank/basic/index.aspx　(2021/7/3取得)

3) 有斐閣 経済辞典 第5版

4) OECD（経済協力開発機構）加盟国数

5) 有斐閣 経済辞典 第5版

6) ＳＭＢＣ日興証券用語集

7) 有斐閣 経済辞典 第5版

8) 有斐閣 経済辞典 第5版

9) 三菱ＵＦＪモルガン・スタンレー証券 https://www.sc.mufg.jp/learn/terms/index.html　(2022/6/20取得)

10) 有斐閣 経済辞典 第5版

11) 労働政策研究・研修機構 https://www.jil.go.jp/institute/reports/2004/L-7.html　(2023/12/5取得)

12) 知恵蔵

13) 有斐閣 経済辞典 第5版

14) 有斐閣 経済辞典 第5版

15) https://www.rieti.go.jp/jp/papers/contribution/fukao/07.html　(2021/8/9取得)

　　注：総資本形成は、期間内に増加した実物資本の量。

　　　　営業余剰・混合所得は、企業が営業活動から得た利益など 。

　　　　固定資本減耗は、建物、機械などの固定資産が、通常の経年劣化（時間の経過によって品質が低下すること）からくる減耗（すりへること）した分を評価した額。その年に、企業が、建物や機械を修理したり、買い替えたりしないでやり過ごした場合は、その金額を企業が手元に残すことになるので、所得になると考える。

　　　　間接税（消費税など）は、価格に上乗せされた分が政府に支出（納税）される。逆に、価格を下げる政府補助金は政府が支出するものである。純間接税（間接税－補助金）が、ＧＤＰのうち政府の所得となる。

16) 有斐閣 経済辞典 第5版

17) 日本銀行 https://www.boj.or.jp/announcements/education/oshiete/statistics/h12.htm/　(2021/3/12取得)

18) 有斐閣 経済辞典 第5版

19) OECD　https://www.oecd.org/economic-outlook/november-2019/　(2020/09/03取得)
　　内閣府 https://www5.cao.go.jp/keizai1/kokusai-keizai/oecd.html　(2020/09/03取得)

20) デジタル大辞泉

21) BBC https://www.bbc.com/japanese/55967868　(2021/8/12取得)

22) 有斐閣 経済辞典 第5版

23) 小学館　日本大百科全書（ニッポニカ）

24) 小学館　日本大百科全書（ニッポニカ）

25) 日本銀行（2018）(p.2)

26) 伊藤（2015）(pp.285-291)

27) Giddens（2006）(松尾ほか訳 ,2009)(p.22)

28) 朝日日本歴史人物事典

29) Keynes（1936）(間宮 訳（2008)）

第4部 1945年～現在の経済事情と国際経済学

第9章 1945年～1991年の 経済事情

〇この章のリサーチクエスチョン

　現在の経済のグローバル化を理解するためには、大航海時代、近代資本主義、植民地、社会主義国の成立、マクロ経済学の発明、東西冷戦、社会主義国が滅びるといった、現代につながる経済事情の歴史を知る必要がある？

　平和を願うなら、経済学を理解して、世界経済の安定を保つ必要。平和を祈ったり、戦争に反対したり、戦争を禁止する条約や法律を作るだけでは平和は維持できない？

〇キーワード

　独立戦争　冷戦　自由経済国と社会主義国
　通商ルール・ＧＡＴＴ
　貿易摩擦
　社会主義国が滅び、グローバル化へ

〇理論

　固定為替相場制　変動為替相場制

1. 1945～1991年　第二次世界大戦後、 独立戦争、冷戦

1-1. 1945年の日本の敗戦と東アジア諸国の独立

　1945年、日本の敗戦で日本の植民地や一時的に占領した多くのアジアの植民地が独立を宣言した。欧州諸国は軍隊を送って独立させないようにした。例えば、**インドネシアは4年5か月オランダ軍と戦った。ベトナムは8年フランス軍と戦い、それぞれ、80万人、数百万人以上の死者**を出しながら**独立戦争**に勝って、独立を欧州諸国に

認めさせた[1]。アフリカは1960年まで、ほとんどが植民地であった。植民地は、支配する国（東アジアでは英国、フランス、オランダなど）に役立つ作物を作らされるなど自分たちの収入を上げることができず、生活は貧しかった。

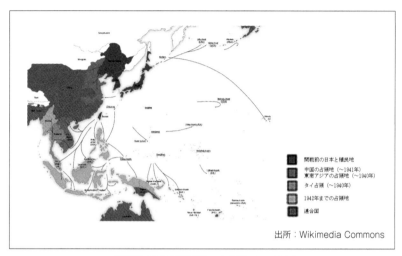

[図75] 日本の植民地、占領地（〜1942年）

[表11] 第二次世界大戦直後の東アジア諸国の独立

1945年	インドネシア共和国、ベトナム民主共和国
1946年	フィリピン共和国
1947年	インド共和国、パキスタン・イスラム共和国
1948年	大韓民国、ミャンマー連邦共和国
1949年	中華人民共和国

出所：外務省

1-2. 1947〜1991年　冷戦

冷戦（cold war）は、第二次世界大戦（1939〜1945年）後の米国とソビエト連邦（現在のロシアなど）を中心とする二大勢力の対立状態をいう。冷戦という用語は1947〜1948年頃から使われ始めた。実際の戦争は少なかったが、核兵器の恐怖の均衡状態が続いた。自由経済主義（Liberal democratic）と共産主義（Communist）というイデオロギー（政治思想、社会思想[2]）の対立でもあった。

194

[表12] 冷戦

		西側諸国	東側諸国
政治思想		自由経済主義	共産主義
超大国		米国	ソビエト連邦
主要国		英国 フランス 西ドイツ 日本	ポーランド ハンガリー 東ドイツ 中国
局地戦争	朝鮮戦争	米国・韓国	中国・北朝鮮
	ベトナム戦争	米国・南ベトナム	北ベトナム・中国

資本主義（近代資本主義）は、封建制度（領主が農民を支配する社会経済制度[3]）の後、産業革命でできた経済体制で、生産手段を私有する資本家が、自己の労働力以外に売るものを持たない貧しい人たちから労働力を買い、それを上回る価値を持つ商品を生産して利潤を得る経済構造をいう[4]。

しかし、現在の一般の人々は、自己の労働力以外に売るものを持たない"貧しい人たち"ではないし、世界各国の経済運営は、人々や企業に自由な経済活動を認めながらも、政府がマクロ経済政策、社会保障、労働法制などで、国民の生活の安全に配慮している。現在の経済政策は、**自由経済＋有効需要管理＋生活安全政策**である。したがって、本書では、「資本主義国と社会主義国」という用語は使用せず、**「自由経済国と社会主義国」という用語を使用する。**

何か事業をするのに資本（元手）が必要なのは当たり前で、経営学の会計学の貸借対照表に「資本」の金額を記載する。そこに思想的意味はない。現在は"資本主義"という言葉は一般の人は使わない。マルクス主義を支持する人は使っている。なお、マルクスは"資本主義"という言葉は使っていない。「資本家的生産様式」という表現を用いている[5]。マルクス主義は、20世紀でもっとも影響力ある思想の一つとなったが、1991年、ソビエト連邦が滅びた後、急速に影響力を失った[6]。

1948年、自由経済国の国際通商ルールとして**GATT**（General Agreement on Tariffs and Trade, 関税及び貿易に関する一般協定）協定・国際機関ができた。GATTは貿易の円滑化に貢献した[7]。**社会主義国はGATTに加盟せず、冷戦の時代は自由経済圏と社会主義圏との貿易や経済関係は分断されていた。**GATTは、1995年に発足したWTO（World Trade Organization, 世界貿易機関）の前身である。GATT、WTOの詳細は後述する。

1949年に発足したココム（COCOM, Coordinating Committee for Export Control, 対共産圏輸出統制委員会）は、自由経済国から社会主義国向けの高度技術の輸出を、社会主義国の軍事力が強くならないように規制した。管理は厳しく、例えば、1987年、東芝機械が、ココム規則に違反しているのを自覚しながら工作機械をソビエト連邦に輸出した事案を、米国の国防総省が摘発した。日米政府間の外交問題になり、親会社である東芝の会長と社長が責任をとって辞任した[8]。

　冷戦の間、日本は自由経済国側に属していたため、社会主義国側から味方になるよう働きかけを受けた。ソビエト連邦や中国が、外交官やジャーナリストなどに身分を偽って**情報機関（交戦国に対するスパイ活動を行う機関**[9]）の工作員を日本に送り、日本人の協力者を作り、政策、軍事、技術の秘密を違法に取得したり、意思決定を操作するなどの**工作活動（ある目的を達成するため、計画的に違法な活動をすること**[10]）をした[11]。

　このようなスパイ・工作活動は現在も続いていて、政府は、中国、ロシア、北朝鮮などのスパイ・工作活動を毎年とりまとめ、警察白書の「対日有害活動の動向と対策」として情報公開している[12]。2022年、在日ロシア通商代表部の職員が、先端技術をもつ日本企業の社員にスパイ活動をしていることがわかり、警視庁が被害に合わないよう日本企業に注意を促した[13]。企業は、スパイ・工作活動の脅威が今も身近にあることを意識してビジネスをする必要がある。

コラム5

自由経済国の社会制度 —— 近代資本主義とは大きく違う ——

　現在は、**世界のほとんどの国が、自由な企業活動を認め**、マクロ経済学で景気悪化・失業対策を行い、近代資本主義の欠点に対して社会主義が提案した政策（貧しい人たちを守るなど）も取り込みながら、経済運営をしている。

　近代資本主義では、富裕層と庶民の経済格差が開く一方だったので社会不安が起きた。経済が激しいインフレ、デフレを起こして制御できなくなり、人々が飢えたり戦争になったりした。一つの原因は、ローマ時代以来の世界の民法の基本原則である「契約の自由」、すなわち、一般の人どうしは自由に契約を結ぶことができ、政府は介入しないことを素朴に適用したことである。労働契約も借金の契約も「契約の自由」で行われたため、富裕層が庶民に、強者が弱者に、ひどい仕打ちをすることが「自由」に認められていた。人類が生まれてから19世紀まで奴隷制度があったことでわかるように、現代から見れば人権侵害に当たるようなことが多く行われていた。

　社会主義が提案した政策の一部は、現在の自由経済国に採用されている。例えば、国、政府が企業の生産物を買い上げ、治安や道路、堤防などの社会資本に投資

し、国にとって必要な企業を支援（政府投資、政府支出）し、強い交渉力を持つ企業に対して貧しい人たちを守る法律（労働法制）を作り、政府が金持ちから貧しい人に所得を移転する累進課税、相続税や、生活保護制度などの**所得再配分政策**を行い、受益者負担、保険機能と政府支出を合わせて、**医療補助、年金など公的保険制度を提供している**。いずれも「契約の自由」に任せないで、社会の安定のために、政府が経済活動に介入する政策である。

　社会的な問題は昔も今もたくさんある。**現在の自由経済国は、マクロ経済政策と政府投資、政府支出、労働法制、所得再配分政策、医療補助、公的保険制度などを組み合わせて、社会と人々の生活の安定を図っている**。社会的な問題の解決法は社会主義だけではないし、社会主義の経済運営はうまくいかないことがわかった。

　人々の生活の安定を図る政策を政府が実施する度合いは、国によって違う。例えば、米国は、日本のような公的医療保険制度はない。社員を即時に解雇できる。米国では、民主党は、貧しい人たち、非白人の人たちを中心に、社会主義が問題提起したような弱者への生活支援策に賛成している。他方、共和党は、富裕層、白人の人たちを中心に、少ない税金、政府の少ない支出に賛成して、弱者への生活支援に反対している。米国の州政府は、赤字国債を発行して景気対策をすることはできないと決められている。連邦政府は、赤字国債を発行して景気対策することができるが、共和党は財政赤字に常に反対するので、日本のような大きな財政赤字は議会が許さない。

　日本では、2024年現在の大政党である自由民主党も立憲民主党も、生活に関しては、米国の政党の中では民主党に近い考え方で、米国の共和党のような「少ない税金、少ない支出、薄い福祉政策」を支持する政党はない。この結果が、**「今の日本は、社会主義ではないけれども、実は社会主義が理想とした状態を作り上げているのではないか」**といわれたり、日本の財政赤字が、もはやコントロールできないほど増え続けている一因となっている[14]。

　米国で弱者への生活支援策に反対する人が多い一つの理由は、毎年、移民を60万〜100万人受け入れ[15]、不法移民も多くて「移民や貧しい人たちの生活を自分たちの税金で支援するのは嫌だし、きりがない」と国民の半数程度が考えているからである。米国が移民を受け入れている理由は、元々、ネイティブアメリカンが住んでいた土地に、欧州からの移民が作った移民国家なので、建国以来、移民政策を変えながらも、継続して多くの移民を受け入れてきている歴史的経緯[16]がある。

　日本には、約40万人の外国人実習生・研修生が滞在していて[17]、世界で4番目に外国人を多く受け入れる国になっている[18]が、多くは数年で母国に帰る制度である。毎年の永住許可は3万〜4万人[19]と少ない。多くの日本人も、縄文時代、弥生時代、古墳時代までさかのぼれば、日本列島に移民してきた多様な人たちの子孫であるが、現在は、日本人どうしの仲間意識があるのか、「自国の人の生活を自分たちの税金で支援するのは嫌だし、きりがない」と考えている人は多くない。こ

第9章　1945年〜1991年の経済事情　197

の国民の意識（民意）の違いが、米国と日本の政策選択の違いに現れている。

　しかし、一部の日本人のお金持ちや会社は、日本の税金が高いので、居住地を米国やシンガポールに移して半年以上滞在し、現地の税制の適用を受けることで節税している。

1-3. 1945年、1973年の自由経済国の通貨制度

　第二次世界大戦後（1945年〜）の自由経済国の間では、米国と英国が中心になって、**金ドル本位制度と固定為替相場制**を採用し、1944年、世界銀行、1945年、国際通貨基金（IMF）、1947年、ＧＡＴＴ（WTOの前身）を設立し、ドルを中心とした通貨と、貿易を安定させる国際制度を作った。**米国政府がドルと金との交換を保証**した。

理論48　固定為替相場制

　固定為替相場制（fixed exchange rate system）は、円とドルなど、外国為替相場の変動を認めない制度[20]をいう。

　金本位制は、各国の通貨は金と結びついているので、必ず固定為替相場制となる。

　1945年以降は、変動幅を上下１％にするように、**各国の財務省が、為替相場を市場で売り買いしてコントロール**していた。1949年から、日本円は 1ドル360円 で固定された。自由貿易により、日本の産業は復興、発展し、日本経済は高度成長した。

　ある国が、経済不振や貿易赤字で通貨の価値が下がると、多くの市場関係者はその通貨を売り、買う人は少なくなる。その場合は、各国の財務省が、市場の売り注文をすべて買って、為替相場が下がらないようにコントロールしようとした。**弱い国の財務省の手元資金が無くなって力尽きてしまうと、外貨との交換ができなくなり、輸出産業、輸入産業の業務が止まり、経済は大混乱**した。

　1968年、米国が経済不振から手元資金が無くなり、金とドルを交換する保証をあきらめた。1973年３月以降、主要国は、固定為替相場制から変動相場制になった[21]。

理論49　変動為替相場制

　変動為替相場制（フロート, floating exchange rates）は、外貨の需要と供給を反映して自由に為替相場を変動させる制度をいう。

1973年３月以降、主要国はこの制度を採用している[22]。

変動為替相場制のメリットは、第一に、各国の財務省が、為替相場を市場で売り買

いしてコントロールしなくて済むことである。財務省の手元資金が無くなって力尽きてしまうと、その国の為替制度は行き詰まり、しばらく外貨と交換できなくなった後に、自国通貨の価値を安く設定し直して為替市場を再開するといった大混乱が繰り返された。弱い国の財務省は、手元資金が無くなって力尽きてしまうまで、**価値が下がった自国通貨を高く買い続けるので国として大損**をした。

変動為替相場制であれば、弱い国の財務省も、大損するような売り買いはする必要がない。経済不振や貿易赤字で通貨の価値が下がるときは、その時点その時点で、相場が下がって決まっていくので、ある日突然、為替制度が行き詰まるということもない。

第二に、変動為替相場制の場合、例えば、日本経済が強くなり、米国への輸出が増えると円高ドル安になって、日本から米国への輸出は割高になるので、ブレーキがかかる。固定為替相場制の場合は、例えば、1973年までは、長く1ドル360円だったので、日本経済が強くなり米国への輸出が増えても、為替でブレーキがかかることはなかった。

変動為替相場制のデメリットは、第一に、**外国為替がどう動くかわからない**ことである。例えば、企業は、来年度の事業計画を作るときに、1ドル110円といった為替相場の想定を置いて計画を作る。同じように経営努力をしても、円安になれば想定外の利益が出るし、円高になれば想定外の損失になる。結果として、投資をしすぎたなど、経営判断が適切ではなかったということも起こりうる。

第二に、投機（将来価格と現在価格の差を得る投資行為[23]）などによって、円ドルレートが激しく上がったり下がったりすることがある。企業にとっては、輸入代金を支払うタイミングなどで、円ドルレートが急に変わると、大きな損失を受けるリスクがある。

このような外国為替の変動が経営に影響を与えないようにするために、先物市場を使って為替予約をし、リスクヘッジ（リスクを回避すること）をする企業が多い。（第12章 国際経済の仕組みと国際経済学 2. 世界規模の市場と先物市場 参照）

為替予約は、将来において外国通貨を購入するあるいは売却する価格（予約レート）、数量を現時点で契約する（予約する）取り引きをいう[24]。

コラム6

イングランド銀行を負かした男

ジョージ・ソロスは、ハンガリー生まれのユダヤ人で、大規模なヘッジファンド（機関投資家や富裕層から私募により資金を集めるファンド[25]）運用で儲けた投資家である。1973年に創ったクォンタム・ファンド（Quantum Fund）は、10年間で40倍以上に価

第9章　1945年～1991年の経済事情　199

格上昇した。

1992年、英国通貨のポンドに目をつけ、100億ドル（1兆円以上）のポンド売りをしかけ、ポンドが急落した。イングランド銀行（英国中央銀行）は利上げやポンド買い支えなどの通貨防衛策をとったが、ポンドは下がり続けた。英国は、欧州為替相場メカニズム（欧州内の固定為替相場制）を脱退せざるをえなくなり、変動相場制への移行に追い込まれた。これにより、ソロスは「イングランド銀行を負かした男」として有名になった[26]。

経済学で解釈すると、英国政府の固定為替相場制の運用によって、為替市場のポンドの需給が不均衡（本来より価格が高すぎる）であった状態が、ソロスの投機によって需要と供給がバランスして、市場価格になって正常化したということでもある。儲かる投機は、市場をバランスさせる方向に働くので、経済学では悪い行為ではない。

ソロスのクォンタム・ファンドは、24時間で10億ドル（1000億円）以上の利益を上げた[27]。

2．1948年からの通商ルールと 1950～1991年の貿易摩擦

1948年、自由経済諸国は、ＧＡＴＴ（ＷＴＯの前身）を作り、自由貿易を安定させる**通商ルール**と仕組みを作った。冷戦下で、自由経済諸国は、貿易による国際分業、比較優位の利益によって、各国が復興、経済成長することができた（「第12章　国際経済の仕組みと国際経済学　4．比較優位理論」参照）。通商ルールは、1995年に**ＷＴＯを設立し、強化された。**

1991年までに、すべての社会主義国が滅び、社会主義経済運営をする国はなくなった。

2-1．1948年からの自由経済国の通商ルール・ＧＡＴＴ

第二次世界大戦後の1948年、**ＧＡＴＴ（General Agreement on Tariffs and Trade, 関税及び貿易に関する一般協定）**協定・国際機関ができた。ＧＡＴＴは、協定の名前でもあり、組織の名前でもあった。自由貿易を基本原則として、民間企業の自由な活動を認める国が参加した。「ある国が関税をある加盟国に対して引き下げた場合は、他の加盟国にも同じように引き下げなければならない」という"最恵国待遇"という原則を適用することで、ＧＡＴＴ加盟国の間の貿易が関税によって妨げられずに円滑に行われることなどに貢献した[28]。ＧＡＴＴルールの内容は、ＷＴＯの節で後述する。

年	通貨	通商ルール
1945年	国際通貨基金（IMF）設立固定相場制	
1948年		ＧＡＴＴ（ＷＴＯの前身）を設立
1949年〜	日本円：1ドル360円	
1968〜1973年	米国経済不振・変動相場制へ	
1995年		ＷＴＯを設立
1997年〜	アジア通貨危機	
〜1991年		社会主義国が滅びる
2001年〜		旧社会主義国のＷＴＯ加盟（2001年中国、2006年ベトナム、2008年ウクライナ、2012年ロシア）

[図76] 第二次世界大戦後の通貨と通商ルール

冷戦時代、社会主義国は、ＧＡＴＴに加盟していなかった。 冷戦 (cold war) は、第二次世界大戦 (1939〜1945年) 後の米国とソビエト連邦 (現在のロシアなど) 両国間および両国を中心とする二大勢力の対立状態をいう。冷戦という用語は1947〜1948年頃から使われ始めた。実際の戦争手段にはよらないが、背後に核兵器をかかえた恐怖の均衡状態で、単なる国家的対立ではなく、自由経済主義 (Liberal democratic) と共産主義 (Communist) というイデオロギー (思想傾向、政治や社会に関する主義[29]) の対立でもあった。1991年のソビエト連邦解体により冷戦は終結した[30]。

2001年中国、2006年ベトナム、2008年ウクライナ、2012年ロシアがＷＴＯに加盟するまでの冷戦の時代は、**自由経済圏と共産主義圏では貿易や経済関係は分断されていた。**

[表12] 冷戦 (再掲)

		西側諸国	東側諸国
政治思想		自由経済主義	共産主義
超大国		米国	ソビエト連邦
主要国		英国 フランス 西ドイツ 日本	ポーランド ハンガリー 東ドイツ 中国
局地戦争	朝鮮戦争	米国・韓国	中国・北朝鮮
	ベトナム戦争	米国・南ベトナム	北ベトナム・中国

2-2. 1950～1980年代の貿易摩擦

　第二次世界大戦後の自由経済諸国の間で、しばしば貿易摩擦が起きた。**貿易摩擦** (trade friction) は、個々の商品の輸出入をめぐって関係国間で発生する紛争のことで、しばしば経済摩擦にまで発展する。**経済摩擦** (economic conflicts) は、貿易、投資をめぐる個別産業、特定地域での紛争が外交問題にまで発展したものをいう。**1950年代から1990年代までの日米貿易摩擦や、2018年からの米中貿易摩擦**が有名である。深刻さはそれぞれ異なるが、日本、米国、EU、アジア諸国など多くの国がそれぞれ貿易摩擦を抱えている。経済の相互交流、特に、工業品の水平分業が深まったためともいえる[31]。

　第二次世界大戦後から1960年代までは、米国の貿易収支は黒字であった。1980年代以降は、国内投資、政府の財政赤字が増え、内需が強かったため、米国の貿易収支は赤字が続いた。

　日本は、1960年代以降の貿易収支は黒字で、1970年代の石油危機で国内投資が減り、1980年代以降は人々が貯蓄志向で消費性向が低かったため内需が弱く、輸出、外需に頼ったため、貿易収支は大きな黒字が続いた。

　石油危機に対応して、日本は石油に高い税金をかけたため、企業の省エネルギー対策が進んだ。米国は石油をできるだけ安く流通させ続けたため、企業の省エネルギー対策はあまり進まなかった。このため、自動車産業、電子機器産業で、日本企業・製品の競争力が強くなり、多くの米国企業・製品が競争に負けた[32]。**米国民や米国政府が不満をもち、日米貿易摩擦が激しくなった。**

　最初の日米貿易摩擦は、1950年代の繊維産業での貿易摩擦である。米国の繊維産業が、米国議会に働きかけて繊維輸出制限法を作ろうとしたため、日本は輸出自主規制を行って法律ができないように妥協した。1968年、鉄鋼産業で同様の自主規制が行われた。

　電子機器産業は、1960年代、日本製のトランジスタラジオ、白黒テレビが、米国企業に競争で勝ち、1970年代に、省エネルギーで値段も安い日本製カラーテレビが米国で売れて米国で反発が起きた。このため、1977年、カラーテレビの輸出自主規制を行った。

　米国の自動車産業は、1970年代の石油危機の後、車の小型化、省エネルギー化への対応が遅れた。1980年代に、日本から米国への自動車輸出が増え、米国の自動車会社は人員解雇、倒産の危機になった。米国の自動車産業の社員の対日感情は悪化し、日本車をハンマーでたたき壊したり、日本人に間違われた中国人が殺害される事件も起きた。1984年、日本は対米自動車輸出の自主規制を行い、1994年に廃止されるまで継

202

続した。

半導体でも日米貿易摩擦が起き、1986年、日米半導体協定が両国政府で結ばれた。内容は、ＧＡＴＴ・自由貿易の原則に配慮して、それまでのような輸出自主規制ではなく、日本も米国製半導体を買うこと、ダンピング輸出をしないことなどである。

1985年以降は、米国政府は、日本からの輸出・米国からの輸入を制限するというＧＡＴＴの自由貿易ルールに違反する直接的なやりかたではなくて、日本が米国製品を輸入することを求めるようになった[33]。

しかし、「第12章　国際経済の仕組みと国際経済学　3．国際収支」で後述するが、貿易収支の黒字・赤字は、国内の消費性向（貯蓄をしないで消費する傾向）による内需の動向などのマクロ経済で決まる。

貿易黒字の場合、外需（輸出－輸入）＞０　、GDP ＞内需
貿易赤字の場合、外需（輸出－輸入）＜０　、GDP ＜内需

したがって、米国が日本に求めたような個別の製品の輸入要請や、関税、法律、商習慣を変えても、マクロ経済の GDP と内需の構造は変わらないので、日本の黒字・米国の赤字の問題は解決されなかった。

コラム7

貿易自由化の力 ── Take it or leave it, Juggernaut effect ──

　国際機関は、国の集まりであり、国内法令で人や企業を規制するようには加盟国をコントロールできない。求心力は弱く、参加者全員が同意しないと動けない。したがって、成果が上がりにくいのが普通である。ＧＡＴＴ、ＷＴＯは、例外的に「強い強制力を参加国に対して持つ国際機関」といわれる。

　その理由の一つが、**Take it or leave it**（無条件に全部を受け入れるか、参加しないかどちらかを選ばなければならない。一部分を良いとこ取りすることは認めない）という基本原則である。ＧＡＴＴ協定を含むＷＴＯ設立協定の全部を受け入れれば、加盟国どうしの低い関税での貿易の利益を受け取れる。自国の産業の一部をどうしても保護したくて協定の一部でも認めないならば、一部に参加することも許されず、貿易の利益全体が手に入らない。「受け入れる（take）か、参加しないで離れる（leave）か、どちらでも好きな方をあなたが選んでください」という方針である。例えば、中国やロシアも、貿易の利益を受け取るために、痛みを伴う国内制度の修正を行い、日本もコメの輸入に応じた。

　Juggernaut effect（ジャガノート効果）の Juggernaut は、インド神話のジャ

ガンナート、クリシュナ神のことで、人間に対して盲目的服従や恐ろしい犠牲を強いる絶対的な力、不可抗力的な力を持つ神[34] である。

貿易自由化のジャガノート効果の意味は、ＷＴＯ交渉や２国間交渉で関税が引き下げられると、国内の輸出産業の存在感が増し、輸入品との競争に敗れた国内産業の存在感が小さくなっていく。それが繰り返されると、国内の世論で、輸出産業の意見が強くなり、輸入品に反対する国内産業の意見は弱くなる。こうして、ますます貿易の自由化が進む。このような効果を、貿易自由化のジャガノート効果という[35]。

著者は、1984～2015年の通産省・経済産業省勤務で、アルミ精錬業、洋食器製造業、自転車・部品製造業など、日本の様々な業界、企業が、ジャガノート効果で衰退、撤退していく場面に立ち会った。

2-3. 1991年、社会主義が滅び、グローバル化へ

社会主義国は、計画経済によって大恐慌のような不況を起こさないことには成功したが、**市場メカニズムを使わないことによる非効率、働いても働かなくても収入が変わらないことによる個人のモチベーションの低下**などから経済運営がうまくいかなくなった。**中国は1978年から社会主義の経済運営をやめ、市場経済を採り入れた（改革開放）**。ソビエト連邦は、1985年から市場経済の導入（ペレストロイカ）、情報公開（グラスノスチ）などの改革を試みたが、かえって経済の混乱を招いた[36]。東欧の旧社会主義諸国では、ソビエト連邦の支配から独立したいという人々の意識が高まり、**1989年、ベルリンの壁が市民によって壊され**、欧州の社会主義国が滅びた。**1991年、ソビエト連邦も滅びた**。

出所：Wikimedia Commons

［写真11］壁を壊して歓喜するベルリン市民

> **コラム8**

貴重な経済政策の実験 —— 社会主義経済運営はうまくいくか？ ——

　物理学や工学が様々な実験を繰り返して進歩するのとは違い、経済は1回限りで再現できないので、ふつうは実験できない。経済学の数少ない実験の1つは「社会主義経済運営、計画経済はうまくいくか？」という実験である。

　人工的に経済を計画経済にして、自由な経済活動や市場・マーケットメカニズムを使わないと経済がどうなるかという実験を、約40か国が、最長70年間（ソビエト連邦が1922〜1991年）行い、すべての国でうまくいかなかった。実験の厳密さも、サンプル数も、実験の期間も、十分なデータ、エビデンス（証拠）といえる。

　うまくいかなかった原因は、

　第一に、社会主義経済運営は、原材料、土地、道具、機械、建物といった生産手段を国有化する。国有化されると市場で売買されないので価格が存在しない。価格がないと、生産手段を使った事業の採算を判断できない。合理的な経済計画を立てることができなくても、社会主義がすぐにダメになるわけではないが、経済は非効率になり、貧困が広がり、経済成長できなくなる[37]。

　第二に、平等な社会を目指す社会主義の経済運営は、給料が変わらないため、人々は一生懸命働くことへのインセンティブがなく、働く意欲がなくなった。インセンティブは、行動を促す刺激や動機、励みなどをいう。給料や賞与など、人は金銭面のメリット（インセンティブ）があると勤労意欲が出るが、インセンティブがない社会主義経済運営は経済成長率が低下した。

　第三に、社会主義は、共産党の一党独裁、宗教禁止を定めているので、独裁になりやすく、信教の自由が認められず、嫌な社会だな、生きにくい社会だなと思う人が多かった。人々の反発は、秘密警察による摘発、厳罰、暗殺で抑制されていた。

　第四に、社会主義経済運営は国民の平等を目指しているのに、なぜか、共産党（社会主義、共産主義を目指す政党）の幹部、特権階級が富を独占し、民衆に不信感を与える国が多かった。計画経済を官僚が行うことから、官僚主義で非効率な政治が行われ[38]、官僚が賄賂（自分に都合のよいようにしてもらう目的で贈る品物や金銭[39]）を要求したなどが指摘されている。

　社会主義国が滅びて**冷戦の時代は終わり**、2001年中国、2006年ベトナム、2008年ウクライナ、2012年ロシアなどがWTOに加盟して、**現在につながる経済のグローバル化が始まった。**

　他方、**中国は1978年**から社会主義の経済運営をやめ、市場経済を採り入れた（**改革開放**）ため、中国共産党による一党独裁（単一の政党が政治権力を独占的に掌握すること[40]）

を継続できている。早めに市場経済を取り入れて（社会主義市場経済）、経済が発展して国民が豊かになったからである。しかし、ＷＴＯのルールに違反して国内企業を優遇し、世界の雇用やビジネスに悪影響を与えている[41]。軍事力を強化・近代化（宇宙・サイバー・電磁波など）し、東シナ海、南シナ海などで、力による一方的な現状変更の試みを続けている[42]。中国の共産党による一党独裁が、世界の不安定要因の一つになっている。

現在は、**世界のほとんどの国が、自由な企業活動を認め、マクロ経済政策と政府投資、政府支出、労働法制、所得再配分政策、医療補助、公的保険制度などを組み合わせて、社会と人々の生活の安定を図っている。**

ココムは1994年に廃止された。1996年、ココムに代わるものとして、通常兵器及び関連汎用品・技術の輸出管理に関する**ワッセナー・アレンジメント**（The Wassenaar Arrangement on Export Controls for Conventional Arms and Dual-Use Goods and Technologies）が、紳士協定（信義に基づく法的でない約束[43]）として発足した。ココムは社会主義国を対象にしていたが、ワッセナー・アレンジメントは、すべての国家・地域や、テロリストを対象としている。日本を含む自由主義国、ロシアなどが参加していて、中国は参加していない[44]。2020年、米国は、中国、ロシア、ベネズエラ向けの軍事用途、軍事最終需要者への輸出許可の手続きを厳格化した[45]。

国際企業は、これらの**国際ルールや手続きを法令順守**する必要がある。

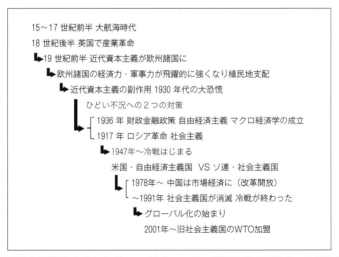

[図77] 近代資本主義からグローバル化・マクロ経済政策の普及までの経済史

◇◇

〇さらに学びたい人へ

【推薦図書４】　国際経営講義
　　ジェフリー・ジョーンズ，安室憲一・海野巨利訳（2007）『国際経営講義』有斐閣）
　　　　紀元前3500年頃の古代アッシリアから2000年頃までのグローバリゼーション
　　の歴史を記述している（pp.21-55）。

◇◇

［注］
1）平凡社百科事典マイペディア
2）広辞苑 第七版
3）小学館デジタル大辞泉
4）小学館デジタル大辞泉
5）小学館　日本大百科全書（ニッポニカ）
6）小学館　日本大百科全書（ニッポニカ）
7）平凡社百科事典マイペディア
8）ＮＨＫ https://www2.nhk.or.jp/archives/tv60bin/detail/index.cgi?das_id=D0009030700_00000　（2021/3/14取得）
9）デジタル大辞泉
10）精選版 日本国語大辞典
11）警察庁 https://www.npa.go.jp/archive/keibi/syouten/syouten269/sec02/sec02_0701.htm　（2022/7/23取得）
12）警察庁 https://www.npa.go.jp/publications/whitepaper/index_keisatsu.html　（2023/11/20取得）
13）NHK　https://www3.nhk.or.jp/news/html/20220728/k10013739551000.html　（2022/7/29取得）
14）吉田（2021）（pp.56-57）
15）JETRO https://www.jetro.go.jp/biznews/2020/01/ec88e7f0e0abefcc.html　（2021/8/15取得）
16）JTRO https://www.jetro.go.jp/ext_images/jfile/report/05000661/05000661_001_BUP_0.pdf　（2021/8/15取得）
17）マイナビ https://global-saponet.mgl.mynavi.jp/visa/4272　（2021/8/15取得）
18）日経新聞 https://www.nikkei.com/article/DGXMZO48702850Z10C19A8000000/　（2024/2/7取得）
19）コンチネンタル国際行政書士事務所 https://continental-immigration.com/permanent-residency/approval-rate/　（2021/8/15取得）
20）有斐閣 経済辞典 第5版
21）平凡社百科事典マイペディア

第9章 1945年〜1991年の経済事情 207

22) 有斐閣 経済辞典 第5版
23) 有斐閣 経済辞典 第5版
24) 大和アセットマネジメント用語集
25) 大和証券金融・証券用語解説集
26) 証券用語解説集
27) プレジデント https://president.jp/articles/-/53567?page=4 （2023/12/6取得）
28) 平凡社百科事典マイペディア
29) 広辞苑 第七版
30) 平凡社百科事典マイペディア
31) 有斐閣 経済辞典 第5版
32) 内閣府（2011）（pp.46-67）
33) 経済社会総合研究所ウェブサイト（ESRI）https://www.esri.cao.go.jp/jp/esri/prj/sbubble/history/history_01/analysis_01_01_04.pdf （2023/11/1取得）
34) 新英和（第7版）中辞典 研究社
35) Baldwin（2016）（ボールドウィン, 遠藤 訳（2018））（p.2）
36) 旺文社世界史事典 三訂版
37) 日 経 BizGate https://bizgate.nikkei.com/article/DGXMZO368205902310202018000000 （2023/11/21取得）
38) 東証マネ部！ https://money-bu-jpx.com/news/article047357/ （2023/11/21取得）
39) 精選版 日本国語大辞典
40) 日本大百科全書（ニッポニカ）
41) 米国通商代表部 https://ustr.gov/about-us/policy-offices/press-office/press-releases/2022/february/ustr-releases-annual-report-chinas-wto-compliance （2023/4/22取得）
42) 外 務 省 https://www.mofa.go.jp/mofaj/gaiko/bluebook/2020/html/chapter1_00_01.html （2023/4/22取得）
43) ブリタニカ国際大百科事典 小項目事典
44) 外務省 https://www.mofa.go.jp/mofaj/gaiko/arms/wa/index.html （2021/3/14取得）
45) ジェトロ https://www.jetro.go.jp/biznews/2020/05/7015fbaea6701793.html （2021/3/14取得）

第**10**章 1991年～、グローバル化後の経済事情

　1991年からの経済のグローバル化によって世界が統一市場となり、旧途上国や旧社会主義国の一部が先進国になったり、企業や個人が、より大きな舞台で活躍できるようになるという効果があった。他方、経済のグローバル化は良いことばかりではなかった。

〇この章のリサーチクエスチョン

　グローバル化の効果と副作用とは？

　グローバル化によって、国の平均所得の格差は急速に縮まり、各国の中での個人間の所得格差は拡大？

　経済のグローバル化は各国の政治や社会の安定を脅かす？

〇キーワード

　先進国　新興国、準新興国　停滞国

　企業は、同じ生産性であれば、どの国の人に対しても同じ賃金を支払う

　19世紀から現在まで　長期の経済事情の振り返り

〇理論

　個人の付加価値労働生産性と収入は概ね比例する

　全体最適と部分最適

　量的緩和 － 新しい金融政策 －

1. 1991年代〜　グローバル化の効果と副作用

1-1. グローバル化の効果と副作用（マージナライゼーション）

　日本企業は、1950年代からの高度成長期の競争相手であった自由経済圏内の西ドイツに加え、1980年代から、旧植民地や途上国から工業国になった韓国、台湾、タイ、インドネシアと競争関係になっていた。1991年から、旧社会主義国の中国、ベトナムなどとも激しく競争する環境になった。**経済のグローバル化は、日本企業にとっては、市場が世界に拡大するというメリットと、企業間競争が激化するというデメリットがあった。日本など先進国の人たちは、途上国や旧社会主義国の人たちと、賃金や生産性で比較され、競争させられるようになった。**

　伝統的なミクロ経済学は、このような自由競争を通じて、全体の効用（良いなと思うこと）が最適になると考える。競争によって良いモノが安く生産され、**これまで貧しかった途上国や旧社会主義国の人々が豊かになった。**

　1991年から、企業は世界中に進出できるようになり、「経済のグローバル化によって、企業が国を選ぶ大競争時代が来た」といわれた。例えば、各国が企業に対する税金を上げると、企業が国外に移転して税収が増えなくなった。**タックスヘイブン（Tax Haven）** は、課税を免除、軽減している国や地域をいう。英国領ケイマン諸島、バージン諸島、ルクセンブルク、モナコ、米国東部のデラウェア州などがある。国際企業や富裕層がタックスヘイブンに資産を移し、租税回避するケースが多く、脱税、マネーロンダリング、犯罪・テロなどに悪用されるケースもある[1]。シンガポールは企業への税金を世界最低レベル[2] にして企業を誘致している。かつては、国際企業のアジア支社は日本に多くあったが、税率や英語の普及率などの要因から、多くはシンガポールに移転した。これによって、日本にあった外資系企業の雇用がシンガポールに移転した。東京からシンガポールに転勤した日本人も多くみられた。2021年6月の主要8カ国首脳会議（G8サミット）で、法人税の最低税率を少なくとも15%とする共同声明を採択し、対策に着手した[3] が、現在も、アジアのビジネスはシンガポールに集中している。**日本の企業家で高利益、高収入の人たちは日本からシンガポールに移住して所得税や相続税を節税し、シンガポールから日本や世界の自分のビジネスをマネジメントする人が増えている。**

　大恐慌のときに英国などが実施したブロック経済は、高関税によって輸入を制限し、仲間内の生産、雇用を維持しようとした。同じ時期に、自国の為替を安くして、輸出促進によって生産、雇用を維持する政策もとられた。これらは、自国や仲間の生産、雇用を維持し、周りの国の生産、雇用の機会を奪うため、「<ruby>近隣<rt>きんりん</rt></ruby><ruby>窮乏化<rt>きゅうぼうか</rt></ruby><ruby>政策<rt>せいさく</rt></ruby>（周

りの国を苦しくさせる政策）」という[4]。現在の法人税の引き下げ競争も、近隣窮乏化政策になっている。

社会主義国が滅びて冷戦が終わり、自由経済圏、社会主義圏の区別がなくなったため、1991年からは、経済力によって**各国を３分類する考え方**が主流になった[5]。

第一は、**先進国**で、一人当たり国民所得が12,235ドル（約134万5,000円）/ 年を超える国[6] である。社会主義国は経済的に停滞していたので、当初は、自由経済先進国を意味した。1994年以降、一部の新興国、旧社会主義国も先進国になっている。

第二は、**新興国、準新興国**である。新興国は、一人当たり国民所得が3,996（約43万5,000円）〜 12,235米ドル / 年の国[7] で、旧植民地や途上国から工業国になった韓国、台湾、タイ、インドネシア、メキシコや、旧社会主義国の中国、ベトナムなど、市場経済を導入して経済発展を始めた諸国である。準新興国は、一人当たり国民所得が1,006（約11万円）〜 3,955[8] ドル / 年で、これからの経済発展が期待される途上国である。

先進国の集まりである OECD（経済協力開発機構）に、**1994年以降、メキシコ、チェコ、ハンガリー、ポーランド、韓国などが加盟し、先進国と認められた。**

2001年、ブラジル、ロシア、インド、チャイナ（中国）の４カ国の頭文字をとって**BRICs** といい、今後の市場の拡大が見込まれるとした。2011年、南アフリカを加えて **BRICS** といった[9]。

G ７各国（米国、ドイツ、日本、フランス、英国、カナダ、イタリア）の所得が世界の全体所得に占める割合は、1970年頃は70％あったが、2010年頃は50％未満まで低下した。その比率の減少分のほとんどは、**６つの新興国（中国、韓国、インド、ポーランド、インドネシア、タイ）の伸びで置き換わった**[10]。これらが**グローバル化の効果**である。

第三は、**停滞国**（マージナライズド・エコノミー , marginalized economy, 一人当たり国民所得が1,005ドル（約11万円）/ 年以下の低所得国）である。戦争や国内紛争などで行政機能が低下し、市場経済化が進まず、**経済のグローバル化の流れから取り残された（marginalized, 取り残された**[11]**）諸国**である。典型的な例は、サハラ砂漠以南のアフリカ諸国である。

戦争や災害時に行政機能が働かないとどうなるかは、東日本大震災や各地の地震、水害などの時に、もし行政が機能しなかったらどうなったかを想像するとわかる。避難所で餓死したり、助かるはずの負傷や病気の人が命を落としたり、疫病が流行って死者が出たりするであろう。そのような不幸は停滞国で今、この時間にも起きてい

[表13] 先進国 新興国 準新興国 停滞国の一人当たり国民所得（一人当たり GDP, ドル）

130,000	129,810	ルクセンブルク
125,000		
120,000		
115,000		
110,000		
105,000		
100,000		
95,000		
90,000		
85,000		
80,000	81,632	米国
75,000		
70,000		
65,000		
60,000		
55,000		
50,000	52,727	ドイツ
45,000		
40,000		
35,000		
30,000	33,806	日本
25,000		
20,000		
15,000	12,235	先進国
10,000		
5,000		

15,000		
14,000		
13,000		
12,000	12,235	先進国
11,000		
10,000		
9,000		
8,000		
7,000		
6,000		
5,000		
4,000	3,996	新興国
3,000		
2,000		
1,000	1,006	準新興国

注：国の数字は IMF（2023年）

出所：外務省[12]

[図78] 飢餓率が35％を超える国：18ヵ国（2007年）

る。これらの諸国は、経済のグローバル化の恩恵を受けられないだけでなく、経済のグローバル化に参加して伸び始めた他の途上国（新興国と準新興国）との格差が拡大している。

1-2. 1997年　日本政府の経済協力の考え方

1991年の冷戦終結とグローバル化の中で、1997年にとりまとめた日本政府の経済協力の考え方は、

- **新興国、準新興国に対しては、生産品を買うなど貿易を通じて発展に貢献**する。経済成長に伴う**公害問題**への対応や、**すそ野産業**（完成品を製造する企業に、必要な部品や資材を供給する産業）の育成など、自律的、持続的な経済成長を貿易・援助で支援する。

- **停滞国に対しては**、経済のグローバル化に取り残されることなく、経済発展の軌道に乗るような援助をする。停滞国への支援は、**テロや難民対策は、当事国だけではなく、国際社会の安定化のためにも必要**であるという考えで支援する。手法としては、日本政府による経済援助だけでなく、地元の専門知識や人脈をもった国際機関と連携して行う。援助の内容は、第一に、**国内紛争、難民**などの問題を抱える国に対しては、自衛隊などによる平和維持活動、地雷処理など。第二に、**飢餓、疫病、災害**などがある国には緊急援助。第三に、**行政が有効に機能していない国**で、国際協力非政府組織（NGO）が有効な支援を行っている場合は、NGOへの支援。第四に、自由選挙の実施、財政官庁、産業開発企画官庁の整備など**経済発展に必要な政治・行政のソフトインフラ（制度・基準、技術・運用ノウハウ、人材育成等のソフト面の基盤）の支援**をする。

であった。

著者は、通商産業省通商政策局経済協力課長補佐、審議会の報告書[13]の執筆者として、1997年の日本政府の経済協力の考え方の取りまとめに参加した。

1-3. 生産性と収入 ── 国の格差から個人の格差へ ──

経済のグローバル化は、個人の環境も変えた。グローバル化されると、企業の立地は社員の賃金に左右される。生産性が高く、賃金が高い社員が多い国は、技能集約型産業が立地し、生産性が低く低賃金の社員が多い国は労働集約型産業が立地する[14]。労働集約型産業は、賃金が安い国に生産拠点を移す方が有利となる。その結果、生産性が高い社員が多くて高賃金な国（例えば、日本）は技能集約型産業が立地し、労働集

約型産業は他国に移転する。しかし、平均的に生産性が高い社員が多い国にも生産性が低い人はいる。これらの人は国内で仕事を見つけにくくなる。

　経済のグローバル化が個人に与えた変化を見ると、1991年からのグローバル化以前は、米国に生まれたらお金持ち、日本に生まれたらまあまあの生活ができるというように、国による格差が大きかった。**生まれた国による所得格差は、産業革命以降少しずつ拡大し1970年頃に最大**となった。例えば、米国と中国・インドに生まれるのでは所得は20倍の格差があった[15]。しかし、**グローバル化によって、国の平均所得の格差は急速に縮まり**、例えば、2021年は米国63,285ドル、中国12,551ドルと約５倍まで縮小した。そのかわり、**各国の中での個人間の所得格差は拡大**している[16]。

　途上国に労働集約型産業が移転するのは、平均すると賃金が安いからであるが、仕事ができて英語や日本語が話せる優秀な現地の人の賃金は、一般的な日本人よりも高い。どの国の人でも、グローバル基準で仕事力（仕事で利益を出す能力[17]）があれば高収入、そうでなければ先進国で生まれても低収入になるように、市場メカニズムが働くこととなった。

　市場メカニズムは、人々が自分の判断で自由にモノを売買する結果、モノの価格や賃金が、世界中の買いたい人と売りたい人のバランスで、ある価格に向かって動いて落ち着こうとするメカニズムをいう。賃金の場合は、先進国、途上国に関係なく、同程度の仕事力の人が同程度の賃金になるよう市場メカニズムが働く。途上国で文字を読めるようになった人の賃金は上がり、先進国で仕事力が弱い人は賃金が下がっていく。先進国で最低賃金制などの法規制をしたとしても、市場メカニズムを止めることはできない。最低賃金を法律で高く設定すると、それよりも仕事力が低い人は雇用されなくなる。**個人の収入は、「仕事力」の経済学での指標である付加価値労働生産性に概ね比例する**（コラム３）ように、市場メカニズムの大きな力が働く。グローバル化されたので、その力が世界中の人たちに働くようになった。

　グローバル化されたので、企業は、同じ生産性であれば、どの国の人に対しても同じ賃金を支払うようになった。例えば、日本では年収200万円は低収入と受け止められるが、世界で見ると、年収２万ドル（１ドル100円のときの200万円）は高所得である。日本の中で仕事力が弱い人たちは、職を失ったり収入が下がっていく。経済のグローバル化で、国籍で賃金が決まる要素が減り、個人の生産性に応じたグローバルな同一労働同一賃金が進んでいる。

　移民を積極的に受け入れている国では、賃金が安い仕事でも移民が請け負うので、元々住んでいた人で仕事力が弱い人たちは、賃金が安くなったり失業したりする。グローバル化は、国単位ではなく、個人に対して個別に直接的な影響を与えるようになった[18]。

経済がグローバル化すると、国内や地域内などで、仕事力が高い人と低い人の収入格差が大きくなり、その**格差を身近に実感することになるので社会が不安定**になる。例えば、米国では、それまで比較的経済的に安定していた白人の中でも、貧しい人や失業者が増えて、社会に不満を持つ人たちが増えた。白人を中心に米国の利益を追求し、移民を排除する姿勢を強調したトランプ氏に支持が集まって、国内の議論が二分するなど、**経済のグローバル化は各国の政治や社会の安定を脅かす性質も持っている**。日本では、最低賃金で働く人の収入が、生活保護者の収入を下回ることが時々あり、課題となっている[19]。

　日本は、約40万人の外国人実習生・研修生が滞在していて[20]、世界で４番目に外国人を多く受け入れる国になっている[21]。しかし、毎年の永住許可は３万～４万人[22]と少ない。人手不足の工場やコンビニで働く外国人を多く目にする。最低賃金で働く人と競合しているが、工場やコンビニの側からすると、日本人を求人してもなかなか応募してもらえない。

コラム9

個人の貢献と収入は概ね比例する

　企業を１人で経営している人は、稼いだ利益がそのまま個人の収入となる。個人の貢献と収入は一致する。企業に入ってチームで働いて、毎月決まった給料をもらっているとわかりにくいが、社員でも個人の貢献と収入は概ね比例する。

　理論50　**個人の付加価値労働生産性と収入は概ね比例する**

　経済学に、付加価値労働生産性という概念がある。「個人の貢献と収入は概ね比例する」ということを、この概念を使って、個人の**付加価値労働生産性と収入は概ね比例する**と言い換えることができる

　生産性（productivity）は、産出量（生産の総量）を、投入された生産要素の総量で割った値である。生産要素は人、モノ、カネがある。人の労働の生産性を労働生産性という。**労働生産性（labor productivity）**は、産出量を社員数で割った比率である。

$$労働生産性 \ = \ \frac{産出量}{社員数}$$

　付加価値は、生産において新たに付け加えられた価値をいう[23]。産出額から原材料使用額などを引いて計算する。例えば、100円の小麦粉を使って300円の価値を持つパンを製造したとすれば300－100＝200円がパン製造の付加価値で

ある。

付加価値額を社員数で割った数字が**付加価値労働生産性である**[24]。

$$付加価値労働生産性 = \frac{付加価値額}{社員数}$$

　企業が付加価値を生み出す過程をイメージするために、学園祭に模擬店を出す例で考えよう。サークルＡは、10人で１日、テントを借りて、鶏肉を切って串に刺して、たれを付けて焼いて、紙袋に入れて焼き鳥を売って、売上げから仕入れやテントを借りた費用などを引いて20万円残ったとすると、付加価値は20万円である。人数で割ると付加価値労働生産性は２万円となる。同じようにサークルＢの10人が10万円残したとすると、付加価値は10万円である。付加価値労働生産性は１万円となる。

　残った金額を各々メンバーで均等に分けたとすると、１人当たりの付加価値労働生産性も収入も、それぞれ２万円と１万円になる。これが**付加価値労働生産性と収入は比例する関係にある**という意味である。

　サークルＡの方が高付加価値労働生産性、高収入となった理由は何であろうか。サークルＡは模擬店の場所が良かった、鳥を焼く段取りが良くてお客を待たせなかったのでたくさん売れた、前売り券を売っていて通りすがりの人だけでなく固定客をつかんでいたなど、様々な理由が考えられる。

　企業は、学園祭の模擬店とは異なり、投資をして工場やオフィスを整備し、人を雇用して毎月ほぼ定額で給料を出すが、基本となる考え方は模擬店の例と同じである。**付加価値を多く出せれば社員に高い給料を払えるし、付加価値が出なければ利益も出ないので、社員の賃金カットや企業の倒産になる。**

　学園祭の模擬店では、毎年、利益を参加者で分けるので１人当たり付加価値と収入は同じになる。しかし、企業は、毎年、利益を役職員で分けて解散したりはしない。企業は、継続的に事業をし、将来、より多くの付加価値を出すため、コンピュータシステムや工場・機械などへの投資をしたり、不況に備えたりする。付加価値のすべてを社員で山分けせず、一定の割合を投資や貯金（内部留保．企業が税引後利益から配当金などの社外流出額を差し引いて、残余を企業内に留保すること[25]）に振り向ける。したがって、**社員の１人当たりの収入は、１人当たりの付加価値労働生産性が大きいほど大きく、企業が投資や内部留保にあまりお金を回さないで、社員に配るお金の比率（労働分配率）を増やせば大きくなる。**このことは、次の分数式で確認できる。

$$社員の１人当たりの収入 = \frac{賃金総額}{社員数}$$

$$付加価値労働生産性 = \frac{付加価値額}{社員数}$$

$$社員の１人当たりの収入 = 付加価値労働生産性 \times 労働分配率$$

$$\frac{賃金総額}{社員数} = \frac{付加価値額}{社員数} \times \frac{賃金総額}{付加価値額}$$

内部留保や労働分配率は、企業の利益や投資判断で年によって変化するが、極端に増減することは少ない。したがって、**社員の１人当たりの収入は、個人の付加価値労働生産性に概ね比例する**と言える。

２．1995年ＷＴＯ設立 ── 通商ルールと貿易摩擦 ──

２-１. 1995年ＷＴＯ設立、旧社会主義国の参加

1995年の**ＷＴＯ設立協定**（世界貿易機関を設立するマラケシュ協定）は、ＧＡＴＴを引き継いだＷＴＯの組織、加盟、意思決定等を規定している。**ＧＡＴＴ協定**（関税及び貿易に関する一般協定）は、**ＷＴＯ設立協定の付属書として現在も有効**である。組織名はＷＴＯ、協定名はＧＡＴＴ（関税及び貿易に関する一般協定）が残った。ＷＴＯは、ＧＡＴＴ（関税貿易に関する一般協定）に加えて、「貿易に関連する投資措置」「サービスの貿易に関する一般協定」「知的所有権の貿易関連の側面」などの協定も追加された。

1991年、社会主義国が滅びて**冷戦の時代は終わり**、2001年中国、2006年ベトナム、2008年ウクライナ、2012年ロシアなどがＷＴＯに加盟して、**現在につながる経済のグローバル化が始まった。**

ＷＴＯ組織、ＧＡＴＴ協定の基本となる条文は以下のとおりである。
①**最恵国待遇原則**（Most Favored Nation Treatment, MFN 原則）
ＧＡＴＴ 第１章「最恵国待遇」第１条：輸出入の際の関税等について、いずれかの国の産品に与える最も有利な待遇を、他のすべての加盟国の同種の産品に対して、即時かつ無条件に与えなければならない。
②**内国民待遇原則**（National Treatment）

GATT 第2章「内国民待遇」第3条：輸入品に対して適用される内国税や国内法令について、同種の国内産品に対して与える待遇より不利でない待遇を与えなければならない。

③数量制限の一般的廃止の原則

GATT 第3章「数量制限」第11条：加盟国は関税その他の課徴金以外のいかなる禁止又は制限も新設し、又は維持してはならない。

これは、数量制限措置が関税措置よりも国内産業保護の度合いが強く、直接的に自由貿易を歪曲するため禁じている[26]。

2-2. 1995年　日米自動車交渉

1995年の日米自動車交渉は、設立されたばかりの**WTO、通商ルール**の下で行われた。このため、**GATTとは異なる展開、決着**をした。

1995年5月、米国は「国内法で日本製高級車の輸入に高関税100％の従価税を課す」と発表した。これに対して日本政府は、「WTOルールに違反する」として、**WTOに提訴**した。GATTであれば、交渉は長引き、日本は妥協させられる展開が多かったが、1995年6月、日米閣僚協議（大臣どうしの交渉）が開かれ、一転して決着することになった。「日本政府は自動車業界の数値目標に関与しない、米国側は日本の主要自動車メーカーの自主的な計画を評価する」という内容で、双方の合意が成立した[27]。

この背景には、WTOの判決が米国の負けとなり、WTOルールによって制裁されることが見込まれたこと。その判決が出る時期が、米国の重要な選挙の直前のタイミングになりそうだったこと。もし、そうなれば、米国民の米国政権への不満が大きくなりそうだったことが影響した。GATTでは、提訴しても判決はなかなか出ず、制裁ルールも弱かったので、このような判断にはならなかった可能性がある。

日米両国の合意は、世界にWTOへの一定の信頼感を与えた[28]。

コラム10

GATT、WTO、日米自動車交渉の現場

著者は、1987～1988年、通商産業省通商政策局国際経済課係長として、GATTからWTOに移行する交渉や、米国カナダ自由貿易協定の日本としての対応の業務に関わり、1995年5月から交渉が決着する6月末まで、通商産業省自動車課課長補佐として日米自動車協議に関わった。

GATTとWTOの主な違いは、第一に、投資、サービス貿易、知的所有権など、GATTは扱っていなかった分野のルールをWTOは決めたこと、第二に、

ルールを破ったときに受ける制裁の強さである。ＷＴＯ設立以前は、ＧＡＴＴルールを破っても制裁されにくかったので、米国が相手国に一方的に利害や考えを押し付けることがあった。1950 ～ 1970年代の日米繊維交渉、1980年代の日本から米国への自動車輸出自主規制などは、米国に相手国が力で負けて決着した。第二次世界大戦後からしばらくは、世界市場の中で米国が圧倒的に大きな市場だったので、米国市場に売り込みたい各国は、米国政府の主張が道理に合わないものでも、負けて妥協するしかなかった。

　しかし、1995年の日米自動車協議は、同年１月にＷＴＯが発足した直後に交渉が行われ、それ以前とは違う経過をたどった。米国は従来どおり「６月末までに決着しなければ、国内法で日本製自動車の輸入を止める」と日本を脅した。ＧＡＴＴ時代であれば、日本は従来のように負けて妥協したかもしれない。しかし、ＷＴＯができたので、米国が国内法で輸入を止めれば、米国の行動はＷＴＯでルール違反と判断され、重い制裁が米国に課されると見込まれた。そうなれば、米国政府は、米国民や米国の自動車企業に対して面目を失うことになる。大統領選挙や連邦議会の議員選挙にも悪い影響が出る。1995年６月末に日本が納得できる内容で米国と合意できた背景に、ＷＴＯルールの強化による影響を、米国政府も無視できなかったことがあった。日本側も、ＷＴＯが発足した直後に米国のルール違反に力で負けてしまうと、今後も負け続けなければならないことや、これ以降、東アジアの新興国なども米国の力に負け続けることになると考えて妥協しなかった。

　著者は、日米自動車協議で、交渉を支える事務作業や、交渉が決裂して自動車輸出を止められた場合の国内の自動車関連産業の雇用対策、下請企業対策を関係省庁と協力して作る準備に、寝る暇も惜しんで携わった。最終的に交渉が決着したので、準備した国内対策の一部は実行されなかった。

　1995年７月、日米自動車協議で疲れきった著者は、サマースクール（外国人留学生向けの準備学校）で疲れを癒した後、カリフォルニア大学サンディエゴ校国際関係論大学院（UCSD IRPS）に留学した。UCSD IRPS は、米国国務省に多くの卒業生を送っていた。そこで、著者は、後に Stanford、東京大学経済学部長になる星岳雄教授と、ジョン マクミラン（John McMillan）教授に指導を受けた。マクミラン教授は、ゲーム理論の研究者として有名で、後にスタンフォードに移られた。米国の携帯電話向けの電波帯のオークションの方法をゲーム理論で設計するコンテストで優勝して、米国政府に採用されていた。授業は、『Games, Strategies, and Managers: How Managers Can Use Game Theory to Make Better Business Decisions（1992）（経営戦略のゲーム理論〈1995〉）』を使って、20人くらいのクラスで、楽しいながらもレベル高く行われた。

　星教授、マクミラン教授のお二人に指導を受けて、「日米自動車協議が、なぜ、ＧＡＴＴとＷＴＯでは違う結果になったのか」を「時間を通じたゲーム──ツリー

図──」で分析したのが、UCSD IRPSでの著者の卒業論文だった。
　John McMillan教授は、病気で早くに亡くなってしまったが、帰国する時に「keep in touch」と言って握手していただいたのが忘れられない。

2-3. 2018年〜　米中貿易摩擦

　米中貿易摩擦は、2018年3月、米国（トランプ大統領）が「中国からの鉄鋼製品に関税をかけ、国内で鉄鋼を生産できるようにする」と表明して始まった。2018年7月以降、ロボット、半導体など1000品目以上、550億ドルの関税を中国製品にかけた。**中国はかつての日本のように妥協せず、逆に米国からの輸入に関税をかけた**ので、米国もさらに対抗した結果、2019年9月までに、米国は中国製品の50％、中国は米国製品の70％に関税をかけた[29]。

　米中貿易摩擦の原因に、貿易収支の赤字・黒字の問題、体制の争い、覇権の争いがある。**図79**を見ると、米国の貿易赤字の相手国は、1990年までは日本が主だったが、2000年以降は中国が主になっている。米国の貿易赤字が続くのは、米国の内需が強い（消費性向が高い。貯蓄率が低い）ことと、日本、中国の内需が弱い（消費性向が低い。貯蓄率が高い）ためである。

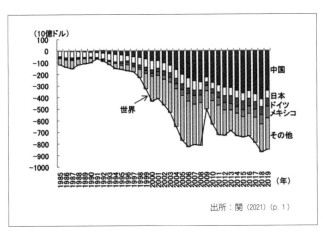

[図79]　米国の相手国別財貿易収支の推移

　日米貿易摩擦と米中貿易摩擦は、同じ面も異なる面もある。**図80**で対立の原因を分析しているように、貿易収支の赤字・黒字の問題、体制の争い、覇権争いの3つの争

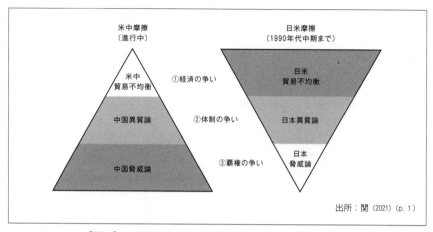

[図80] 日米貿易摩擦と米中貿易摩擦の共通点と異なる面

点があることは共通している。

　しかし、米国は、日本に対しては覇権（世界を支配する力）争いの脅威論は少なかったが、中国に対しては強い。日本異質論は、「市場がわかりにくくて米国製品を売りにくい」といった内容だったが、中国に対しては、「政治体制と考え方が違い、普通の国として扱うことはできない」と、2020年、米国の外交担当の大臣が発言している。

　経済の分野の中国異質論は、「中国がWTOに加盟した際の約束を十分に果たしていない」と、米国から次のような批判がある[30]。

①中国は市場経済を認めると言いながら、党と政府による市場への介入を続けている。
②政府指令を通じて資源（土地、労働力、エネルギー、資本）の配分を支配し、その価格をコントロールしている。
③党と政府による国有企業の支配を強化している。
④政府は、五ヵ年計画や「中国製造2025」をはじめとする産業政策を実施し、特定産業と企業への補助金を交付している。
⑤政府による知的所有権への保護は依然として不十分である。

　2021年、米国は、トランプ大統領（共和党）からバイデン大統領（民主党）に政権交代した。しかし、2024年現在も、中国との覇権争いは継続している。

3．2000〜2012年

3-1．2001年〜　経済連携協定が盛んに

3-1-1．自由貿易協定

自由貿易協定（FTA, Free Trade Agreement）は、特定の国や地域の間で、関税やサービス貿易の障壁等を削減・撤廃して**貿易を自由化**することを目的とする協定をいう。GATT第24条は、域外に対して障壁を高めないことや、域内での障壁を実質上のすべての貿易で撤廃すること等の一定の要件を満たすことを条件に、最恵国待遇原則の例外として、関税同盟（Customs Union）、自由貿易地域（Free-Trade Area）などを認めている。GATT第24条が、関税同盟、自由貿易地域が域外に対して障壁を高めないことを条件にしているのは、第二次世界大戦の一因となった経済のブロック化（域外に対して障壁を高くする）を防止するためである。

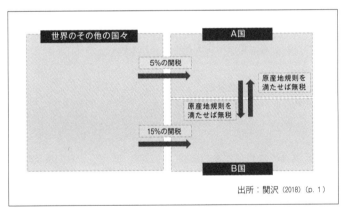

[図81] 自由貿易協定（A・B国）は域外に対しての関税を以前より高めないことが条件

3-1-2．経済連携協定

経済連携協定（EPA, Economic Partnership Agreement）は、**貿易の自由化**に加え、**投資、人の移動、知的財産の保護**や競争政策におけるルール作り、様々な分野での協力の要素等を含む、幅広い経済関係の強化を目的とする協定をいう[31]。

各国で経済連携協定への取り組みが盛んになっている背景は、2001年から、WTOのルールの改訂、進化が止まっている現状がある。WTOルールの決定は、161の国

と地域の全会一致を必要とするため、先進国と途上国の対立で交渉が進んでいない。このため、先進国、新興国などによる２国間交渉が主流になった。**日本は、ＷＴＯを重視して初期は２国間交渉に慎重であったが、2002年、シンガポールとのEPAを初めて結び**（交渉締結の立役者の宗像 直子氏は、通産省・経産省の同期である）、**2015年現在で271の協定がある。**

　２国間交渉を一つずつまとめるのは手間がかかるので、日本は地域協定（複数国間の協定）の交渉にも取り組んでいる。2016年に締結されたTPP（Trans-Pacific Partnership Agreement, 環太平洋パートナーシップ協定）は、太平洋を囲む12か国が参加している。TPPにトランプ大統領の米国が不参加となったので、2019年、日本は米国と日米貿易協定を結んだ。これにより、1960年代から1995年の日米自動車摩擦まで激しい摩擦が続いた歴史を持つ日米貿易関係に大きな区切りがつけられた。RCEP（アールセップ, Regional Comprehensive Economic Partnership）は、2020年11月15日に署名され、2022年１月１日、日本、ブルネイ、カンボジア、ラオス、シンガポール、タイ、ベトナム、豪州、中国、ニュージーランドの10か国が発効し、韓国、マレーシアが次いで発効した[32]。日EU自由貿易協定は、2018年７月に署名され、2019年２月１日に発効した[33]。

　グローバルバリューチェーン（GVC）は、製品・サービスの生産に必要な、国境を越えた活動をいう[34]。経済連携協定によって国境を越えた経済活動が盛んになり、先進国のグローバル企業と新興国の製造企業が利益を得た。

３－１－３．世界の経済連携協定

世界に自由貿易協定や経済連携協定が多くある。主なものは下記のとおりである。

ＥＵ

　第二次世界大戦後の欧州復興委のため、1952年、欧州石炭鉄鋼共同体が、フランス、西ドイツ、イタリア、ベルギー、オランダ、ルクセンブルクの６か国で設立された。1958年、同じ６か国で、欧州経済共同体を作り、ＧＡＴＴ規定に基づいて、域内関税の撤廃、域外に対して共通関税の設定を行い、資本、労働力の自由移動などを定めた[35]。1992年、ＥＵ（イーユー, 欧州連合）を設立した。EU圏内は外交、安全保障、経済・通貨、社会の各分野の統合により、域内貿易を自由化した。2002年、通貨をユーロに統一した。本部はベルギーのブリュッセル。加盟国数25カ国[36]。

ＮＡＦＴＡ

　1989年、米カナダ自由貿易協定ができ、米国、カナダ間の貿易、投資が自由化された[37]。1994年、ＮＡＦＴＡ（ナフタ, 北米自由貿易協定）ができ、米国、カナダ、メキシコの関税引き下げ、金融・投資の自由化、知的所有権の保護などを取り決めた。賃金

第10章　1991年〜、グローバル化後の経済事情　223

が安いメキシコに米国輸出向けの工場ができるなど、米国メキシコの貿易は拡大した[38]。

ＡＳＥＡＮ

1967年、ＡＳＥＡＮ（アセアン，東南アジア諸国連合）ができ、インドネシア、シンガポール、タイ、フィリピン、マレーシアの５カ国が参加した。1984年、ブルネイ。1995年、ベトナム。1997年、ミャンマー、ラオス。1999年、カンボジアが参加し、東南アジア10か国すべてが参加した[39]。

ＡＳＥＡＮ経済共同体

1997年のアジア通貨危機の対策として、2015年、ＡＳＥＡＮ10か国が、ＡＳＥＡＮ経済共同体を作り、域内の人、物、サービスの自由化を緩やかに進めている。通貨統合や対外統一関税は実施しない[40]。

ＡＰＥＣ

1989年、ＡＰＥＣ（エーペック，Asia-Pacific Economic Cooperation，アジア太平洋経済協力）ができ、日本、米国、カナダ、豪州、ニュージーランド、韓国、ＡＳＥＡＮ６か国（タイ、インドネシア、マレーシア、フィリピン、シンガポール、ブルネイ）の計12か国が参加した。ＡＰＥＣの理念は、アジア太平洋地域において「開かれた地域協力 open regionalism」を推進し、多様性に配慮しながら、各国の経済成長を持続させること。1991年に、中国、台湾、香港。1993年、メキシコ、パプア・ニューギニア。1994年、チリ。1998年、ロシア、ペルー、ベトナムが参加した。貿易、投資、技術移転、人材開発など分野別に協力している。1994年、先進国は2010年までに、途上国は2020年までに貿易・投資の自由化を目ざすこととした。台湾、香港が参加するため、加盟国でなく、メンバー・エコノミー（Member Economies）という[41]。

コラム11

ＡＰＥＣを作るまで

日本にとって、ＡＰＥＣの経済的、政治的メリットはとても大きい。第二次世界大戦後、日本は何度か環太平洋諸国の協力組織作りにチャレンジしたが、太平洋戦争を起こした国ということで実現できなかった。ＡＰＥＣ設立に、日本の通産省（現在の経済産業省）が大きな役割を果たした。1987年１月、田村通産大臣（当時）が豪州を訪れた際に「環太平洋産業大臣会合」を提唱した。この構想は、アジア太平洋地域の先進５カ国（日本、米国、カナダ、豪州、ニュージーランド）の産業担当大臣が、経済状況、産業構造調整、技術開発、中小企業等に関する議論を行うものであ

った。1988年に通産省内で「アジア太平洋貿易開発研究会」が設立され[42]、当時、通商政策局国際経済課係長であった著者も事務局に参加した。国際経済課の通常業務が終わった夜中の1，2時頃から明け方まで仕事をするという参加の仕方だった。有能な上司、同僚とともに、ＡＰＥＣの基本コンセプトや、根拠となるデータ作成などに携わった。

その後、日本の各省庁や各国の尽力でＡＰＥＣは世界で重要な機能を果たしている。

［写真12］2013年　ＡＰＥＣ観光大臣会合（旅行円滑化に関するハイレベル政策対話）

注：後列右から６人目が日本政府代表・国土交通大臣代理の著者
（当時 観光庁観光地域振興部長〈指定職〉）[43]

3-2. 2000年〜　シリコンバレーの成功

1990年代は、産業界にとって変革期であった。1990年代初頭のバブル崩壊から日本は"失われた20年"といわれる停滞期だった。日本では、キャッチアップ型（米国の技術や商品企画を真似して追いつく）の成長が終わったとされ、最先端の産業・技術をもった先進国として、米国の"マネ"によらない成長を目指す必要があった。日本だけでなく、米国、欧州でも、企業経営戦略、産業政策、経済成長政策の従来の方針が通用せず、従来の延長線上の考え方では課題に対処できないという認識が共有されていた。

各国経済が停滞する中で、**シリコンバレーでベンチャー企業が次々に生まれて、多くの成功を収めている**ことが注目された。その成功要因が2000年以降に経営学者によって分析されて広まり、世界各地でシリコンバレーの仕組みを真似する政策が行われた。**シリコンバレーの起業支援の成功要因は、起業を支援する組織群、具体的には、**

ベンチャーキャピタル、投資銀行、人材斡旋会社、マーケティング会社、会計事務所、ベンチャー支援型の法律事務所などが存在し、連携して支援していることや、キャピタルゲイン（ベンチャーに投資した資金が増えて返ってきて儲かること）がこれらの支援組織の運営資金、推進力となっていることが指摘された[44]。

　技術者の転職や起業が多くなるという変化は、従来の米国の大企業（ＩＢＭ、ＡＴ＆Ｔ、Ｘｅｒｏｘなど）の研究者の人材育成や技術開発などの仕組みに影響を与えた。企業が新技術をすぐに商品化できない場合、新技術をもった技術者は転退職（spin out）するという選択肢ができた。企業が金と時間をかけて育てた技術者が転退職するということは、大企業が技術者の育成や新技術の開発に資金を使っても、利益を得る前に成果（技術者についた知識・ノウハウ）が拡散して、利益を回収できなくなるということで、**従来の企業による手厚い社員教育や終身雇用などの仕組みがなくなった[45]**。

　日本でも、大企業と中堅・中小企業の従来の下請関係（大企業から製造委託を受ける関係）に変化が起き、中堅・中小企業の一部も新規事業の開拓や、その手段として**産学官連携によるオープンイノベーション**（企業外の経営資源を活用したイノベーション）をするようになった。このため、ＴＬＯ（Technology Licensing Organization〈技術移転機関〉）の設立などを含む大学等技術移転促進法（1998年）、キャピタルゲインによる起業促進のため、ベンチャー企業の上場の場を作るための金融システム改革法（1998年）などが整備され、2001年から、**経済産業省の産業クラスター政策、文部科学省の知的クラスター政策**が始まった。日本各地で多くの起業、経営革新、イノベーションが促進された。

　しかし、2009年、民主党の事業仕分けにより、取りやめられた。

③-③. 2009 ～ 2011年　民主党政権のマクロ経済政策

　民主党政権（2009年9月～2012年12月）**のマクロ経済政策**は、第一に、**財政は事業仕分けによる経費削減**が行われた。事業仕分けは、国の予算執行にあたって、"仕分け人"が、その事業は必要か否かを短時間のプレゼンを聞いて判断して無駄を省こうというもので、民主党政権が初めて導入した。当時、世間の注目を集めたのがスーパーコンピュータの開発費で、"仕分け人"たちは、最先端の研究をしている研究者たちに、尊厳を損ねる態度や、パワーハラスメントに当たるような言葉を投げかけた。「世界一でなくてはならないか、2位ではだめなのか」などと発言し、開発費の大幅減額を打ち出した。これに研究者たちは強く反発し、削減額は見直された[46]。

　第二に、**金融については、民主党政権は日本銀行にお任せ**であった。

2011年3月、東日本大震災が起きた。

世界経済は、2007～2012年、米国の金融危機などで不況（世界金融危機）であった[47]。自民党から民主党への政権交代は、経済状況が悪いことも一因であった。2011年8月、為替レートは、史上最高値の1ドル75円95銭まで**円高**になった。**米国の中央銀行は金融緩和を継続するだろうと市場関係者から思われ、日本銀行は金融緩和しないだろうと思われた**ことが主因だった。日本経済は2011年3月の東日本大震災からの復興途上にあり、**円高は輸出企業、景気に、ひどい悪影響を与えた**[48]。

　一般に、日本銀行など世界の中央銀行は、1923年のドイツのインフレの経験などから、インフレを起こさないことを中央銀行の一番の役目であると考えている。日本銀行が金融緩和しないという判断をしたのは、組織としては自然な意思決定であった。「金融緩和しない」という考え方を、当時の日本銀行総裁が理屈を通して表明していた。

　しかし、それが日本経済全体にとって良いことかどうかは、企業や住民を含めた全体で考える必要がある。民主党政権は、金融については日本銀行にお任せで、金融政策を適切に運営したとは評価できない。

理論51	全体最適と部分最適

　一般論として、**全体最適**（経営学用語で、システムや組織の全体が最適化された状態）を考えないで、**部分最適**（経営学用語で、システムや組織の一部のみが最適化された状態[49]）だけを考えると、全体はうまくいかない。どんな課題についても、部分最適の意見（このケースでは、日本銀行が金融緩和をしない）は必ず出る。部分最適の考えの人が意見をゴリ押しして全体の対応を決めてしまったり、リーダーが、部分最適の考え方を全体最適の視座（物を見る姿勢）から調整・修正しないと、全体はうまくいかない。

民主党政権の経済政策の日本経済への悪影響は大きかった。民主党は「社会主義の思想背景から、民間の自由な企業活動や、企業が利益を上げることに否定的で、円高、法人税の高さ、自由貿易協定への取り組みの遅れなどをもたらした」と経済界から批判された。経団連（日本経済団体連合会。大企業の集まり）、民間調査機関、日本経済新聞は、**民主党政権の政策の日本経済への悪影響を、"6重苦"**（表14参照）**だと批判した**[50]。

　この時期、多くの日本企業が、円高、高い法人税や、民主党政権の経済運営、自由な経済活動や**民間企業に対する否定的な考え方**を見て、「このまま日本にいては経営が立ちいかない」と考え、本社・企業の海外移転を真剣に検討した。同じ経営をしても、本社をシンガポールに移転させれば、円高や高い法人税から解放されて、年度末の財務諸表で大きな利益が出ることが計算すればわかった。主要企業が日本にとどまった理由の一つは、「日米貿易摩擦や日中関係など、国際政治が企業経営に関わると

きに、日本にいないと政府の支援が得られないかもしれないから」が主な要因であった。

2012年12月、衆議院選挙で自民党が圧勝し、政権交代した。自民党の安倍総裁が総理大臣に選出された[51]。

4．2012〜2024年

4-1．2012年〜　自由民主党政権のマクロ経済政策

2012年12月、民主党政権から自由民主党政権に移行した。それ以降の自由民主党政権のアベノミクスというマクロ経済政策は、第一に、**財政政策**は、民主党政権が"コンクリートから人へ"のキャッチコピーで削減したり、事業を中止したりした**公共事業を元に戻した**。第二に、**金融政策**は、日本銀行に財務省出身の総裁を送って政策介入し、**インフレターゲットを定めて量的緩和をする金融政策**を進めた。その結果、**円高が是正**され、2014〜2021年は１ドル110〜120円前後となり、**日本企業の海外での競争力が戻り、企業業績や雇用が改善**（**図82**参照）した。

2014年時点での民間調査研究所の経済政策評価を見ると、民主党政権の経済政策による"６重苦"は、**表14**のように、円高は大きく改善され、法人税の高さ、自由貿易協定の遅れは少し改善された。その他の項目はあまり改善されていない。しかし、

[表14]　民主党政権による６重苦と自由民主党・アベノミクスによる改善評価（2014年当時）

項　目	内　容	現在の状況	評価
超円高	超円高による輸出企業の苦境	円高は大幅に解消	○
法人税の実効税率の高さ	法人税の実効税率が世界で最も高く日本企業が不利に	実効税率引き下げに向けた議論開始	△
自由貿易協定の遅れ	自由貿易協定の遅れに伴う日本の立地の不利	TPP の交渉に入ったが、交渉は難航	△
電力価格問題	原発停止による電力コスト上昇	電力コストは高いまま	×
労働規制の厳しさ	製造業の派遣禁止を含めた労働市場の硬直性	2004年、製造業派遣が解禁された	△
環境問題の厳しさ	2020年に向けた CO_2 の削減目標	環境規制に大きな変化なし	×

出所：みずほ総合研究所[52]から著者作成

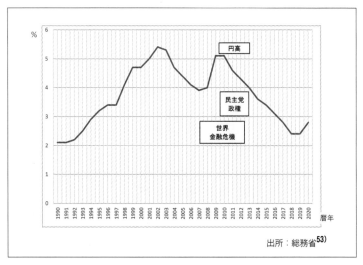

[図82] 日本の完全失業率

COVID-19の影響を受けるまで、企業業績、雇用ともに、民主党政権時代よりも改善した。

4-2. 2013年〜 量的緩和 ── 新しい金融政策 ──

|理論52| 量的緩和 ── 新しい金融政策 ──
　2013年から、日本銀行は、生産、雇用、所得の増大を目指して、年間2％くらい物価が上がることを政策目標（インフレターゲット）として、日本の**金利を低下させるために通貨量を増やす"量的緩和"をする**金融政策を行っている。

　円ドルレートは、2014〜2021年は1ドル110〜120円前後と、2013年以前よりも円安になり、日本企業は以前よりも好調となった。

　2020年以降は、COVID-19の悪影響が大きいが、製造業などの生産、雇用、所得は比較的安定している。ただし、2021年まで、年間2％くらい物価上昇という目標は達成されなかった。

　インフレターゲット（Inflation Targeting）は、政府や中央銀行が物価上昇率（インフレ率）に一定の数値目標を掲げ、国内の通貨量を調節（**量的緩和**）することにより、緩やかなインフレを誘導し、安定した経済成長につなげようとする金融政策をいう[54]。

インフレターゲットは、具体的には、日本銀行が、通貨量を増やして行っている。日本の金利はゼロ近くまで下がっているので、金利をこれ以上下げることが難しくなっているからである。日本銀行は、2013年以降、「長期国債残高を年間約80兆円買う、すぐに期限がくる安全な国債だけでなく長期国債も買う、無制限に長期国債を買う、投資信託、不動産投資信託を買う」と表明して通貨量（広義流動性）を増やす量的緩和政策を実行している。いずれも、これまでの伝統的な中央銀行の考え方を否定してでも通貨量を増やそうとする対策である。

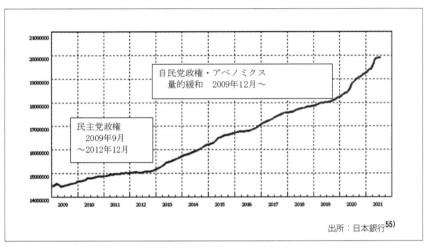

[図83] 通貨量（広義流動性）の推移

　米国は、リーマンショックに対応するため、2008～2014年、**量的緩和**を行った。このときの日米両国の中央銀行の対応の違いが、記録的な円高（2011年8月の1ドル75円95銭）を起こした。ＥＵ（欧州）は、2015～2018年、**量的緩和**を行った。

　伝統的な中央銀行の考え方を支持する人は、このような金融緩和政策（**量的緩和**）にリスクがあると批判している。その批判にもマクロ経済学に基づく根拠がある。
　近年、日米欧の中央銀行の量的緩和政策の強い弱いが、円ドルレートに大きな影響を与えている。日本銀行が同じ政策を継続していても、米欧の中央銀行が量的緩和政策を強めれば、2009～2011年の民主党政権時代のように円高になり、米欧の中央銀行が弱めれば2022年6月～2024年のように円安になる。
　2013～2021年は、日本銀行の**量的緩和**で円高が収まり、利益や雇用を回復できた。経済界から金融政策が支持された

このように、**金融政策は、外国政府・中央銀行の政策にも対応しなければならない**
など、国際的な視野で行われるようになった。

4-3　電子マネー、2017年〜　暗号資産の規制

電子マネーは、金銭の価値を IC カードなどに蓄積する電子情報に置き換え、商品
購入の際の少額決済をするシステムをいう。大きく分けて 2 つのタイプがある。第一
に、現金情報をあらかじめ IC カードに記録（チャージ）し、専用端末を通じて決済す
るプリペイドカード型がある。金融機関の現金自動預入支払機（ATM）や店頭の専用
チャージャー、クレジットカードなどを利用して、一定の金額を IC カードにチャー
ジし、専用の端末で商店での買い物や交通機関の代金の決済を行う。Suica などがあ
る。

第二に、デジタルコンテンツを購入するためにインターネット上のみで使われる
サーバ型がある。オンラインゲーム、音楽、ソフトウェアなどデジタルコンテンツを
販売する業者向けに開発されており、若年層に使用者が多い。電子マネーのカード発
行数は年々伸びており、入金された総額も巨大な額となっている。与信機能を使った
後払い方式のクレジットカードは、通常、電子マネーとは区別される[56]。

[表15] 主な電子マネー

種類	特徴	決済サービス
交通系	・交通会社が発行 ・日常的に使いやすい	Suica、PASMO など
流通系	・流通系の会社が発行 ・買い物に便利でポイントが貯まる	WAON、nanaco、楽天 Edy など
クレジットカード系	・クレジットカード、デビットカードなどで決済 ・クレジットカードのポイントが貯まる	iD、QUICPay など
QR コード系	・QR コードを提示、または読み取りでの支払い ・ポイントの高還元や、個人間送金サービスも	PayPay、楽天ペイ、LINE Pay、d 払いなど

出所：住友三井カード[57]

仮想通貨は、もともとは、安くて信頼のおける"送金"を行うための仕組みとして
作られたが、「値上がりしそうだから」という理由で仮想通貨を買っている人が多く
いた。2017年は、多くの仮想通貨が値上がりした。2018年以降は、多くの仮想通貨が
値下がりした。仮想通貨に投資した人の中に「仮想通貨の価格が下がったところで売

却しなくてはいけなくなり、多額の損をした。生活費がなくなった」といった体験談が多くあった。こうした事態から、2017年、国の金融庁は、仮想通貨を規制すると公表[58]し、仮想通貨の法的な名前を暗号資産とした。以降は、**仮想通貨、暗号通貨、暗号資産 (Cryptocurrency)** という言葉が同じ意味で使われている。英語の Crypto は暗号、currency は通貨である。

　通貨、貨幣は、中央銀行（日本は日本銀行）が発行し、国が保証しているものをいう。**仮想通貨・暗号通貨・暗号資産は、国の保証はなく、その信用は誰にも裏付けられていないので、通貨、貨幣、おカネではない**[59]。金融庁が英語の Cryptocurrency をあえて"暗号資産"と訳したのは、「通貨じゃないですよ」と言いたいのだろうと考えられる。

　このように、**電子マネーは、中央銀行が発行し国が保証しているおカネの支払い手段**だが、**仮想通貨・暗号通貨・暗号資産は、保証、信用がないデジタル数字**で、まったく性質が異なる。

　2022年の１年間で、北朝鮮系のハッカー集団が、17億ドル（約2200億円）相当の暗号資産を盗んだ[60]。

4-4. 2020～2023年　新型コロナ感染症

　新型コロナ感染症 (COVID-19) による景気悪化は歴史的な景気悪化の一つで、特に、飲食、交通、アパレル、エンターテインメントなどの業種に深刻な影響を与えた。

　影響初期からGDPが最も落ち込んだ2020年７月までの時点で、COVID-19関連とみられる倒産件数は、飲食店51、ホテル・旅館46、アパレル・雑貨小売店22、食品卸22、食品製造19、アパレル卸16であった[61]。

　2020年４–５月、企業の休業、勤務日数・労働時間の減少、収入の減少が見られた。５月、企業による残業の削減 (36.6%)、労働時間の短縮 (20.0%)、一時休業 (18.2%) が実施された。COVID-19以前は、７割超が在宅勤務・テレワークを行っていなかったが、５月の第２週までに急速に拡がった。５月の最終週以降は、自粛明けで在宅勤務・テレワークは急速に減少した[62]。

　テレワークは、オフィス勤務以外の勤務形態の総称で、離れて (tele)、働く (work) ことをいう。テレワークには、**在宅勤務、モバイルワーク**（どこでも自由に仕事をする）、**サテライトオフィス**勤務の３つがある[63]。

　日本は、2019年まで人手不足が続いていたが、2020年は COVID-19により有効求人倍率が低下した。その後回復して、人手不足に戻っている。

　有効求人倍率 (active opening ratio) は、有効求人数を有効求職者数で割った倍率をいう。失業率と並んで、日本の雇用状況を見る指標である。「有効」は、公共職業

安定所（ハローワーク）に登録されていることを意味する。有効求人倍率は、企業がハローワークに提出した求人（有効求人者数）と、ハローワークに職を求めに行った人（有効求職者）の比率である。

　有効求人倍率は、求職者数に対する求人数の割合なので、例えば、10人働きたい人がいて、企業からの働いてほしいという求人が10人分あれば、1.0となる。10人働きたい人がいて、5人分の求人しかなければ、5人は仕事に就けず、有効求人倍率は0.5となる。10人働きたい人がいて、企業からの働いてほしいという求人が15人分あれば、1.5となる。

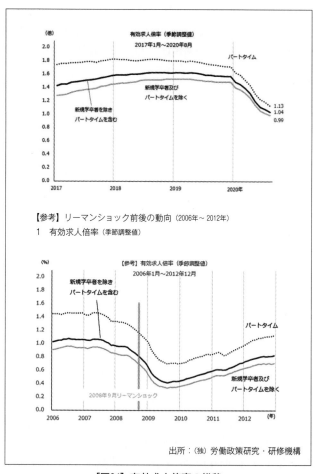

[図84] 有効求人倍率の推移

飲食や観光、地方では雇用に不安があったが、COVID–19の経済への影響が最も深刻であった2020年8月の有効求人倍率は1.04、11月は回復して1.57（働きたい人10人に、15.7人分の求人がある状態）となり、COVID–19以前よりは低いものの、2008〜2009年のリーマンショックのときほど深刻ではなかった。

　リーマンショックのときは、失業や派遣社員などの雇い止め（契約を更新しないこと）が、社会問題となり、毎日のように報道された。

　2008年夏までは景気は好調で、派遣社員の方が一般に正社員よりも時給単価が高い（2024年現在でも派遣社員の方が時給単価が高い）うえに、海外旅行などの長期の休みも取りやすいということで、派遣社員という働き方を自ら選択している人が多かった。多くの企業は、人手不足に対応するために、現場に来ている派遣社員に対して「正社員にならないか」と採用を持ちかけたが、応じる人は少なかった。

　しかし、2008年9月15日、米国の大手投資銀行であるリーマンブラザーズ社が倒産すると、世界に景気悪化が広がり、日本の有効求人倍率も**図84**の参考図のように1.0を切り、0.5（働きたい人10人のうち5人に仕事がない）以下まで急低下した。企業側も、正社員は労働法制で解雇できないので、利益が急速になくなる中で、優秀な派遣社員を雇い止めせざるを得ず、残った正社員が苦労した。派遣社員からは「なぜ、優秀な自分たちが雇い止めされ、仕事ができない正社員もいるのに保護されるのか」という不満が出た。

　このような経験から、「海外旅行などの長期の休みを取りやすいから派遣社員を選択する」といった働き方の価値観から**正社員志向への変化**が起きた。

　なお、上記の派遣に関する記述は、常用型でない一般的な派遣社員（**登録型派遣**）を前提としている。**常用型派遣は、派遣会社が常時雇用している正社員を派遣**するもので、派遣就業の終了後も、派遣会社との雇用関係は継続され[64]、雇い止めはない。例えば、㈱アルプス技研は、高度な設計者を常時雇用しておいて、設計業務が忙しくなったり、自社の設計者ではノウハウがなかったりなどの製造業の求めに応じて派遣している。社員は、同社の正社員である。

　COVID–19以前は人手不足・売手市場の状況であったが、2020年以降は雇用が厳しくなり、新卒の就職も厳しさを増した。地方都市でも雇用情勢に変化が起きていた。しかし、2022年以降、大学新卒の就職は好転し、人手不足・売手市場の状況に戻っている。

　売手市場は、売手が買手に比べて有利な立場であること。例えば、就活生の方が、新卒を採用したい企業よりも強い立場にあることをいう。**マクロ経済の動きは、学生の就職にも大きな影響を与える。**

4-5. 2021年〜 米欧中央銀行の利上げと円安

　2021年11月、米国中央銀行（米連邦準備理事会〈FRB〉）は、2020年3月からCOVID-19による景気悪化対策で行ってきた量的緩和政策を2022年3月に終了し、同時にゼロ金利政策を解除して利上げを再開する可能性があると公表した。

　2022年2月からのロシアのウクライナ侵攻の影響で石油、小麦などが値上がりし、米欧ではインフレが懸念された。このため、米国中央銀行は、2022年3月に0.25%の利上げでゼロ金利政策を解除し、5月に0.5%、6月、7月、9月に0.75%ずつ、利上げした[65]。

　欧州中央銀行も、量的緩和政策を2022年7月に終了し、0.25%利上げすることを公表した[66]。

　2022年以降、日本銀行も量的緩和政策を弱めているが、米欧の中央銀行はインフレ対策で量的緩和政策をやめ、伝統的金融政策で金利を上げている。日米欧の金融政策の差が大きくなり、記録的な円安（1ドル135〜150円台）になって、石油、小麦などの輸入品の物価上昇をいっそう激しくしている。2022年6月以降の130〜150円台の円安に対しては、経済界からも批判が多い。

5．19世紀から現在まで　長期の経済事情の振り返り

5-1. 19世紀から現在までの世界経済

　図85は、19世紀以降の世界の経済事情のあらすじを示したものである。大きな経済事情は、戦争など国際情勢に密接に関係している。

　19世紀に近代資本主義の経済運営を採り入れた欧米日は、工業力が強くなった結果、軍事力も強くなり、近代資本主義にならなかった諸国を力で植民地化した。近代資本主義の副作用である激しい好況・不況の繰り返しに人々は苦しみ、1930年代の不況は、餓死、戦争の原因になった。対策として、①マクロ経済学と自由経済、②社会主義で計画経済の2通りの経済政策を採用する国に分かれた。第二次世界大戦後、日本が占領したアジアの植民地が、軍事抵抗によって独立した。自由経済諸国と社会主義諸国の冷戦になった。

　1991年までに、社会主義国は経済が立ちいかなくなり、滅びた。その後、旧社会主義国がＷＴＯ（国際貿易機関）に加盟し、世界のほとんどの国が経済関係を持つように

	欧米	日本	アジア	南米	アフリカ
19世紀〜	近代資本主義 → 植民地支配	鎖国			植民地
1868年〜	植民地支配	近代資本主義 植民地支配	植民地	植民地	植民地
1930年代	大不況 自由経済国 ↓ 社会主義国 第二次世界大戦	大不況 第二次世界大戦 日独伊		白人支配者による独立	南アフリカは白人支配者による独立
1945年〜	東西冷戦 独は東西分割	敗戦 戦後は、日本、西独、伊は自由経済国	日本占領地などが独立。フランス、オランダと独立戦争		独立
1960年〜					
〜1991年	社会主義国滅びた 東独はベルリンの壁・国が滅びた				
1991年〜		グローバル経済			

[図85] 世界の経済事情のあらすじ

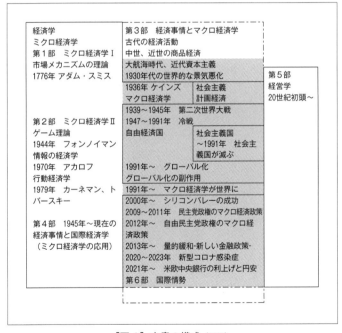

[図4] 本書の構成（再掲）

なり、**経済がグローバル化**した。途上国の一部は発展したが、内戦などで発展していない国も多い。2022年2月、ロシアがウクライナに侵攻し、国際秩序を武力で乱した。中国は、国内の少数民族の弾圧、香港の抑圧を行い、台湾への武力侵攻を表明している。

5-2. 1945年〜 第二次世界大戦後の日本の景気

　日本の景気を知るには、**日銀短観（日本銀行全国企業短期経済観測調査）**を見るのが最も良質な情報とされる。年に４回発表され、日本経済新聞やＮＨＫでニュースになる。**図86**は、景気を良いと考える企業数から悪いと考える企業数を引いた数字である。みんなが景気が良いと思えば高い数字に、悪いと思えば低い数字になる。（「第８章　マクロ経済学　３－２．経済成長率の予測」参照）

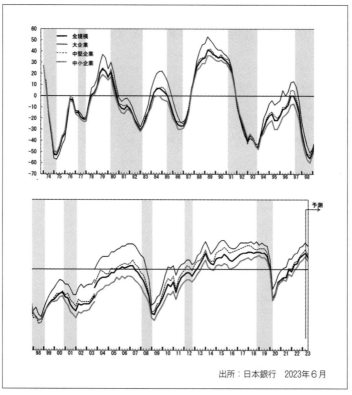

[図86] 日銀短観（日本銀行全国企業短期経済観測調査）業況判断（製造業、1974年〜）

第10章　1991年〜、グローバル化後の経済事情　237

　第二次世界大戦後の日本の景気は、**表16**のような景気の動きがある。
　2020年からの COVID-19 による景気悪化は、**図86**で読み取れるように、歴史的な景気悪化の一つである。製造業は、2021年は回復している。飲食、ホテル、交通など、感染対策による需要抑制を受けている業界が大きな影響を受けた。

［表16］第二次世界大戦後の日本の景気　参照

年	景気
1954年12月 〜1957年6月	神武景気。日本の高度経済成長の始まりの好景気
1965年11月 〜1970年7月	いざなぎ景気。高度経済成長時代の好景気
1974〜1975年	第一次石油危機による景気悪化（「第3章　市場　2．石油危機と省エネルギー ── 経済学の思考法の例として ── 」（参照）
1977年	第二次石油危機による景気悪化（「第3章　市場　2．石油危機と省エネルギー ── 経済学の思考法の例として ── 」（参照）
1988〜1990年	バブル景気（「経済事情2　バブル・バブル経済・バブル崩壊」参照）
1992〜1993年	バブル崩壊による景気悪化（「経済事情2　バブル・バブル経済・バブル崩壊」参照）
1997〜1998年	北海道拓殖銀行、山一證券など、金融機関の相次ぐ倒産で景気悪化（「経済事情2　バブル・バブル経済・バブル崩壊」参照）
2000年	IT バブル
2001年	IT バブル崩壊による景気悪化
2002年2月〜 2008年2月	いざなみ景気。ゆるやかな景気拡大
2008年9月〜	リーマンショックによる景気悪化
2010〜2012年	民主党政権の六重苦経済政策・東日本大震災（「第10章　1991年〜、グローバル化後の経済事情　3－3．2009〜2011　民主党政権のマクロ経済政策」（参照）
2012年12月〜 2018年10月	自民党政権・アベノミクス景気
2020〜2021年	新型コロナ

［注］
1) SMBC 日興証券
2) JETRO　https://www.jetro.go.jp/biznews/2021/07/46506f5751c7784c.html
　（2022/ 7 / 9 取得）
3) https://www.nikkei.com/article/DGXZQOUC0747P 0 X00C21A6000000/　（2021/ 7 / 6

取得）

4) 平凡社世界大百科事典 第 2 版

5) 通商産業省（1997）(pp.28-43)

6) 世界銀行の定義。出所：アジア経済研究所 https://www.ide.go.jp/Japanese/IDEsquare/Column/ISQ000007/ISQ000007_005.html （2023/ 4 / 1 取得）

7) 世界銀行の定義。出所：アジア経済研究所 https://www.ide.go.jp/Japanese/IDEsquare/Column/ISQ000007/ISQ000007_005.html （2023/ 4 / 1 取得）

8) 世界銀行の定義。出所：アジア経済研究所 https://www.ide.go.jp/Japanese/IDEsquare/Column/ISQ000007/ISQ000007_005.html （2023/ 4 / 1 取得）

9) 有斐閣 経済辞典 第 5 版

10) Baldwin（2016）（ボールドウィン , 遠藤 訳（2018））(pp.12-15)

11) 新英和（第 7 版）中辞典 研究社

12) https://www.mofa.go.jp/mofaj/area/africa/monitor_shiryo.html （2022/10/13取得）

13) 1997 年 6 月、通商産業省産業構造審議会経済協力部会意見具申（通商産業省（1997）に収録）

14) Baldwin（2016）（ボールドウィン , 遠藤 訳（2018））(p.233)

15) Milanović（2016）（ミラノヴィッチ、立木（訳）（2017））(pp.130-131)

16) 内閣府 https://www 5 .cao.go.jp/j-j/wp/wp-je07/07b03040.html （2022/ 8 /19取得）

17) 吉田（2022）(p.15)

18) Baldwin（2016）（ボールドウィン , 遠藤 訳（2018））(pp.199-211)

19) 桜井（2014）(pp. 1 - 2)

20) マイナビ https://global-saponet.mgl.mynavi.jp/visa/4272 （2021/ 8 /15取得）

21) 日経新聞 https://www.nikkei.com/article/DGXMZO48702850Z10C19A8000000/ （2024/ 2 / 7 取得）

22) コンチネンタル国際行政書士事務所 https://continental-immigration.com/permanent-residency/approval-rate/ （2021/ 8 /15取得）

23) 広辞苑 第七版

24) 有斐閣 経済辞典 第 5 版

25) 広辞苑 第七版

26) 経済産業省 https://www.meti.go.jp/policy/trade_policy/wto/wto_agreements/kyoutei-gaiyou.pdf （2021/ 3 /31取得）

27) ト ヨ タ https://www.toyota.co.jp/jpn/company/history/75years/text/leaping_forward_as_a_global_corporation/chapter 1 /section 5 /item 3 .html （2021/ 8 /18取得）

28) 平凡社百科事典マイペディア

29) Ｎ Ｈ Ｋ https://www 3 .nhk.or.jp/news/special/news_seminar/jiji/jiji 6 / （2021/ 8 /18取得）

30) 関（2021）(p. 1)

31) 外務省 https://www.mofa.go.jp/mofaj/gaiko/fta/index.html （2021/ 4 / 1 取得）

32) 経 済 産 業 省 https://www.meti.go.jp/policy/trade_policy/epa/epa/rcep/index.html （2022/12/ 5 取得）

33) 経 済 産 業 省 https://www.meti.go.jp/policy/trade_policy/epa/epa/eu/eu_epa.html （2022/12/ 5 取得）

第10章　1991年〜、グローバル化後の経済事情　239

34）経済産業研究所 https://www.rieti.go.jp/jp/special/from-iza/004.html　（2023/12/ 5取得）

35）小学館デジタル大辞泉

36）SCII.jp デジタル用語辞典

37）ブリタニカ国際大百科事典 小項目事典

38）ASCII.jp デジタル用語辞典

39）ASCII.jp デジタル用語辞典

40）小学館　日本大百科全書（ニッポニカ）

41）小学館　日本大百科全書（ニッポニカ）

42）経済産業省 https://www.meti.go.jp/policy/trade_policy/index 2 /img/apechistory.pdf
（2023/10/29取得）

43）https://www.mlit.go.jp/common/001015388.pdf　（2023/11/21取得）

44）Kenny and Burg（2000）（pp.223-229）

45）Chesbrough（2003）（p. 7）

46）NHKhttps://www 2 .nhk.or.jp/archives/tv60bin/detail/index.cgi?das_id=D0009030358
_00000　（2021/ 8 /10取得）

47）平凡社百科事典（2023/ 8 /21取得）

48）日本経済新聞 https://www.nikkei.com/article/DGXNASGC1901Z_Z10C11A8000000/　（2021/ 8 /10取得）

49）実用日本語表現辞典

50）日本経済新聞 https://www.nikkei.com/article/DGKKASFS15H 5 D_Q 5 A520C 1 EE8000/
（2021/ 8 /15取得）

51）朝日新聞 https://www.nhk.or.jp/senkyo/database/history/　（2022/ 8 /30取得）

52）https://www.mizuho-ir.co.jp/publication/mhri/research/pdf/today/rt140318.pdf
（2021/ 8 /10取得）

53）https://www.stat.go.jp/data/roudou/longtime/03roudou.html#hyo_ 1　（2021/ 8 /10取得）

54）SMBC 日興証券 https://www.smbcnikko.co.jp/terms/japan/i/J0634.html　（2021/ 8 / 8 取得）

55）日本銀行 https://www.boj.or.jp/statistics/money/ms/index.htm/#p02　（2021/ 8 /13取得）

56）ブリタニカ国際大百科事典 小項目事典

57）住友三井カード https://www.smbc-card.com/cashless/kojin/contrast_electronic_money.jsp　（2021/ 8 /13取得）

58）金融庁 https://www.fsa.go.jp/policy/virtual_currency/index.html　（2021/ 8 /15取得）

59）日本銀行 https://www.shiruporuto.jp/public/knowledge/fintech/kasotsuka/　（2021/ 8 /13取得）

60）BBC　https://www.bbc.com/japanese/64507930　（2023/10/29取得）

61）日本経済新聞 https://www.nikkei.com/article/DGXMZO61710510Q 0 A720C 2 X12000
（2020/09/03取得）

62）（独）労働政策研究・研修機構 https://www.jil.go.jp/tokusyu/covid-19/index.html　（2020/09/03取得）

63）NTT 東日本

64）小学館デジタル大辞泉

65) 日経新聞 https://www.nikkei.com/article/DGXZQOUB161C10W 1 A211C2000000/ （2022/ 6 /18取得）

66) 日経新聞 https://www.nikkei.com/article/DGKKZO61599720Q 2 A610C 2 MM8000/ （2022/ 6 /15取得）

第11章 有名人の人生と経済事情

　この章は、コシノジュンコさん、天坊昭彦さん、モフタル・リアディさんの人生を、日本経済新聞の『私の履歴書』で知ることにより、個人の目から見た経済事情の移り変わりを読み解いていく。

○この章のリサーチクエスチョン
　有名人の人生と経済事情？

○キーワード
　第二次世界大戦
　中国の文化大革命　改革開放　天安門事件
　安保闘争
　為替変動リスク
　社会主義国が滅びた
　イスラム原理主義
　バブル崩壊
　1942年、インドネシアが日本軍に占領される
　1945年、日本が無条件降伏
　1949年、戦闘の末に、オランダはインドネシアを独立国として承認
　1997年、アジア通貨危機

○理論　－

1. 1939年生まれ　コシノジュンコさん

　コシノジュンコさんは、1939年生まれ。その半生・自伝は、日本経済新聞の私の履歴書[1]に書かれている。

【推薦図書5】 私の履歴書　コシノジュンコさん

第1～4話は、ふるさとの岸和田、母、母の洋裁店、第二次世界大戦での父の戦死の話である。

国際情勢1 | 第二次世界大戦

　第二次世界大戦は、1939年9月の英独戦争開始、1941年6月の独ソ戦争開始、1941年12月の日米の太平洋戦争開始を経て、1945年5月ドイツの、同年8月日本の降伏で終わる戦争をいう。太平洋戦争の人的被害についての正確な数字はわからない。**日本は一般国民を含め250万人前後が死亡または行方不明になった**と考えられている[2]。

　第二次世界大戦が終わった1945年、コシノジュンコさんは6歳だった。

　第5話は、小学校のときに、ウールの端切れを縫って、巾着袋を作って売ろうとした。第6話は、高校の美術部で活躍して画家を目指すが、デザイン画の先生から「なぜ才能があるのに母と同じ仕事（ファッションデザイナー）を目指さないんですか？」と聞かれ、気持ちが動き、姉と同じ洋裁学校に進み、同じ職業（ファッションデザイナー）を目指すようになった。

　第7話は、文化服装学院に入学し、同期に、後に世界的なデザイナーになる高田賢三さん（ケンゾー）、松田光弘さん（ニコル）、金子功さん（ピンクハウス）ら金の卵たちがいた。4人は意気投合し、勉強も遊びも一緒に行動するようになる。見聞きすることが刺激に満ちていて、毎日が楽しくて仕方がない。新宿のジャズ喫茶に入（い）り浸（びた）り、交流の輪を広げ、気の合う仲間たちと芸術論、映画談議、恋愛話などに明け暮れる。岸和田時代と違って眼前には自由な空間と時間が広がっている。窮屈（きゅうくつ）なトンネルを抜け、私の人生は開花した。

　第8～9話は、順調にファッションデザイナーの道を歩き始め、第10話は、1964年、東京オリンピックの年に、母、姉と欧州を視察し、パリのクリスチャン・ディオール、シャネル、ジバンシィなどを見て回った。第11話は、パリから帰ったコシノジュンコさんに、山本寛斎さんが弟子入りした。第12話は、結婚していたのに、六本木や赤坂で深夜まで遊び、才能ある人たちとトレンド、流行歌、芸術を生み、世の中のお金も回していたが、結婚は4年しか続かなかった。第13話は、米国に渡り、サンフランシスコのヒッピー文化やニューヨークのミュージカルや音楽の文化に触れた。

第11章　有名人の人生と経済事情　243

国際情勢2　ヒッピー

ヒッピーは、1960年代の米国で、若い世代を中心に、既成の制度、慣習、価値観念に反抗して、ジーンズやサイケデリック（幻覚や陶酔の状態）な衣装、ドラッグ、ロック音楽、東洋的瞑想を好み、人間や自然との直接的なふれ合いに高い価値をおいて、コミューン（共同体）を形成したり、定職につかず放浪した人たちをいう。カウンターカルチャー（主流の文化的慣習に反する文化）として世界中に影響を与えた。日本でも1960年代のフーテン（定職を持たず、特異な容姿をしてぶらぶらと日を送っている人[3]）を生んだ。ヒッピーは、米国の黒人の人種差別反対運動、ベトナム反戦運動、大学紛争などの反体制運動を主導した[4]。

　第14～17話は、舞台衣装を製作し、1969年に通りに面した1階に店を構え、1974年、東京で活躍する6人のファッションデザイナーが結集し、春秋年2回、ショーを同時期に集中開催することで世界に向けた情報発信力を一気に高めようとした。コシノジュンコさんの世界的評価も高まっていった。

　第18話は、経理を任せていた男性におカネを持ち逃げされ、もう少しで倒産しそうになった。

　第21話で、パリに進出するために、着想を得ようとして、1978年、中国に行く。当時の中国は、外国人がほとんど行ったことがない国だった。第22話で、パリデビューを成功させ、1989年、パリに店を出した。第23話は、中国から依頼を受けて、1984年、中国で最初のファッションショーを北京で開いた。驚いたのは、現地のオーディションで集めた女性モデルたちが髪をバッサリと切られた際、一斉に泣き出したこと。その後、プロの美容師にカットされ、現代的なメークを施され、すっかり生まれ変わった自分の姿を鏡で見ると、先ほどまで泣き顔だったモデルたちがうれしそうに瞳を輝かせ始めたことだった。86年には婦人服店、87年には紳士服店を北京の繁華街に出店した。

　1989年、天安門事件。まさにこれからという矢先、断腸の思いで閉店・撤退を決断せざるを得なかった。

国際情勢3　文化大革命

文化大革命（プロレタリア文化大革命）は、1966～1969年、中華人民共和国で、大衆を動員して行われた政治闘争をいう。毛沢東の指示で、紅衛兵（毛沢東によって動員された学生や貧しい人たち。写真13）などにより、多くの知識人、資産家が投獄・殺害され、一般にも多くの死者（約2000万人）を出して中国社会に深刻な傷を残した。1980年代以降

は「重大な歴史的誤り」として全面否定された[5]。文化大革命の期間に学齢だった中国人は高等教育を受けられなかった。知識人、資産家は、香港、台湾や欧米、東南アジア、豪州に逃げた人も多い。香港人が中国を嫌がる理由の一つである。改革開放まで、中国は閉鎖され、外国人は自由に訪問できなかった。

著者は、1961年生まれで、通産省・経産省の代表として中国政府と関わることがあったが、同年代の交渉相手はいなかった。文化大革命に教育を受けた世代は、中国の政権で地位の高い官僚になった人は少なかったと考えられる。

出所：Wikimedia Commons

[写真13] 天安門広場で毛主席語録を掲げる紅衛兵 (1967年)

経済事情 1　改革開放

改革開放(かいかくかいほう)は、中国で1978年から開始された経済政策をいう。**鄧小平**(とうしょうへい)により**市場経済への移行**が図られた。1979年の人民公社（社会主義の共同生産組織）の解体、対外開放政策を内容とする。やり方は慎重で、中国全体は、社会主義計画経済を維持し、沿海部に自由経済の拠点をつくり、それを徐々に拡大する方式をとった。最初の拠点は、四つの**経済特別区**（深圳(しんせん)、珠海(しゅかい)、厦門(あもい)、汕東(すわとう)）であった[6]。

1984年、中国で最初のファッションショーをコシノジュンコさんが依頼された背景には、改革開放で、自由経済、自由な雰囲気が中国で広がっていたことがあった。

改革開放は成功し、**中国は、共産党の一党支配を継続しながら、経済は市場経済**という運営になった。このため、**1989年**、欧州の旧社会主義国が滅び、**1991年**にソビエト連邦が滅びた後も、中国は、共産党の一党支配を継続している。

ただし、中国に自由な雰囲気が広がり、若者の自由への意識が高まったことで、天安門事件の悲劇が起きた。

国際情勢4 　天安門事件

1989年4月、**民主化を求める学生や市民**に対して、中国当局が**武力弾圧**した事件。北京の学生たちは、デモやストライキを組織し、中国共産党に、腐敗反対、政治改革、民主化の実行などを求めた。中国共産党は、学生運動を動乱として批判した。これに対し、学生たちはさらに大規模なデモで対抗し、北京の天安門広場を占拠した。5月、デモなどの街頭活動が全国の大中都市に広がった。当局は、北京で戒厳令（非常時に、立法権、行政権、司法権を軍に任せること[7]）を出した。市民、学生は、戒厳軍と数日間対峙したが、**6月4日**、**戒厳軍は学生や市民に発砲し**、天安門広場から排除した（写真14）。多くが死亡し、多数の指導者が逮捕されたと報じられた。米国をはじめ西側諸国は中国政府を厳しく非難し、経済制裁や政府高官訪問禁止などの措置を発動した[8]。死亡者数は、中国政府は市民200人と治安部隊数十人と発表したが、千人以上、1万人以上とする推計もある[9]。

出所：
Wikipedia, the free encyclopedia

[写真14] 無名の反逆者 Unknown Rebel、戦車男（Tank Man）

第24話は、ニューヨークのメトロポリタン美術館で、第25話はキューバファッションショーをした。全30回。

2．1939年生まれ　天坊昭彦さん

　天坊昭彦さん（出光興産 元社長）は、1939年生まれ。その半生・自伝は、日本経済新聞の私の履歴書[10] に書かれている。コシノジュンコさんと同い年で、第二次世界大戦が終わった1945年、天坊昭彦さんは6歳だった。

【推薦図書6】　私の履歴書　天坊昭彦さん

　第3話は、戦後の混乱の大阪から北海道の小樽に引っ越す。戦後の混乱が続いていた大阪と異なり、小樽は食べ物が豊かだった。白米や魚、ジャガイモやトウモロコシ、スイカなどの野菜・果物がふんだんに手に入った。
　第5話は、1960年4月に東大に入学した。当時は60年安保の最中で、大学も騒然としていた。教室にもデモの誘いが来る。クラスは真面目な人が多く、連れられていくが、私は"ばからしい"と距離を置いていた。むしろ友人とのマージャンやお酒に時間を費やした。そのころ夢中になったのはスキーだ。

| 国際情勢5 | 安保闘争 |

　日本は1945年から連合国の占領下に置かれて、6年間、国の独立を失っていたが、1951年、サンフランシスコ平和条約に調印し独立を回復した。1952年、日米安全保障条約（旧安保条約）で日米同盟を確立した。当時の国際環境は、朝鮮戦争、冷戦下の東西対立が厳しかった。日本の独立と平和を守るため、米軍の駐留、米国の協力が不可欠と考えられた。旧安保条約は、米国の日本防衛義務が不明確、日本の内乱に米軍が出動できるなどの不平等性について、日本国内で活発な議論が行われた[11]。

　安保闘争は、日米安全保障条約の改定に反対した運動で、1960年最高潮に達した。1958年に始まった日米安全保障条約改定交渉に対して、革新政党、労働組合、学生団体、市民団体が反対し、1960年、国会における与党の強行採決以後、国会に抗議デモ、全学連が国会突入（樺美智子氏死亡）、米国大統領訪日中止などが起き、条約発効の日に岸信介首相は辞職した[12]。

　安保闘争に対して、冷戦の相手であるソビエト連邦や中国から、「日本を米国から引き離して東側に引き付けるための働きかけ（諜報活動、スパイ工作）」が行われ、それによって動く日本の人々や組織もあった[13]。日本という先進工業国、潜在的な軍事強国を味方にしたいという働きかけが、冷戦を戦う両側から激しく行われた。

第11章　有名人の人生と経済事情　247

　第12話は、石油はドル建ての取り引きが原則で、1985年から、決済に必要となる外貨（ドル）の調達をした。原油代金は産油国での船積みから90日後に払うが、為替はその間にも変動する。**わずかな為替変動でも、生じる差損益は巨額**になる。為替にどう向き合えば良いのか。「目先の動きにとらわれず、大きな流れを見ろ。ものごとの本質をつかむには、裏に潜む政治経済の動向を知り、歴史に学ぶ必要がある」と教えられた。**（為替と為替変動リスクについては、「第12章　国際経済の仕組みと国際経済学　1．為替　2．世界規模の市場と先物市場」参照。）**

　第14話は、1988年、ロンドン着任後、東欧圏を訪れた。最初に訪れた東ベルリンは、ビルは泥で汚く、レストランは薄暗く、メニューは少ない。ブルガリアのソフィアでは、百貨店の陳列棚に何もない。唯一、作業服のような背広が山積みになっている。**社会主義経済が滅びた**のを直接見て、ソビエト連邦、東欧諸国が滅びるのは、もう止められないだろうと感じた。
　滅ぶときはあっという間だ。越えるためにたくさんの人が命をかけた「ベルリンの壁」は1990年にベルリンを訪れた数か月前に、市民の手で壊された。ロンドンで過ごした3年間は、**東欧の社会主義国が次々と滅び**、ソビエト連邦も滅びつつあった。

―――
　国際情勢6 | ベルリンの壁、東欧の社会主義国
　旧東ドイツ（ドイツ民主共和国）の首都であった東ベルリンから西ベルリンへの住民の流出を防ぐため、東ドイツ政府が、1961年、米、英、仏が共同統治する西ベルリン（図87）を有刺鉄線等で物理的に封鎖した。その後、1975年にはコンクリート製で高さ3メートル、総延長155キロメートルの壁（ベルリンの壁）が完成した[14]。東ドイツの人々が、**自由がなく、貧しい社会主義国から西側諸国に逃げようとした**からである。
　1961〜1989年の間に、ベルリンの壁を越えようとして死亡した人は、少なくとも136人。犠牲者の大半は16〜30歳の若者で、9人の子ども、女性8人のほか、旧西ベルリン市民や旧東ドイツの国境警備隊員などもいた[15]。

　ベルリンの壁だけでなく、冷戦時代の東西欧州の行き来を軍事力で止める「**鉄のカーテン**」（図88）が、ソビエト連邦によって作られた。
　鉄のカーテン（iron curtain）は、第二次大戦後、ソビエト連邦、東欧の社会主義国が、西側諸国に対してとった秘密主義、閉鎖的態度、物理的な行き来をできなくしたことをいう[16]。鉄のカーテンの東西では、同じ村でも1961〜1989年の間は**行き来ができなくなり、親戚も会うことができなかった**。

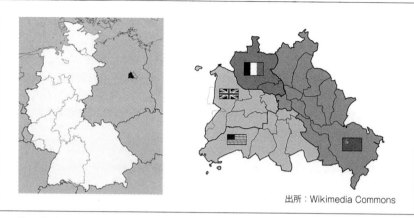

[図87] 東西ドイツとベルリン　ベルリン市のソビエト連邦、米、英、仏の分割統治

　東アジアも、1978年の改革開放以前は、中国（大陸）と台湾は、親戚でも手紙のやり取りもできなかった。本書執筆時（2024年）でも、韓国と北朝鮮は人の行き来ができず、日本政府が**拉致被害者**として認定している17名のうち12名は北朝鮮から帰国できないでいる[17]。

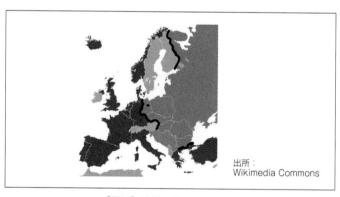

[図88] 欧州の鉄のカーテン

　1990年、イラクがクウェートに侵攻して、出光の社員もイラクに拘束された。1991年、米国中心の多国籍軍が空爆を開始し、湾岸戦争となった。日本はバブルが崩壊してデフレになろうとしていた。

第11章　有名人の人生と経済事情　249

国際情勢 7　イスラム原理主義

アフガニスタン戦争

1978年、軍事クーデタで親ソビエト連邦の**社会主義政権**ができた。しかし、宗教弾圧や急激な改革のため、**武装ゲリラによる反政府闘争**が開始された。

共産主義は宗教を否定するので、ソビエト連邦本国でも、多数のロシア正教の修道院が閉鎖、聖職者や信者が逮捕、処刑された[18]。

1979年、親ソ政権を助けるため、ソビエト連邦軍がアフガニスタンに侵攻した。これに対して、米国などがゲリラを支援して戦争は長期化した。ソビエト連邦は戦費が財政を圧迫して撤退し、1992年、社会主義政権にかわってタリバンを含む**ゲリラ政権**ができて戦争は終結した。1993年、新政権の権力闘争のため内戦になった。1996年、タリバンが首都を制圧した。

2001年、米国同時テロ後、首謀者をかくまっているとして**米英軍がタリバンを攻撃**し、反タリバン勢力による政権が発足した[19]。

2021年、米国は**アフガニスタンから米軍を撤退**することを決めた。タリバンは、アフガニスタン各地で攻勢を強めて支配地域を拡大し、首都も制圧して**タリバンが国を支配**した[20]。

イスラム原理主義（Islam fundamentalism の訳語）は、西欧的近代化を否定し、イスラムの教えに基づく国家、社会を築こうとする思想と運動[21]をいう。イスラム教徒やイスラム原理主義者のすべてがテロリストではない。

アルカイダ

アルカイダ（Al Qaeda）は、中東を中心に活動する**イスラム原理主義テロ組織**をいう。1979年のソビエト連邦アフガン侵攻で、**ソビエト連邦に抗戦した義勇兵の組織**が起源である。アフガニスタン・スーダン・イエメン・イラク・パキスタンなどを拠点とする。**2001年の米国同時テロ事件を起こした**[22]。

湾岸戦争

湾岸戦争は、1990年、イラクによって侵略・占領されたクウェートの解放をめぐる戦争をいう。国際連合の決議による米国を中心とする多国籍軍が、1991年、イラクを攻撃し、クウェート全土を解放した[23]。

米国同時テロ

米国同時テロは、2001年9月11日、米国で起きた大規模テロ事件をいう。アルカイダが、旅客機をハイジャックして高層ビルに体当たり（写真15）し、3000人を殺し

出所：Wikimedia Commons

[写真15] 米国同時多発テロ事件

た。政治、経済を大混乱させた。日本人も24人殺された[24]。米国政府は、事件の首謀者のオサマ・ビン・ラディンが逃げ込んだアフガニスタンを軍事攻撃し、支配していたイスラム原理主義組織タリバンを追放した[25]。2011年、米国はパキスタンで隠れていたオサマ・ビン・ラディンを探し出し、軍の小規模部隊を送って殺害した[26]。

イラク戦争

イラク戦争は、2003年、米国を中心とする多国籍軍がイラクに侵攻して始まった戦争をいう。イラクのフセイン政権が、湾岸戦争の停戦条件の大量破壊兵器廃棄をせず、核兵器開発を行っていたなどの理由による。多国籍軍は、開戦後約3週間で主要都市を制圧し、戦闘の終結を宣言したが、米英軍の占領統治下でも、武装勢力によるテロやゲリラ活動、イスラム宗派間の武力抗争が続いた[27]。

フセイン政権がなくなった後、**抑えられていたイラク国内のイスラム原理主義が強くなり、IS が勢力拡大**した。

ＩＳ

IS (Islamic State) は、イラク西部からシリア東部を拠点とするイスラム武装勢力をいう。2003年のイラク戦争の際の米軍に対する武装抵抗運動が起源である。当

初は、**国外からのアルカイダ系戦闘員と結託して IS（イラク・イスラム国）の建設を**目指した。

　2011年、シリア内戦で、シリア、イラクに勢力を拡大し、最大でそれぞれの国土の 3 分の 1 を支配下に置いた。米軍、多国籍部隊が空爆を開始すると、**欧米人や日本人などの人質を相次いで処刑し**、その様子をインターネットで公開した[28]。本書を執筆している2024年現在も、IS のテロは続いている[29]。

　第15話は、1991年、ロンドンから帰国し、取締役経理部長になった。日経**平均株価は1989年を頂点に下落**していた。**地価も1991年から下落**しはじめていた。ロンドンの金融関係者は、日本のバブル経済は終わり、デフレが始まると見ていた。日本や社内では、バブルは続くと思っていた。出光は借り入れて投資する勢いを止めることができず、有利子負債（借金）が2.5兆円と、年間売上げよりも大きくなった。

　第16話は、投資を抑えて有利子負債を減らした。

　第17話は、資金を得るために株式上場を提案した。

　第18話は、**1997年に北海道拓殖銀行、山一證券が倒産し、1998年に日本長期信用銀行、日本債券信用銀行が倒産**した。弱い金融機関は合併され、銀行の融資が厳しくなった。「出光は経営危機だ」という雑誌記事が出て、格付け会社が出光に悪い格付けをしたので、銀行は出光への融資を止め始めた。資金調達のために株式上場を考えたが、すぐにできないので、優先株を銀行に買ってもらった。

経済事情 2 　バブル・バブル経済・バブル崩壊

　バブルは、経済が、泡（バブル）のように膨張し、土地や株などが、**値上がり期待で買われて**、適正価格よりも価格が大幅に上昇する経済状況をいう。価格が上がっている間、バブル経済は続くが、泡（バブル）が、あるきっかけで破裂すると、例えば、金融引き締めなどをきっかけに価格が下がりはじめると、値上がり期待での買いはなくなり、**価格は急落する**（バブルの崩壊）。

　日本では、1980年代後半からバブルが始まり1990年代初頭にバブル崩壊した、資産価額の高騰による好況・急落期をいう[30]。堅実な製造業の会社が、土地や株式投資（当時は「財テク」といって流行った）で失敗して**倒産した例も多くあった**。

　世界初のバブルは、17世紀にオランダでチューリップの球根相場が急に上がり、急に下がった事例（チューリップ恐慌）[31]である。

　2017年、**仮想通貨の価格が急に上がり**、2018年、急に下がって多くの人が損をし、自己破産した人もいた。

北海道拓殖銀行

北海道拓殖銀行は、北海道開発を目的として1900（明治33）年、設立された。農地などを担保に長期資金を貸し出す不動産金融が主であった。1950年、普通銀行に転換し、1955年、都市銀行となった。北海道の発展に貢献してきた後、本州に支店も置いた。**バブル期に不動産会社に巨額の融資を行い、バブルの崩壊で大半が不良債権**となった。そのため、**1997年、倒産**した。北海道内は北洋銀行に、本州は中央三井信託銀行に、営業譲渡し解散した[32]。

山一證券

かつての四大証券会社の一つ。1897年設立、高度成長期に成長したが、**1963～1965年の景気悪化で倒産**した。1965年、日本銀行から特別融資を受けて再建し、1969年に特別融資を完済し、順調に業務を拡大させたが、**バブル崩壊**による経営難と、それを隠すための**不正経理**で、**1998年、倒産**した[33]。

格付け会社

格付け会社は、国や企業の発行する債券、金融機関の預金や保険金の**支払い能力**などについて、情報を集めて信用力を評価し、「格付け」を発表する民間企業をいう。代表的な格付け会社には、米国のムーディーズやS&P、日本の格付投資情報センター（R&I）や日本格付研究所（JCR）などがある[34]。

優先株

優先株は、会社が発行する株式のうち、普通株に比べて優先的地位を持っている株式をいう。多くの場合、配当（剰余金）や会社清算時の残余財産を普通株より優先して受ける権利を有する一方で、議決権に制限を受ける[35]。

第22話で、2006年、株式上場し、1000億円の資金調達ができて、出光の経営危機を乗り越えた。

3．1929年生まれ　モフタル・リアディさん

モフタル・リアディさんは、1929年生まれ。その半生・自伝は、日本経済新聞の私の履歴書[36]に書かれている。

【推薦図書7】　私の履歴書　モフタル・リアディさん

第11章　有名人の人生と経済事情　253

第1話で、自分は「インドネシア生まれの華人だ。中国名は李文正」と言っている。

国際情勢8 華僑

　華僑は、海外に移住した中国人およびその子孫をいう。世界の華僑人口は約2000万人といわれ、約80%が東南アジアに居住している。華僑は、福建、広東省出身者が多い。現地で血縁、地縁でつながり、本国への送金、本国の革命運動などにも協力した。華僑の起源は古くは漢代にまでさかのぼる。19世紀、植民地開発に必要な労働力として、南北アメリカや豪州などの金鉱、鉄道敷設工事に奴隷的に使われた。1860年、中国開国で海外渡航が認められてから、自由移民が増えた。1909年、中国の国籍法が制定され、華僑は中国籍を持っている者とされ、保護政策がとられた[37]。

　リアディさんが、自分を華人と言っているのは、自分は華僑だという意味である。

　第2話は、リアディさんの父は、18〜19歳の頃、福建省からインドネシアに渡り、布地を売る商売をした。リアディさんが生まれてまもなく、祖母の介護のため、母は福建省に帰り、リアディさん兄弟は福建省で育てられた。

　そのころの中国は、南京の国民党政府、各地の軍閥（軍人の私的集団）の戦乱が続き、強盗が多いなど治安も悪かった。

　注：このころの戦乱、治安の悪さの記憶が、中国人が、共産党の一党独裁や、毛沢東、習近平など強い指導者を支持する理由といわれる。多少の不自由があっても、強権政治がなくなって、再び、戦乱が起こり治安が悪くなるのが嫌だからといわれる。

　第3話は、6歳のときに、父母とインドネシアに渡った。別れのとき、祖母から**「おまえのふるさとはこんなに美しいが、村人はみんなとても貧しい。村人が豊かになれるような能力を持っていないからだ。おまえは外国に行って何かを身につけて帰っておいで。そして村のためになることをするのだよ。孫よ、おまえは帰ってくるために家を出るのだよ」**といわれた。

　第4話は、インドネシア（当時は、オランダ領東インド）に入国するとき、**オランダ人の入国係官が、中国人を乱暴に扱う人種差別**を経験した。

　第5話は、華僑は血縁と地縁を大切にした。父は毎月のように祖母にお金を送って

いた。祖母が亡くなってからも故郷に戻った弟のために送金を続けた。家族の絆の強さを感じずにはいられない。9歳の時、母が難産で亡くなった。

血縁は、血のつながりをいい、生物学的な親子関係もしくはその連鎖で結ばれる関係をいう。血縁は、親族関係の認知や特定の親族集団への所属に際して重要な契機となり、経済的、政治的、宗教的な連帯の基盤となることが多い[38]。

地縁は、住む土地に基づいてできる縁故関係をいう[39]。

第6話は、**1942年**、13歳の時、**インドネシアが日本軍に占領**され、父が中国の重慶政府とつながっていると思われて拘束され、一人ぼっちになった。日本軍の一般兵士には乱暴な人もいたと聞くが、私が出会った日本軍の将校はみんな礼儀正しかった。

校長から「人間は平等であるにもかかわらず、帝国主義国家が多くの植民地を支配し、アジア人やアフリカ人を差別している」と教育され、反帝国主義、反植民地主義に共感していった。

帝国主義 (imperialism) は、一つの民族または国家が、政治的、経済的に他民族、他の国を支配して強大な国家をつくろうとする運動をいう[40]。近代資本主義で経済効率を高め、軍事力を強くした欧州諸国、米、日が、世界中を植民地にした。

国際情勢9	国民党

国民党は、1925年、広東省で組織された中国の政党。1928年、南京に国民政府を作った。日本軍の中国進出のため、重慶に移転（重慶政府）し、**抗日運動**をした。第二次世界大戦後、南京に復帰した。1949年、共産党との内戦に敗れ、台湾に逃げた[41]。1996年から、台湾は、国民党の独裁ではなく、選挙で代表を選ぶようになった[42]。

第7話は、**1945年、日本が無条件降伏**した。**インドネシアが独立を宣言**したが、**オランダは独立を認めなかった**。英国軍、オランダ軍が上陸してきて、インドネシア住民が**ゲリラ戦**で戦った。リアディさんもゲリラを支援した。オランダに捕まりそうになり、1946年、上海に逃げ、南京の大学に入学した。

第8話は、**1947〜1948年、中国は超インフレ**になった。国民党が共産党との内戦の費用のため、通貨を多く発行したためである。

南京に共産党が迫り、オランダ大使館の保護で香港に逃げた。その後、南京は共産党が占領した。**4つの戦争**を体験し、戦争に抱いているのは、**恐ろしく痛ましい**という感情だ。**戦争は戦場の死だけでなく、飢餓や貧困をもたらす**。混乱の南京から香港

に到着し、平和のありがたさが身にしみた。

第9話は、**1949年、戦闘の末に、オランダはインドネシアを独立国として承認**した。第10話は、1950年、香港からインドネシアに帰り、インドネシア国内を旅した。インドネシアは多様性に富む。多くの島々に多くの民族が住んでいる。言語も違う。だから、インドネシア人は異なる人々を受け入れる包容力がある。

第11話は、結婚して、25歳で事業を始めようとジャカルタに出た。第13話は、貿易業と海運業で成功した。父が病気で亡くなった。インドネシアの社会主義政権の経済政策が良くなかったため、破産しそうになったがなんとか乗り切った。

第14,15,16話は、銀行経営を始めた。1966年、社会主義政権から自由経済政権になり、経済政策の変更で多くの銀行が倒産したが、先読みしていたのでリアディさんの銀行は倒産しなかった。

第20話は、**1986年、37年ぶりに中国に渡った**。インドネシアは、1967年に社会主義の中国と断交していた。中国は、1978年に改革開放し、両国の関係改善を民間交流から始めることになった。

断交は、交際をやめること、特に、国家間の交流を絶つことをいう[43]。

幼少期を過ごした父の実家のまわりを歩くと、昔よりも貧しくなっていた。十分な電気も水道もなかった。1949年からの、中国共産党による社会主義経済運営の結果だった。祖母が幼少の私に語った言葉がよみがえってきた。**「村人は豊かになれる能力を持っていない。おまえは何かを身につけて帰っておいで。そして村のためになることをするのだよ。孫よ、おまえは帰ってくるために家を出るのだよ」**この意味がようやく理解できた。

地元に発電所を建設し、祖母の願いを果たし、1980年代から2002年まで福建省各地で指導者を務めた習近平（シージンピン）国家主席とも親しくなった。

第22話は、米国のテーラー、トフラー、ネイスビッツ、ドラッカーの著作も読みふけった。

（参考）
テーラー・システム
19世紀末から20世紀初頭、米国のテーラーが開発した生産管理法。時間測定や動作改善によって科学的に各社員の標準作業量を決め、生産を計画的に進行させる[44]。

トフラー
米国の評論家、未来学者。20世紀後半以後の科学技術の発展による社会、経済、政治、文化の変革と、人間の未来の問題を見通した著作で知られる[45]。

ネイスビッツ

米国の未来学者。1983年、メガトレンド（Megatrends、時代の大きな流れ）で有名[46]。

ドラッカー

1909〜2005年。オーストリア生まれの経営学者。マネジメントなどの新しい概念
を次々と打ち出し、ビジネス界や経営者に大きな影響を与えた[47]。

　第25話は、**1997年、アジア通貨危機**が起きた。インドネシアの通貨も１ドル2000
ルピアから１万8000ルピアにルピア安になった。経済がダメになり、国際通貨基金
（IMF）からの支援を受け入れた（注：企業でいうと倒産、再生状態）。経済、政治、社会が
混乱し、企業倒産、銀行の国有化（倒産）が多く出た。銀行事業をやめ。土地開発と
情報通信事業に集中することにした。

| 経済事情3 | アジア通貨危機 |

　アジア通貨危機は、1997年、タイから始まり、アジア各国に広がった急激な通貨
安、金融危機・経済危機。通貨危機の原因は、各国が自国通貨と米ドルの為替レー
トを固定させていたことに、大手投機家が注目し、大規模な空売りをして安くなっ
た通貨を買い戻して巨額の利益を出した。**アジア各国政府は外貨準備を失って倒産
した。1997年、韓国政府は借金返済ができなくなり、IMF の支援を受けた。**1970年
代からのアジア各国の高度成長は止まり、数年間は深刻な景気悪化となった[48]。

コラム12

アジア通貨危機

　1990年代、世界全体が変動相場制を採用している中で、タイ、韓国政府など、一
部のアジアの国は、米国への輸出促進のため、ドルと自国通貨を固定するように為
替介入していた。1997年７月からの**アジア通貨危機**は、固定為替相場制で見られた
弱い国の通貨制度の混乱と同様の混乱だった。タイ、韓国政府などが、投機筋に攻
められて為替介入をする外貨準備資金を使い果たした結果、急激・大幅な自国通貨
安となった。輸出はできるが、外国から必要なモノを買えない・輸入できない状態
におちいった。

　韓国は、経済が行き詰まり、**外国への借金が返せなくなって、国として倒産**し
た。2001年まで IMF（国際通貨基金）の管理下に置かれた。この苦境で始めた輸出促
進・外貨獲得政策の一つが、韓流ドラマや K-POP（韓国のダンスミュージック）であ
る。

　日本は、タイの金融支援国会合を東京で開催（1997年８月）し、国際機関、Ｇ７各

国等と協調しながら、**アジア通貨危機への初期対応で主導的な役割を果たした。**一時的な資金不足対策だけでなく、円借款など日本の政策的金融手段を総動員して、長期の安定的な資金も提供した。特に、1998年10月、円借款・日本輸出入銀行融資により、合計300億ドルの与信限度額を提供し、危機に直面しているアジアの国々への日本の揺るぎない支援姿勢を明らかにし、国際社会でのアジアの国の信用回復を助けた。支援策の結果、多くの国は危機を1998年までの短期間のうちに乗り越えた[49]。

　1997〜1998年、著者は、通産省貿易局筆頭課長補佐の職にあり、財務省との与信限度額調整など、日本政府の意思決定に、上司、同僚とともに寝る暇も惜しんで携わった。

[注]
1) 日本経済新聞 https://www.nikkei.com/promotion/onboarding/autobiography/JunkoKoshino/
2) 小学館　日本大百科全書 (ニッポニカ)
3) 語源由来辞典
4) 平凡社百科事典マイペディア
5) 小学館デジタル大辞泉
6) 小学館　日本大百科全書 (ニッポニカ)
7) 平凡社百科事典マイペディア
8) ブリタニカ国際大百科事典 小項目事典
9) BBC　https://www.bbc.com/japanese/42482642　(2023/4/5取得)
10) 日本経済新聞 https://www.nikkei.com/article/DGKKZO57452110R30C20A3BC8000/ (2021/8/25取得)
11) 防衛庁 (2004) (p.120)
12) 平凡社百科事典マイペディア
13) 斎藤 (1980) (p.74)、今村 (1991) (p.641)
14) 小学館　日本大百科全書 (ニッポニカ)
15) ロイター https://jp.reuters.com/article/idJPJAPAN-10512620090812　(2021/8/25取得)
16) 小学館デジタル大辞泉
17) 外務省 https://www.mofa.go.jp/mofaj/a_o/na/kp/page1w_000081.html　(2021/8/25取得)
18) CNN　https://www.cnn.co.jp/world/35099910.html　(2021/12/3取得)
19) 平凡社百科事典マイペディア
20) NHK　https://www3.nhk.or.jp/news/html/20210816/k10013206591000.html?utm_int=detail_contents_news-link_001　(2021/8/25取得)
21) 精選版 日本国語大辞典
22) 小学館デジタル大辞泉

23) 小学館デジタル大辞泉
24) NHK　https://www3.nhk.or.jp/news/html/20210913/k10013256961000.html　(2024/2/7取得)
25) ブリタニカ国際大百科事典 小項目事典
26) 日 経 新 聞 https://www.nikkei.com/article/DGXNASGM0201C_S1A500C1MM0000/ (2024/2/7取得)
27) 小学館デジタル大辞泉
28) ブリタニカ国際大百科事典 小項目事典
29) 公安調査庁 https://www.moj.go.jp/psia/terrorism/index.html　(2021/8/25取得)
30) 小学館デジタル大辞泉
31) ブリタニカ国際大百科事典 小項目事典
32) 小学館　日本大百科全書 (ニッポニカ)
33) ブリタニカ国際大百科事典 小項目事典
34) 野村證券
35) ＳＭＢＣ日興証券用語集
36) 日本経済新聞 https://r.nikkei.com/stories/topic_DF_TL_19062018　(2021/8/25取得)
37) ブリタニカ国際大百科事典 小項目事典
38) ブリタニカ国際大百科事典 小項目事典
39) 小学館デジタル大辞泉
40) 精選版 日本国語大辞典
41) 旺文社日本史事典 三訂版
42) NHK https://www3.nhk.or.jp/news/special/international_news_navi/articles/qa/2023/12/13/36582.html (2024/2/7取得)
43) 小学館デジタル大辞泉
44) 小学館　日本大百科全書 (ニッポニカ)
45) ブリタニカ国際大百科事典 小項目事典
46) 小学館デジタル大辞泉
47) 小学館デジタル大辞泉
48) 平凡社百科事典マイペディア
49) 外務省　https://www.mofa.go.jp/mofaj/gaiko/oda/shiryo/hakusyo/04_hakusho/ODA2004/html/column/cl01014.htm　(2022/8/30取得)

第12章 国際経済の仕組みと国際経済学

　本章は、為替、世界規模の市場と先物市場、国際収支という国際経済の仕組みを解説する。

　国際経済学は、ミクロ経済学の市場メカニズムの理論を国際経済に応用したものである。

○この章のリサーチクエスチョン

　為替、世界規模の市場と先物市場、国際収支という国際経済の仕組みとは？

　ミクロ経済学の市場メカニズムの理論を応用した国際経済学とは？

○キーワード

　為替

　世界規模の市場と先物市場

　国際収支　経常収支　貿易収支

　比較優位の理論は、能力は関係なく、得意不得意が異なる人々が協力すれば、全体としてより良くなることを教えてくれる

○理論

　比較優位理論

1．為替

1-1．外国為替市場

1-1-1．外国為替市場の仕組み

　為替（exchange）は、離れたところにいる人と、債権・債務の決済、資金移動を、現金を輸送することなく金融機関の仲介によって行うこと[1] をいう。

為替（外国為替）は、「第5章　2．マクロ経済政策」でも登場した。円とドルの交換比率の1ドル110円などが、外国為替レート（交換比率）である。

為替レートは、外国為替市場の円とドルの需要と供給で決まる。円の需要が多くて供給が少なければ円高になり、円の需要が少なくて供給が多ければ円安になる。

外国為替市場 (foreign exchange market) は、銀行、中央銀行、短資会社（為替ブローカー）で構成され、円とドルの需要と供給をマッチングさせる市場をいう[2]。

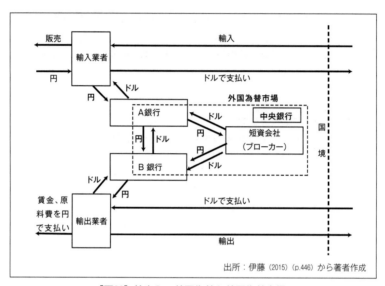

[図89] 輸出入、外国為替と外国為替市場

図89の輸入業者を見てみよう。輸入業者は、例えば、石油を輸入してガソリンスタンドでガソリンを販売するＥＮＥＯＳや、外国で衣服を生産して輸入するユニクロなどである。ＥＮＥＯＳやユニクロは、日本で販売すると、お客さんから円をもらう。石油や衣服は外国から輸入するのでドルで支払う。輸入業者は、円が余って、ドルが不足する。そこで、銀行に行って円をドルに換えてもらう。

輸出業者を見てみよう。輸出業者は、例えば、車を輸出するトヨタなどである。トヨタは、日本で生産すると、社員や部品を供給する協力会社に円で支払う。外国に車を輸出すると、外国のお客さんからドルで支払われる。輸出業者は、ドルが余って円が不足する。そこで、銀行に行ってドルを円に換えてもらう。

Ａ銀行を見てみよう。Ａ銀行は、輸入業者から円を受け取り、ドルを支払ったので、円が余ってドルが足りなくなった。

第12章　国際経済の仕組みと国際経済学　261

　Ｂ銀行を見てみよう。Ｂ銀行は、輸出業者にドルを受け取り、円を支払ったので、ドルが余って円が足りなくなった。

　外国為替市場を見てみよう。**図89**の外国為替市場は、点線の四角の中で、Ａ銀行、Ｂ銀行、短資会社（ブローカー）、中央銀行（日本銀行）から成り立っている。Ａ銀行とＢ銀行で、円とドルを交換すると、お互いに助かる。しかし、お互いに円とドルの余りと不足の額がぴったり同じになることはめったにないので、さらに円とドルの交換をしなければならない。そういうときは、銀行が、短資会社（ブローカー）に頼めば何とかしてくれる。これが、外国為替市場の仕組みである。その時々の交換比率（為替レート）は、円とドルの需要と供給で決まる。

１－１－２．外国為替市場の実需と投機

　輸出入業者とＡ・Ｂ銀行は、円、ドルを売買する実際的な需要（実需）を持っている。実需に基づいて外国為替の取り引きを行う人を実需筋という。これに対して、為替相場の変動を予想して、売買差益を得るため為替売買を行うことを為替投機といい、この為替投機を行う人を投機筋という。

　例えば、１ドル100円のときに、１億円をドルに換えると、

$$1億円 \times \frac{1ドル}{100円} = 100万ドル$$

となる。30分後に、１ドル100円50銭に為替相場が動いたとすると、

$$100万ドル \times \frac{100円50銭}{1ドル} = 1億50万円$$

となり、30分で50万円儲かる。時給100万円である。

　輸出入業者とＡ・Ｂ銀行の円、ドルへの需要・供給がぴったり合うことはほとんどないので、実需だけでは売買は成立しない。投機筋がいなければ、円ドル為替レートは価格が決まらず、無限の円高と無限の円安を行ったり来たりすることになってしまう。投機筋が、自分でリスクを取ったり、投機をするお客さんからおカネを集めて、実需筋と反対の売買をすることで、円ドル為替レートは価格が決まり、安定した動きをする。このように、**投機筋は、外国為替市場に必要**である。

　投機筋が市場を安定させているのは、外国為替市場だけではなく、**株式市場、金市場、石油市場、非鉄金属（アルミ、銅など）市場も、同じ**である。

　ヘッジファンドは、個人、金融機関、年金基金などの投資家から預かった資金を運用し、相場の上下変動にかかわらず収益を追求する。反対売買などを組み合わせることでリスクを回避（ヘッジ）しながら運用する[3]。

投機について、"**美人投票のパラドックス**" という経済学の "たとえ話" がある。パラドックスは、「一般に正しいと考えられていることに反する話」で、ギリシア語の para（反）、doxa（通念）に由来する[4]。

"美人投票のパラドックス"（paradox of beauty contest）は、株式価格形成の問題点を説明するための、ケインズのたとえ話である。美人投票は、審査員が候補者の中から美人だと思う候補に投票するものだが、当時の美人投票は、優勝者に投票した審査員も商品がもらえた。同様に、株式市場で、プロの投資家の予想したものにしたがって投資するよりも、一般投資家がどうするかを考えて予測して投資するほうが、容易で高い収益を生む。このため、投資判断は、プロの投資家が評価する企業の長期的価値ではなく、一般投資家が注目する短期的価値に拠ることとなる。これでは、「将来伸びる企業に資金を供給する」という株式市場の本来の機能が果たせていないという困りごとが "美人投票のパラドックス" である[5]。

1－1－3．投機と賭けごと

外国為替証拠金取引（ＦＸ，エフエックス）は、少額資金を元に借金をして、為替の変動に大きな投機をする金融商品をいう。上の例のように、時給100万円儲かるときもあれば、損するときもある。売買手数料は売買のたびに取られるので、続ければほとんどの人が損をするし、大損をして、自分では返せないような大きな借金を背負った人も多い。ＦＸをして損をした人の中には、消費者金融で借金をしてまでＦＸを続けた人もいて、パチンコ依存症などと同様に、ギャンブル依存症が原因で自己破産した人が多くいる[6]。

売買手数料を取られると、続ければほとんどの人が損をすることは、確率計算でわかる。

賭けごとをしたり、ＦＸで30分後に円高か円安か予測して為替の売買をすると、儲かったり損したりする。サイコロの出る目は予測できないが、何回も繰り返すと目の1～6の平均3.5（確率の期待値）になる。ＦＸは、最初は大きく儲かることがあるかもしれないが、売買を繰り返せば、確率の期待値であるプラスマイナスゼロに近づく。その間、手数料は売買の回数だけ取られる。**期待値（究極の収入）がゼロで、手数料は必ず取られるので、続ければほとんどの人が損をする**。多くの事例では、損が増えてきたのを取り返そうと大きな取り引きをして失敗して自己破産している。悪質なＦＸ業者は、客をわざとそうなるように仕向けて手数料や投機資金を貸した利子で儲けている。この手口は、小豆の商品先物取引、ＦＸなど、売買するモノは変わるが、昭和の時代から同じである。**株式投資も、良さそうな会社の株をじっくり持つことや、毎月定額で株を買うなどは堅実だが、1日に何回も売買を繰り返すような株式投資は賭けごとと同じで、自己破産への道**である。

第12章　国際経済の仕組みと国際経済学　263

　１−１−４．中央銀行と外国為替市場（復習）

　日本銀行や米国の中央銀行が、金融政策のため、通貨量の量的緩和をすることがあることを「第４部第10章４−２．2013年〜　量的緩和 ── 新しい金融政策 ──」で学んだ。

　日本銀行が通貨量の量的緩和をすると、外国為替市場にも影響がある。日本銀行が量的緩和をすると、外国為替市場にも円が多く供給されるので、円の価格は下がる（円安になる）。米国の中央銀行が量的緩和をすると、外国為替市場にもドルが多く供給されるので、ドルの価格は下がる（ドル安になる）。

　米国は、リーマンショックに対応するため、2008〜2014年、日本に先がけて**量的緩和**を行った。そのとき、日本銀行は量的緩和をしていなかったので、2011年８月の記録的な円高（１ドル75円95銭）が起きた。

　2013年以降は、日本銀行が量的緩和を継続しているので、円高にはなっていない。2022年６月、米欧が量的緩和をやめ、日本が量的緩和を続けたため、記録的な円安（１ドル135〜150円台）になった。

1-2. 為替レートの種類

　為替レートは、**表１**のような種類がある。暗記する必要はない。

　ふだん使っている為替レートや、「為替レート」とだけ書いてあれば、名目為替レートである。

[表17] 為替レートの種類

為替レート	(foreign exchange rate) 円と外貨の交換比率のこと
名目為替レート	(nominal exchange rate) 単純に２つの通貨の間の交換レートを表したもの
実質為替レート	(real exchange rate) 米国で物価が上昇すれば、ドルの購買力は下がり、円高ドル安になるはずである。もし名目の円ドルレートが円高ドル安にならず、同じレートであったなら、実質的には円安になったことになる。実質為替レートは、このような各国の物価の上がり下がりを考慮に入れた為替レートの変化を示している。
実効為替レート	(effective exchange rate) ある国の通貨について、関係の深い複数の貿易相手国との為替相場をその貿易量で加重平均して算出した為替相場。例えば、米国と中国と50％ずつの貿易量の場合は、円と、米国ドル、中国元との関係を50％ずつ考慮する。米国と中国と欧州と1/3ずつの貿易量の場合は、円と、米国ドル、中国元、欧州ユーロとの関係を1/3ずつ考慮する。
実質実効為替レート	(real and effective exchange rate) 各国の物価の相対的変動を考慮にいれて、基準年からの為替レートの変化を示す実質為替レートを用いて、関係の深い複数の貿易相手国との為替相場をその貿易量で加重平均して算出した為替相場。企業の国際競争力の環境を適切に測る指標の1つとして、日本銀行などが用いている。

出所：有斐閣 経済辞典 第５版

1-3. 為替レートが経済・経営に与える影響

為替レート（円高・円安）が貿易に与える影響は、「第8章 マクロ経済学 2．マクロ経済政策」で学んだ。ここでは、復習も兼ねて、為替レートが海外投資、貿易に与える影響を考えよう。

1-3-1. 為替レートが海外投資に与える影響
1億円をドルに換えて、米国の石油採掘に投資することを考えてみよう。年間10%の利益が出るとする。

投資したとき1ドル100円で、1年後も1ドル100円なら、
1億円をドルに換える→100万ドル→1年後に110万ドル

→110万ドル× $\dfrac{100円}{1ドル}$ ＝1億1000万円　となる。

投資したとき1ドル100円で、1年後1ドル90円の円高になっていたら、
1億円をドルに換える→100万ドル→1年後に110万ドル

→110万ドル× $\dfrac{90円}{1ドル}$ ＝9900万円　となる。

投資したとき1ドル100円で、1年後1ドル110円の円安になっていたら、
1億円をドルに換える→100万ドル→1年後に110万ドル

→110万ドル× $\dfrac{110円}{1ドル}$ ＝1億2100万円　となる。

このように、**海外投資をすると、為替レート（円高・円安）の投資期間中の変動によって、利益が違ってくる。**

> **コラム13**
>
> ### アマゾン、アサハン・アルミプロジェクト
>
> 1997年、日本アマゾンアルミニウム㈱が、円借款（日本政府から途上国への円建て低金利融資）を利用して設立された。アマゾンアルミ・プロジェクトは、ブラジルのアマゾン地域に豊富にあるボーキサイト（アルミニウムの原料鉱石。水酸化アルミニウムが主成分）と、アマゾン川の水力発電の電気を利用してアルミニウムを生産し、ブラジルの雇用と経済発展に貢献する経済協力である。アルミ精錬所は、2期に分けて1986年、1991年に完成した。日本向けにアルミニウムが安定供給された[7]。

1975年、日本アサハンアルミニウム（株）が、円借款を利用して設立された[8]。アサハン・アルミ・プロジェクトは、インドネシアのスマトラ島の北部のアサハン川上流に発電所を建設し、下流でアルミニウムを生産[9]し、インドネシアの雇用と経済発展に貢献する経済協力である。1984年に完成した。日本向けにアルミニウムが安定供給された。

1986～1987年、著者は、基礎産業局非鉄金属課係長の職にあり、アルミニウム産業を担当していた。

1985年9月、先進5カ国蔵相・中央銀行総裁会議（G5）で、ドル高是正のための為替協調介入を決めた「プラザ合意」が成立し、急激な円高ドル安が進行した。それまで1ドル240円くらいだったが、1985年末、200円、1986年5月、160円に円高が進んだ。

円借款は低金利融資だが、円で借りて円で返さないといけないので、アマゾン、アサハン・アルミプロジェクトは、円借款を返せなくなった。1ドル240円と160円では、返済額が1.5倍になるので、低金利融資の意味がなくなり、プロジェクトの採算が採れなくなった。

通産省経済協力部と非鉄金属課の協働で、アマゾン、アサハン・アルミプロジェクトの追加支援をした。まず、長期経営分析を行った。①円ドルレートと②アルミの価格を複数想定して、それぞれに長期の採算を計算した。その計算は、当時は大型のコンピュータで、1つの円ドルレート・アルミ価格を想定した20年の収支予測計算で、1日かかった。何パターンか計算すると、①円ドルレートと②アルミ価格の組み合わせで、長期の採算が採れるかどうか見当がつくようになった。

このような分析結果を示して「経営悪化は円高が原因であって、事業は有望で意義がある」ことを大蔵省（現在の財務省）に認めてもらい、追加の円借款などでピンチをしのぎ、目的を達することができた。

1－3－2．為替レートが貿易に与える影響（「第8章　マクロ経済学　2．マクロ経済政策」の復習）

為替レート（円高・円安）と日本の企業と雇用の関係について考えよう。

企業は、景気が良ければ投資を増やす傾向、工場増築や新規工場を作る傾向となる。また、円高なら海外に、円安なら国内に投資する傾向となる。なぜならば、

1ドル79円（2011年平均）と、1ドル120円（2015年平均）を比較した場合、年収500万円の日本人社員のドル建て年収は、
- 1ドル79円の場合、500万円×1ドル／79円＝63,291ドル
- 1ドル120円の場合、500万円×1ドル／120円＝41,666ドル

このように、円安の場合は、日本人の年収がドル建てで安くなるので、海外より国

内に投資する傾向となる。

日本円で200万円の車を製造する場合、ドルでの製造費用は、
・1ドル79円の場合、200万円×1ドル／79円 =25,316ドル
・1ドル120円の場合、200万円×1ドル／120円 =16,667ドル
このように、円安の場合、日本での製造費用がドルで安くなるので、海外より国内で生産する傾向となる。

円高は悪いことばかりではない。10万円持って海外旅行する場合、
・1ドル79円の場合、10万円×1ドル／79円 =1,266ドル
・1ドル120円の場合、10万円×1ドル／120円 =833ドル
このように、円高の場合、日本のお金の価値がドルで高くなるので、海外旅行したときに、お金持ちになる。

1－3－3．輸出企業の利益と為替レート
輸出企業の利益は、業績に為替レートの影響を受ける。
2011年の日本の株価は年間で17％下がり、2008年以来の下落率（リーマンショックで42.1％下がった）であった。日経平均株価は8455円35銭と29年ぶり安値だった。原因は、2011年3月11日の東日本大震災と、それに伴う電力不足に加えて、1ドル70円台の円高だった。輸出企業の業績は悪化し、パナソニックは30年ぶり、ソニーは24年ぶり、トヨタは15年ぶりの株価安になるなど、日本を代表する企業が、歴史的な株価安になった[10]。
2013年は、歴史的な株高・円安となった。日経平均株価は年間で57％上げ、41年ぶりの上昇率を記録した。円は対ドルで34年ぶりの下落率になった。日経平均株価は、1万6291円31銭と6年2カ月ぶりの高さだった。日本銀行が量的緩和を行い、米国が金融政策の量的緩和をやめたため、米国の金利上昇、ドル高・円安となり、日本企業は輸出で利益を得た[11]。
一方で、2013年は、円安による燃料費などの値上がりが、運輸各社の業績を悪くした。ＡＮＡの円安によるコスト増は530億円で、うち7割が燃油費だった。営業利益は前期比42％減の600億円となった。ＡＮＡ、日本航空など航空3社のコストは前期より1200億円強増えた[12]。

2．世界規模の市場と先物市場

2019年4月の外国為替市場の取引高は、1日平均6.6兆ドル（737兆円）であった[13]。

為替以外にも、世界規模で売買されて価格が形成されているものは、株式市場、原油価格、金価格、天然ガス、ガソリン、銀、銅、プラチナ、パラジウム、コーン、大豆、小麦、コーヒー、粗糖などがある。また、現時点での取引価格（現物価格）だけでなく、将来の取引価格（先物価格）を扱う、原油先物、金先物、商品先物、CRB指数（欧米の商品取引所で取り引きされている先物取引価格から算出される、代表的な商品先物指数[14]）などの先物市場もある[15]。

　為替、石油、金、アルミ、銅のように、**現物市場と先物市場がある場合は、将来の価格が変わることによる経営へのリスクを避ける**（リスクヘッジ, risk hedge）ことができる。例えば、石油を外国で買って日本に輸入するときに、船で３カ月かかるとすると、３カ月の間に石油価格は変わるので、何もしないと儲かったり損したりする。石油輸入会社は、売買利益を求めて経営していて、石油価格の上下で賭けごとをすることは望んでいない（危険回避的）。このとき、現物市場と先物市場を使ってリスクヘッジすることができる。

[表18] 石油現物市場と先物市場を利用したリスクヘッジの例（ドル／バレル）

現物価格

石油価格		3月	6月
	現状維持	100	100
	上がる	100	110
	下がる	100	90

先物価格

	3月	6月
石油先物価格		100

　表18の例で、石油を３月に100ドル／バレル（159リットル）の価格で１億バレル買ってタンカーに乗せる。

　港に着いて、６月に日本で売る。

[図90] ３月に石油を仕入れてタンカーで運び、６月に日本で売る

このとき、石油価格は、①現状維持に100ドル／バレル、②値上がりして110ドル／バレル、③値下がりして90ドル／バレルになるという３つの可能性があるとする。

[表19]　３月に石油を仕入れてタンカーで運び、６月に日本で売るときの価格変動での損得

値動き	３月	６月	損得
現状維持	100	100	損得なし
上がる	100	110	10ドル／バレルの得
下がる	100	90	10ドル／バレルの損

　先物市場を利用したリスクヘッジ（危険回避）のため、石油先物市場で３カ月先（６月）の石油１億バレルを100ドル／バレルで売る約束をする。すなわち、６月になったら、その時点の現物価格で石油を仕入れて、１億バレルを100ドル／バレルの価格で渡すという約束をする。

[表20]　先物市場を利用したリスクヘッジの価格変動での損得
現物価格

	現物価格			先物取引
値動き	３月	６月	損得	損得
現状維持	100	100	損得なし	損得なし
上がる	100	110	10ドル／バレルの得	110で仕入れて100で売る。10ドル／バレルの損
下がる	100	90	10ドル／バレルの損	90で仕入れて100で売る。10ドル／バレルの得

　表19、**表20**の価格変動での損得を見ると、
・価格変動がなければ両方とも損得なし。
・石油価格が値上がりして110ドル／バレルになったとき、**表19**は10ドル／バレルの得、**表20**は、現物価格と先物取引を合わせると損得が打ち消しあう。
・石油価格が値下がりして90ドル／バレルになったとき、**表19**は10ドル／バレルの損、**表20**は、現物価格と先物取引を合わせると損得が打ち消しあう。

　このように、**現物市場（仕入れて運んで売却）と先物市場（先物売り）**を利用すれば、価格変動の影響を打ち消すことができ、リスクヘッジ（価格が動くことにより損するリスクを回避）できる。

第12章　国際経済の仕組みと国際経済学　269

[表21] デリバティブ

元の金融資産	デリバティブ（金融派生商品）	
株式、債券、為替など	先物取引	株価指数先物
		ＦＸ取引
		商品先物
	オプション取引	株価オプション
		通貨オプション
	スワップ取引	金利スワップ
		通貨スワップ

　デリバティブ（derivative, 金融派生商品）は、先物取引、オプション取引、スワップ取引などの総称で、株式、債券、為替などから派生してできた金融商品をいう。
　Derivative は、英語の動詞 derive（から導き出す）の名詞形である。少ない資金で大きな取り引きができるため、ハイリスク・ハイリターンな金融商品である[16]。
　オプション取引は、将来売買する権利をあらかじめ売買する取り引きをいう。
　スワップ取引は、等価の金融商品を交換する取り引きをいう。

> ### コラム14
>
> ### 非鉄金属先物市場での日本企業の危機を再発させない手を打つ
>
> **１．起こったこと**
> 　1987年３月の最後の日の夜、複数の日本のアルミ関係会社が、ロンドンのアルミ先物市場で大損失を出した。日本全体で、一晩で１兆円の損失といわれている。「ユダヤ系の先物取引会社にスクイーズされた」と業界で噂された。しかし、スクイーズ（squeeze, ぎゅっと絞る）が何を意味するのか、正確に言える人はいなかった。
> 　いくつかの大企業の購買担当の役員や部長が職位を失った。
>
> **２．最初の調査**
> 　著者は通産省非鉄金属課の係長だった。通産省の窓口役をしていた何社かの人たちに聞いて、起こったことと対策案を２週間くらいで3,4枚のレポートにまとめた。通常の仕事のやり方だった。
> 　課長に説明したら、「市場シェアの合計何％の会社から話を聞いたの？」とダメ出しを受けた。著者は、市場シェアを知らず答えられなかった。大きな問題に対して、通常の仕事のやり方ではダメということを痛感した。恥ずかしかった。
>
> **３．本格的な調査と解決策**
> 　関係ありそうな会社を手当たり次第に訪問して、何が起こったのか、対策は何

か、アルミ先物ビジネスで市場シェアが大きな会社はどこか聴いて回った。「大きい」と聞いた会社を追加訪問して、質問を繰り返した。

ある日、ドイツの会社の日本支社から電話がかかってきて「なぜうちに聴きに来ないのか」と言うので慌てて聴きに行った。

多くの企業を訪問調査して「もう良かろう」と思い、聴いた会社の中で市場シェアの大きな会社10社くらいの委員会を通産省に作った。業界誌の記者が来て「このメンバーで話し合って決まれば、全部決まる！」と興奮しながら言ったので、人選は成功したと思った。

委員会では、何が起こったか、対策は何か議論し、関係する会社へのアンケート調査票を議論して作り、アンケート調査を実施した。初めて、日本のアルミ先物市場の市場規模がわかり、各社のシェアもわかった。

著者に電話してきたドイツの会社の日本支社は3位だった。知らないということは恐ろしいことだ。

住友アルミと神戸製鋼所から調査を手伝ってくれる人を人選してもらって、調査を報告書にまとめた。委員会で、何が起こったかゲーム理論の考え方で整理して「なぜ日本のアルミ関係の会社が、一晩で1兆円と言われる損失を出したのか」を解説し、「どうしたら再発を防止できるか」ゲーム理論で説明した。委員たちが、しばらく黙っていたので不安になった。すると、外資系証券会社の日本代表で、アルミ、銅の先物市場の仕組みに、当時、日本一詳しいといわれていた人が「吉田さん、通産省を辞めてうちに来ませんか（笑）」と言い、委員たちが爆笑した。「ああ、やっと、課長のダメ出しをクリアした」とホッとした。ダメ出しを受けてから半年が経っていた。

1988年、非鉄金属課の後任者のおかげで、日本にアルミのLME（ロンドン金属取引所）日本倉庫ができた。お祝いのパーティで、LME・ロンドンから来た人と談笑した。それ以降、アルミ先物市場で日本の会社の悲劇は起きていない。

もし、対策をしていなかったら、日本企業は、1兆円に近い損失をその後も時々受けたかもしれない。「私の生涯の公務員の給料は、この貢献で元をとっているのでは？」と思っている。

3．国際収支

日本と米国が貿易するときに、日本からの輸出が多く、輸入が少ないと「貿易収支が黒字になった」などという。

国際収支は、一定期間のある国の貿易、投資などあらゆる対外経済取引を体系的に記録したものである。複式簿記に似ている。対外経済取引は、日本人と外国人との間

第12章　国際経済の仕組みと国際経済学　271

の、
　①財、サービス、所得の取り引き、
　②対外資産・負債の増減に関する取り引き、
　③移転取引、
に分類される。
　国際収支の主な項目は、経常収支、資本収支及び外貨準備増減があり、以下の関係
となる[17]。

　経常収支＝貿易収支＋サービス収支＋所得収支＋移転収支
　　貿易収支は、モノの貿易（輸出・輸入）の収支。輸出が多ければ黒字。
　　サービス収支は、サービスの貿易（輸出・輸入）の収支。
　　所得収支は、国境を越えた賃金支払い、投資収益の受取り・支払い。
　　移転収支は、モノ、サービス、現金の贈与、国際機関への搬出金等。

　資本収支＝投資収支（直接投資＋証券投資）など
　外貨準備増減は、政府、日本銀行の金融資産の増減

　以上の国際収支の項目を整理すると**表22**となる。国際収支の項目を全部足すと、ゼ
ロになる。貿易収支など、一部の項目がプラス（黒字）になれば、他のどこかがマイ
ナスになって、合計は必ずゼロになる。

［表22］国際収支

国際収支	経常収支	貿易収支	モノの貿易（輸出・輸入）の収支。
		サービス収支	サービスの貿易（輸出・輸入）の収支。
		所得収支	国境を越えた賃金支払い、投資収益の受取り・支払い。
		経常移転収支	モノ、サービス、現金の贈与、国際機関への搬出金等。
	資本収支		投資収支（直接投資＋証券投資）など
	外貨準備増減		政府、日本銀行の金融資産の増減
計	0		

質問コーナー

Q81　国際収支を足すとゼロになるのはなぜですか？
答え：貿易は、商品（財・サービス）を売買して、おカネをやりとりします。国際収
　　支は、複式簿記と考えが似ていて、財・サービスの売買額と、そのためのおカ
　　ネのやり取りを同額で記載していくので、合計はゼロになります。政府のやり

> とりや、外国人社員の送金など、貿易でない国際取引も同様に記載するので、国際収支の合計はゼロになります。

　貿易収支やサービス収支が「黒字だと儲かっているとか、良いことだ」と考えるのは誤解である。家計簿や"おこづかい帳"の黒字とは違う。
「第8章　マクロ経済学　3．ＧＤＰ」で、支出ＧＤＰ（総需要）＝内需＋外需
＝内需（家計の消費＋企業の投資＋政府支出）＋外需（純輸出〈輸出－輸入〉）
が必ず成り立つことを学んだ。
　式を変形すると、貿易黒字・赤字＝輸出－輸入＝ＧＤＰ－内需　となる。

貿易黒字の場合、外需（輸出－輸入）＞０、ＧＤＰ＞内需
貿易赤字の場合、外需（輸出－輸入）＜０、ＧＤＰ＜内需

　支出ＧＤＰの定義と式の変形からわかることは、内需が活発でＧＤＰより大きくなると貿易赤字となり、逆の場合は貿易黒字になる。貿易黒字は、人々が消費よりも貯蓄をして（消費性向が低く）、内需が弱くて外需に頼っていることでもあり、貿易赤字は、内需が活発であることでもある。

　日本が海外との貿易や投資でどれだけ稼いだかを示す2022年度の経常収支は９兆2256億円の黒字で、黒字額は2021年度の半分以下だった。

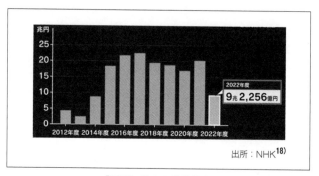

[図91] 日本の経常収支

　原油などエネルギー価格の高騰に加えて、記録的な円安で、円に換算した輸入額が大幅に増加したのが原因だった。
　貿易収支は18兆602億円の赤字と、過去最大の赤字額となった。

第12章　国際経済の仕組みと国際経済学　273

　日本企業が海外の子会社から受け取った配当や利子などの収支状況を示す「第一次所得収支」は35兆5591億円の黒字となった。

　外国人旅行者が国内で宿泊や買い物に使った金額から、日本人旅行者が海外で使った金額を差し引いた旅行収支は黒字となった。COVID–19（新型コロナ）の影響で落ち込んでいた外国人旅行者の数が大幅に増え、円安で日本での消費が割安になって、外国人旅行者1人当たりの消費額がCOVID–19前より増加傾向にあることが要因だった。

　一方で、燃料費の高騰などにより、日本から海外への旅行者の数は回復が遅れている。

4．比較優位理論

理論53　比較優位理論

　比較優位理論（theory of comparative costs, 比較生産費説）は、リカード（D. Ricardo）によって1817年に提唱された国際分業と貿易に関する理論である。それぞれの国が得意な生産、比較優位にある生産に特化（集中）し、苦手は他国に任せて国際分業を行い、貿易で生産物を交換すれば、国際分業と貿易を行わない場合よりも、みんなが利益を得られることを数学で証明した理論[18]である。

　優れた人にとっては、"劣った人と協力する必要性"を見いだせないかもしれないが、**比較優位の理論は、能力は関係なく、得意不得意が異なる人々が協力すれば、全体としてより良くなることを教えてくれる。**人々の多様性の尊重や、協力の重要性を証明できる素敵な理論である。

　ここでは、数学を使わずに比較優位理論を理解するために、**表23**の例[20]を見よう。数学での証明の解説や、3か国以上の場合などの応用に興味があれば、経済学の上級教科書を参照してほしい。

［表23］比較優位理論の解説

　日本は100人で500台の機械、100人で200俵（ひょう）の農産物を作ることができるとする。
　米国は100人で250台の機械、100人で200俵の農産物を作ることができるとする。

　日本の人口は200人で、機械、農産物とも100人ずつで生産し、米国の人口は400人で機械、農産物とも200人ずつで生産し、消費した（自給自足）とすると、生産量・消費量は表①のとおり。

①日米の生産・消費

| | 生産・消費 (台・俵) | |
	機械	農産物
日　本	500	200
米　国	500	400
計	1000	600

②日本・米国の生産効率

| | 生産効率＝生産額／人 | |
	機械	農産物
日　本	5	2
米　国	2.5	2

生産効率を、生産量を人数で除したものとする。

この例では、機械、農産物ともに、日本の生産効率は米国と同等以上である。日本は両方とも自分で作った方が効率的のようにみえる。

機械と農産物の生産効率の比をみると、
日本は、機械／農産物＝ 5 ／ 2 ＝2.5
米国は、機械／農産物＝2.5 ／ 2 ＝1.25

日本は、農産物／機械＝ 2 ／ 5 ＝0.4
米国は、農産物／機械＝ 2 ／ 2.5＝0.8

日本は米国に比べて機械生産に優位性を持っており、米国は日本に比べて農産物生産に優位性を持っている（比較優位）。

日本は比較優位を持つ機械に特化（集中して生産）し、米国は比較優位を持つ農産物に特化して生産してみる。
日本は200人で1000台の機械を作ることができる。
米国は400人で800俵の農産物を作ることができる。

③比較優位に特化したときの日米の生産

	生産・消費 (台・俵)	
	機械	農産物
日　本	1000	0
米　国	0	800
計	1000	800

　表①と③を比べると、日米の生産の計は、機械は変わらず、農産物は200俵増えている。

④貿易をした後の保有額

	生産・消費 (台・俵)	
	機械	農産物
日　本	500	200
米　国	500	600
計	1000	800

　表①と④（日本が米国から200俵の農産物を輸入し、機械を500台輸出する貿易をしたとき）を比べると、日本の保有は変わらず、米国の農産物保有が200増えている。

　表③④の生産物が、表①よりも増えている効果が、「比較優位にある財に特化し、他の財の生産は相手国にまかせるという形で国際分業を行い、貿易を通じて特化した財を相互に交換すれば、貿易当事国は双方とも貿易を行わなかった場合よりも利益をうることができる」という比較優位の効果である。

　生産効率の絶対水準（上手か下手か、能力が高いか低いか）ではなく、**生産効率の比の相対的な違い**（上手でも下手でも良くて、何が得意か）が決め手である。

〇さらに学びたい人へ

【推薦図書8】　クルーグマン国際経済学 理論と政策
　　ポール・クルーグマン；モーリス・オブズフェルド；マーク・J・メリッツ（英語版）、山形浩生，守岡桜訳（2017）『**クルーグマン国際経済学 理論と政策 上：貿易編**〔原書第10版〕』丸善出版。(Paul Krugman; Maurice Obstfeld; Marc Melitz (2015), International economics : Theory and policy, Pearson Education Limited)

[注]

1) 有斐閣 経済辞典 第5版
2) 有斐閣 経済辞典 第5版
3) 小学館 日本大百科全書 (ニッポニカ)
4) 平凡社世界大百科事典 第2版
5) 有斐閣 経済辞典 第5版
6) プレジデント https://president.jp/articles/-/20198?page=1 (2021/8/17取得)
7) https://www.amazon-aluminium.jp/ (2023/11/20取得)
8) https://mric.jogmec.go.jp/news_flash/20090119/24428/ (2023/11/20取得)
9) 平凡社世界大百科事典 第2版
10) 日本経済新聞 https://www.nikkei.com/article/DGXNASFL3007P_Q1A231C1000000/ (2021/8/17取得)
11) 日本経済新聞 https://www.nikkei.com/article/DGXNASGC30021_Q3A231C1MM8000/ (2021/8/17取得)
12) 日本経済新聞 https://www.nikkei.com/article/DGXNASGD1806V_Y3A111C1TJ2000/ (2021/8/17取得)
13) https://www.brightasset.co.jp/images/BIS%E7%82%BA%E6%9B%BF%E5%8F%96%E5%BC%95%E9%87%8F%E8%AA%BF%E6%9F%BB2019-1.pdf (2021/8/17取得)
14) 有斐閣 経済辞典 第5版
15) 日本経済新聞 https://nikkei225jp.com/ (2021/8/17取得)
16) 大和証券
17) 関税協会 https://www.kanzei.or.jp/check/balance.htm (2021/8/17取得)
18) https://www3.nhk.or.jp/news/html/20230511/k10014063691000.html (2023/12/5取得)
19) 有斐閣 経済辞典 第5版
20) 伊藤 (2015) (p.460-465)

第 5 部　経営学

経営学の基礎知識がないとビジネスを理解することは難しい。経営学は、20世紀初頭から始まった[1] 比較的新しい学問であり、他の学問から多くの概念や理論などを取り込んで、主に米国で、実務に学んで理論を発展させてきた。

第13章　企業とは
―― 経営学を知れば企業がわかる ――

　経営学は、企業経営のための人類の知識の蓄積である。学生や若い社会人が、企業について体系的、理論的に理解しようとするなら、経営学の全体像を知るのが早道である。社会経験、実務経験がない人でも、理論は理解でき学ぶことができる。

　経営・マネジメントを学ぶことは、誰にとっても役立つ。学生であれば、部活、サークルの運営方法や、就職して社会人になったときにより良い仕事をするための方法を学ぶことができる。卒業して社会に出れば、高校や大学でどのような専門分野の勉強をしていたとしても、職場で管理する側にもされる側にもなり得る。その場合に、マネジメントの知識は必要になる[2]。

〇この章のリサーチクエスチョン
　　経営学は、企業経営のための人類の知識の蓄積？

〇キーワード
　　マネジメント
　　企業戦略

〇理論　−

1．マネジメント

　マネジメント（management）は、組織が目的を設定し、変化する環境下で効率的に実現するために、決定し、実行するための思考、仕組み、人材、技術・技法やその体系をいう。計画作成、組織編成、動機づけ、統制活動、リーダーシップ、調整がマネジメントの基本部分である[3]。英語の Management は、Manage（なんとかする。困難な中で大変な努力をして〜を何とか成し遂げる、やりくりする）の名詞形である。マネジメントは、**いろいろ制約があるなかで、考え抜いて何とかする（マネッジする）こと**である。

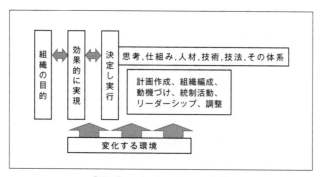

[図92] マネジメントの全体像

　マネジメントは日本語で経営[4]と翻訳されることがある。日本語では、企業を経営するとはいうが、行政を経営するという表現は存在するが定着していない。しかし、行政やNPOもマネジメントは必要であり、実際に日々行われている。本書で、「経営・マネジメント」や「マネジメント」という語は、企業、非営利組織のマネジメントの意味で使用する。

　ドラッカー (Peter Ferdinand Drucker) は、経営学を生み出した一人であり、近代経営学の父、マネジメントの父とされる[5]。ドラッカーは、著書『マネジメント』[6]で、以下のようにマネジメントの中心となる考え方を述べている。

- 何事かを成し遂げようとするには、事業の目的と使命を明確にすること。そうすれば、優先順位、戦略、計画が決まる。
- 戦略が決まれば、組織の在り方、活動の基本が決まる。[7]
- 事業の目的と使命を明確にするには、「顧客は誰か」という問いが最重要である。[8]
- 顧客にとっての価値は多様なので答えを推察してはならない。直に聞かなければならない。
- 目標設定の中心は、マーケティングとイノベーションである。顧客が、対価を支払うのは、この2つの領域の成果と貢献に対してだけである。[9]
- マーケティングの目標設定は、①どの市場に集中するか、戦場の決定、②いかなるセグメント、製品、サービス、価値でリーダーとなろうとするのか市場地位の決定である。[10]
- イノベーションの目標は、われわれの事業は何であるべきかとの問いに対する答えを、具体的な行動に移すためのものである。

- イノベーションには、①製品、サービスにおけるイノベーション。②市場におけるイノベーション。③製品、サービスを市場に持っていくまでの流通チャネルのイノベーションの3種類がある。[11]

　学生や若い社会人から見ると、企業は以前から存在していて、会社員が日々の課題に取り組んでいたら安定的に給料がもらえるところだと思うかもしれない。しかし、会社は、何事かを成し遂げようと、事業の目的と使命を明確にして創業者が作ったものである。今も継続できているのは、支える人たちが「顧客は誰か」という問いを問い続けて、顧客に価値を提供し続けているから、収入を継続的に得ることができて存続できている。正しい努力が途切れれば、どんなに大きな会社でも、あっという間に倒産する。

2．経営学の構造

　広い意味での**経営学（商学）**は、**図93**のように、
①マネジメント
②企業戦略
の2分野から構成される。経営学、マネジメント、マーケティングなどに関してネット上に多くの情報がある。経営学を体系的に学ぶには、大学、大学院などで学ぶほか、入門書を読み、さらに専門書を読んでいく方法がある。

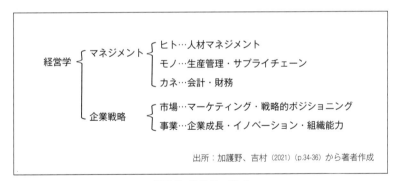

[図93] 経営学の構成

　経営学は学際性がある。経営学は、20世紀初めから始まった[12]比較的新しい学問であり、経済学、心理学、社会学から多くの概念や理論などを取り込んで、主に米国

で、現実の事例に学んで理論を発展させてきた。経営学の用語に英語が多いのはそのためである。

3．仕事の流れと経営学

　三谷 宏治教授の『すべての働く人のための新しい経営学』**13)** は、経営学の学問分野別の分類ではなく、**イシュー（仕事の流れに沿って考えるべきこと）** ごとに、
　1．顧客は誰か（ターゲット）、
　2．顧客にとっての価値（バリュー）、
　3．企業の事業遂行能力（ケイパビリティ）、
　4．どう黒字化するか（収益モデル）
という順で学んだ方がよいと提唱している。

　本書は、この考え方で、経営学の基本を記述する。

4．将来が読めるとき／読めないときの経営理論

　　理論54　将来が読めるとき／読めないときの経営理論
　　経営理論（経営学の理論）には、将来が読めるときに使う理論と、読めないときに使う理論がある。

理論54－1．理論の使い分け
　経営理論の使い分けは、ステーシーマトリクス（Stacey Matrix）を使う。

理論54－2．将来が読めるとき／読めないときに使う経営理論など
　将来が読めるとき／読めないときに使う経営理論は、**表24**のように整理される。

　1．将来が読めるときに使う経営理論の補足
　　バックキャスティング（Backcasting）の英語の意味は、Back（後ろに）cast（投げる、放る）することで、将来から現在に投射して考えることをいう。反対語はフォアキャスティング（Forecasting，現状をもとに将来を予測）である。バックキャスティングは、まず理想的な未来像を想定し、そこから現在を振り返って（投射して）、理想と現実のギャップを考え、時間軸の中でこれからなすべきことを考える。日本のことわざの"段取り八分"も、「先を見通して、今、するべき仕事を考えよう。"段取り"

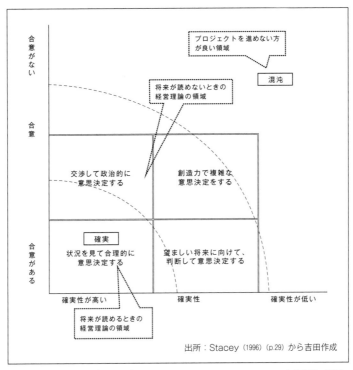

[図94] ステーシーマトリクス（将来が読めるとき／読めないときの経営理論の選択）

[表24] 将来が読めるとき／読めないときに使うことわざ、経営理論

	将来が読めるとき	将来が読めないとき
ことわざ	段取り八分 仕事は、先読みして準備することで8割終わっているようなものだ。	犬も歩けば棒に当たる 行動を起こせば何らかの経験を得ることができる。
経営理論	バックキャスティング、ＳＴＰマーケティング、データドリブン経営、データドリブン・マーケティング、エビデンス・ベースド・マネジメント、伝統的なリーダーシップ理論など	センスメイキング理論、美意識経営、エフェクチュエーション理論、サーバントリーダーシップ理論など
プロジェクトマネジメント	ウォーターフォール型プロジェクトマネジメント	アジャイル型プロジェクトマネジメント

ができれば"仕事の80％はできているくらい"段取り"は大事だ"」という教えである。

　ＳＴＰマーケティングは、今ある市場を分析（Segmentation）して、自社が取り組む市場の的を絞って（Targeting）、優位に立つ戦略（Positioning）を考える。

　ウォーターフォール型プロジェクトマネジメントは、プロジェクトの進行を段階に分けて、前段階が終わったことを確認して次の段階に進むマネジメント方法をいう。湖から滝（waterfall）が流れ出て、一段下の湖に流れ下るイメージである。品質確認、進捗管理、予算管理がしやすい。**最終成果物が明確である場合は使いやすい方法**であるが、市場や技術進歩が見通せない中でプロジェクトを進めていく場合は使えない[14]。

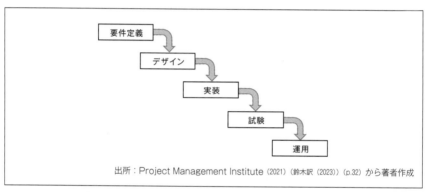

出所：Project Management Institute（2021）（鈴木訳（2023））（p.32）から著者作成

［図95］ウォーターフォール型プロジェクトマネジメント

　要件定義は、プロジェクトの各段階の計画、必要な経営資源、チームのメンバーを明らかにすることをいう。**デザイン**は、プログラム、システム、建築物などの設計をいう。**実装**は、プログラム、システム開発や、建物の建築をいう。**試験**は、品質保証のためのテストをいう。**運用**は、顧客に納品して使用してもらい、必要に応じて補修することをいう[15]。

2．将来が読めないときに使う経営理論の補足

　センスメイキング理論は、将来が見通せないとき、行動しながら情報を得て、感じて状況を解釈し、経営者が、ものがたり・ストーリーを作り、社員の解釈を揃えて行動することを重視する。

　米国の経営学者のミンツバーグは、効果的な**マネジメント**は、**アート**（ビジョン）、**クラフト**（経験）、**サイエンス**（分析）の3要素のバランスがとれた組み合わせ

が必要である。MBA教育はサイエンス（分析）に焦点を当てていてバランスが悪い。経験をないがしろにし、アート・ビジョン教育が弱い[16]と批判している。

美意識経営を提唱したポーリーン・ブラウンは、「これからの世界では、論理より直感が、分析より統合が、理性より感性が重要になる。つまり、経営における美意識が重要な時代がやってくる」と述べている[17]。

エフェクチュエーション理論は、起業家が成功するための行動パターンを調査し、手持ちの経営資源で行動しながら情報を得て、市場を創造していくことが重要だとする。

アジャイル型プロジェクトマネジメントは、市場や技術進歩が見通せない中で、**変化に対応しながらプロジェクトを進めていく手法**をいう。英語の agile（アジャイル）は"速く軽く動く"という意味で、アジャイル型プロジェクトマネジメントは、①**途中の成果を早い段階から継続的に顧客に引き渡す**。②**開発途中での確認や仕様変更をする**。③最初に要件定義を行った場合でも、**顧客や開発チーム内でのコミュニケーションを重視**して柔軟に変更していく[18]。アジャイル型開発は、先が読めないので、全体で費用がいくらかかるのか開始時には見通せない。財務・経理担当からは嫌われる。

理論54－3．特定の経営理論に"こだわる"のは良くない

データドリブン（Data Driven）は、売上データ、マーケティングデータ、WEB解析データなど、データに基づいて判断・アクションする行動をいう。**エビデンス・ベースド**（Evidence-Based）は、医療で、科学的根拠に基づいて治療法を選択するべきという考え方で、エビデンス・ベースド・マネジメント（証拠に基づく経営）として経営にも応用された。Evidence の英語の意味は、証拠、根拠である。「データドリブン経営」「データドリブン マーケティング」や「エビデンス・ベースド・ネジメント」は、将来が読めるときには重要である。**将来が読めるときに、データを調査しなかったり、バックキャスティングで考えないのは良くない。**単に愚かで無謀である。

しかし、不確実な状況下では、信頼性の高いデータを収集することは困難である。経済・経営の分野は、医療のように大量のデータが繰り返し得られるわけではなく、判断に必要な統計やデータがもともと存在しないことが多い。常にデータ（統計）やエビデンス（証拠）を求める姿勢は、状況によっては時間がかかりすぎたり、メンバーに負荷をかけすぎたりして、逆効果になる可能性があると指摘されている[19]。

データ（統計）やエビデンス（証拠）を求める姿勢は、科学の研究や、人の自由や権利を制限するような法律を作る際には必要である。しかし、企業の経営や、行政の産業政策、観光政策のように、地域の雇用や収益を稼ぐ政策分野では、必要な

データ（統計）やエビデンス（証拠）がいつも得られる保証はない。**将来が読めないとき、"データや証拠にこだわる"、"データが得られるまで動かないで立ち止まる"姿勢は、経営・マネジメントとしては良くない。**社員を疲れさせ、ビジネスチャンスを逃す。

［注］

1）加護野，吉村（2021）(p.29)

2）Robbins（2012）（ロビンス他，高木 訳（2014））(p.20)

3）有斐閣 経済辞典 第5版

4）有斐閣 経済辞典 第5版

5）加護野、吉村（2021）(p.3)

6）Drucker（1973）（ドラッカー（著），上田（訳）（2008）

7）Drucker（1973）（ドラッカー（著），上田（訳）（2008）(p.92)

8）Drucker（1973）（ドラッカー（著），上田（訳）（2008）(p.100)

9）Drucker（1973）（ドラッカー（著），上田（訳）（2008）(p.134)

10）Drucker（1973）（ドラッカー（著），上田（訳）（2008）(pp.135-137)

11）Drucker（1973）（ドラッカー（著），上田（訳）（2008）(p.140)

12）加護野，吉村（2021）(p.33)

13）三谷（2019）

14）Project Management Institute（2021）（鈴木訳（2023））(pp.32-34)

15）https://asana.com/ja/resources/waterfall-project-management-methodology（2024/3/14取得）

16）Mintzberg（2005）(pp.93-95)

17）Brown（2019）（ブラウン（著），山口（訳）（2021））(p.1)

18）ASCII.jp デジタル用語辞典

19）https://dhbr.diamond.jp/articles/-/7820 （2024/1/25取得）

第14章　顧客は誰か

1．顧客は誰か──使用者、意思決定者、支払者──

　ドラッカーは、**事業の目的と使命を明確にするには、「顧客は誰か」という問いが最重要である**[1]と言っている。

　どのようなビジネスであっても、使用者、意思決定者、支払者などの**顧客は誰かが明確でないと、事業の軸が定まらないのでうまくいかない**[2]。経営学で、まず「顧客は誰か？」を問うのは、そのためである。

○この章のリサーチクエスチョン

　事業の目的と使命を明確にするには、「顧客は誰か」という問いが最重要？

○キーワード

　市場の細分化には、大きすぎず、小さすぎず、ちょうど良いサイズがある

　7P

　マーケティング・ミックス

　全体最適と部分最適

○理論

　STP マーケティング

　製品ライフサイクル理論

　イノベーション普及理論

　顧客は誰か？と問うときに、アパレルを生産、販売している企業にとっては、アパレルを着るために買ってくれるお客さんが顧客で、顧客がメーカーにお店を通して商品の対価を支払う。このように、アパレルを着る人、購入を決める人、支払う人が同じである場合は「顧客は誰か」はわかりやすい。

　使う人、購入を決める人、支払う人が違う商品もある。例えば、おむつは、赤ちゃ

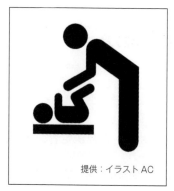

提供：イラストAC

[図96] おむつは赤ちゃんが使うが親が買う

んが使うが、親が買うので、**使用者と意思決定者・支払者が別**である。大学は、学生が選ぶが、親が学費を出すことが多いので、**使用者・意思決定者と支払者が別**である。

　ゲーム機やiTunes Store、メルカリなどのように、ゲームソフト、音楽、映画や、普通の人が売り買いしたいものなどの販売、購入の**場を提供するビジネス**がある。これらのビジネスは、**購入者だけでなく、ゲームソフトの制作企業や、アーティスト、音楽出版社、映画配給会社、出品者なども顧客**となる[3]。
　CGM（consumer generated media）は、消費者の書き込みによって内容が生成されていくインターネット上の口コミサイトなどのメディアである。インターネット、ウェブサイト、SNSに誰もが親しむようになって、商品の良し悪しや、サービスの使い勝手などを消費者自身が発信するようになった。企業の利害に左右されない顧客の声が集まるため、他の消費者にとって役だつことも多い[4]。CGM運営者にとっては、投稿者がいて、そのコンテンツを見てくれる閲覧者が増えることで、広告主が付いて収入を得られる。有料会員だけが閲覧できるようにして有料会員を獲得できれば閲覧者からもお金をもらえる。このように、**CGM運営者の顧客は、閲覧者、投稿者、広告主**となる。

2. STPマーケティング、マーケティング・ミックス

　マーケティングは、生産者から消費者に向けて、商品（財、サービス）の流れを推進

第14章　顧客は誰か　289

するビジネスの諸活動をいう。**マーケティングは、顧客から始まる。**生産過程から始まるのではない。マーケティングは、**標的（ターゲティング , Targeting）**市場を選定し、その標的市場に対して、最も適切なマーケティング・ミックスを実行することである[5]。

理論55　STP マーケティング

マーケティング論で最も大切なのは、**STP 分析、STP マーケティングである**[6]。STP マーケティングは、米国の経営学者のコトラー（Philip Kotler）が提唱した[7]。

[表25] STP マーケティング

S	セグメンテーション Segmentation	市場を細分化する。
T	ターゲティング Targeting	細分化した市場の中から、自社がフォーカス（集中）するべき市場を決定する。
P	ポジショニング Positioning	集中するべき市場（ターゲットセグメント）において、顧客の記憶の中に自社製品・ブランドを位置づける。このため、自社のブランドを顧客のニーズに合わせると同時に、競争企業・ブランドと差別化する。

どの市場をターゲットとするか。市場の細分化（セグメンテーション）は、年齢や居住地、顧客の好みなどで分類していけば、いくらでも細分化は可能である。しかし、細分化するほど市場は小さくなるので売上げは減り、個別の対応が増えるのでコストは上がる。逆に、細分化しないと、いろいろな性格の顧客がターゲットの中に混じってしまい、誰からも望まれない"ぼやけた"商品になってしまって売れない。したがって、**市場の細分化には、大きすぎず、小さすぎず、ちょうど良いサイズがある**[8]。STP マーケティングするためには、どういう視点で顧客を分類していくのか、どれくらいの市場規模のどのような顧客をターゲットとするのかを決めることが、実際の仕事では成功と失敗を分ける。

コトラーは、サービスの特性を考慮したマーケティング・ミックスの要素として、マーケティング論で有名な**4 P**（Product〈製品〉、Price〈価格〉、Place〈流通〉、Promotion〈プロモーション〉）に、**People、Physical Evidence、Process** を加えた、以下の**7 P** を提唱している[9]。

1. プロダクツ（Products）サービスの質、特性、サブ・サービス、パッケージ、ブランド、保証など。
2. 価格（Price）価格水準、割引など。

[図97] マーケティング・ミックス、全体最適と部分最適

3. 場所・流通チャネル (Place) サービスの提供拠点、交通、中継点など。
4. プロモーション (Promotion) 広報、広告などによる販売促進、人的コミュニケーション、インセンティブ (誘因) など。
5. 人材 (People) サービス・マーケティングにおいて、人材が重要な要素である。
6. 物的環境 (Physical Evidence) サービスの提供は、顧客にとっては「体験」である。提供される場の施設や設備、雰囲気などの物理的な環境は「よい体験」にとって重要な要素である。
7. 提供プロセス (Process) サービスは、生産と同時に消費が進行するため、そのプロセスの管理では、提供する側の社員と顧客の双方を意識することが必要になる[10]。

これらの要素の一部にばかり資金を使うのではなく、バランスよくミックスさせる必要性を説いたのが、**マーケティング・ミックス**の意味である。

コトラーは、マーケティング・ミックスの重要性を次のように例示している。**ある航空会社のマーケティング担当役員が、機内食の質を上げ、機内を清潔にし、キャビンアテンダントを再教育し、運賃を値下げして顧客を増やそうと考えた**。しかし、機内食の担当部署は仕入れ食材、加工業者の費用を安く抑えようとし、整備部署は掃除が行き届かないが対価が安い清掃業者を選び、人事部署はコミュニケーション能力を見ずに不愛想なキャビンアテンダントを採用し、財務・経理部署は運賃値下げを拒否した。こうして、マーケティング担当役員のマーケティング・ミックスは挫折した[11]。

|理論51| **全体最適と部分最適（再掲）**

このように、実際の仕事では、マーケティング・ミックスは、仕事の要素を担当

第14章　顧客は誰か　291

している各部署の**部分最適**（経営学の用語で、**システムや組織の一部のみが最適化された状態**。この例では、安い清掃業者を選んで、自分が担当する部署のコストを削減して利益目標を達成するなど）ではなく、企業全体の方針に基づく**全体最適**（経営学の用語で、**システムや組織の全体が最適化された状態**）を実現できるかどうかが成功の決め手になる。**部分最適と全体最適の戦い**は、企業や行政のあちこちで毎日のように起こっている。

　4P、7Pは、マーケティング論で最も知られている基礎概念であるが、マーケティング活動の領域を示しているだけなので、STPマーケティングが、マーケティング活動の指針となる重要な理論である[12]。

3．製品ライフサイクル理論

理論56　製品ライフサイクル理論

　製品ライフサイクル（PLC, Product Life Cycle）理論は、製品が市場に登場して、成長してから衰退するまでの状態を、売上高、利益の変化などから、以下の4つの時期に分類してとらえる理論で、マーケティング論の集大成といわれる。

[表26] 製品ライフサイクル理論[13]

1	商品導入期	ブランドの確立期でマーケティングコストに対しての売上げが低いため利益を生み出しにくい状態。
2	成長期	市場浸透期で需要の増大に伴い出荷も増えるが、競合の参入も増えていく時期。
3	成熟期	他社との差別化が重要となる時期で、マーケティングによる差別化や広告によるイメージチェンジなどが必要となる。
4	衰退期	売上げが急速に減少し、市場からの撤退やイノベーションによる新しい価値の創造が迫られる時期

　コトラーは、製品ライフサイクルの段階に応じて、広告などのマーケティング・ツール（道具）を使い分ける必要があると指摘している[14]。
- 商品導入期、成長期は広告とパブリシティ（企業が広告代金を払わないで、マスメディアの記事として掲載・報道されるように働きかける活動）が最も費用対効果が高い。その目的は、製品に対する意識と関心を高めることである。
- 成熟期は、販売員によって顧客に製品の利点や価値を説明して、顧客が納得するようにすることが重要である。
- 衰退期には、広告、パブリシティ、販売員は縮小し、その他の販売促進（サンプル配

布、実演、代理店支援など[15]）だけにするべきである。

|理論57| イノベーション普及理論

製品ライフサイクル理論の裏付けが、**イノベーション普及理論**である[16]。イノベーション普及理論は、米国の社会学者のロジャーズ（Everett M. Rogers）が、アフリカのナイジェリアの農民がどのように農業イノベーションを採り入れるかを研究して作った[17]。ロジャーズは、画期的な商品を目にしたときにどのような反応を顧客が示すかによって、顧客の性格を5つのタイプに分けた。

［表27］イノベーション普及理論の顧客の性格の5つのタイプ[18]

1	革新的な人 Innovators	2.5%	画期的なイノベーションをまず採り入れる冒険好きな人たちである。社会にイノベーションを普及させる窓口の役割を担っている。全体の2.5％に当たる。製品ライフサイクル理論の「初めは売上げが低い時期」の顧客となり、新しいものが好きなので高くても買う人に当たる。
2	初期に受け入れる人 Early Adopters	13.5%	次に採り入れる。冒険的ではなく、新しいアイデアを上手に思慮深く利用する。したがって、普通の人たちにとって初期に受け入れる人たちの行動は参考になる。
3	多数派・前期 Early Majority	34%	次に採り入れる。革新的な人とは異なり、リーズナブルな価格でないと買わないが、人数が多いので商品は成長していく。
4	多数派・後期 Late Majority	34%	新しいことに警戒感を持つ人たちである。
5	流行に鈍感な人 Laggards	16%	流行に鈍感な人が買うころには、革新的な人や初期に受け入れる人が商品から離れて、商品は衰退期に入る。
	計	100%	

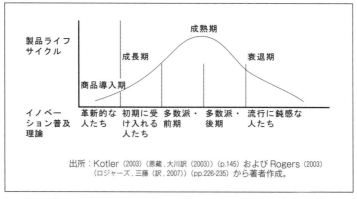

［図98］製品ライフサイクルとイノベーション普及理論

第14章 顧客は誰か　293

提供：イラストAC

[図99] 製品ライフサイクルとイノベーション普及理論は街の流行でも実感できる

　製品ライフサイクルとイノベーション普及理論は、街で見かけるアパレルのファッションの流行でも実感できる。例えば、流行り初めの頃は、おしゃれで似合う人が着るので、街で目立つし、かっこよい。だんだん、みんなが真似し始めると、元々のブランドだけでなく、普及品のブランドでも似たテイストのアパレルが安く売られ始めて、人が集まるところでは誰かが着ている感じになる。そのうち、似合っていなくて、かっこ悪く着こなしている人も多く見られはじめ、流行り初めの頃の斬新さや、かっこよさのイメージがなくなり、かっこ悪いイメージになっていく。その頃には、おしゃれな人は着るのをやめていて、まだ着ていると流行遅れの感じがしてくる。そして、流行遅れになって誰も着なくなる。

[注]
1) Drucker（1973）（ドラッカー（著），上田（訳）（2008））(p.100)
2) 三谷（2019）(p.50)
3) 三谷（2019）(pp.66-75)
4) 小学館　日本大百科全書（ニッポニカ）
5) DBM用語辞典
6) 三谷（2019）(pp.52-53)
7) マーケティング用語集、ブリタニカ国際大百科事典 小項目事典。
8) 三谷（2019）(p.48)
9) マーケティング論の第一人者とされるPhilip Kotler ノースウエスタン大学ケロッグ経営大学院教授。主な著書に「マーケティング原理」「マーケティング・マネジメント」がある。出所：㈱トライベック・ブランド戦略研究所ブランド用語集
10)「製品やサービスを、対象とする顧客層に購入してもらうために、さまざまなマーケティング活動が実行される」以降の出所：経済産業省 https://www.meti.go.jp/report/

downloadfiles/g60828a05j.pdf　（2020/05/18取得）

11) Kotler（2003）（恩藏, 大川訳（2003））（pp.145-146）

12) 三谷（2019）（pp.52-53）

13) ㈱マインズ マーケティング用語集

14) Kotler（2003）（恩藏, 大川訳（2003））（p.145）

15) 有斐閣 経済辞典 第5版

16) 三谷（2019）（pp.95-97）

17) Rogers（2003）（ロジャーズ, 三藤（訳, 2007））（pp. 226-235）

18) 三谷（2019）（p.97）

第15章 顧客にとっての価値

　経済学の**価値**（value）、**限界効用理論**（Marginal utility theory）、ニーズ、人間の欲求の関係は、「第1章　需要と供給6．価値と限界効用」で解説した。

　経済学のニーズは、欠乏状態での人の本質的な欲求で、食べたい、飲みたい、休みたいなど、人が共通して抱く欲求である。経営学の**ウォンツ**（Wants）は、消費者の個性や性格、経験などによって特定化された欲求をいう。例えば、「高級レストランのフランス料理が食べたい」「ハワイのリゾートホテルで休みたい」「ブランドものが欲しい」などである[1]。

○この章のリサーチクエスチョン
　顧客にとっての価値とは？

○キーワード
　ニーズ　ウォンツ
　使用価値、交換価値、知覚価値
　プロダクト三層モデル
　企業と企業の取り引き（BtoB）　ＱＣＤＳ
　コスト・リーダーシップ戦略　差別化戦略　集中戦略
　多角化戦略
　顧客提供価値マトリクス

○理論
　使用価値、交換価値、知覚価値の関係
　ポジショニング
　範囲の経済
　規模の経済
　オープンイノベーション理論

1．顧客にとっての価値

1-1．価値、効用

　企業の製品開発は、消費者のニーズやウォンツの理解から出発する場合と、企業の技術やアイデアの提案からなされる場合がある。**マーケットイン (market-in)** は、**消費者の目線で商品開発・生産**をする方法をいう。**プロダクトアウト (product out)** は、**企業の目線で商品開発**をする方法をいう[2]。企業は、自社が取り組むべき市場・顧客と、自社の強みである技術・ノウハウの両方、すなわち、マーケットインとプロダクトアウトを同時に考えて商品開発をする[3]。

1-2．使用価値、交換価値、知覚価値

　使用価値 (value in use) は、経済学の用語で、人間のなんらかの欲望を満足させる価値をいう[4]。

　交換価値 (exchange value) は、他の商品の一定量と交換できるようなある商品の価値をいう[5]。人にとって何がどれくらいの価値を持つかは、心の内面の問題で本当のところはわからないが、どれくらいのお金と交換するかを見ることで、その人がその財にいくらの価値を認めているかを推測することができる。

　使用価値が交換価値よりも高くないと売れない。例えば、カルビの例では、顧客にとって4皿目のカルビは、使用価値は300円と低く、値段は500円なので売れない。

　人にとって何がどれくらいの価値を持つかは、心の内面の問題なので、使用価値、交換価値は人によって違う。ある商品は、特定のこだわりや好みを持つ人には値段が高くても売れることがある。また、ある顧客にとっての商品・サービスの使用価値は一定であるが、**交換価値は、市場の需要と供給のバランスで変わる**。企業の生産・販売量（供給）が一定でも、需要（顧客全体が求める量）が増えれば、品薄になって価格が上がり、需要が減れば余って価格は下がる。

　例えば、人気のアーティストや野球のチケットを高く転売する人がいるのは、人気が出て需要が多くなり、供給が一定なので品薄になって価格が上がるからである。需要が一定で、供給が少なくなれば価格は上がり、供給が多くなれば価格は下がる。例えば、石油産出国が石油の産出を制限すれば、石油価格は上がる[6]。景気が悪くなって石油の消費量が減れば、石油価格は下がる。

　知覚価値 (perceived value) は、感覚を通じて相手が認識した価値をいう[7]。企業

は、広告・販売促進によって知覚価値を高めることができる。

ただし、知覚価値を誇大な宣伝で実際以上に高めてしまうと、大きすぎる期待感をもった消費者が実際の商品を見て「期待外れで良くない」と感じてしまうので注意が必要である。

|理論58| 使用価値、交換価値、知覚価値の関係

企業は、商品の使用価値、交換価値、知覚価値の関係を以下のように保つ必要がある。

　　使用価値　＞　知覚価値　＞　交換価値

思ったよりも安いな、満足度が高いなと思える価値（使用価値・知覚価値＞交換価値）を提供し、宣伝を見て期待したよりも実際の方がよかったと思える顧客満足（使用価値＞知覚価値）を提供することが、顧客満足の持続可能性のために必要である。

[図100] 宣伝を見て期待したよりも実際の方が悪いとがっかりする

例えば、インスタ映えする（写真や動画を投稿するSNS「Instagram」〈インスタグラム〉で「映える〈すばらしく見える〉」）写真で飲食店などの宣伝をすると、それを見て来店した顧客の評価は期待よりも悪い印象を受けて低くなり、悪い評価を食べログなどのグルメ・レビュー・サイトに付ける傾向になるという。インスタ映えする写真ではなく、顧客が店に入ったときの自然な目線の写真を投稿すると、それを見て来店した顧客は、過大な期待を持たないでサービスを受けるので、結果として飲食店のグルメ・レビュー・サイトの評価は上がる傾向だという[8]。

商品の持続可能性のためには、企業に、このような商品づくり、広告・販売促進の姿勢が求められる[9]。

1-3. プロダクト三層モデル

コトラーの**プロダクト三層モデル**は、**使用価値**を、中核価値、商品の形態、付随機能の3種類に分けて考える。

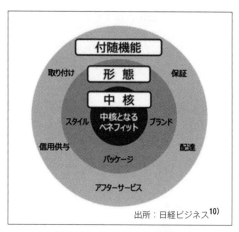

[図101] プロダクト三層モデル

例えば、食品の中核価値は栄養があって毒性がないなどであるが、たいていの食品はそれを満たしているので、それだけでは付加価値の高い商品にならない。ただし、毒性のある食品を売ったら、顧客の中核価値への信用が失われ、会社が倒産する危機になる。

コトラーは、**企業が顧客満足を追求するあまり、無用な費用が増える傾向を懸念**している。例えば、ホテルが、連泊者に対して、朝だけでなく夕方も清掃やベッドメーキングするサービスの新たな導入を検討する場合、それに1部屋当たり200円かかるとすれば、顧客がそのサービスに200円以上払う気があるかどうかをアンケート調査で確認するべきだ。顧客が費用に見合う追加料金を払う気がないサービスはするべきでない。逆に、1部屋200円の費用でアイロンとアイロン台を置いて、顧客がそのサービスに300円の価値を認めるなら、そのサービスを導入するべきだ[11]と、費用対効果の考え方を例示している。

中核価値と商品の形態（品質、ブランド、デザイン）が優れていたのでヒットした商品の例を見てみよう。地域商社の主な例とされる岩手県産㈱は、1964年創業で、岩手県産品の販路拡大を通じて、県内の産業振興に寄与することを目的とし、主な事業は、

第15章　顧客にとっての価値　299

提供：岩手県産㈱[12]

[写真16] 岩手県産㈱が開発・販売し、ヒットした「Ça va（サヴァ）？缶」

県産品の卸・小売、物産展や見本市への参画、県内生産者への情報提供及び商品開発・改良の各種相談業務[13]である。

「Ça va（サヴァ）？缶」は、岩手県産㈱が、地元企業等と連携して2013年に発売した。東日本大震災で衰退した被災地三陸からオリジナルブランドの加工品を発信しようと、国産サバを使用したオリジナルの洋風缶詰として開発・販売した。「Ça va（サヴァ）？」はフランス語で「元気ですか？」という意味で、「元気ですか？」と岩手から全国へ向けて声をかけるイメージで名づけられた[14]。「Ça va（サヴァ）？缶」は、普通のサバ缶の３倍の値段がするので、最初はどこのスーパーマーケットにも置いてもらえなかったが、セレクトショップ、雑貨屋、パン屋で置かれはじめ、おしゃれなデザインが受けて、女性誌やライフスタイル誌に採り上げられ、大ヒット商品となった[15]。

さばの魚肉食品で保存が利くものという**中核価値は、他の缶詰や冷凍食品と同等だが、中核価値の味付けやデザインなどの商品形態が優れているのでヒット商品となった。**

1-4. BtoB ビジネスの顧客にとっての価値

前節までは、**企業から消費者向け**（BtoC, Business to Consume）の顧客にとっての価値を考えてきたが、**企業と企業の取り引き**（BtoB, Business to Business）の場合は、商品・サービスにＱＣＤＳ（**表28**）が求められる。

[表28] QCDS

Q	品質（Quality）	スペック（製品の基準）を満たさない不良品率が少ない。
C	価格（Cost）	価格が安い。
D	納期や入手性（Delivery）	いつまでに納入可能か。どこでも入手できるか。
S	対応やサポート（Service）	買った後も故障や消耗品の補給に対応してくれるか。

　この中で、もっとも強い買い手企業のニーズはコスト・価格である。
　BtoBビジネスは、顧客である企業にとっての価値を、目に見える金額で提供できれば、ビジネスを成功させることができる。例えば、不良品をゼロにして、顧客が不良品をチェックする手間・費用を省くことができれば、顧客にとっては、自社の人件費を削減できる価値となる。**ジャストインタイム**（Just In Time、必要な物を、必要な時に、必要な量だけ）に納品すれば、顧客が在庫する手間・費用を省くことができて、顧客にとっては、人、スペース、在庫にかかる費用削減ができる価値となる[16]。このように、企業と企業の取り引き（BtoB）の場合、顧客も企業なので、相手のコスト削減に貢献したり、相手の付加価値を上げることに貢献すると、ビジネスに結びつきやすい。

1-5. ポジショニング（位置取り）

理論59 ポジショニング

　米国の経営学者のポーター（Porter）は、企業の顧客に対するポジショニング（位置取り）に3つの基本戦略（図102）があると考えた[17]。

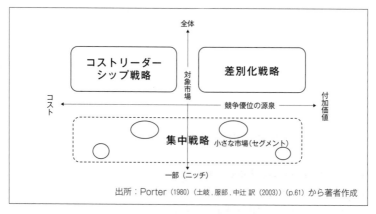

[図102] ポジショニングマップ

第15章　顧客にとっての価値　301

- **コスト・リーダーシップ戦略**は、**市場全体を対象として、競争相手よりも安く売る戦略**をいう。競争相手よりも安く売るためには、大量生産・大量販売によって商品１つ当たりのコストを下げる。経済学の概念で、**規模の経済**（economies of scale）は、企業が規模を拡大して大量生産すれば、製品単位当たりの生産コストが低下することをいい[18]、それをねらう。マクドナルドやドトールなどが、コスト・リーダーシップ戦略の例である。ユニクロも、品質や機能性が良い、飽きのこないデザインである割にはコスパ（費用対効果）が良いという評価を得ていて、コスト・リーダーシップ戦略の例である。コスト・リーダーシップ戦略は、業界の最大シェア（市場占有率）を持つ企業が用いる戦略である。
- **差別化戦略**は、**市場全体を対象として、製品やサービス面で他社との違いを作り出す戦略**をいう。例えば、居心地が良くて職場でも家でもない第三の空間（サードプレイス）を提供するスターバックスや、ZARAのように値段はお手頃でファッション性も備えたアパレルブランドなどである。
- **集中戦略**は、ごく限られた**小さな市場**（セグメント）で、コストや品質で他社との違いを作る戦略をいう。小さなセグメント（細分化した市場）にターゲット（集中して取り組む）することで、大きくはない特定の市場の顧客に深い満足を与えて利益を得る戦略である。高級ファッションブランドなどが例である。

　商品の品質とコストは、**トレードオフ**（一方の目標値を好ましい状態にするためには他方の目標値を好ましくない状態にせざるをえない関係[19]。矛盾する関係）の関係にあり、コスト・リーダーシップ戦略と差別化戦略を同時に追求することはできない。例えば、スターバックスが提供する空間・サービスを、ドトールの価格で提供することはできないとされる[20]。

2．多角化戦略

　多角化戦略は、単一の事業ではなく、複数の事業を行う戦略をいう。多角化は、元の事業と関連のある事業を増やしていく**関連多角化**と、あまり関連のない事業に新規に取り組む**非関連多角化**がある。

　多角化の目的は、第一に、製品ライフサイクルによって、１つの商品や事業が衰退しても**企業が存続できるように**新規事業に取り組み続けることである。第二に、今の事業以外に将来性のある事業機会があると考えて、**企業が成長するために**挑戦することである[21]。

　多角化するためには、自社の経営資源（人、モノ、カネ、情報）を使って、新規事業に取り組む場合もあれば、**M&A**（merger and acquisition, 合併と買収）によって、新たに

取り組みたい事業を既に行っている会社を入手する方法もある[22]。

　例えば、建設機械製造業は、建設会社が購入するものをすべて提供できるように商品を揃えることを目的として多角化している。小松製作所はブルドーザー、日立建機は油圧ショベルが元々の得意な製品であったが、両社とも、大小の油圧ショベル、ホイールローダーなどを建設企業に一括提供できるように、建設機械の品揃えを増やしてきた。そのために事業を多角化したり、他社と提携したりしている。

| 理論12 | 範囲の経済（再掲）

　経営学の**範囲の経済**（scope of economy）は、企業が製品数を増やしたり、事業を多角化したりするほど、1製品当たり1事業当たりのコストが低下することをいう。範囲の経済が働く理由は、多角化した複数の事業で同じ設備を共有で利用できたり、管理費などの**間接費**を共通で使えて、安く済んだりする（損益分岐点が低い）ためである[23]。

　間接費（indirect cost）は、複数の製品の製造または販売のために共通的に発生し、特定の製品に直接関係づけることのできない原価[24]をいう。

　特定の顧客に対して便利になるように製品のラインナップを広げることや、追加の経費があまりかからない新規事業を始めるなどの事業の多角化であれば、シナジーが高く、範囲の経済のメリットが働く。逆に、シナジーが低い組み合わせの多角化は、範囲の経済が働くとは限らない。

　シナジー（synergy）、**シナジー効果**（synergistic effect）は、相乗効果、特に、経営戦略で、事業や経営資源を適切に結合することで生まれる相乗効果をいう[25]。

| 理論11 | 規模の経済（再掲）

　（参考）規模の経済は、経済学の用語で、企業や工場が規模を拡大し大量生産することで、製品1つ当たりの生産コストを下げることをいう[26]。

　顧客提供価値マトリクスは、企業の多角化戦略などを整理するための手法である。マトリクス（matrix）は、数学の行列の意味で、縦と横の関係でものごとを整理するツール（道具）である。顧客提供価値マトリクスは、多くの事業をもつ企業が、全社としてどう経営・マネジメントすることが最適かという問いに、初めて論理的な思考方法を提示するものであった。

　表29の左上の、既存顧客に対して既存の商品・サービスを提供し続けることは、リスクは低いが伸びも期待できない。左下の、既存顧客に新しい商品・サービスを売り込む方法は、既に持っている顧客名簿に営業をかけることであり、顧客もこちらを知っている。例えば、資生堂が化粧品の顧客リストを持っていて、新製品の香水を発売

第15章　顧客にとっての価値　303

するときに、資生堂の化粧品の顧客リストにダイレクトメールを出すなどが、既存顧客に新しい商品・サービスを売り込むことに該当する。

　表29の右上の、既存の商品・サービスを、これまで付き合いのない顧客に売ろうとすることで、新規顧客の獲得という難しい挑戦になるが、商品・サービスは実績があるものを勧めることができる。右下は、これまで付き合いのない顧客に対して、売ったことのない商品・サービスを売ろうとすることであり、ベンチャー企業に近いゼロからの挑戦となる。

[表29] 多角化の顧客提供価値マトリクス

ターゲット（顧客）

		既　存	新　規
バリュー（商品・サービス）	既存	1．市場浸透戦略 （低リスク・低リターン）	2．新市場開発戦略（他地域で顧客開拓し、 既存商品を売る） 中リスク・中リターン
	新規	3．新製品開発戦略 （新商品・サービスの開発・売り込み） 中リスク・中リターン	4．非関連多角化 高リスク・高リターン

出所：Ansoff (1979)（アンゾフ，中村 訳）(2007)）(p.305) から著者作成

　米国のゼネラル・エレクトリック（GE）社は、発明王エジソンが1878年に創業した。1981〜2001年、GE の最高経営責任者を務めたウェルチ氏が、M&A（合併と買収）で多角化した。社内の事業部門ごとに、その業界で１位か２位でない事業は売却し、１位か２位の企業を買収するという戦略を採り[27]、利益率が高いコングロマリット（非関連多角化企業）になった。特に、利益率の高い金融業の比率を強めた。しかし、2021年、GE は、業績が悪化し、航空機リース事業を売却し、金融子会社も解散すると発表した。一時は世界の企業が手本とした GE の多角化経営は終わり、今後は、電力タービンや医療機器などの製造業に専念すると報じられた[28]。電気事業を中心とする製造業であった GE にとって、自社製品に関連のない金融業は「非関連多角化」であり、高リスク・高リターンであった。一時は大きな利益をもたらしたが、長期的には企業に損失をもたらす結果となった。

　ソニーは、1946年、東京通信工業株式会社として創業し、エレクトロニクス、画像センサー、ミュージックなどのエンターテインメント、ゲーム機器、交通系カードに使用されている非接触式 IC カードの技術など、シナジーのある事業に展開している。他方、ソニーフィナンシャルグループも創り、生命保険、損害保険、銀行、介護事業

にも多角化し、ソニーの売上げ、利益に貢献している。

　日本では、バブル期に、多くの企業が本業以外の財テク（企業の余裕資金を、高金利・高リスクの金融商品に投資すること。ハイ・テクノロジーをもじって流行した言葉[29]。）におカネを使って、損をしたり、倒産したりした。
　住友家の家訓である「確実を旨とし浮利に趨らず」、すなわち、目先の利益を追わず、信用を重んじ確実を旨とする住友の事業精神[30]が、改めて評価された。

3．オープンイノベーション理論

|理論60|　オープンイノベーション理論[31]

　2000年頃、シリコンバレーの新しい起業文化ができるまでは、米国でも、ＩＢＭ、ゼロックスなどの大企業は、優秀な研究者を終身雇用して、基礎研究、応用研究、製品開発を行っていた。

　米国の経営学者のチェスブロウ（Chesbrough）は、それを「**クローズドイノベーション（社内だけの経営革新）**」と名付けた。

　図103は、クローズドイノベーションの調査、研究開発、販売の仕事の仕方を示している。社内だけで、技術の元（種、シーズ）を調査し、その中から良さそうな種を選んで研究開発し、うまく製品化できたら販売する。会社の外の経営資源は使わない。

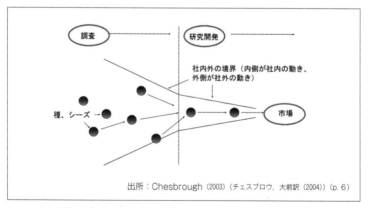

出所：Chesbrough (2003)（チェスブロウ．大前訳 (2004)) (p. 6)

[図103] クローズドイノベーション（社内だけの経営革新）

しかし、**2000年頃から、大企業の社内だけで研究開発しても、うまくいかなくなった**。その原因は、

①社員が辞めるようになり、せっかく研究開発した内容を、他の企業に持ち出すようになった。原因は、自分の技術の種を会社が選んでくれないと、社員は会社にいても自己実現できない。以前は、それでもがまんしていたが、**シリコンバレーで起業して自己実現する選択肢ができたので、辞めるようになった。**

②大学卒、大学院卒の技術者が増え、どの企業も研究者の知識レベルが向上し、大企業が圧倒的に技術的に強いということではなくなった。競争が激しくなって、**大企業は大きな利益をあげることができなくなり、社員に高い給料や福利厚生を提供できなくなった。**優秀な社員はチャンスがあれば辞めて起業や転職をするようになった。

③大企業を辞めた技術者が起業すると、以前はたいてい失敗していたが、**シリコンバレーのネットワークがベンチャー企業を支援するので、成功する事例が増えていった。**

④そのころ、市場の変化もあった。消費者が次々と新しいものを求めるため、以前よりも製品寿命（製品を売り出してから飽きられて売れなくなるまでの期間）が短くなった。大企業は、シリコンバレーのベンチャー企業に比べて動きが遅かったので、市場の変化についていく競争で負けるようになった。例えば、**2000年以降、ゼロックス社を辞めた技術者が起業したベンチャー企業の売上げの総計は、ゼロックス社の売上げの2倍になった**[32]。

　このように、おカネと時間をかけて大企業が育てた技術者がどんどん辞めてしまうので、**大企業は、社員教育や技術開発におカネを使えなくなった。**ＩＢＭ、ゼロックスなどの大企業が、優秀な研究者を終身雇用して基礎研究、応用研究、製品開発まで行って利益をあげるという**従来の仕組み（クローズドイノベーション、社内だけの経営革新）は崩れてしまった**[33]。

　シリコンバレーが起業家を支援する仕組みが**オープンイノベーション**（社外の経営資源も使う経営革新）である[34]。

　図104は、オープンイノベーションの調査、研究開発、販売の仕事の仕方を図示している。2000年以降、オープンイノベーションの仕組みは、シリコンバレー以外の米国、先進国、新興国に広がっていった。

　社内でできた技術の種は、社内で使われないと社外に出ていく。会社が自社で使わない技術を売ったり、技術者が会社を辞めて起業するからである。

　一方で、必要な技術は、社外から買ったり、技術者を中途採用して採り入れる[35]。

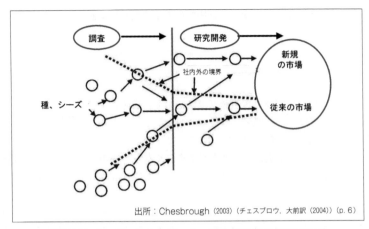

[図104] オープンイノベーション（社外の経営資源も使う経営革新）

　オープンイノベーションは、企業が従来から製品を売ってきた経験がある市場だけでなく、未経験の新規の市場に向けても製品を開発する。また、自社の技術や経営資源にこだわらず、社外の技術を買ったり、技術者を雇ったり、起業家と組んだりして、社外の経営資源を使う。
　優れた技術者は、誰かに必要とされると、一緒に組んで製品化して利益をあげたり、技術を高額で大企業に売って利益を手にできるようになった[36]。
　オープンイノベーションは、**自社内の技術の種を調査することからではなく、まずは売れる製品を考え、収益が黒字になるビジネスモデルを考え、それに必要な技術を社内だけでなく社外からも探すという仕事の進め方**をする。顧客が求める製品を造って収益が黒字になるビジネスモデルを作れば、利益が出る。結果として、それに使われる技術に価値が出るという考え方である。チェスブロウは"**顧客にとっての価値を生むビジネスモデルに価値があるのであって、技術自身には何の価値もない**"と言い切っている[37]。

[注]
1) 現代用語の基礎知識 2019
2) 現代用語の基礎知識 2019
3) 日本総研 https://www.jri.co.jp/page.jsp?id=6918 （2021/3/18取得）
4) 小学館デジタル大辞泉
5) 小学館デジタル大辞泉

第15章　顧客にとっての価値　307

6) 2021年2月16日　日本経済新聞 https://www.nikkei.com/article/DGKKZO 69122510 V10C21A2QM8000/ （2021/3/18取得）

7) 三谷（2019）（p.89）

8) 2022年7月7日、吉開 仁紀 道の駅とよはし副駅長から聴き取り。

9) 三谷（2019）（p.89）

10) https://business.nikkei.com/atcl/plus/00022/052600009/ （2024/8/11取得）

11) Kotler（2003）（恩藏, 大川訳（2003））（pp.227-228）

12) 岩手県産 https://www.iwatekensan.co.jp/cava/ （2020/3/11取得）

13) 岩手県産㈱ https://www.iwatekensan.co.jp/ （2020/06/06取得）

14) 吉田（2021）（pp.83-84）

15) 三谷（2019）（pp.92-93）

16) 三谷（2019）（pp.90-91）

17) Porter（1980）（土岐, 服部, 中辻 訳（2003））（p.61）

18) 有斐閣 経済辞典 第5版

19) 有斐閣 経済辞典 第5版

20) 加護野, 吉村（2021）（pp.131-137）

21) 加護野, 吉村（2021）（pp.143-155）

22) 有斐閣 経済辞典 第5版

23) ナビゲート ビジネス基本用語集

24) 有斐閣 経済辞典 第5版

25) 広辞苑 第七版

26) 有斐閣 経済辞典 第5版

27) ダイヤモンド https://dhbr.diamond.jp/articles/-/1855 （2023/4/2取得）

28) 日本経済新聞 https://www.nikkei.com/article/DGXZQOGN10E3U0Q1A310C2000000/ （2021/3/18取得）

29) 有斐閣 経済辞典 第5版

30) 住友グループ　https://www.sumitomo.gr.jp/committee/principles/ （2021/6/19取得）

31) Chesbrough（2003, 2006, 2008）

32) Chesbrough（2003）（チェスブロウ, 大前訳（2004））（p.28）

33) Chesbrough（2003）（チェスブロウ, 大前訳（2004））（p.7）

34) Chesbrough（2003）（チェスブロウ, 大前訳（2004））（p.8）

35) Chesbrough（2003）（チェスブロウ, 大前訳（2004））（p.9）

36) Chesbrough（2008）（長尾訳［2008］）（pp.25-29）

37) Chesbrough（2003）（チェスブロウ, 大前訳（2004））（p.14）

第16章 事業遂行能力

1. 事業遂行能力（ケイパビリティ）

1-1. 事業遂行能力（ケイパビリティ）

事業遂行能力（ケイパビリティ）の目的は、顧客（ターゲット）に価値（バリュー）を提供することである。

事業遂行能力を生み出す仕組みの構築や維持には、どのような企業でも、例えば、地方の小売店でも、大規模製造業でも多額のコストがかかる。事業の成功、不成功は、多くの場合、事業遂行能力の良し悪しで決まる。事業遂行能力の内容は、とても深くて広い。**事業遂行能力の内容**は、顧客（ターゲット）に価値（バリュー）を提供する企業活動の連鎖（**バリューチェーン**）で示される。

〇この章のリサーチクエスチョン
　事業遂行能力とは？
　人的資源マネジメントとは？

〇キーワード
　バリューチェーン
　事業遂行能力は、経営資源（人・モノ・カネ・情報）とオペレーションの組み合わせ
　心からのコミットメント
　アクティブ・リスニング

〇理論
　バリューチェーン理論
　タイムベース戦略理論
　キャリア形成理論　キャリアデザイン・キャリアアンカー・キャリアドリフト・キャリアサバイバル

リーダーシップ理論
PM 理論
サーバント・リーダーシップ

　地方の"よろず屋"は、車で立ち寄りやすい集落の便利なところにあり、地元の人が必要なものを何でも売るという事業遂行能力（ケイパビリティ）を持っている。
　宮崎県串間市の"よろずや"スーパーケンちゃんは、食品、酒、たばこを売っていて、配達もしている。1990年頃、店舗と隣に自宅を建て、日曜の定休日を除き、家族4人と社員2人で、朝7時半から夜19時半まで休まずに店番・電話番をし、毎日のように配達をしている。

提供：スーパーケンちゃん

[写真17] 宮崎県串間市の"よろずや"スーパーケンちゃん

　食品は、肉、魚、野菜や、調理師免許をもっていて、オリジナルの弁当、鶏のから揚げ、サラダを売っている。焼くだけで食べられる"味付き鶏肉・ホルモン"が人気である。刺身は親戚が調理したものを売っている。酒とたばこは免許をとって売っている。店名にちなんだオリジナル焼酎「すうけん」を委託製造、販売している。
　配達は、個人向けと業務用がある。個人向けは、例えば、一人暮らしのお年寄りの家に注文されたものを届け、時々、給水機のタンク交換などのちょっとした用事を頼まれたり、その家で採れたものを"おすそわけ"でいただいたりする。業務用は、病院、老人施設、保育園に給食材料を配達したり、居酒屋に野菜を配達する。コンビニに野菜を置いてもらい売ってもらっている。
　SNSには「味付き鶏肉の急な注文にも応じて頂き、いつも助かってます。m(＿)m」

「刺身を注文してみて、すごく仕事が丁寧です！」「地元のスーパー必要です」「店主の人柄がいい」「とにかく親切」などのクチコミがある。

1-2. バリューチェーン理論

|理論61| バリューチェーン理論

　バリューチェーン（value chain, 価値連鎖）という言葉の単純な意味は、図105のチェーン（くさり）のイメージのように、企業が価値を連鎖的なプロセスで生むことである。バリューチェーンの各プロセスの一連の努力が、イノベーションを含む価値の創造、全体の結果としての企業の利益をもたらしていることを示している。

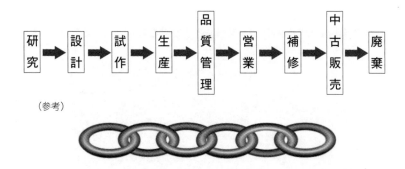

出所：Publicdomainvectors.org

[図105] 製造業（ものづくり）のバリューチェーンの例

　このように、バリューチェーンは、企業が価値を生み出す重要な各プロセスを順に追っていく概念であるので、その重要な各過程に、大企業であれば、それぞれに該当する機能を担う人たちの集団である購買、生産技術、営業などの職種・組織が存在する。その機能を社外に委託する場合は、その機能に特化して業務を受託する企業が存在する。

　企業は、顧客から対価を受け取り、利益を得ることで持続可能となる。製造業は、バリューチェーンのどこで顧客から利益を得ているであろうか？

　まず、**生産して品質をチェックした製品（新品）を販売**して、コストより高く売れれば利益が出る。コストは、仕入れ費用だけでなく、社員の給料、工場設備の借金返済、研究費用も含まれる。

　売れた製品が壊れて補修を求められたり、消耗品の補充を求められたりすれば、**補**

第16章 事業遂行能力　311

修部品や修繕サービス、消耗品が売れる。プリンタのインクのように、消耗品の利益がメインの利益となっている商品もある。

中古品が売れれば、新品の販売拡大に結びついたり、新品の価格を高くできる。

このように、企業は、バリューチェーンのいくつかのプロセスで顧客から利益を得て、持続可能な経営を目指している。

バリューチェーンの中で、**営業は、おカネを企業にもたらす重要な役割**である。営業というと、知らない家の呼び鈴を鳴らして歩いたり、詐欺のような電話を手当たり次第にかけるといったマイナスイメージを持っている人がいる。しかし、実際の営業は、商品の価値を顧客に理解してもらい、顧客にとって購入費用よりも高い価値があれば購入してもらえる。営業は、顧客と常に接しているため、クレームや感謝の言葉などにより、自社製品の顧客の評価が最初に企業に入ってくる。そのため、営業から設計、生産技術に自社製品の不具合を報告して改善を求めたり、社内の会議で問題提起したりする。新製品の設計にも営業が集めた顧客の評価が生かされる。「営業」が顧客の声を集めて、「設計」に伝えて商品を良くしていく。**営業は、買った方も売った方も良くなっていくという関係性を、コミュニケーションをとって築いていく仕事**である。

1-3. タイムベース戦略理論

理論62 タイムベース戦略理論

タイムベース戦略は、より速くものごとを行えば、時間当たりの利益を高くすることができ、競争で勝てるという戦略をいう。ボストンコンサルティンググループのストークらが、ヤンマー、トヨタなどの日本企業と米国企業を比較調査して、タイムベース戦略を考案した[1]。

工場の作業者の行動をストップウォッチで測って、無駄な動きを省いて、より速く生産できるように、動線を変え、場合によっては生産ラインや工場に投資する。

オフィスも、社員の動線を短くすることで、より速くものごとを行い、時間当たりの利益を高くすることができる。例えば、社員とプリンタの距離、社員と上長の距離、関連が深い部署間の距離、社長と役員の距離などを、オフィスレイアウトを決める際に検討して、より速くものごとを行えるようにすることができる。

タイムベース戦略の理論は、以下の内容（[表30]）である。

例えば、1台100万円の自動車を、1時間1万円のコストで作るときに、

- 100時間で生産すると、100万円のコストがかかる。100万円で売れて100万円のコストなので、総利益はゼロで、1時間当たりの利益もゼロである。

- 50時間で生産すると50万円のコストがかかる。100万円で売れて50万円のコストなので、50万円の総利益が出て、1時間当たりの利益は1万円である。

- 25時間で生産すると、25万円のコストがかかる。75万円の利益が出て、1時間当たりの利益は3万円である。

- 10時間で生産すると、10万円のコストがかかる。90万円の利益が出て、1時間当たりの利益は9万円である。

- 1時間で生産すると、1万円のコストがかかる。99万円の利益が出て、1時間当たりの利益は99万円である。

- 6分 (0.1時間) で生産すると、0.1万円のコストがかかる。99.9万円の利益が出て、1時間当たりの利益は999万円である。

- 36秒 (0.01時間) で生産すると、0.01万円のコストがかかる。99.99万円の利益が出て、1時間当たりの利益は9999万円である。

- 3.6秒 (0.001時間) で生産すると、0.001万円のコストがかかる。99.999万円の利益が出て、1時間当たりの利益は9億9999万円である。

  ・・・

- 瞬時に生産すると、100万円の利益が出て、コストは限りなくゼロになる。100万円に近い利益が出て、1時間当たりの利益は無限である。1時間当たりの利益が無限なら、どんな競争相手にも勝てる。

[表30] タイムベース戦略と1時間当たり利益

時間	コスト (万円)	売値 (万円)	総利益 (万円)	1時間当たり利益 (万円)
	時間×1万円／時		売値ーコスト	総利益／時間
100	100	100	0	0
50	50	100	50	1
25	25	100	75	3
10	10	100	90	9
1	1	100	99	99
0.1	0.1	100	99.9	999
0.01	0.01	100	99.99	9999
：	：	：	：	：
限りなく0に近い	限りなく0に近い	100	限りなく100に近い	∞ (無限)

この考え方は、トヨタ生産システムの考え方の根幹の一つである。このため、あらゆる工程の時間をストップウォッチで計って、時間の短縮化ができないか考える。自社の付加価値を上げるためには、顧客の要望から対応までの時間を短縮する。生産などのコストを下げるには、各工程の時間（リードタイム，工程や作業の始めから終わりまでにかかる所要時間[2]）を短縮する。商品企画、設計、試作、評価、生産準備、設計変更、本格生産といった工程を、前工程が終わってから後工程に着手するのではなく、同時並行的に進めて商品企画から本格生産までの時間を短縮する。トヨタ生産方式は、事業遂行能力（ケイパビリティ）を究極まで高めるトヨタの力そのものである[3]。

著者は、岩手県庁の佐々木 淳 氏（2024年度から副知事）に、トヨタ生産方式の権威である内川 晋 氏の話を直接聴く機会を作っていただいたことがある。内川氏は、私の目の前でパンっと手をたたいて「この時間で車を作れれば、誰にも負けない」と言った。

2. 事業遂行能力は経営資源とオペレーションの組み合わせ

事業遂行能力は、経営資源とオペレーションの組み合わせである[4]。

経営資源（managerial resources）は、企業が事業を遂行し、目標を達成するのに必要な潜在諸力を持っているものをいう。一般に、**人・モノ・カネ・情報**といわれる。**資本、物財、人材、能力、知識、情報、経験、ノウハウ、商標、信用など**の総体であり、活力ある**組織風土**（climate）**・社風**を加えることがある。経営資源の有効な利用や組み合わせが経営効率に大きな影響を与える[5]。

オペレーション（operation）は、機械などの運転、操作、運行、動き方[6]の意味であるが、経営学では、**どうやって商品やサービスを作るか、運ぶか、売るかといったバリューチェーン、ノウハウ、組織**をさす。ある企業のオペレーションを理解するには、仕事の流れを示すバリューチェーンと、仕事の担当、階層を示す**組織**に注目すればよい。

経営資源の中核は人材で、正社員、契約社員、パートタイマーなどの非正規社員、経営陣、管理職や、業務委託先のメンバーも含まれる。これらの人材の能力やモチベーションで、企業や業績は、一瞬で良くも悪くもなる[7]。

3．人材の能力、モチベーション

　ドラッカーは、人材の能力やモチベーションがビジネスの成功の決定的要素だと指摘している。米国の自動車メーカーであるフォード社が「エドセル」というブランド名の自動車を発売したが失敗した。マーケットリサーチ、基本設計、エンジニアリングなどを、ほぼ完璧に準備していた。**欠けていたものはひとつだけ。全身を投げ打つ者だった。コミット**さえあれば成功するということではないが、**心からのコミットメント（結果を出すために責任を引き受けて深く関わること）なしには成功のしようもなかった**[8]とエドセルの失敗の原因を指摘している。

3-1．人的資源マネジメント

　組織の質は、人材に左右される。組織の成功のためには、目標達成のために必要な人材を採用し、教育し、活躍してもらう必要がある。人材を教育し活躍してもらうには、人材配置と人材管理の意思決定と方法が重要である。

　人的資源マネジメント（Human resource management）は、社員を採用し、教育し、モチベーションを高め、能力を発揮し続けるようマネジメントすることをいう。人的資源マネジメントの仕事は、人事部だけが行うものではなく、経営層が方針を示したり、人事業務専門受託会社に定型業務を委託したり、人事部以外の事業部門の人的資源マネジメントを部門の管理職が行ったりしている。

　採用は、組織内の人材の状況を把握し、今後どのような人材が必要かを組織戦略に基づいて判断し、人材を募集し、雇用することをいう。採用の際に、候補者の中から誰を選ぶかは、各種の試験や、対話による面接、役割と課題を与えてどのように行動するかを見る行動面接などの方法で行われる。近年は、人事部ではなく、事業部が新規・中途採用を行う会社が増えている。「人事部が採用すると、事業部の現場に合わない人を採用する」という不満が多かったためである。

　社員教育は、採用者に対して任務と組織に順応させるためのオリエンテーション、社員の業務遂行能力を向上させるための研修などがある。簡単な研修は職場で費用をかけずに行うが、複雑な能力取得は費用をかけて外部研修させることもある。中央官庁や大手銀行、製造業では、海外の大学院に留学させたり、多くの企業で、国内外のMBA（経営学修士）を経営学大学院で取得させたり、必要な資格を取得させたりしている。近年の人事部は、全社的な人事異動や採用業務を担当しなくなり、社員の研修やキャリアサポートを担当する会社が増えている。

　業績管理制度は、客観的な人事評価で昇進、教育、カウンセリングを行うため、業績基準を定めて社員の業績を評価する仕組みをいう[9]。近年の人事部が、全社的な人

第16章 事業遂行能力　315

事異動業務を担当しなくなった理由の一つは、社員の評価が客観化、見える化された
ためである。

3-2. キャリア形成理論

理論63 キャリア形成理論　キャリアデザイン・キャリアアンカー・キャリアドリフト・キャリアサバイバル

キャリアは、人生の仕事の側面をいう。家庭や趣味などプライベートと並んで、人生の重要要素である[10]。キャリアの第一の意味は、職務経歴であり、経験してきた職業・職務の連続を意味する。第二の意味は、仕事に対する自己イメージ、アイデンティティ、自分は何者かといった意味で、キャリアの主観的側面と言われる[11]。

マサチューセッツ工科大学 (MIT) のシャイン (Edgar H. Schein) 名誉教授が提唱したキャリアデザイン・キャリアアンカー・キャリアサバイバルという理論がある。シャイン教授から直接教えを受けた神戸大学の金井壽宏名誉教授が提唱したキャリアドリフトという理論がある。それぞれの用語の概要は表31のとおりである。

シャイン教授は心理学者として組織や企業人の研究をし、金井教授は心理学を学んでから経営学者になった。キャリアデザインの理論は、心理学と経営学の融合である。

[表31] キャリアデザイン理論の用語

用語	定義
キャリアデザイン (Career Design)	人生の節目で立ち止まって自分のキャリアを決めることをキャリアデザインするという。人にとってのキャリアデザインは組織の経営戦略に当たる。
キャリアドリフト (Career Drift)	ドリフト (drift) は漂流する意味。キャリアデザインした後、流れに流されたり、流れに乗って進むこと。 キャリアデザインの節目と節目の間は偶然の出会いや予期せぬ出来事をチャンスとして柔軟に受け止めるために、あえて状況に流されることも必要だ という前向きな考え方もできる。 一方で、人生の大きな節目であるのに、立ち止まって自分の人生を考え、次の選択肢を自己決定する (キャリアデザイン) ことをしないで、単に漂流 していくと人生の目的に近づくことはできず、歳をとってから後悔することになりかねない。
キャリアサバイバル (Career Survival)	サバイバル (Survival) は生き残る意味。キャリアサバイバルは、競争を勝ち抜く、すなわち、個人を取り巻く変化する社会環境、職務などからのプレッシャー (受験勉強や出世競争など) に対して勝ち進んでいくこと。

キャリアアンカー (Career Anchor)	アンカー（Anchor）は船のいかり。いかりに鎖やロープを付けて海底に沈めておけば、船が波や風で漂っても一定範囲に止めておける。 キャリアアンカーは、自分の傾向・価値観のこと。キャリアデザイン、キャリアドリフトがキャリアアンカーに紐づいていれば自分の傾向・価値観と違和感がなく、満足できる人生になる。 お金、出世、見栄、安定など、自分の傾向・価値観と違うものに紐づいたキャリアデザイン、キャリアサバイバルをすると、歳をとってから後悔することがある。

出所：金井（2003）（pp. 1-39）から著者作成

キャリアドリフト（Career Drift）のドリフト（drift）は漂流する意味で、キャリアデザインした後、流れに流されたり、流れに乗って進んだりすることである。

人生の節目にキャリアデザインをして、次にキャリアデザインするまでの間は、流れに流されたり、流れに乗って進んだりすればよい[12]、**節目と節目の間は偶然の出会いや予期せぬ出来事をチャンスとして柔軟に受け止めるために、あえて状況に流されることも必要だ**[13] という考え方がキャリアドリフトで、神戸大学の金井教授が提唱した言葉・概念とされる[14]。

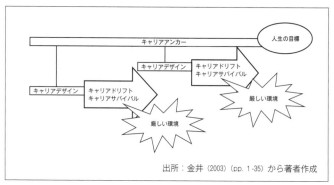

出所：金井（2003）（pp. 1-35）から著者作成

［図106］キャリアデザインとキャリアドリフト・キャリアサバイバルのイメージ

例えば、高い役職や報酬を目的としながらも、「現状で良いのか？」という視点も常に持っているという姿勢である。偶然の出会いや予期せぬ出来事をチャンスとして柔軟に受け止めて、自分の人生の長期的な満足、キャリアアンカーを考えて、ある時、既定路線でのキャリアを続けないで、別の価値を求める道に切り替える（途中でキャリアデザインする）こともある（**図106**）というしなやかなマインドセット（心のあり方）を持ちながらキャリアドリフトするのは良いことである。

個人にとって、キャリアアンカーを考えること、すなわち、**自分は仕事で何をしたら楽しいのか、何にこだわって人生を送りたいのか、死ぬ直前にどのような人生を送れていたら幸せと考えることができるのか**などを深く内省することは、就職活動や結婚、転職、転居・移住をはじめ、人生の節目の選択の際に欠かすことができない重要な判断の基軸となる。また組織にとっても、社員のキャリアアンカーを見極めることで、自社の研修体系の構築や異動・配置を行う際など様々な局面において役立てることが可能になるとされる。

経営学の人的資源マネジメントのモチベーションに関する研究からも、人は、周りに振り回されるよりも、自分で好きなこと、価値があると思えることに取り組むときにやる気が高まることが明らかにされている。**内発的モチベーション**という言葉は、お金や肩書などの**外発的報酬**に対比される言葉で、自分の内側から生まれる自発的な行動から、困難を成し遂げた**達成感**、全集中する**高揚感**、活動の楽しさやうまくできることの**有能感**、自分で決めることができた**自己決定感**などを意味する。この中でも、有能感などよりも、**自己決定感が、人生・キャリアの満足にとって重要**である。

このように、お金や肩書などの外発的報酬も大事だが、自分の内側から生まれる**自発的な行動から生じる満足（内発的モチベーション）の方がより重要**である。自分の内側から生まれる満足を得るためには、他人に振り回されるのではなく、**自己決定することが重要**である[15]。

キャリアの成功の評価については、一回限りの自分だけのキャリアの長い歩みを、**自分なりにこれは良かったと自己肯定できることがキャリア・サクセスの主観的基準**で重要である。加えて、**役職、収入など外面的な成功である客観的基準**も、まったく伴わないとつらくなる[16]とされている。

キャリアの成功実感は、キャリアの初期に感ずることはまずなく、若い時は焦りがちになるが、キャリアを積んだ後に振り返って実感することが多い[17]とされる。

日本語の履歴書は、英語では Resume か CV である。

Resume は、摘要、レジュメ（summary）、就職希望者の履歴書の意味で、フランス語由来の英語である。

CV, curriculum vitae は、履歴書、大学教員の業績表[18]の意味で、元々のラテン語の意味は、vitae は命の、curriculum は航路で、"その人の人生の航路"という意味である[19]。人生・キャリアを積んだ後に振り返って、自分がたどってきた"航路"を実感するという感じがよく出ている。

キャリアとは何かについて、神戸大学の金井教授は次のように喩えている。

馬車が遠い道のりを旅する様を思い浮かべてほしい。行き先がはっきりしているこ

提供：写真AC

[写真18] キャリアは自分が進めてきた馬車が残す轍（車輪の跡）

ともあるし、茫漠としていることもある。でも、岐路にさしかかる度に、どちらかの道を選ぶ。今いるところにたどり着くまでに、いくつかの岐路があっただろう。迷わずに進んだところもあれば、成りゆきに任せたところもあるはずだ。それでも馬車はずっと進んできた。振り返れば、轍が残っている。その轍になんらかのパターンが見出される。たとえば、いつも開拓地に向かっていたな、とか。そういえば、迷ったときにはいつも北に向かっていたな、とか。振り返るのは、過去を懐かしがるだけでなく、将来を展望することにもなり、旅全体を意味づけることにもなる。（中略）こんなふうにして進んでくる馬車の辿ってきた道程を示す轍がキャリアにたとえられる。その馬車の御者こそ、キャリアを歩む人[20]である。

3-3. リーダーシップ理論

理論64 リーダーシップ理論

　現在のリーダーシップ理論は、身近なものから国や時代を動かす大きなものまで、リーダーシップは多様だと考えている。身近な例は、子供たちが友達と遊ぶとき、誰か遊びの言い出しっぺがいて、みんなが楽しく遊んだら、それはリーダーシップだと考える。部活やサークルのリーダーになるだけでなく、リーダーが仲間をまとめるのに苦労しているのを見て、何人かに声をかけてそっと助けるのもリーダーシップだと考える。このような経験も含めると、リーダーシップをとった経験がある人がほとんどで、**リーダーシップは、自分に関係のない特別なものではない**。

　偉人は、大きな絵を描いて、大勢の人を巻き込んで変革する。偉人は、リーダー

シップの大きさが、けた外れに大きな人である。しかし、偉人も、初めから偉大だったわけではなく、いろいろな経験を経て、大勢の人を巻き込んでいくことで偉人になっている。自分一人で偉人になったり、リーダーシップを発揮したわけではない。

　身近なリーダーシップから、**より大きなリーダーシップを取れるようになること**は、企業などで仕事をしながら人間力を発達させているということで重要である[21]。リーダーシップは、優れた少数の人だけに関係するものではなく、すべての人に関係していて、すべての人が高めることができる、と現在のリーダーシップ理論は考えている。

　リーダーシップの日本語訳の「指導力」は、答えがわかっていることを上司や先生が部下や生徒に教える意味が強く、現在のリーダーシップ理論のようなリーダーとフォロワー（ついていく人たち）が一緒に未知の道を歩むという意味がない[22]。**リーダーシップは、リーダー単体の中には存在せず、リーダーとフォロワーの関係性、すなわち、リーダーの言動を見て、フォロワーがどう意味づけするかという過程にある。**誰かが「私には地位も肩書もあるからリーダーだ」と叫んでも、皆がついていかなければリーダーシップにはならない[23]。

　リーダーシップを学ぶときや誰かに教えるときに、もはや通用しなくなっている過去の成功パターンを教育したり、コンサルティングしたりしていないか、気をつける必要がある。過去の成功パターンが成功しないときは学修の仕方を変えなければならない[24]。

　リーダーシップを身につけるには、①自分がリーダーシップを経験すること、②優れたリーダーの下で熱心に働く経験をすること、③自分としてのリーダーシップの実務家の持論を、年齢、役職ごとに作り続けること、④経営学の理論を、自分の実務家の持論を磨くために活用することが重要[25]である。

　リーダーシップのあるなしを判断する基準は、第一に、喜んでついてくる人たちがいること、第二に、そのフォロワーが、自発的に喜んでついていくことを選んでいるかである。独裁主義（ファシズム）の独裁者や、信者を集団自殺させる新興宗教の教祖にもリーダーシップはある。リーダーシップは、フォロワーが作る側面があるので、フォロワーの意識がしっかりしていることも重要である[26]。

　選ばれ方によって、リーダーには３種類がある。①自然発生的なリーダー、②選挙で選ばれたリーダー、③任命されたリーダーである。自然発生的なリーダーは、例えば、災害などの緊急時に、役職ではなく自然に、誰かがテキパキと指示を出し、皆が従えば、自然発生的なリーダーシップである。選挙で選ばれたリーダーは、例えば、議員、市長などである。任命されたリーダーは、フォロワーは、自発的に喜んでついていくこともあれば、人事権限などによって仕方なくついていくだけで、リーダーシ

ップがないこともある。

理論65 PM 理論

PM 理論は、社会心理学者の三隅二不二（みすみじゅうじ）教授が提唱したリーダーシップ理論をいう。P 機能（Performance, 目標達成能力。指導や命令で集団の目標達成を促す）と M 機能（Maintenance, 集団維持能力。気配りでメンバーの人間関係を維持する）の両方が必要と考える。

一般に、生産性が最も高まるのは 2 機能が両立した PM 型リーダーであるが、なかなかそういう人はいない。集団が団結して意欲が高い場合は、P 機能（目的達成）に特化した Pm 型リーダーでも良い。集団がばらばらでやる気がない場合で、PM 型リーダーがいないときは、M 機能（集団維持）に重点を置いた pM 型リーダーでないといけない[27]。

古代ギリシャ時代から1940年代までは、リーダーは作られるものではなく、生まれながらの特質であるという考え方であった。

1940年代〜1960年代は、有効なリーダーと、そうでないリーダーを区別する行動を観察し、どのような行動が有効なリーダーをつくり上げるのか発見しようとした。

1960年代〜1980年代は、すべての状況に適応する普遍的リーダーシップは存在しないという考え（コンティンジェンシー理論）に基づいて、リーダーの特性や行動と環境との相性を明らかにしようとした。例えば、PM 理論のように、有効なリーダーシップは部下の成熟度によって違うと考えた。

1980年代〜1990年代は、

①カリスマ的な才能を持ち将来のビジョンを描ける人間こそがリーダーであり、その才能を保持すれば部下から大きな支持、貢献を得るという理論。

②チームがビジョンを共有し、フォロワー（ついていく人）の能力を引き出し、組織学習を促進して、変革を実現するという理論。

の 2 つがあった。

理論66 サーバント・リーダーシップ

1990年代以降は、**サーバント・リーダーシップ**、リーダーシップ・シェアリング（2 人以上でリーダーシップを共有）や、フォロワーシップ理論など、一人のリーダーシップだけでなく、フォロワーなど他者との関係性も考慮した多様なリーダーシップ理論が展開されている。権威的なリーダーシップではなく、フォロワーをさまざまな形で支援し、下から支える。**管理職が部下の召使いになるという**意味ではなく、フォロワー目線で考える。「フォロワーはリーダーのために存在する」と考え

第16章 事業遂行能力　321

るのが権威的なリーダーシップ、「リーダーはフォロワーのために存在する」という考えがサーバント・リーダーシップである。

　最近の若い社会人には従来のリーダーシップは当てはまりづらくなっている。年配の管理職からは「若い部下に仕事の仕方を注意したら辞めてしまった」「コミュニケーションが取れない」といった声がある。このような時代に出てきたのが「サーバント・リーダーシップ」である。「若手を理解できない」と感じたら、きちんと部下の言葉を傾聴するアクティブ・リスナーになり、若い世代との信頼関係を築くことが重要である。

　アクティブ・リスニング（Active listening）は、話し手に全集中して傾聴することをいう。相手の言いたいこと、伝えたいことをよく理解してあいづちを打ったり、質問したりする。反対語の「消極的なリスニング（passive listening）」は、相手が伝えたいことを受け止めないで聞き流すこと[28]をいう。

3-4. ボスマネジメント

　ボスマネジメントは、仕事の目標を達成するために上司を動かすことをいう。部下が上司に対して能動的・戦略的に働きかけることで、より良い上司との関係性を構築できる。上司と信頼関係を築くことができれば、仕事が進めやすくなり、実現したいことを支援してもらいやすくなる。上司と信頼関係を築くことができなければ、自分の気持ちを押し殺して過ごすことになる[29]。

　学生でも、部活やサークルのメンバー、アルバイトのスタッフとして実践できる。ボスマネジメントをするためには、7つのことをすればよいとされる[30]。

　①上司を理解する
　上司の仕事の目標、抱えている責任と問題、長所や短所、把握できていない問題、理想とする働き方を理解する。

　②信頼と尊敬を寄せる
　上司の価値観が自分の価値観と異なる場合でも、「相手の価値観を変えたい」と働きかけると大きな労力が必要となり、信頼関係がなくなる。定期的に上司と話して理解し、**上司の良い部分を見つけて尊敬と信頼を寄せる**と、本音を引き出せるようになる。

　③自分の強みを生かした役割を引き受ける
　自分の強みを生かした役割を引き受ける。**自分の強み・弱みを客観的に把握**して得

意分野に携わっていけば、上司は安心して仕事を任せられる。

④緊急度や重要度を意識する

仕事のトラブルの責任は上司が負う。**優先順位**を決めて仕事をこなせば、山積みの仕事を効率的に片付けられる。仕事を効率良く片付けられれば、上司から良い評価が得られる。

⑤求めている情報を提供する

上司を理解し、抱えている問題を解決するために必要な情報を収集して提供する。**上司を理解して力になりたい姿勢を示す**ことで、信頼を得ることができる。

⑥上司の時間に配慮する

上司の業務範囲は幅広く多忙である。上司に「**報告**」「**連絡**」「**相談**」をするべきだが、相手の時間に配慮し、相手の様子をうかがい、ベストなタイミングで話すべきである。報告、相談の内容を事前にまとめておき、**上司に手間をかけさせない**よう、話し方やタイミングに配慮する。何回も小分けをして話すなど、**上司の時間を奪うと部門の生産性が大きく低下する**ことになるので、信頼されなくなる。

⑦周囲からアドバイスを受け取る

周囲からのアドバイスは受け取る。**仕事ができる人は素直で謙虚**な人が多い。そのような人は成長が早い傾向がある。アドバイスを受けることで周囲との関係性も作れる。上司は部下の人間性を見ている。周囲のアドバイスに耳を傾け、**周りと良い関係性を作れる人を、上司は信頼**する。

4．プロジェクトマネジメント

プロジェクトマネジメントは、**チームで仕事をし、経営資源（人、モノ、金、情報）をバランスよく使い、全体を進行させること（プロジェクト）のマネジメント**をいう[31]。

プロジェクトは、組織の目標を達成する手段である。**図107**のように、経営理念・経営計画に基づいて、多くの実現方法の中から適した方法を選んで実行する。プロジェクトは、定常業務（ルーティンワーク）では対応できない業務に取り組んで実現させる[32]。

かつては、プロジェクトマネジメントはＱＣＤ（①**品質** Quality、②**費用** Cost、③**納期** Delivery ＝スケジュール管理）が重視されてきた。ＱＣＤは現在も重要であるが、プロジェクトマネジメントには**図108**のように、10の知識エリアがあるとされる。

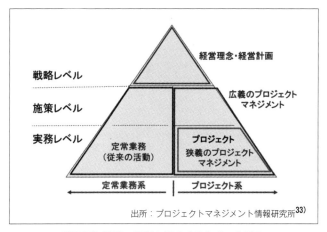

[図107] 組織の目標を達成するための仕組み

④スコープマネジメント（**範囲 scope**、作業範囲を明確にする）、⑤資源マネジメント（**ヒト・モノ・カネ・情報の経営資源**をマネジメントし、チーム編成する）、⑥コミュニケーションマネジメント（情報をやりとりして利害関係者の理解を得る）、⑦リスクマネジメント（リスクは避けたいが、**リスクを取らないと機会損失**になる）、⑧調達マネジメント（プロジェクトに**必要なモノ・サービスの購入・管理**）、⑨ステークホルダーマネジメント（**stakeholders, 利害関係者**が誰であるかを特定してコミュニケーションを取る。）⑩統合マネジメント（プロジェクト全体の方針を決め、目標やプロセスを調整し、他の9つの知識エリアを統合して、**全体をマネジメント**する）である[34)]。

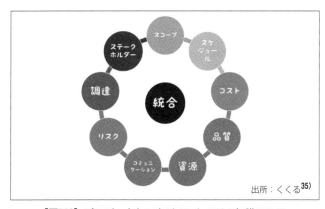

[図108] プロジェクトマネジメントの10の知識エリア

ウォーターフォール型プロジェクトマネジメント（図95）は、プロジェクトの進行を段階に分けて、前段階が終わったことを確認して次の段階に進むマネジメント方法をいう。湖から滝（waterfall）が流れ出て、一段下の湖に流れ下るイメージである。品質確認、進捗管理、予算管理がしやすい。**最終成果物が明確である場合は使いやすい方法**であるが、市場や技術進歩が見通せない中でプロジェクトを進めていく場合は使えない[36]。

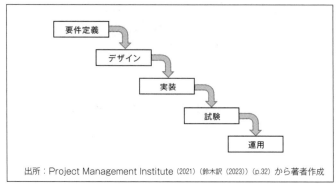

[図95] ウォーターフォール型プロジェクトマネジメント（再掲）

図95（再掲）の**要件定義**は、プロジェクトの各段階の計画、必要な経営資源、チームのメンバーを明らかにすることをいう。**デザイン**は、プログラム、システム、建築物などの設計をいう。**実装**は、プログラム、システム開発や、建物の建築をいう。**試験**は、品質保証のためのテストをいう。**運用**は、顧客に納品して使用してもらい、必要に応じて補修することをいう[37]。

アジャイル型プロジェクトマネジメントは、市場や技術進歩が見通せない中で、**変化に対応しながらプロジェクトを進めていく手法**をいう。英語の agile（アジャイル）は"速く軽く動く"という意味で、アジャイル型プロジェクトマネジメントは、①**途中の成果**を早い段階から継続的に顧客に引き渡す。②開発**途中**での確認や仕様**変更**をする。③最初に要件定義を行った場合でも、**顧客や開発チーム内でのコミュニケーションを重視**して柔軟に変更していく[38]。

ウォーターフォール型プロジェクトマネジメントと、アジャイル型プロジェクトマネジメントのどちらを選択するかは、リーダーシップの方法を決める手法である**図109**のステーシーマトリクス（Stacey's matrix）を使う。関係者の合意があり、状況か

らして確実性が高い場合はウォーターフォール型プロジェクトマネジメントで行うことができる。関係者の合意が十分でなく、確実性が低い場合はアジャイル型プロジェクトマネジメントで行うしかない。混沌(chaos, 無秩序で、まとまっていない状態)の場合は、プロジェクトを進めない方が良い[39]。

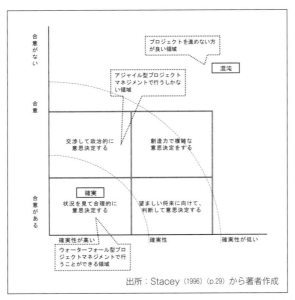

[図109] ステーシーマトリクス（プロジェクトマネジメントの類型選択）

○さらに学びたい人へ

【推薦図書9】 キャリア・デザイン・ガイド
　金井 寿宏（2003）『キャリア・デザイン・ガイド：自分のキャリアをうまく振り返り展望するために』白桃書房
　　シャイン教授に直接学んだ金井教授が、ていねいにキャリアデザインとキャリアドリフトの概念を解説している。

【推薦図書10】 PMBOK 第7版
　Project Management Institute（2021）The Project Management and A Guide to the Project Management Body of Knowledge（PMBOK Guide），

Project Management Inst（鈴木 安而訳（2023）『PMBOK 第7版の活用』秀和システム）

米国のプロジェクトマネジメントの教科書と日本語訳。

◇◇

[注]

1）三谷（2019）（pp.306-309）、Stalk, Hout Jr.（1990）（ストーク , ハウト , 中辻（訳）, 川口（訳）（1993））
2）NEC ソリューションイノベータ
3）楠木（2012）（pp.134-137）
4）三谷（2019）（pp.118）
5）有斐閣 経済辞典 第5版
6）新英和（第7版）中辞典研究社
7）三谷（2019）（pp.119）
8）Drucker（1990）（上田訳 ,2007）（pp.7-8）
9）Robbins（2012）（ロビンス他 , 高木 訳（2014））（pp.216-233）
10）大久保（2016）（p.20）
11）大久保（2016）（p.14）
12）金井（2003）（p.35）
13）人事労務用語辞典
14）人事労務用語辞典
15）金井（2003）（pp.1-33）
16）金井（2003）（pp.48-52）
17）大久保（2016）（pp.4-5）
18）新英和（第7版）・和英（第5版）中辞典
19）新英和（第7版）・和英（第5版）中辞典
20）金井（2002）（pp.26-27）
21）金井（2005）（pp.4-5）
22）金井（2005）（p.17）
23）金井（2005）（p.63）
24）金井（2005）（p.44）
25）金井（2005）（p.51）
26）金井（2005）（pp.74-79）
27）サトウ, 渡邊（2019）（p.87）
28）https://www.indeed.com/career-advice/career-development/active-listening-skills
　　（2021/7/5取得）
29）https://miitel.com/jp/saleshacker/sales/seminar004/（2024/4/8取得）
30）https://the-happy-manager.com/article/manage-your-boss/　（ 訳 https://miitel.com/
　　jp/saleshacker/sales/bossmanagement01/）（2024/4/8取得）
31）ASCII.jp デジタル用語辞典
32）Project Management Institute（2021）（鈴木訳（2023））（p.37-38）

第16章　事業遂行能力　327

33) http://www.pmdi.jp/article/14196510.html　(2024/3/14取得)
34) Project Management Institute (2021) (鈴木 訳 (2023)) (p.37-38) (p.18, p.55, p.69, p.124, p.138, p.185)
35) https://kukuru99ru.com/2022/09/27/pmbok10ajile/ (2024/3/14取得)
36) Project Management Institute (2021) (鈴木 訳 (2023)) (pp.32-34)
37) https://asana.com/ja/resources/waterfall-project-management-methodology (2024/3/14取得)
38) ASCII.jp デジタル用語辞典
39) Project Management Institute (2021) (鈴木 訳 (2023)) (p.63)

第17章 利益を得る

1．収益モデル

1-1．収益モデルの基本

理論10 収益モデル（再掲）

収益モデルは、事業において利益を得る仕組み、どのようにして利益を得るかといった構造[1]をいう。会社、NPOなどを含めて、すべての組織で収益モデルが必要で、NPOでも赤字が続けば存続できない。ビジネスでは、収益モデルが成功・失敗を分ける[2]。

○この章のリサーチクエスチョン

利益を得るにはどうしたらよいか？

会計とは？

○キーワード

収益モデル

損益分岐点

顧客提供価値マトリクス

市場浸透、地域展開、囲い込み

ロックイン　スウィッチングコスト

替え刃モデル

広告モデル

サブスクリプション

財務会計　税務会計　管理会計

損益計算書P/L　貸借対照表B/S　キャッシュフロー計算書CF

○理論　−

収益モデルの基本は、

損益 (損失または利益)　＝　売上げ － 費用
売上げ　＝　販売単価 × 数量
費用　＝　固定費 ＋ 変動費　＝　固定費 ＋ (仕入単価 × 数量)

である。

　固定費 (正社員の人件費や家賃など) は、生産していなくてもかかる費用なので、売上げ (販売で得た代金) がゼロの時は、固定費と同額の損失となる (図34参照)。売上高が少ない間は固定費によって赤字 (損失) になるが、販売単価が仕入単価よりも大きければ数量が増えれば損失が減っていき、いずれ黒字 (利益) となる。赤字から黒字に転換する点を**損益分岐点 (break - even point)** という。損益分岐点では、収益と費用とが等しく (利益がゼロ) となっている[3]。

1-2. 売上げの増やし方の基本

　ターゲット (顧客) とバリュー (提供する商品・サービス) の２要素の組み合わせで４つに分ける**顧客提供価値マトリクス (表29)** は、企業の多角化戦略を考える手法として「第15章　顧客にとっての価値　２．多角化戦略」で紹介した。**売上げの増やし方も、この枠組みで整理して考えることができる。**

　売上げの増やし方の基本は、市場浸透、地域展開、囲い込みの３つの方法がある。**顧客提供価値** (Value Proposition, 価値の提案) は、企業が顧客に対して、どのような価値を、どのように提供するかをいう[4]。

　表29の左上の、既存顧客に既存商品・サービスをさらに売り込むのが**市場浸透**。右上の、既存商品をこれまで販売してこなかった地域の新しい顧客に売り込むのが**地域展開**。左下の、商品を買ってくれている既存顧客に対して関連した新しい商品・サービスを売り込むのが**囲い込み**である。

[表29] 多角化の顧客提供価値マトリクス（再掲）

ターゲット（顧客）

		既　存	新　規
バリュー（商品・サービス）	既存	1．市場浸透戦略 （低リスク・低リターン）	2．新市場開発戦略（他地域で 顧客開拓し、既存商品を売る） 中リスク・中リターン
	新規	3．新製品開発戦略 （新商品・サービスの開発・売り込み） 中リスク・中リターン	4．非関連多角化 高リスク・高リターン

出所：Ansoff（1979）（アンゾフ，中村 訳）（2007）（p.305）から著者作成

1－2－1．市場浸透

　市場浸透は、現在取り組んでいる市場に対して、市場シェア（市場規模に占める自社の売上げの割合）を増やして売上げを増やしていく方法をいう。考え方としては、消費者に注目する個客シェアと、市場の中の小さな地域ごとに取り組む地域シェアがある。

　個客シェアは、個々の顧客のある商品の購入総額に対して自社売上げが占める割合をいう。自社とライバル会社が同じ商品を販売しているときに、ある顧客は100％自社の商品を買ってくれ、ある顧客は60％が自社、40％がライバル会社、ある顧客は100％ライバル会社から買っているといった事実を分析して、必要な手を打って売上げを増やす考え方である。

　地域シェアは、地域ごとの自社製品のシェアをいう。取り組んでいる市場を地域で細分化し、地域ごとに自社製品の分析をして、出店計画や宣伝戦略を考える。

1－2－2．地域展開

　地域展開は、新店舗を立ち上げた後、取り組んでいる営業地域を広げ、店を増やしていくことで売上げを増やしていく方法をいう。前述の取り組んでいる市場を細分化する地域シェアの考え方とは異なる。自社の投資で直営店を増やす方法や、地元の出資者・経営者を探して契約し、ブランドを供与し、経営手法をコンサルティングし、地域での独占販売権を供与して店を運営してもらうフランチャイズ方式がある。

1－2－3．囲い込み

　囲い込みは、既存客からの売上げを逃さずに囲い込もうとする方法をいう。**顧客生涯価値（LTV, Life Time Value）**は、顧客がある商品・サービスに対して支払う金額の一生涯の総額をいう。例えば、自動車であれば、ある顧客が一生の間に車関係に投資するバッテリー、タイヤ、保険などの金額のすべてをいう[5]。新規顧客の獲得は、広

告や販売促進にお金をかけても成功確率は低いので、既存客の囲い込みは重要である。

経済学の用語の**ロックイン**（lock‐in）は、ある商品を購入すると、関連する商品との組み合わせの相性が生じて、需要構造が固定化することをいう。例えば、あるコンピュータ機器・システムを購入すると、他の関連製品との相性は悪いので、その財・サービスを使用しつづける状況になる。

スウィッチングコスト（switching cost）は、取引相手や使用機器・システム等を変更することに伴う費用をいう。機器・システムや「ブランド」等を他に交換しようとするとき、コストがかかる。スウィッチングコストが大きくなると、他の商品への切り替えができない（ロックイン）ことがある。供給側としては、スウィッチングコストを大きくすれば囲い込みができる[6]。例えば、プリンタは、競争が激しくて値段が安いが、プリンタ用のインクは高いなどがロックインの効果である。プリンタを買い替えるのはもったいないというのがスウィッチングコストである。

カスタマー・リレーションシップ・マネジメント（customer relationship management）は、特定の顧客との関係を継続的に築き上げ、その結果として売上げ、利益、企業価値を向上させるという経営手法をいう。顧客生涯価値を考え、顧客を選別し、ターゲットごとにメリハリをつけたマーケティングを行うことで、顧客の満足度を高め、重要顧客の獲得・維持を図る。次のような手順で実施する。

①顧客データベースなどを構築して顧客情報を集め、セグメンテーション、顧客ニーズの把握・特定を行う。

②自社にとって重要な顧客を選別し、ランク付けする。

③ターゲットとした顧客のニーズに対応する製品やサービスを重点的に提供し、顧客を獲得する。

④その顧客を維持するための取り組みを行い、それにより増収を図る[7]。

1-3. 収益モデルの進化

1-3-1. 替え刃モデル

米国のカミソリメーカーの創業者であるキング・ジレットは、1904年に刃を使い捨てにする安全剃刀で特許を取った。本体を安く売り、使い捨ての部品で儲ける**「替え刃モデル」**（図110）を発明した。それまでも消耗品で儲ける手法はあったが、替え刃モデルは、商品を２つに分けて、メインの機能を消耗品化したことが収益モデルの革新であった。

替え刃モデルは、例えば、コピー機とカートリッジ（キャノン）、コーヒーマシーンとコーヒーポッド（ネスレ）など多くの企業に応用されている。サービスを安く提供して本体を高く売るアップルの iPhone と iTunes のような**「逆替え刃モデル」**もある。

[図110] 伝統的なひげそりと"替え刃モデル"

ジレットの替え刃モデルは、このように多くのビジネスの源流となった[8]。

1-3-2. 広告モデル

コマーシャル放送などのメディア広告には商品の売上げを上げる力があり、テレビ、ラジオなどは、広告料収入だけで経営できるという**広告モデル**を、米国のラジオ会社 CBS が初めて示した[9]。

現在は、テレビなど従来のメディアから SNS、動画サイトなどのインターネットメディアに比重が移りつつあり、日本でも、2019年以降は、**テレビ広告費**よりも**インターネット広告費**の方が多くなっている[10]。

1995年創業の米国の Yahoo は、全盛期の収入の9割がサイトを訪れる人に対するバナー広告であった。**バナー広告 (banner advertisement)** は、ウェブ上における広告手法の一種で、あるサイトに広告画像を貼り付け、ウェブ利用者を広告主のサイトにリンクさせる手法をいう。バナー広告は多くの場合、四角形の画像で、写真やグラフィックを含む画像ファイルである。この画像を訪問者がクリックすることで広告主サイトへ誘導する。訪問者のクリック数や関連購買の実績などで広告料は決まることが多い[11]。

キーワード広告 (keyword advertising)、検索連動型広告は、インターネットを利用した広告の一種で、Google などの検索エンジンに入力された検索キーワードに関連する広告を表示する[12]。インターネット広告は、バナー広告から、キーワード広告や無料動画のコマーシャルに収入の中心が移行した。

グーグル (Google) 社は、1988年に創業し「世界中の情報を整理し、世界中の人々がアクセスできて使えるようにすること」を使命に掲げ、検索エンジンや広告のビジネスモデルで成功を収めてきた。グーグルの成功要因は、Web ページをランク付けする PageRank という仕組みを開発したこと、PageRank を膨大な Web ページ数ど

うしで比べられるようにしたこと、検索結果に広告を組み合わせたことの３点が挙げられる。自社開発だけでなく、他企業を買収したり提携したりしてイノベーションを起こしていく姿勢も成功要因と言える。検索サービスで世界を制覇したグーグルは、グーグル製の AI 技術を世界に普及させ、「世界中の情報を整理する」ことを使命に、ロボットや AI 技術を駆使したビッグデータ収集や国外進出を進めていくと見込まれている[13]。

１－３－３．フリーミアムモデル

フリーミアムモデル (freemium) は、free（無料）と premium（割増）からの造語で、基本的で有用なサービスを**無料で提供**することで広く顧客を集め、特別なサービスや高度な機能を希望する**一部の顧客に対し有償**で提供するビジネスモデルをいう。米国で2000年代後半から使われはじめた[14]。フリーミアムモデルにも以下の種類がある。

内部補助型は、自社の中で無料部分をまかなう方法で、例えば、販売促進のためティッシュや景品を無料で配ったり、アマゾンが配送料を無料にして売上げを増やすなどをいう。

第三者補助型は、例えば、コンテンツやサービスを視聴者に無料で提供して、広告で儲ける広告モデルなどをいう。

一部利用者負担型は、例えば、Adobe 社の PDF は、見るのは無料だが、作成ソフトは有料である。クレジットカードや PayPay などは、消費者は無料だが、店舗から手数料を取る。スマホゲームは、基本は無料だが、強くなるためには課金で強いキャラクターを買わなければならないように誘導して儲けるなどである。

ボランティア型は、ボランティアによる評価や記事を無料で公開し、閲覧者を増やして広告などを取る。例えば、価格.com、食べログなどの CGM (consumer generated media) である[15]。

１－３－４．サブスクリプション

サブスクリプション (subscription, 定額制、定額課金、サブスク) は、一定料金を払えば、一定期間内なら商品やサービスを何度も自由に利用できるビジネスモデルをいう。例えば、CD や DVD などの物を「所有」するのではなく、そこに記録された情報を「利用」し「体験」する消費スタイルに転換する。雑誌の定期購読から発展し、追加料金なしにソフトウェアや動画・音楽配信最新サービスを自由に利用できるサービスとして普及した。動画のネットフリックス (Netflix)、音楽のスポティファイ (Spotify)、企業向けオフィスアプリケーションの Office365などがある[16]。

2．会計

2-1．ビジネスの資金問題 —— 資金不足、赤字、黒字倒産 ——

　ビジネスを行う上で、おカネの問題は重要である。ビジネスでのおカネの問題、トラブルは、以下のようなものがある。

　資金不足は、事業の充実や拡大のためにおカネを使いたくてもおカネが足りない状態をいう。特に、起業して間もないころは信用がないので、金融機関からの借り入れも十分できず、様々なことにおカネが出ていくため資金不足になりやすい。

　赤字は、ある期間の損益がマイナスであることをいう。簿記を付けて、損益計算書などの財務諸表を作成して判明する。手元におカネがあっても、損益は赤字、マイナスである場合もある。

　黒字倒産は、簿記を付けて、損益計算書などの財務諸表の上では黒字、プラスであるのに、手元におカネがなくて、取引相手に支払いができないで倒産することをいう[17]。

　資金不足、赤字、黒字倒産は、企業のおカネに関わる大きな問題であり、対応するために、資本の充実、損益計算、キャッシュフロー計算を行う。

　倒産（経営破綻や破産も同じ。）は、正式な法律用語でなく、企業が債務（支払わなければならないおカネ）の支払いができない状態になったり、活動を続けることが困難になった状態をいう。法的倒産と私的倒産の2つがある。

　法的倒産は、法律に基づく倒産で、第一に、倒産した会社の再建を目指す法的手続きとして、会社更生法と民事再生法がある。第二に、倒産した会社の再生ができないと判断された場合は会社を清算して無くしてしまう。清算の法的処理は、破産と特別清算がある。破産は、裁判所の監督の下で、債務者のすべての財産を債権者全員に返済する手続きをいう。多くの場合、会社や社長にすべてを返すおカネや財産はないので、貸した人（債権者）は貸したおカネの一部しか返してもらえない。

　私的倒産は、銀行取引停止と内整理がある[18]。銀行取引停止は、支払う約束をした手形の不渡り（指定期日に決済できないこと）を、同一手形交換所管内で6カ月以内に2回起こした場合、倒産となる。取引停止処分を受けると、手形交換所の加盟金融機関から2年間は当座取引（銀行を通じたビジネス決済）や借り入れができなくなる。

　内整理、任意整理、私的整理は、同じ意味で、企業が支払不能または債務超過に陥った場合、債権者と話し合い整理を行うことをいう。

　廃業は、手元のおカネで、金融機関や取引先、社員に金銭的な迷惑をかけずに事業を停止することをいう。廃業は倒産ではないが、企業はなくなる。近年では、高齢の

第17章 利益を得る　335

社長が、おカネがあるうちに会社を閉めてしまうことが多くなっている。貸したおカネを返してもらえないなどの被害者は発生しないが、技術や雇用の場は失われる。

2-2. 会計の目的 —— 財務会計、税務会計、管理会計 ——

財務会計は、会社のおカネの状況を外部に伝えるためのもので、P/L、B/S、CF 計算書を作る。上場会社の株主総会用資料や、IR 資料（Investor Relations：インベスター・リレーションズ。企業が株主や投資家向けに経営状態や財務状況、業績の実績・今後の見通しなどを広報するための活動）で公開、説明される。

税務会計は、税金を税法に基づいて正確に納税するための会計をいう。

管理会計は、経営者や事業部が、おカネの流れを把握し、理解して、事業の評価や改善に生かすための会計をいう[19]。企業によっては、年に１回ではなく、毎月、毎日、管理会計を付けて、黒字、赤字の評価、欠点の改善に役立てている。企業全体だけではなく、カメラ事業部、プリンタ事業部などのように、事業部ごとに赤字、黒字を毎日計算したり、工場ごとや、工場の中の生産ラインごとの日々の黒字、赤字を計算している企業もある。これらのデータは、何が原因で赤字なのか、現場の生産性が上がらない理由は何かなど、問題の発見と改善のために役立てる。

資本は、会社を起業したときに資本金として会社に入れ、会社の立ち上げや拡大に使う。事業を行って年度末に貸借対象表（B/S）を作成する中に、資本金が記録される。

損益計算は、日々の業務で儲かっているか、赤字かを見ていく。投資した設備が次第に古くなることや、売ったけれども代金を支払ってもらえていない、在庫があって資産価値があることになっているが実際には流行遅れでもう売れないなどの要因があると、手元のおカネだけを見ても、本当には赤字か黒字かわからないこともある。損益計算書（P/L）を作成すれば、赤字か黒字かがはっきりする。

キャッシュフロー計算は、手元のおカネが足りているかをみる[20]。損益計算が黒字でも、手元におカネがなくて手形の不渡りを２回出すと倒産になる。特に、起業したての社長さんたちは、資金が不足することが多いので、キャッシュフロー計算が欠かせない。

会計の専門書を読むと、財務会計を中心に書かれているものが多い。税理士は税務会計を中心に顧客企業にコンサルティング業務をしている。しかし、企業の実際の仕事では、管理会計が現場の改善を日常的に行うために身近で重要な場合が多い。

2-3. 経理担当でなくても必要な会計知識
── P/L、B/S、CF ──

簿記 (bookkeeping) は、企業の財産を管理するために、その変動を記録、計算する技術をいう。単式簿記と複式簿記があり、利用する主体の相違から企業簿記と非企業簿記（官庁簿記、家計簿記など）がある[21]。**複式簿記 (double-entry bookkeeping)** は、企業の財産の変動を、原因と結果の両面から二面的に捉えて記録、計算する方法をいう。損益計算書と貸借対照表を作成する。複式簿記は借り方と貸し方の両面を記録するので、両方の合計が合っていないと、どこかが間違っているとわかる。これを複式簿記の自動検証能力という[22]。

2-3-1. 損益計算書

損益計算書 (P/L, Profit and Loss Statement) （図111）は、企業の年度の経営成績を明らかにするための計算書をいう。年度の売上げと、対応する費用を源泉別に表示し、差額として当期純損益を記載する[23]。

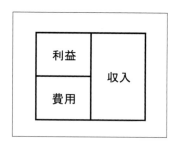

[図111] 損益計算書 (P/L) の概念図

収入－費用＝利益　である。
収入は、売上高、営業外収益、特別利益である。
費用は、売上原価、販売費、一般管理費、営業外費用、特別損失、法人税等である。

学園祭の模擬店の例で、サークルAは、10人で1日テントを借りて、鶏肉を切って串に刺して、たれを付けて焼いて、紙袋に入れて焼き鳥を売って、売上げ30万円をあげた。仕入れやテントを借りた費用など10万円を引いて20万円残ったとすると、収入は30万円、費用は10万円、利益は20万円となる。

企業の株主総会資料やIR資料で、**売上収益**という語を使用している場合がある。売上収益という語に明確な定義はないが、売上げは商品の売上高（金額）を示し、サービスや手数料収入は示さないというニュアンスがある。商品の売上高と、サービスや手数料収入を含んでいることを明示するために売上収益という語を、株主総会資料やIR資料で使用する企業が増えている[24]。

2-3-2．貸借対照表

貸借対照表（B/S, balance - sheet）（図112）は、年度の企業の財政状態を明らかにする計算書をいう。すべての資産、負債および資本を記載する。貸方側に、その調達源泉である負債と資本が、借方側に、企業資本の運用形態である各種の資産が、記載される[25]。

［図112］貸借対照表（B/S）

貸方側（負債＋資本）は、右側に書き、資金調達を表す。
資本は、創業者や株主が出資した資金をいう。
利益剰余金は、各年度の内部留保を蓄えた資金をいう。
資本と利益剰余金を合わせて自己資本という。
負債は、銀行からの借金、社債、買入債務（材料を買って翌月払いしなければならないおカネ）、割引手形（手形で支払ったおカネは期限が来たら支払わなければならない）をいう。

借方側（資産）は、左側に書き、資産運用を表す。
固定資産は、企業の経営活動のために長期的に利用される諸資産[26]で、「有形固定資産＋流動資産」をいう。
有形固定資産は、施設、機械などの物。無形固定資産は、特許権、借地権などの法的権利と、ブランド、のれん、営業権など物でないもの[27]をいう。
流動資産は、在庫、商品を売ったがまだ支払ってもらっていないおカネ（売上債

権）、現金・預金をいう。

　固定資産のうち、古くなると価値が下がるものは減価償却し、毎年、資産額を小さくしていく。

　貸借対照表（B/S）は、企業のその時点での資金調達と資産の運用を数字で表しているので、過去数年の動きを調べたり、前年度と比較したり、四半期（3か月）ごとに貸借対照表（B/S）を公表している企業であれば、四半期ごとの動きを調べると、企業活動や経営状況が読み取れる。

　例えば、現金、預金が大きく、固定資産や投資が少ない会社は、良く言えば堅実、悪く言えば資産を上手く活用できていない。

　流動資産が流動負債を上回っていて問題ないように見えていても、売掛金と在庫が多い場合、集金や在庫を現金化しないと、手元のキャッシュが足りなくなって倒産する可能性がある。

2－3－3．キャッシュフロー計算書

　キャッシュフロー計算書（**CF**, statement of cash flow）は、企業の年度のキャッシュフロー（現金などの増減）を営業活動、投資活動、財務活動の3区分別に表示する計算書[28]をいう。

　減価償却の考え方を採り入れた損益計算書（P/L）や貸借対照表（B/S）は、経営状態を正しく表すが、手元におカネがあるかどうかは、損益計算書（P/L）や貸借対照表（B/S）を見てもわからない。黒字倒産は、損益計算書（P/L）は黒字なのに、手元におカネがなくなったり、手形の不渡りを2回起こしたりすると起きる。このため、キャッシュフロー計算書（CF）は重要である。

　営業 CF：当期純利益＋減価償却費＋売上債権・棚卸資産（在庫など）の減少＋買入債務・割引手形の増加
　投資 CF：固定資産の減少（工場を売却するとプラスになり、投資するとマイナスになる。）
　フリーキャッシュフロー（FCF）：営業 CF ＋投資 CF

　フリーキャッシュフロー（FCF）がプラスなら資金繰り（手元のおカネがなくならないようにやりくりすること）は大丈夫である。起業したばかりの時や、事業を拡大している時は、設備投資や人員増によって、投資 CF がマイナスになりがちで、営業 CF からおカネはあまり入って来ないので、資金繰りはたいへんである。そのため、出資を受けたり、借金をすることが多い。そのおカネの流れが財務 CF である。

　財務 CF：借入金・社債・株式発行の増加＋利息・配当金支払い

経営を堅実に行うには、フリーキャッシュフロー（FCF）をマネジメントする必要がある。営業 CF の在庫を増やさず、投資 CF の投資をしすぎて固定資産を増やしすぎず、手元資金を不足させないことが重要である。

連結決算は、親企業と関連子会社をまとめて財務諸表を作成することをいう。本社の財務諸表だけでは、グループ企業全体の経理内容はわからないので、連結決算が必要になる（**図113**）。また連結決算によって、子会社を通じての粉飾決算が排除されて透明化されるという副次的効果もある。2000年から証券取引法（現在の金融商品取引法）の情報公開制度が見直され、本社の単独決算ではなく連結決算を中心に情報開示している[29]。

[図113] 連結決算でグループ全体の会計を知る

国際企業は、本社、子会社、系列企業、合弁会社などを国内外に作って活動しているので、グループ全体の連結決算をし、貸借対照表や損益計算書を連結財務諸表として公開している。

〇さらに学びたい人へ

【推薦図書11】 稲盛和夫の実学 ── 経営と会計
　稲盛 和夫（2000）『稲盛和夫の実学 ── 経営と会計』日本経済新聞出版
　　経営にとって、会計はどう必要で、どう役立つのかがわかる本。日本では、キャッシュフロー計算書の作成が上場企業に2000年から作成が義務づけられ、実務家がキャッシュフロー計算書の経営上の意味を理解するために読む本としてもベストセラーになった。

[注]

1) 実用日本語表現辞典
2) 三谷（2019）（p.195）
3) 有斐閣 経済辞典 第5版
4) ミリオンセールスアカデミー
5) マーケティングキャンパス マーケティング用語集
6) 有斐閣 経済辞典 第5版
7) グロービス経営大学院 MBA 用語集
8) 三谷（2015）（p.2）
9) 三谷（2019）（p.222）
10) 電通 https://www.dentsu.co.jp/news/release/2021/0225-010340.html （2023/11/22取得）
11) ASCII.jp デジタル用語辞典
12) 小学館デジタル大辞泉
13) 日経ビジネス https://business.nikkei.com/atcl/gen/19/00081/031300038/ （2023/11/22取得）
14) 小学館デジタル大辞泉
15) 三谷（2019）（pp.230-231）
16) 小学館　日本大百科全書（ニッポニカ）
17) 三谷（2019）（p.186）
18) 東京商工リサーチ http://www.tsr-net.co.jp/guide/knowledge/glossary/ta_14.html （2021/04/04取得）
19) 三谷（2019）（pp.187-188）
20) 三谷（2019）（pp.186-187）
21) 有斐閣 経済辞典 第5版
22) 有斐閣 経済辞典 第5版
23) 有斐閣 経済辞典 第5版
24) https://cpa-noborikawa.net/uriagedaka-uriagesyueki-chigai/ （2023/11/21取得）
25) 有斐閣 経済辞典 第5版
26) 有斐閣 経済辞典 第5版
27) 有斐閣 経済辞典 第5版
28) 有斐閣 経済辞典 第5版
29) ＳＭＢＣ日興証券用語集

第18章　企業戦略

　企業は、会社全体の企業理念、経営計画を作る。毎年、黒字を出すため、長期に持続可能であるために必要である。

○この章のリサーチクエスチョン
　企業戦略とは？

○キーワード
　パーパス
　企業理念
　経営計画
　企業戦略　事業戦略
　組織

○理論
　信頼の理論
　形式知と暗黙知
　知は、個人の主観や人格に始まる。暗黙知が基礎となる
　ＳＥＣＩモデル・組織的知識創造の基本理論
　センスメイキング理論
　ＢＴＦ理論

1．全社ベースの企業理念、経営計画

　会社全体の**パーパス、企業理念、経営計画**を作る理由は、第一に、組織の取り組みの方向性を決めるためである。管理職や社員に組織の方向性が示されれば、チームワークと協力ができるようになる。企業理念、経営計画がなければ、部署ごとに取り組みがバラバラとなり、衝突したり、争ったりしかねない。「コラム 15　企業理念が組織の取り組みの方向性を決める」で示すように、同じ産業で、同じような商品を製

造しているＡ社、Ｂ社でも、企業理念が異なれば、商品開発やマーケティングの方向性は違う。

第二に、経営層、管理者の目が将来に向かうことで、刻々と起こる状況変化に対して、変化の予測、変化への対応を考えやすくなる。将来のあるべき姿に対して、現状がどうなのか、状況変化で現状がどう変化したのか、将来のあるべき姿に到達する道はどう変化したのかを考えやすくなる。

第三に、目標を明確にすることで、活動の重複、無駄な活動を無くし、非効率な仕事を無くすことができる。

第四に、目標が明確であれば、組織をコントロールしやすくなる。計画には、目標とスケジュールが決められるので、進み具合を評価でき、修正することができる。例えば、部活動で、秋の県大会のベスト４入りを目指すと決めれば、これから秋までにどのようなレベルに達しないといけないか、そのための練習メニュー、練習試合の日程決め、練習試合での成果の目標などを細かく計画できる。詳細な計画ができれば、順調にいっているのか達成できていないのか、日々確認することができる[1]。

2．パーパス、企業戦略と事業戦略

パーパスは、組織が存在する根本的な理由をいう。パーパスは、私たちはなぜ存在しているのかをいう。ミッションは、私たちは何をするのかをいう。ビジョンは、私たちはどこへ向かうのかをいう。ミッションやビジョンは時代により変化するかもしれないが、パーパスは変わらない。時代を超えたもの。パーパスは、企業が何を行い、つくり、販売するかを超えた、企業の存在意義だという[2]。

事業とは、例えば、カメラを製造販売するなど、一つの種類の製品を設計、生産、販売して収支を黒字にする活動をいい、そのための戦略を**事業戦略**という。

起業したての会社（スタートアップ）や、中小企業は**一つの事業だけ**の場合もある。その場合は、**企業戦略と事業戦略は一致**する。

中堅以上の規模の企業は、カメラ、プリンターなど複数の種類の製品に関連する事業を持っている。多くの事業のどの事業に力を入れようかとか、この事業は撤退して事業売却をしようかなどのマネジメントを全社的に考えており、このような戦略を**企業戦略**（図114）という[3]。大きな企業では、**企業全体の企業戦略と、事業部門ごとの事業戦略が多段階に組み合わさっている**。実務の現場では、企業戦略と事業戦略は相互に絡み合いながら時間軸の中で動いていくので、実際には２つの戦略を二分法で分けて考えることはできない。

[図114] 企業戦略と事業戦略の例

> **コラム15**
>
> ### 企業理念が組織の取り組みの方向性を決める
>
> ①～③の会社の企業理念が以下のものだとして、組織の取り組みの方向性にどう影響を与えるか、感じてみよう[4]。
> ① 「一人ひとりの多様な価値観を自由に表現し、尊重できる世界を創造する」
> ② 「世界中の人たちが手に取り満足できる服を届け続ける」
> ③ 「持続可能な社会の実現に向けたアパレル業界のトップランナーとなる」
>
> それぞれの会社は、以下の選択肢のうち、どれが正解に見えるか？（解答例は章末）　なお、1～4を実行したときに、すべての施策で業績が2倍となる見込みであるとする。
> 1．だれもが使いやすいシンプルなデザインかつ品質が高い、低価格ラインを強化。店舗数を拡大し生産拠点を増設することで、販売量業界トップを目指す。
> 2．高所得者をターゲットとしたハイブランドを新設。最高品質の素材による高価格帯商品の販売を強化し客単価を倍増させる。
> 3．価値観の多様化に対応するためブランドラインナップを拡大。潜在顧客の幅を広げ、より多くの多様な顧客を獲得することで売上げを50％拡大する。
> 4．現在の生産工程を見直し、温室効果ガス排出を大幅に削減。地球環境に配慮した次世代生産工程の確立により他社からのOEM生産の受注を国内トップに引き上げる。

OEM（original equipment manufacturer）は、受託企業が、委託者のブランド（商標）で販売する条件で、製品・部品を受託生産することをいう。相手先商標による生産、納入先ブランドによる受託製造などと訳される[5]。

このように、**会社の企業理念は、組織の取り組みの方向性に影響を与える**。就職、転職する企業を選ぶ際、業界、企業の事業内容、福利厚生のほかに、**企業理念や社風に共感できる**ことも重要である[6]。

3．組織

3-1．組織

組織は、特定の目的を達成するために、専門的な役割を持った部門で構成されている集合体をいう[7]。

経営における組織（administrative organization）は、

- 経営、管理する**管理組織**
- 作業するための**現場組織**

から構成される。**組織形態には、職能部門制組織、事業部制組織、マトリックス組織**などがある[8]。

> 理論67 バーナードの組織の3要素

1920～1930年代の米国の電話会社社長、経営学者であるバーナード（Chester Irving Barnard）は、**組織が成立するための3つの要素「共通の目標」「協働の意欲（貢献意欲）」「コミュニケーション」を提唱した**[9]。組織は3つの要素のどれかが欠けるとダメで、3要素とも一定基準以上が必要とした。

> 理論68 組織、権限、権力

組織の重要な要素に、職務の専門化、部門化、権限、権力がある。

職務の専門化は、組織の業務を個別の職務に分割し、社員が熟練することによって生産性を上げることをいう。ただし、専門化をやりすぎると、退屈、疲労、ストレスなどにより、かえって生産性が下がることが知られており、適度な専門化が必要である。

部門化は、業務をグループにまとめることをいう。職種別、製品別、顧客別、地

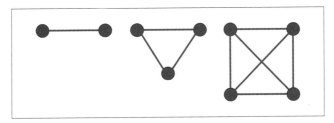

[図115] なぜ部門化が必要か

域別、工程別などの分け方・まとめ方がある。

　なぜ部門化が必要かというと、人数が増えるにつれて図115のように、ある人とある人のコミュニケーションが、人数の増加以上のペースで薄くなっていくからである。

　権限は、組織内の管理職の地位に与えられた命令の行使の範囲をいう。地位に与えられた権限なので、Ａ部長が人事異動して地位から外れると、Ａ部長にその権限は無くなり、後任のＢ部長が権限を持つ。

　責任は、権限に見合った義務をいう。部長職は部下に命令する権限を持つと同時に、部門の利益を上げて、部門員の給料分を稼ぎ出す責任を負うなど、権限に見合

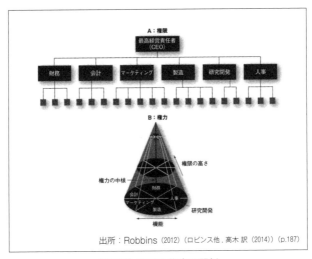

[図116] 権限と権力の関係

った義務を負う。

権力は、意思決定に及ぼす個人の持つ影響力をいう。

図116の「B：権力」は、権力が円錐の頂点（社長）に集中していることを表している。円錐の権限の高さは、指揮命令系統の上下を表している。底面の機能には、会計、製造などの権限の種類があり、それぞれの権限は底面から頂点までつながっている（垂直的調整）。

3-2. 信頼の理論

コールマン（Coleman, 1926～1995年）は、米国の社会学者で、合理的選択理論、数理社会学、計量社会学、教育社会学、政策科学などを研究した。1966年、黒人・白人間の教育格差に関する全米調査の調査主任を務め、その結果をまとめたコールマンレポートで有名である。1990年の『社会理論の基礎』は社会・経済活動を考える基礎理論として、社会学者、経済学者に読まれている[10]。1991年、米国社会学会の会長を務めた。

| 理論69 | 信頼の理論

コールマンは、"信頼"の性質を、合理的選択理論で以下のように考えた。

信頼は、信頼する人の一方的な行為で、その結果責任は信頼した人が負うことになり、信頼された人は責任を負わない。**信頼は、連鎖（繋げる）させることができる**。

図117で、私（A）は、（B）さんを信頼している。（B）さんの判断を信頼して、Bさんが良いと言う人（C）さんを信頼することがある。この場合、AさんはCさんの能力を信じることとなる。結果として信頼に値しなかったことが判明して損をする場合、その損失は、Bさんでなく、Aさんが負担することになる[11]。

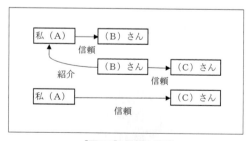

[図117] 信頼の連鎖

このように、**人を信頼する**ことは、以下のようなメリット・リスクがある。

①信頼すると、信頼しなければ不可能だったこと、1人では成し得ないことが実現できる。
②信頼に値する人を信頼した場合は大きな利益をもたらし、信頼に値しない人を信頼した場合は状態を悪くする。
③信頼することは、信頼する人の側だけの自発的行為である。
④信頼したことが良かったかどうか、結果がわかるまでに時間がかかる。すぐにはわからない。
⑤信頼するかどうか決めるときに考えるべきことは、賭け事（ギャンブル）をするかどうかを決めるときに、合理的に考えるべきことと同じである[12]。

3-3. SECIモデル・組織的知識創造の基本理論

新しい"知"はどうやって創造されるのか。経営学で世界的に関心を集めているのが、野中郁次郎 一橋大学名誉教授のSECIモデルである。米国を中心に発達している経営学の中で、数少ない日本人による世界標準の経営学理論である。

SECIモデル・組織的知識創造の基本理論は、暗黙知を形式知化することで、新しい"知"を創造すると考える。

理論70 形式知と暗黙知

　形式知は、言語化して説明可能な知識をいう。形式知は、人と知識を分離して量的に分析できる。
　暗黙知は、主観的で言語化することができない、知っているが言語化できない、たとえ言語化しても肝要なことを伝えようがない知識をいう[13]。

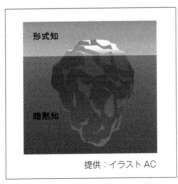

[図118] 形式知と暗黙知

人間の知識はほとんどが言語化できていない暗黙知で、表面に出ている形式知はごく一部である。形式知と暗黙知の関係は、全体の９割が海面下に沈んでいる氷山に喩えられる（図118）。1990年代から、製造業の現場では、職人の暗黙知を形式知化してコンピュータ制御のNC工作機械、ロボット、AIで実現する努力が積み重ねられているが、いまだに、職人の暗黙知に頼っている部分は広くて深い。

　理論71　知は、個人の主観や人格に始まる。暗黙知が基礎となる
　野中教授は「知は、個人の主観や人格に始まる。暗黙知が基礎となる」とする。
　暗黙知は、人と知識が一体である。西田哲学（西田幾多郎〈1870～1945〉, 京大教授, 哲学者。東洋思想の"無"と西洋哲学と融合した[14]）の"純粋経験"（理知的な反省が加えられる以前の直接的な経験[15]）に近い。**暗黙知は個人の内面のものなので、形式知に変換されないと、自覚的に磨かれず、組織で共有できない。**

　暗黙知と形式知は対照的な知であるが、互いに独立して存在するのではなく、相互に変換が行われる（図119）。

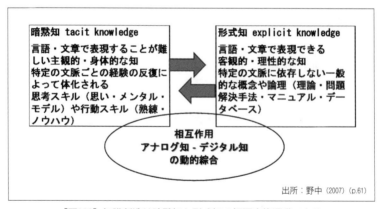

[図119] 知識創造は暗黙知と形式知の相互変換運動である

　「文脈」は、国語辞典の意味では、文章の流れの中にある意味内容のつながりぐあい。文と文の論理的関係、語と語の意味的関連。文章の筋道をいう[16]。**哲学、心理学で「文脈（context）」は、過去から現在までの人の行為や行為の意味などの全体、あらすじをいう。**哲学、心理学では、人は、文脈の中で自分と他者を位置づけたり、どう行動するかを決めたりして社会活動に参加できると考える[17]。
　ＳＥＣＩモデルは、図120のように、知識創造の一部である。

第18章 企業戦略　349

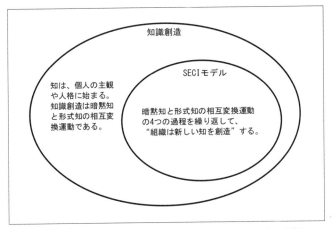

[図120] 知識創造とＳＥＣＩモデル・組織的知識創造の関係

理論72　ＳＥＣＩモデル・組織的知識創造の基本理論

　暗黙知と形式知、主観と客観、部分と全体を行ったり来たりしながら高めることで、個人の知を集団、組織、社会の知にしていく過程を明らかにするのが、ＳＥＣＩモデル・組織的知識創造の基本理論である[18]。

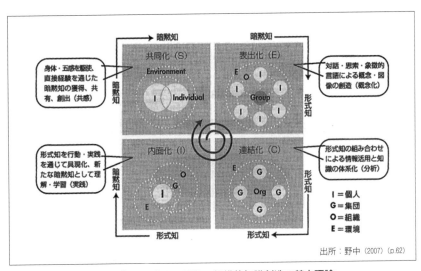

[図121] ＳＥＣＩモデル・組織的知識創造の基本理論

ＳＥＣＩモデルは、図121のように４つの過程を繰り返して"新しい知を創造"すると考える。野中教授は、企業がイノベーションをする様子を調査してＳＥＣＩモデルを考えた。

Socialization= 共同化

図121の左上で、経験を通じて暗黙知を得て、対面で深く語り合って暗黙知・形式知の全体をできるだけ共有する。

Externalization= 表出化

図121の右上で、対話しながら暗黙知を言語化し、知をコンセプト（概念）にし、図で表現し、できるだけ暗黙知を形式知に変換する。

Combination= 連結化

図121の右下で、表出化された形式知を組み合わせ、体系化する。報告書やマニュアルにまとめ、誰でも読んだら体系的な知識（形式知）を得られるように整理する。

Internalization= 内面化

図121の左下で、報告書やマニュアルを読み込んで、体系的な知識（形式知）を得て、自分でも実際にやってみて経験して、形式知と暗黙知が合わさった自分の専門知識にする。報告書やマニュアルに書いてあることを理解するだけでなく、その背景にある本質（暗黙知）を腹落ち（センスメイキング理論参照）させて理解する。

２周目の Socialization= 共同化

報告書やマニュアルを読み込んで、経験を通じてさらに暗黙知を得て、それを、図121の左上に戻り、対面で深く語り合って暗黙知・形式知の全体をできるだけ共有する。

3-4. 職場での応用例

例えば、ある市役所で、心ないクレーマーのパワハラで、社会人になったばかりの新人職員が鬱病になり出勤できなくなったとする。組織としてクレーマー対応の質を上げなくてはならない。市役所職員が市民と接するマナーの知識には、マニュアルに言葉で書ける形式知と、表現できないが暗にわかっている暗黙知がある。市役所（組織）で、市役所職員が市民と接するマナーの知識レベルを全体として上げるにはどうしたら良いのか。職員が鬱病になるのを防ぐにはどうしたら良いのか。ＳＥＣＩモデル・組織的知識創造の基本理論を使ってみる。

S：まず、複数の職員で、クレーマーに対応した経験や、"難しい市民対応あるある"について、ざっくばらんに実体験を含めて、時間をかけて語り合う。言葉による形式知だけでなく、顔の表情、身ぶり手ぶりによる感情表現など、暗黙知も複数職員で共有化する。

E：次に、これまで言語化できていたことだけでなく、言葉になっていなかったことも、できるだけ言葉に書き表してみる。みんなでがんばって考え方を言葉や図にひねり出す。暗黙知の一部を形式知化する。

C：次に、書き出した形式知を、体系整理してマニュアルにする。広げた形式知を、頭に入りやすいように整理し直す。

I：職員一人ひとりが、新しいマニュアルを読み込んで、市民と接する際の行動原理を、無意識レベルまで"腹落ち"させる。

S：クレーマー対応をやってみた結果を、複数の職員で対面で深く語り合って暗黙知・形式知の全体をできるだけ共有する。

以下、繰り返し。

3-5．センスメイキング理論

理論73 センスメイキング理論

センスメイキングは日本語では"腹落ち"と訳される。腹落ちの"腹"は暗黙知のことである。腹落ちは形式知が暗黙知まで浸透して心から納得することをいう。

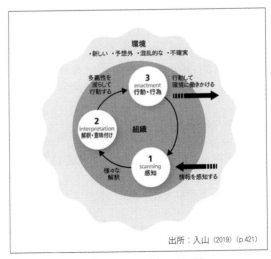

[図122] センスメイキング理論

センスメイキング理論は、"万物には共通の真理がある"といった物理学のような科学（サイエンス , science）の考え方はしない。**ものの見方、認識は、人によって違うという考え方**をする。

センスメイキング理論は、①感知、②意味付け、③行動の過程をぐるぐる回す。厳しい環境の情報を感知し、行動し、得た情報を解釈し、行動を修正していく（図122）。

①感知（scanning）

周りの環境を感じとる。特に、新しい変化、予期しなかった変化、混乱、将来が見通せない厳しい環境変化を感じとる。センスメイキング理論は、このような厳しい環境変化を 3 種類に分類している。

１）危機（crisis）

製品が売れない。ライバル企業が攻めてきた。技術が変わった。事故が起きた。などである。

２）自分の価値への脅威（threat to identity）

急な市場変化で「うちの会社はどうしていけば良いのか？」などと、自分の価値（アイデンティティ）が揺らいでいる状況である。

３）意図した変化（intended change）

イノベーションや経営革新を会社で起こし、経験したことのない状況になっている。

感知する能力が、変化する経済社会の中で価値を生む源泉であることから、感知する能力を高めることにシリコンバレーでは関心が高まっていて、マインドフルネスを導入する企業が増えている。

マインドフルネスは、10分程度の瞑想により、①新しいアイデアに心が開かれる、②アイデアの斬新さや有用性に気づきやすくなる、③困難に対して勇気やレジリエンス（粘り強さ）を持てる効果がある[19]とされる。

②意味付け（interpretation）

センスメイキング理論は、ものの見方、認識は人によって違うという考え方をする。新しい変化、予期しなかった変化があり、混乱して将来が見通せないとき、人々の認識の違い、多様性は激しくなる。経験したことがない状況のときには確かな情報も得られない。"万物の共通の真理"を見つけることは不可能であると考える。

センスメイキング理論は、**組織の存在意義は、解釈の多様性を減らし、解釈を揃えることにある**と考える。組織、リーダーに求められることは、多様なものの見方、認識の中から、特定のものを選別し、それを意味付け、メンバーに腹落ち（セン

スメイキング）させ、組織全体の解釈（ものの見方、認識）の方向性を揃えることである。

センスメイキング理論は、**正確性よりも納得性の方が組織の指針になる**。急激な変化が起こり、客観的な情報を正確に分析することができないときは、「今、何が起きているのか」について、みんなの解釈を揃えることに努力するべきであると考える。**みんなが同じ方向性で納得すれば、危機を乗り越えることができる**と考える。

企業経営で、ストーリー、ものがたり（ナラティブ，narrative）**が大事**だといわれている。経営者が、ストーリー、ものがたりを語って、"みんなの解釈を揃える"ことが重要という意味である。

③行動 (enactment)

センスメイキング理論は、新しい変化、予期しなかった変化、混乱、**将来が見通せないとき、"なんとなくの方向性"でまず行動し、環境に働きかけることで新しい情報を感知することができ、さらに解釈を揃えることができる**と考える。必死に行動した結果、危機を乗り越えたあとに「あー。ああやって危機を乗り越えたのだな」と、後で納得（retrospective sensemaking, 過去を振り返って腹落ち）することも多い[20]。

行政は、"万物の共通の真理"が何にでもあると考え、それを知ってから動こうとして動きが遅かったり、時間だけ使って何も行動しないことが多い。このような行動は、民間企業や住民からは批判的に見られる。多くの民間企業は「まずはやってみよう」と行動して、センスメイキングの過程を早く回して、早く情報を得て、納得して、早く行動を修正していく。日々、人件費などの経費を支払っているのに、行動しないで収入が得られないと、会社は倒産してしまうからである。

センスメイキング理論の特徴は、以下のとおりである。

① センスメイキング（腹落ち）は、自分や組織の価値（アイデンティティ）に基づいている。

② 人は、ものごとを経験している最中にはセンスメイキング（腹落ち）できず、事後に振り返ってセンスメイキング（腹落ち）できることがある。

③ **行動することで環境に働きかけることができ、情報を得る**ことができる。

④ センスメイキング（腹落ち）は、自分と他者との関係性で起きる。

⑤ **センスメイキング（腹落ち）は、1）環境の感知、2）解釈・意味付け、3）行動・行為を循環する過程**である。

⑥ ものの見方、認識は人によって違う。ある人の"ものの見方、認識"は、全体の一部である。

⑦ 人は、正確性ではなく、**説得性**で、自分自身や他者をセンスメイキング（腹落

ち）させることができる。

　未来を造る経営者は、**経済社会の動きを感じ取り、信念をもってストーリー、もの
がたりを語り、多くの関係者をセンスメイキング（腹落ち）**させ、巻き込んで、**方向性
を揃え**、できないと思われたことを実現してきた。これからもそうであろう[21]。

3-6. ＢＴＦ理論

| 理論74 | ＢＴＦ理論

　ＢＴＦ理論（企業行動理論, behavioral theory of firm）は、**優れた経営者**が長年の経験
の上で語った"**教訓**"を、経営学の理論で説明できることで注目された。4つの要
素を結ぶ5つの関係性で、**組織の 志 と目線が、組織の長期的な結果（パフォーマン
ス）に影響を与える過程**を示している。

　企業の高い志と目線が、長期的な好業績をもたらすケースを、**図123**で見てみよ
う。

　①は、企業が事業努力をすると今期の業績見込みが上がることを示している。Ｂ
ＴＦ理論は、心理学を背景に、事業努力のうち、**経営者が視野を広げる努力を重視**
している。具体的には、身近で知っていることの周辺から調査研究して、少しずつ
視野を広げて調査研究し、新しい可能性、選択肢を探すことを重視している。なぜ
なら、ミクロ経済学が仮定している"すべての情報をタダで瞬時に手に入れられ
る"ことは現実にはなく、**人は身近からだんだんと視野を広げることでしか情報を
得ることができない**と考えるからである[22]。

　産学官連携プロジェクトに参加した企業人が、技術情報をもらったり、共同研究
したことよりも「視野が広がったことが自分にとって大きい」「産学官の人的ネッ
トワークに触発されて研究開発を進めてきた」と言って[23]いる。イノベーション
では、経営者が視野を広げて思考し、求める情報の質と範囲も変わっていくことが
大事であると指摘されている。

　②は、今期の業績見込みが上がると業績に満足することを示している。満足する
ことは幸せなことであるが、③で、満足すると事業努力を怠ける方向に力が働く。
そのまま放っておくと、①が逆に働いて、今期の業績見込みが悪くなってしまう。
どうしたら良いのか？
　④は業績見込みが良さそうだと、組織の士気（人々が団結して物事を行うときの意気込
み）が上がることを示している。

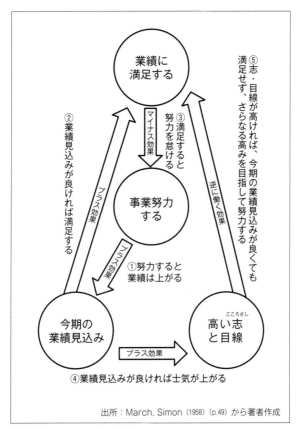

[図123] ＢＴＦ理論の概念図 —— 高い志で好業績を続けるケース ——

⑤は、志・目線が高ければ、今期の業績見込みが良くても満足できない。さらなる高みを目指して努力することを示している。優れた経営者の教訓で、例えば、京セラ創業者の稲盛 和夫氏は、「人間として何が正しいか」を判断基準に置くと言っている[24]。このような高い志があれば、多少の好業績に満足せず、組織を高いところに導くことができるであろう。

経営者の低い志と目線が、会社を倒産させるケースも、図123の説明文を少し変えた図124で説明できる。

①は、企業が事業努力をすると今期の業績見込みが上がることを示している。

356

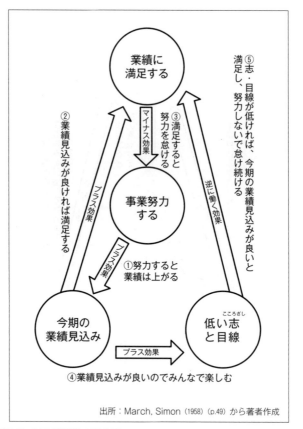

[図124] ＢＴＦ理論の概念図 ── 低い志の経営者が会社を倒産させるケース ──

　②は、今期の業績見込みが上がると業績に満足することを示している。満足することは幸せなことである。
　③は、満足したので事業努力を怠けることを示している。
　④は、業績見込みが良さそうだということで経営者も社員も喜ぶが、もともと志と目線が低いので、楽しんで終わる。
　⑤は、志と目線が低いので、満足して事業努力を怠け続ける。そして、会社は倒産する。

第18章　企業戦略　357

◇◇◇

○さらに学びたい人へ

【推薦図書12】　経営学の入門書
- 三谷 宏治（2019）『すべての働く人のための新しい経営学』ディスカヴァー・トゥエンティワン

　　経営学の本を何冊か読んだことはあるが、よくわからないという人や、仕事でマネジメントの知識が必要で切迫している人に最適。学生で、初めて経営学の本を読む人にもお薦め。
- 加護野 忠男、吉村 典久（2021）『1 からの経営学 第 3 版』碩学舎

　　著名な経営学者が書いた入門書として定評がある。各章に、さらに詳しく学びたい場合の参考文献が記されている。

【推薦図書13】　経営学の古典、専門書
- 楠木 健（2012）『ストーリーとしての競争戦略』東洋経済新報社

　　経営戦略のベストセラー本。長い期間にわたってもうかり続ける収益モデルを生み出す経営戦略の必要条件を解き明かす。経済学とは違う経営学の世界観を学べる。
- Drucker（1973）（上田訳〈2008〉『マネジメント』上中下　ダイヤモンド社）

　　管理職なら一度は読んでおきたい古典。
- Drucker（1990）（上田訳〈2007〉『非営利組織の経営』ダイヤモンド社）

　　ドラッカーが晩年に力を注いだ病院などの非営利組織のマネジメント論。経済団体で活動する経営者や、行政、団体職員に必要な非営利組織のマネジメントの古典。
- Kotler（2003）（恩藏 , 大川訳〈2003〉『コトラーのマーケティング・コンセプト』丸井工文社）

　　マーケティングで著名な経営学者が、マーケティング用語を解説したもの。
- 入山 章栄（2019）『世界標準の経営理論』ダイヤモンド社

　　経営学の主要理論を、ひととおり、すべて見ておきたいという学究肌のビジネスマンに最適。元の論文や著作へのガイドもある。

・・

[コラム15の解答例]

　　企業理念①「一人ひとりの多様な価値観を自由に表現し、尊重できる世界を創造する」は、選択肢 3 . 価値観の多様化に対応するためブランドラインナップを拡大。潜在顧客の幅を広げ、より多くの多様な顧客を獲得することで売上げを

50%拡大する。

　企業理念②「世界中の人たちが手に取り満足できる服を届け続ける」は、選択肢1. だれもが使いやすいシンプルなデザインかつ品質が高い低価格ラインを強化。店舗数を拡大し生産拠点を増設することで、販売量業界トップを目指す。

　企業理念③「持続可能な社会の実現に向けたアパレル業界のトップランナーとなる」は、選択肢4. 現在の生産工程を見直し、温室効果ガス排出を大幅に削減。地球環境に配慮した次世代生産工程の確立により他社からの OEM 生産の受注を国内トップに引き上げる。

●●●

[注]

1) Robbins (2012)（ロビンス他, 高木 訳 (2014)）(pp.143-144)
2) Boston Consulting Group　https://www.bcg.com/ja-jp/capabilities/business-organizational-purpose/overview　(2025/7/15取得)
3) 加護野, 吉村 (2021) (p.94)
4) この問いかけのアイデアは、2023年11月、パーソルワークデザイン㈱　安井 健氏、曽根悠子氏からいただいた。
5) 小学館　日本大百科全書（ニッポニカ）
6) 2023年11月、パーソルワークデザイン㈱　安井 健氏、曽根悠子氏から、著者聴き取り。
7) ASCII.jp デジタル用語辞典
8) 有斐閣 経済辞典 第5版
9) Barnard (1938)（バーナード著, 田杉監訳 (1956)）(p.89)
10) 小学館　日本大百科全書（ニッポニカ）
11) Coleman (1990)（久慈訳 (2004)）(p.281)
12) Coleman (1990)（久慈訳 (2004)）
13) デジタル大辞泉（小学館）
14) 小学館デジタル大辞泉
15) 小学館　日本大百科全書（ニッポニカ）
16) 小学館デジタル大辞泉
17) 心理学辞典
18) 野中 (2007) (p.61)
19) ダイヤモンド社 https://dhbr.diamond.jp/articles/-/5033?page=2　(2024/6/8取得)
20) 入山 (2019) (pp.416-427)
21) 入山 (2019) (p.431)
22) 入山 (2019) (pp.204-222)
23) 2017年、田島スタック電子㈱会長・TAMA 協会から著者聴取。
24) https://business.nikkei.com/atcl/seminar/19nv/120500136/102500887/?P=2
　　(2024/1/20取得)

第6部　国際情勢

第19章 国際情勢

　グローバル経済を理解するため、国際情勢を学ぶ。宗教、戦争、政治体制など、現在の日本人が苦手な分野も解説している。

○この章のリサーチクエスチョン
　国際情勢　宗教　戦争　政治体制とは？

○キーワード
　世界の宗教
　第二次世界大戦で、米国人、中国人、東南アジアの華僑、英国人、オーストラリア人、オランダ人などが、日本軍との戦いで戦死したり、捕虜になったり、スパイ容疑で処刑された
　日本に対して複雑な感情を持つ外国人がいることを意識して向き合う必要がある
　1945年の敗戦で日本が東南アジアから撤退したあと、オランダ、フランスは、再植民地化のために軍を送り込んだ。インドネシアは4年5か月、ベトナムは8年間、地元住民が旧支配者の軍と戦い、それぞれ、80万人、数百万人以上の多数の犠牲者を出して独立した
　冷戦
　中国（共産党）の戦い
　イスラム原理主義
　アフリカの内戦
　各地の戦争・内戦・内乱は、過去の戦争や暴力が原因となって続いているものが多い
　国際連合の安全保障理事会
　カントリーリスク

○理論　－

1. 世界の宗教

1-1. 世界の宗教

　世界の宗教分布は、**図125**のように、欧州、米州、ロシア、豪州、ニュージーランド、中南部アフリカはキリスト教が多く、中東、北アフリカ、パキスタン、バングラデシュ、マレーシア、インドネシアはイスラム教が多い。

　宗教（religion）は、神・仏などの超越的存在や、聖なるものに係る人間の営みで、古代から現代に至るまで、世界各地に多様のものがみられる[1]。
　世界宗教は、民族、国籍、階級などに関わりなく、世界に広まっている宗教で、仏教、キリスト教、イスラム教が代表例である。開祖があり、人間性の深い理解に基づく個人の救済を教説の中心としている[2]。
　世界の宗教人口（2016年）は、キリスト教33％、イスラム教24％、ヒンドゥー教14％、仏教7％、中国民間宗教6％、民族宗教（民族に自然発生的に成立し、受け継がれている宗教。神道、古代ユダヤ教、ゾロアスター教、道教など[3]）4％[4]であった。

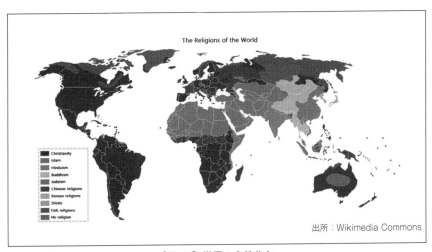

[図125] 世界の宗教分布

1-2. キリスト教

　キリストは、神に選ばれた者を意味する語である。1世紀の初め頃、ローマ支配下にあったパレスチナのユダヤ人のイエスを救い主とするキリスト教の信仰によってイエスをさすことばとして用いられ、**イエス・キリスト**が固有名詞となった[5]。イエスと、弟子は全員がユダヤ人だったが、イエスの死後、非ユダヤ人も信者になり、パレスチナから地中海沿岸に広まり、西暦150年ころローマにも広まった。**ローマ帝国**は、最初は、キリスト教徒が皇帝を崇拝しないとして弾圧したが、**4世紀、キリスト教を国の宗教とした**[6]。

　西暦476年にローマ帝国が終わった後は、キリスト教の教皇が、欧州での政治力を強めていった。11世紀、欧州西部は**ローマカトリック**、東ローマ帝国は**ギリシャ正教会**、ロシアなどスラブ民族は**ロシア正教会**などにキリスト教が分かれた[7]。

　16世紀、キリスト教の宗教改革が起こり、イタリア、フランス、スペイン、ポルトガルなどはローマカトリック、ドイツは**プロテスタント**、英国は国教会などに分かれた[8]。

　ローマカトリックは「おカネを稼いだり貯めるのは良くない」こととしていたが、プロテスタントは「おカネを稼いだり貯めることを良いこと」とし、商工業者に受け入れられていった[9]。これにより、英国、ドイツ、米国など、プロテスタントの国では近代資本主義が発達して国力が強くなり、イタリア、スペイン、フランス、ギリシャ、南米など、ローマカトリック、正教会の国では経済力があまり上がらない傾向が、現在まで続いている。

　20世紀初期までの大航海時代、植民地支配によって、**支配国のキリスト教が植民地に広まった**[10]。その結果、**図125**のように、欧州、米州、ロシア、豪州、ニュージーランド、中南部アフリカはキリスト教が多い。

1-3. イスラム教

　西暦610年頃、**ムハンマド**は、「唯一の神アッラーは、慈悲深く、全能である」などの神からの啓示（神が人間に真理を示すこと）を受けたと信じ、ムハンマドが語ったことが、死後、**コーラン**に編集・記載された。イスラム教を信じる者を**ムスリム**という。ムハンマドは、西暦630年、迫害者、敵対者にメッカで戦って勝利した。敵を許したことで、イスラム教はアラビア半島に広まった。632年、ムハンマドは死去するが、ムスリム軍は、**750年までに、アラビア半島、中東、エジプト、北アフリカ、現在のイラク、イラン、スペインの南半分を支配**した[11]。15世紀までに、イスラム教は、インド北西部（現在のパキスタン）、ガンジス川河口域（現在のバングラデシュ）、マレーシ

ア、インドネシア、フィリピン南部に広がった[12]。

ムハンマドの死後、西暦661年にスンニ派 (85%)、シーア派 (15%) に分かれ、対立している。シーア派は、イラン、イラク、バーレーン。他の国はスンニ派が多い[13]。

イスラム原理主義は、1970年代、石油資金で発展した中東で、欧米化、都市化が進み、スカーフを被らない女性、礼拝しない人が増えたことに反発して、イスラム教の理想に帰れという考え方が生まれた。1979年、イランで革命が起こり、欧米化を否定してイスラム法に従う政権となった。イスラム教徒やイスラム原理主義者のすべてがテロリストではない。イスラム原理主義に基づくテロ組織には、シリア・イラクのIS、パキスタン、イエメンのアルカイダなどがある[14]。

1-4. その他の宗教

インドは、紀元前12世紀に、口伝えの伝承が編纂された教典をもつ**バラモン教**が、インド文明の起源とともにあった[15]。西暦1000年までに、**ヴィシュヌ、シヴァなどの神々への崇拝**が広まった[16]。**ヒンドゥー教**という言葉は、インドのこれらの多様な宗教、風習、制度を総括して西欧人が名づけたもので、一つの宗教を表現する言葉ではなく、インドではそう呼ばない[17]。

インド以外にも、4, 5世紀にジャワ島を経由してヒンドゥー教、仏教がバリ島に伝えられ、土着宗教と融合し、バリ島独自のヒンドゥー教が発達した[18]。

仏教は、紀元前573年頃生まれた仏陀によって開かれた。仏教に創造神はない[19]。現在は、ミャンマー、タイ、スリランカに伝統的な仏教、中国、朝鮮半島、日本に大乗仏教 (すべての人を救おうとする仏教)、チベット、モンゴルにチベット仏教が広まっている[20]。

ユダヤ教は、唯一の神 (ヤハウェ) がユダヤ民族を選んで契約を結び (選民思想)、預言者モーセに教えを啓示したという信仰に基づいて、その教えを生活の中で実践するユダヤ民族の宗教をいう。ユダヤ教徒たちは、紀元前586年に王国が滅亡して以来、1948年のイスラエル建国まで国を持たない民族として世界各地に離散した[21]。10世紀以降、ローマカトリックが、おカネを貯めたり金利をとるのは良くないとしていたのに、ユダヤ人が金融、商売で成功していたことや、イエス・キリストの処刑に関わったことから[22]、欧州諸国で、国外追放、大量虐殺がしばしば行われた。一方で、英国、オランダは、ユダヤ人の商活動を評価し、19世紀に市民と認めた[23]。1933年、ナチス党のヒトラーがドイツ首相になってから1944年まで、約600万人[24] のユダヤ人が虐殺された (ホロコースト)。1920年以降、パレスチナは英国領となっていたが、1947年、国際連合はパレスチナをユダヤ人国家とアラブ人国家に分割する決議を行い、

1948年、イスラエルが独立を宣言した[25]。その後、1973年まで4回の中東戦争（イスラエルとアラブ諸国）があった。

ユダヤ人は欧州で多くの職業を禁じられてきたため、学問、芸術、金融業、商業で成功者を出し[26]、現在も**金融など国際ビジネスに大きな影響力**を持っている。

日本は、「神道、仏教など多様な宗教があり、多くの人が一つ以上の宗教を信じている。日本の宗教は、多様な伝統で見事に共存している」と海外の宗教研究有識者から評価されている[27]。

日本人は、熱心なキリスト教徒、イスラム教徒のようには宗教を信じていないかもしれないが、冠婚葬祭に神道や仏教があり、受験、病気、婚活などの際に神に祈ったり、自然崇拝の伝統があり、スピリチュアルを好む人も多い。「人さまにご迷惑をかけないように」「悪事は誰も見ていないかもしれないが神様、ご先祖様は見ている」など、家庭や身近な道徳教育も受けている。震災など災害時に見られるように、世界が驚く高いモラル（倫理や道徳意識）を日本人は持っている（写真3）。

世界では、「無神論者は道徳心が少なく、危険人物である」と認識している人が多い。13か国3000人に行った調査[28]では「動物虐待をし、スリルをエスカレートさせて殺人するようなモラルに反する人物は無神論者が多い」と多くの人が考えていた。海外で、「特定の宗教を信じていない」という意味で、書類に**「信じる宗教はない」**

提供：時事通信社（2011年3月12日）東日本大震災・コンビニに長蛇の列。
停電が続くコンビニエンスストアに、食料などを求めて住民らの長蛇の列ができた（宮城・仙台市若林区）

［写真3］深刻な災害でも略奪が起きず、静かに列を作る日本人に世界が驚き称賛した（再掲）

第19章　国際情勢　365

と書いたり、話したりすると、**日本人が想像しないほど強い否定的な反応を受けるこ**とがあるので、注意が必要である。「自分は宗教を信じていない」と考えていても、海外では「日本には伝統的な宗教があり、私は道徳心があります」などと答えた方が無難で、宗教を信じているか／いないかの２択の質問には「信じている」と答えた方がトラブルになりにくい。

　海外では宗教行事が生活に溶け込んでいるので、自分が信仰していない宗教の行事に立ち会うことがある。その場合は、その信者の振る舞いや儀礼を真似する必要はなく、じっと頭を下げて敬意を表していればよい。

2．1941年以降の戦争・内戦・内乱

　1941年以降の主要な戦争・内戦・内乱は下記のとおりで、全体像は**表32**のとおりである。

2-1．第二次世界大戦

　第二次世界大戦は、1941〜1945年、連合国（英国、米国、フランス、ソビエト連邦、中国など）対、枢軸国（ドイツ、日本、イタリアなど）の戦争をいう。

　遅れて近代資本主義を導入したドイツ、日本、イタリアは、植民地が少なかったため、1930年代の英米によるブロック経済化で自国経済が行き詰まった。そこで、植民地の拡大をめざし、1931年満州事変、1935年イタリアのエチオピア併合、**1937年日中戦争、1939年ドイツのポーランド侵略**と各地で侵略を開始し、**1940年、日独伊三国同盟**を結んだ。米国は、英国、フランスを支援し、1941年、ドイツ、イタリアのファシズム打倒のため、自由経済国、社会主義国が協力した。

　1941年、日本が、対英米の太平洋戦争を開始し、ドイツ、イタリアも米国に宣戦し、欧州戦とアジア戦が結びつき世界戦争となった[29]。1942年、英国のアジア植民地支配の中心で、英国軍が防御を固めていた**シンガポールが、日本軍に陸海空で圧倒されて短期間で占領された**（写真19）。当時の英国首相のチャーチルが「英国の歴史で最悪で最大の降伏[30]」と著書に書くほど、英国、白人による植民地支配に衝撃を与えた[31]。**東南アジアの英国、フランス、オランダの植民地を次々と日本が占領**した（図126）。

　欧州各地で抵抗運動が始まり、中国も抗日戦争を戦うなど、各国に民族独立運動が起こり、戦争の性格が変化した。その後1943年にイタリア、**1945年にドイツ、日本が降伏**し、大戦は終結した[32]。

第二次世界大戦で、**米国人、中国人、東南アジアの華僑、英国人、オーストラリア人、オランダ人などが、日本軍との戦いで戦死したり、捕虜になったり、スパイ容疑で処刑**されたりしている。中国やシンガポール[33)]は、日本軍による被害を国の博物館などで国民に教育している。一方で、**植民地からの独立に日本が貢献したと考えて、親日的な国や人たち**もいる。日本の戦争被害を受けた人が身内にいたり、植民地を失ったのは日本のせいだと考えるなど、**日本に対して複雑な感情を持つ外国人**がいることを意識して向き合う必要がある。

出所：Wikimedia Commons

［写真19］1942年2月、シンガポールの英国軍の降伏

出所：Wikimedia Commons

［図126］1942年の日本の占領地域（太平洋と隣接戦域ー日本の前進限界）

2-2. インドネシア、ベトナム独立戦争

1945年の敗戦で日本が東南アジアから撤退したあと、**オランダ、フランスは、再植民地化のために軍を送り込んだ**。インドネシアは4年5か月、ベトナムは8年間、地元住民が旧支配者の軍と戦い（写真20）、それぞれ、80万人、数百万人以上の多数の犠牲者を出して独立した[34]。

出所：Wikimedia Commons

[写真20] オランダ駐留軍の戦車を日本軍が奪い、インドネシア独立軍が受け継いだ

2-3. 中国内戦

中国内戦は、中国国民党と中国共産党の内戦をいう。中国共産党は、ソビエト連邦の支援で設立され、1931年、中国南部の江西省に中華ソビエト共和国臨時政府を作った。中国国民党が攻めたため、共産党は、中国内陸の陝西省延安に長征（大規模移動）した。

1937〜1945年、日本が中国に侵略戦争を行った[35]。1945年、日本が敗戦して撤退すると、日本軍が占領していた土地の争奪で、中国内戦が再開した。初めは、国民党が優勢だったが、**1949年、共産党が中国本土を制圧し、中華人民共和国**を作った。国民党は台湾に逃げ、米国の援助を受けて対立を続けた[36]。

2-4. 朝鮮戦争

朝鮮戦争は、1950年、大韓民国（韓国）と朝鮮民主主義人民共和国（北朝鮮）との間に起こった。第二次世界大戦後、朝鮮は日本の植民地支配を離れ、北緯38度線を境に北はソビエト連邦、南は米国に占領され、別々に国を作り、武力衝突した。初めは、北朝鮮が南部の釜山に迫り優勢だったが、米国は中部の仁川に上陸し、中国国境まで北上した。北朝鮮は、中華人民共和国の援助を受けて反撃し、戦線は38度線付近で一進一退になった。1953年、朝鮮休戦協定が成立した[37]。

家族、親族が韓国と北朝鮮に分かれて会えなくなっている人は、南北合わせて1000万人といわれる[38]。

2-5. 冷戦

冷戦 (cold war) は、第二次大戦（1939〜1945年）後の米国とソビエト連邦（現在のロシアなど）両国間および両国を中心とする二大勢力の対立状態をいう。冷戦という用語は1947〜1948年頃から使われ始めた。実際の戦争手段にはよらないが、背後に核兵器をかかえた恐怖の均衡状態で、単なる国家的対立ではなく、**自由経済主義 (Liberal democratic) と共産主義 (Communist) というイデオロギー（思想傾向、政治や社会に関する主義[39]）の対立**でもあった。冷戦時代は、二大勢力の相手方に人が行き来することが難しかった。欧州の鉄のカーテンは、冷戦時代の欧州における二大勢力の境界をいう。西ベルリンは、西側勢力の飛び地で、ソビエトに壁（ベルリンの壁）で囲まれて行き来が禁じられていた。

1991年、ソビエト連邦が滅びて冷戦は終わった[40]。

[表12] 冷戦（再掲）

<table>
<tr><td colspan="2"></td><td>西側諸国</td><td>東側諸国</td></tr>
<tr><td colspan="2">政治思想</td><td>自由経済主義</td><td>共産主義</td></tr>
<tr><td colspan="2">超大国</td><td>米国</td><td>ソビエト連邦</td></tr>
<tr><td colspan="2">主要国</td><td>英国
フランス
西ドイツ
日本</td><td>ポーランド
ハンガリー
東ドイツ
中国</td></tr>
<tr><td rowspan="2">局地戦争</td><td>朝鮮戦争</td><td>米国・韓国</td><td>中国・北朝鮮</td></tr>
<tr><td>ベトナム戦争</td><td>米国・南ベトナム</td><td>北ベトナム・中国</td></tr>
</table>

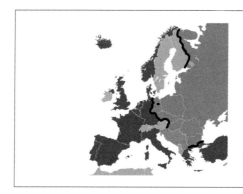

[図88] 欧州の鉄のカーテン（再掲）

2-6. ベトナム戦争

　フランスは、1887～1945年、現在のベトナム、カンボジア、ラオス、中国の広州湾を植民地とし、仏領インドシナといった。ベトナムは、1945年、独立を宣言した。フランスは独立を認めず軍隊を送り、**1946～1954年、第一次インドシナ戦争**（独立戦争）となった。ラオス、カンボジアも含めて戦争が続いた。1954年、中国の軍事援助を受けた旧北ベトナムが、米国の軍事援助を得たフランスに大勝し、ジュネーブ協定が成立して休戦した。
　1961～1973年のベトナム戦争で、北ベトナム・中国（社会主義国）と、南ベトナム・米国（自由経済国）が、冷戦対立の中で戦った。1973年、米国が南ベトナムから撤退し、1975年、北ベトナムが南ベトナムを占領し、1976年、南北を統一したベトナム社会主義共和国となった。
　1975年、中国共産党の支援を受けた**カンボジア政権が自国民を大量殺戮**した。
　1978年のベトナム・カンボジア戦争で、ベトナムがカンボジアから中国の影響力を排除した。1979年、これに怒った中国とベトナムの戦争（**中越戦争**）が起きた。
　一連の戦争でのベトナムの軍人、民間の犠牲者は数百万人以上とされる[41]。

2-7. 中国（共産党）の戦い

　1951年、中国（共産党）は**チベット**を軍で占領し、1959年、チベットの指導者はインドに亡命した。
　1966～1969年、**文化大革命**。（「国際情勢 3」参照）

1979年、**中越戦争**は、中国がベトナム北西部に侵攻したが、近代戦に慣れたベトナムに負けて撤退した[42]。

1989年、**天安門事件は**、「国際情勢 4」参照。

1990年代以降、中国の**新疆ウイグル自治区**のイスラム教徒のウイグル人を、中国（共産党）は、暴力と厳罰で抑え込んでいる。2001年の米国同時多発テロ事件以降は、イスラム過激主義者と武器が入っているとして、中国（共産党）が暴力を使い、それにウイグル人が暴力で対抗している。

2020年、中国（共産党）は、**香港国家安全維持法**を作り、それまで言論の自由などが認められていた香港で、中国（共産党）に反対する人や言論の取り締まりを強化し、反発する人たちを暴力と厳罰で抑え込んでいる[43]。

2-8. イスラム原理主義

1979年アフガニスタン戦争、1979年アルカイダ、1990年湾岸戦争、2001年米国同時テロ、2003年イラク戦争、2003年 IS は、「国際情勢 7　イスラム原理主義」参照。

2-9. アフリカの内戦

アフリカでは、スーダン、エチオピア・エリトリア国境紛争、コンゴ民主共和国、ソマリア、ルワンダ、ブルンディ、コモロ、アンゴラなどで、武力衝突、内戦、虐殺などが起きている[44]。

その他、世界では多くの戦乱が、今も進行中で、多くの人が、命を落とし、傷つき、飢え、精神に痛手を負い、教育も受けられないでいる。

1945年以降（第二次大戦後）の主要な戦争・内戦・内乱の全体像を**表32**で概観すると、

第一に、植民地の独立戦争は、1945年からの東アジアの独立を経て、現在は落ち着いている。独立戦争なしに1960年ころ独立が認められたアフリカ諸国で内戦になっている国は少なくない。

第二に、中国（共産党）は、共産党による独裁体制、権威主義体制による国民支配、領土内の異民族支配を武力で強め、英国から返還された香港に対する支配を武力で強めるなど、一貫して、武力で国内を抑えている。また、カンボジア、南シナ海などインドシナ半島への領土、影響力拡大を進めている。

第三に、ソビエト連邦は、1979年、アフガニスタンに社会主義国を作ろうとして戦争し、アルカイダを生み出した。冷戦を米国など自由経済国と戦い、1991年に滅びた。経済は自由化された。社会主義革命前の旧ロシアがロシアとなり、政治は独裁体

[表32] 1945年以降の戦争・内戦

	1945年～	1961年～	1979年～	1989年～	2001年～	2020年～
欧州、東アジア	～1945年　第二次世界大戦					
インドネシア	1945年、対オランダ独立戦争					
ベトナム	1945年、対フランス独立戦争	1961～1973年、米国ベトナム戦争	1979年、中越戦争			
中国	1945年、国民党・共産党内戦 1950年、朝鮮戦争 1951年チベット侵攻	1966～1969年、文化大革命	1979年、中越戦争	1989年、天安門事件ウイグル人抑え込み		2020年、香港抑え込み
朝鮮半島	1950年、朝鮮戦争					
自由経済諸国・社会主義諸国	1947年、東西冷戦			1991年ソ連崩壊		
米国	1950年、朝鮮戦争	1961～1973年、米国ベトナム戦争		1990年湾岸戦争	2001年アフガニスタン戦争 2003年イラク戦争	2021年、米国のアフガニスタン撤退
ソ連・ロシア			1979年アフガニスタン戦争	1991年ソ連崩壊	2014年、2022年、ロシアのウクライナ侵攻	
アルカイダ			1979年アルカイダ		2001年米国同時テロ	
IS					2003年 IS	

制、権威主義体制が続いていて、2008年、ジョージア、2014年、2022年、ウクライナなど周辺国の領土を侵略している。

　第四に、米国は、冷戦をソビエト連邦、ベトナムと戦い、ソビエト連邦を、1991年、滅ぼした。イラクと1990年湾岸戦争、2003年イラク戦争を戦って、ISを生み出した。2001年のアルカイダの米国同時テロの報復として、2001年からアフガニスタンのタリバンと戦争をした。

　第五に、イスラム原理主義は、イスラム教を信じる国で、西欧的近代化を否定し、イスラム法に基づく国家・社会への回帰を求める思想や運動をいう。アルカイダは、1979年、ソビエト連邦（現ロシア）がアフガニスタンを占領し、共産主義に基づいて宗教を禁止したためにできたイスラム原理主義によるテロ組織である。2001年に米国同時テロを起こし、アフガニスタンのタリバンが首謀者をかくまったので、2001年、米国アフガニスタン戦争となった。

　ISは、2003年、米国のイラク戦争によって生まれ、2011年に支配地域を最大化し

372

た。その後は米国、ロシア等に攻撃され、支配地域は小さくなり、テロを続けている。

タリバンは、2001年からの米国との戦争で支配地域が小さくなっていたが、2021年の米軍撤退でアフガニスタン全体を支配し、イスラム原理主義による政治を行っている。

このように、**各地の戦争・内戦・内乱は、過去の戦争や暴力が原因となって続いているものが多い**（表32）。

国際連合の安全保障理事会は、国際平和の維持、国際紛争の解決を目的とする。米国・英国・フランス・ロシア・中国の5常任理事国と、総会で選挙される任期2年の10の非常任理事国の15か国で構成される。**常任理事国は決議の拒否権をもつ**[45]。

国際原子力機関（IAEA）は、テロ、戦争の被害を大きくしないために、テロリストや好戦的な国が核兵器を持たないようにしている。

3. 世界各国の政治体制

世界各国の政治体制は多様である。下記のような政治体制がある。

王制は、王が主権をもつ政治体制をいう[46]。2016年調査で、英国の旧植民地国家が、英国君主を君主としている国を含めて、43カ国に国家元首としての君主が存在する[47]。日本の天皇は元首ではなく象徴であるが、世界で最も古い王室と認められている。

共和制は、主権が国民にあり、直接または間接に選出された国家元首や複数の代表者によって統治される政治形態をいう[48]。

ファシズムは、イタリアのムッソリーニ、ドイツのナチズムなど、自由主義と共産主義に反対し、独裁的指導者が暴力によって抑え込む政治体制をいう[49]。

社会主義国は、1991年まで、社会主義、共産主義を信じ、計画経済を運営した国をいう。

自由経済国は、1930年代の大恐慌以降、企業に自由を認めながらも、政府が必要に応じて調整・介入する経済運営を行っている国をいう。

民主主義国は、国民が権力をもつ政治体制をいう。古代ギリシャに始まり、17,18世紀の市民革命で、近代国家の主要な政治体制となった。近代民主主義は、国民主権、基本的人権、法の支配、三権分立などが重視される。人間の自由と平等を尊重する[50]。

独裁体制は、特定の個人・党派・階級・身分などの少数者が国家権力を独占し、思

うままに行う政治体制をいう。旧ドイツのナチズム、旧イタリアのファシズム、旧ソビエト連邦のスターリンなどの政治や、途上国の軍部による政治、北朝鮮など[51]がある。

権威主義体制も同様で、スペインのフランコ体制、朴・全時代の韓国、マルコス時代のフィリピンなど[52]をいう。

「民主主義が良い」と考える読者が多いと思うが、世界の中で**民主主義**体制は、2002年の43か国から2022年は**14か国**に減少し、**人口比で13%**と少なくなっている。**独裁体制の国**に住んでいる人は**人類の72%**となっている[53]。

独裁体制は、第一に、旧社会主義国が、経済は自由化したものの、共産党の一党独裁を継続したり、いったん民主化したが独裁体制に戻ったもの。第二に、旧植民地が、民主主義では内乱や混乱を統治できず、独裁者が暴力で国民を抑え込んでいる国などがある。

2020年、国連の人権理事会は、中国の香港国家安全維持法を取り上げた。維持法反対は民主主義国など27カ国、賛成は50カ国だった。賛成の多くが権威主義体制、独裁体制で、中国の経済支援を受けている国だった[54]。

注（再掲）：モフタル・リアディさん第2話は、リアディさんの父は、18, 19歳の頃、福建省からインドネシアに渡り、布地を売る商売をした。リアディさんが生まれてまもなく、祖母の介護のため、母は福建省に帰り、リアディさん兄弟は福建省で育てられた。

そのころの中国は、南京の国民党政府、各地の軍閥（軍人の私的集団）の戦乱が続き、強盗が多いなど治安も悪かった。

注（再掲）：このころの戦乱、治安の悪さの記憶が、中国人が、共産党の一党独裁や、毛沢東、習近平など強い指導者を支持する理由といわれる。多少の不自由があっても、**強権政治がなくなって、再び、戦乱が起こり治安が悪くなるのが嫌だから**といわれる。

４．世界各国のカントリーリスク

カントリーリスクは、特定の国・地域における政治・経済・社会情勢の変化により企業が損失を被るリスクをいう。

日本貿易保険機構は貿易保険を提供している。**貿易保険**は、日本企業の輸出・投資・融資が、輸出できなくなったり、代金回収ができなくなったりしたときの損失を

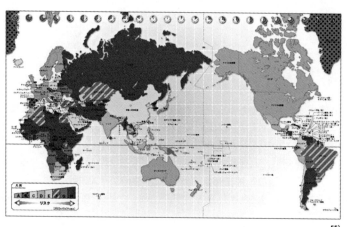

[図127] 日本貿易保険機構のカントリーリスク評価

埋め合わせする保険である。国・地域のリスクは、対象国の借金返済状況、経済情勢等の評価を基に日本貿易保険機構が決め[56]、リスクが高い国は保険料を高く設定したり、保険付与を行わない。

○さらに学びたい人へ

【推薦図書14】 地図で見る世界の宗教
　　ティム・ダウリー（2020）（蔵持 不三也（訳））『地図で見る世界の宗教』柊風舎

[注]
1) 小学館デジタル大辞泉
2) 小学館デジタル大辞泉
3) 平凡社百科事典マイペディア
4) 東京基督教大学 (2018) (p.5)
5) ブリタニカ国際大百科事典 小項目事典
6) Dowley (2018)（ダウリー (2020) (pp.84-88)）
7) Dowley (2018)（ダウリー (2020) (p.92)）

第19章　国際情勢　375

8) Dowley（2018）（ダウリー（2020）（p.94））

9) 池上（2019）（pp.108-109）

10) Dowley（2018）（ダウリー（2020）（p.104））

11) Dowley（2018）（ダウリー（2020）（pp.110-113））

12) Dowley（2018）（ダウリー（2020）（pp.114-117））

13) 池上（2019）（pp.64-69）

14) 池上（2019）（pp.92-95）

15) Dowley（2018）（ダウリー（2020）（p.34））

16) Dowley（2018）（ダウリー（2020）（p.36））

17) ブリタニカ国際大百科事典 小項目事典

18) JTB　https://www.jtb.co.jp/kaigai_guide/report/ID/2014/07/bali-hindu.html（2021/ 9/ 1取得）

19) Dowley（2018）（ダウリー（2020）（p.48））

20) Dowley（2018）（ダウリー（2020）（pp.52-53））

21) 小学館デジタル大辞泉 , 知恵蔵

22) 知恵蔵

23) Dowley（2018）（ダウリー（2020）（p.72））

24) 国際連合 https://www.unic.or.jp/news_press/messages_speeches/sg/27266/（2023/ 12/ 5取得）

25) Dowley（2018）（ダウリー（2020）（p.78））

26) 小学館デジタル大辞泉

27) Dowley（2018）（ダウリー（2020）（p.134））

28) Gervais et al.（2017）

29) 旺文社日本史事典 三訂版

30) Churchill, Winston（1984）（p.81）

31) https://www.historic-uk.com/HistoryofBritain/The-Fall-of-Singapore/（2023/ 3 / 8 取得）

32) 旺文社日本史事典 三訂版

33) シンガポール国立博物館 https://www.nhb.gov.sg/nationalmuseum/our-exhibitions/exhibition-list/surviving-syonan（2023/ 3 /17取得）

34) 平凡社百科事典マイペディア

35) 旺文社世界史事典 三訂版

36) 旺文社世界史事典 三訂版

37) 旺文社世界史事典 三訂版

38) 平凡社百科事典マイペディア

39) 広辞苑 第七版

40) 平凡社百科事典マイペディア

41) 平凡社百科事典マイペディア

42) ブリタニカ国際大百科事典 小項目事典

43) ＮＨＫ https://www 3 .nhk.or.jp/news/html/20210627/k10013107081000.html（2021/ 9 / 1取得）

44) 外 務 省 https://www.mofa.go.jp/mofaj/press/pr/pub/pamph/pdfs/af_funso.pdf

(2023/12/ 5取得)

45）小学館デジタル大辞泉

46）精選版 日本国語大辞典

47）ＣＮＮ https://www.cnn.co.jp/world/35087218.html （2021/ 9/ 1取得）

48）小学館デジタル大辞泉

49）小学館デジタル大辞泉

50）小学館デジタル大辞泉

51）小学館デジタル大辞泉

52）ブリタニカ国際大百科事典 小項目事典

53）V-Dem Institute（2023）（p. 7）

54）東洋経済 https://toyokeizai.net/articles/-/437423?page= 2 　（2021/ 9/ 1取得）

55）https://www.nexi.go.jp/cover/img/rskmap.pdf 　（2022/12/22取得）

56）日本貿易保険機構 https://www.nexi.go.jp/cover/categorytable 　（2022/12/22取得）

理 論 目 次

理論 1	需要と供給の均衡点	37
理論 2	需要の価格弾力性	47
理論 3	供給の価格弾力性	50
理論 4	豊作貧乏	55
理論 5	価格差別（経済学）・ダイナミックプライシング（経営学）	59
理論 6	内生変数・外生変数	64
理論 7	限界革命	67、83
理論 8	サービスの性質	69
理論 9	限界効用理論	69
理論10	収益モデル	76、328
理論11	規模の経済	79、302
理論12	範囲の経済	79、302
理論13	限界費用逓増の法則・収穫逓減の法則	79
理論14	限界費用曲線は供給曲線と一致する	82
理論15	市場メカニズム	85
理論16	最適な資源配分と歪み	96
理論17	完全競争	98
理論18	レッドオーシャン・ブルーオーシャン	100
理論19	厚生経済学の第1基本定理	101
理論20	厚生経済学の第2基本定理	102
理論21	市場の失敗	103
理論22	ゲーム理論	114
理論23	囚人のジレンマ	114
理論24	ミニマックス法	115
理論25	ナッシュ均衡	115
理論26	自由放任主義は誤り	116
理論27	立地ゲーム	116
理論28	時間を通じたゲーム ― ツリー図 ―	117
理論29	繰り返しゲーム	120
理論30	エージェンシー理論	123
理論31	逆選択	125
理論32	シグナル	125
理論33	経済人の仮説	128
理論34	人が誤った意思決定をしがちなことを説明する理論	129
理論35	プロスペクト理論	130

理論36	ナッジ	134
理論37	金本位制	150
理論38	インフレーション	150
理論39	デフレーション	153
理論40	非自発的失業	153
理論41	家計、企業、政府	163
理論42	財政政策	165
理論43	伝統的金融政策	166
理論44	ＧＤＰ	173
理論45	ＧＤＰの三面等価	174
理論46	乗数効果	183
理論47	45度線図	187
理論48	固定為替相場制	197
理論49	変動為替相場制	197
理論50	個人の付加価値労働生産性と収入は概ね比例する	214
理論51	全体最適と部分最適	226、290
理論52	量的緩和 ― 新しい金融政策 ―	228
理論53	比較優位理論	273
理論54	将来が読めるとき／読めないときの経営理論	282
理論54－1.	理論の使い分け	282
理論54－2.	将来が読めるとき／読めないときに使う経営理論など	282
理論54－3.	特定の経営理論に"こだわる"のは良くない	285
理論55	STP マーケティング	289
理論56	製品ライフサイクル理論	291
理論57	イノベーション普及理論	292
理論58	使用価値、交換価値、知覚価値の関係	297
理論59	ポジショニング	300
理論60	オープンイノベーション理論	304
理論61	バリューチェーン理論	310
理論62	タイムベース戦略理論	311
理論63	キャリア形成理論　キャリアデザイン・キャリアアンカー・キャリアドリフト・キャリアサバイバル	315
理論64	リーダーシップ理論	318
理論65	PM 理論	320
理論66	サーバント・リーダーシップ	320
理論67	バーナードの組織の３要素	344
理論68	組織、権限、権力	344
理論69	信頼の理論	346

理論70	形式知と暗黙知 ………………………………………………………	347
理論71	知は、個人の主観や人格に始まる。暗黙知が基礎となる ………………	348
理論72	ＳＥＣＩモデル・組織的知識創造の基本理論 ………………………	349
理論73	センスメイキング理論 ………………………………………………	351
理論74	ＢＴＦ理論 ……………………………………………………………	354

図・表・写真目次

［図］

［図1］	学生や若い社会人が、ビジネス会話がわかる力を漏れなく最小労力で得る ……	14
［図2］	大学では“好きなこと”と“社会に出て必要なこと”の両方に挑戦しよう ……	15
［図3］	ビジネス、経営学、経済学などの関係 ………………………………	16
［図4］	本書の構成 …………………………………………………17、140、235
［図5］	Ａさんの需要をグラフ化 ……………………………………………	26
［図6］	Ａさんの需要曲線の推測 ……………………………………………	27
［図7］	Ｂさんの需要曲線の推測 ……………………………………………	27
［図8］	ＡさんとＢさんの需要を足した需要曲線の推測 …………………	28
［図9］	日本全体のリンゴのふじ品種への需要曲線の推測 …………29、36、47
［図10］	Ａさんがリンゴ100円のときに8個買ったときの支出額 …………30、44
［図11］	Ａさんがリンゴ200円のときに4個買ったときの支出額 …………31、44
［図12］	リンゴ農家の生産行動 ………………………………………………	33
［図13］	東北地方で生産しているリンゴの品種の割合 (2018年) ………………	34
［図14］	リンゴ農家はふじの価格がいくらのときに何個生産しようと考えるか …………	34
［図15］	日本全体のリンゴ農家のリンゴのふじ品種の供給曲線 ………35、37、50、67、81
［図16］	日本全体のリンゴのふじ品種への需要と供給 (推測) ………………	37
［図17］	日本全体のリンゴのふじ品種の価格が300円のときの需要と供給	39
［図18］	日本全体のリンゴのふじ品種の価格が100円のときの需要と供給	40
［図19］	リンゴ農家の狙いと豊作・不作 …………………………………43、54、64
［図20］	豊作のときのリンゴ農家の収入 ……………………………………	44
［図21］	不作のときのリンゴ農家の収入 ……………………………………	45
［図22］	計画どおり、豊作、不作のときのリンゴ農家の収入 …………………45、54
［図23］	ビヨーンと大きく変化するのが弾力的 ……………………………	46
［図24］	弾力的・非弾力的な需要曲線 ………………………………………	51
［図25］	弾力的・非弾力的な供給曲線 ………………………………………	51
［図26］	白菜の需要と供給と農家の収入 (それぞれの年) …………………55、87

［図27］豊作貧乏 ……………………………………………………………………………… 56

［図28］価格に対して非弾力的な需要曲線と弾力的な需要曲線 …………………………… 59

［図29］需要曲線の内生変数と外生変数 ……………………………………………………… 63

［図30］$Y = X^2$ ……………………………………………………………………………… 66

［図31］X＝2の近くでXを少し増やしたときにYがどれくらい増えるか ……………66、79

［図32］焼き肉の1皿目、2皿目、3皿目……の限界効用 ………………………………70、90

［図33］マズローの欲求5段階説 ……………………………………………………………… 71

［図34］損益分岐点 ……………………………………………………………………………… 77

［図35］陸上トラック …………………………………………………………………………… 83

［図36］市場メカニズム ………………………………………………………………………… 85

［図37］1970年代の石油危機による石油価格上昇と石油輸入支払額 ……………………… 87

［図38］現在の日本の石油の需要曲線 ………………………………………………………… 88

［図39］消費者余剰 ……………………………………………………………………………… 91

［図40］生産者余剰 ……………………………………………………………………………… 91

［図41］価格と数量が均衡しているときの消費者余剰と生産者余剰 ……………………… 92

［図42］価格が高すぎるときの消費者余剰と生産者余剰 …………………………………… 92

［図43］価格が安すぎるときの消費者余剰と生産者余剰 …………………………………… 93

［図44］消費税があるときの消費者余剰と生産者余剰 ……………………………………… 96

［図45］完全競争 ………………………………………………………………………………… 99

［図46］環境破壊の外部効果（外部不経済）と市場の失敗 ……………………………… 104

［図47］囚人のジレンマ　A，Bの選択と受ける罰（Aの罰，Bの罰） ……………… 114

［図48］ナッシュ均衡でない状態　A店は、右に移動すると客が増える。 …………… 116

［図49］立地ゲームのナッシュ均衡　A・B店は、市場の中央で隣り合う。 ………… 117

［図50］ツリー図 ……………………………………………………………………………… 118

［図51］プロスペクト理論の価値関数 ……………………………………………………… 130

［図52］アレの逆説 …………………………………………………………………………… 132

［図53］モノとモノの交換は合意できる場合とできない場合がある。
　　　　お金を仲介させれば何にでも交換できる。 ……………………………………… 142

［図54］裏付けなしに紙幣を印刷して増やすとインフレになる ………………………… 144

［図55］近代資本主義と植民地 ……………………………………………………………… 146

［図56］植民地（1914年，各本国を含む） ………………………………………………… 147

［図57］人種差別の構造 ……………………………………………………………………… 147

［図58］日本は欧米の近代資本主義をマネしたので植民地にされなかった …………… 149

［図59］インフレでおカネの価値がどんどん下がる ……………………………………… 151

［図60］1920年代のドイツのインフレ ……………………………………………………… 151

［図61］5人が就職しようとして4人分の求職しかないと、
　　　　1人は非自発的失業になる ………………………………………………………… 154

［図62］近代資本主義の大きな欠点に対して2つの経済対策 …………………………… 157

[図63] 社会主義を経験した国 ……………………………………………… 158

[図64] 経済全体は、家計、企業、政府の3つの部門から成り立っている ……………… 163

[図65] 財政政策のマクロ経済への影響 …………………………………… 166

[図66] 伝統的金融政策のマクロ経済への影響 ……………………………… 168

[図67] ＧＤＰの三面等価 ……………………………………………… 174

[図68] 日本銀行全国企業短期経済観測調査（日銀短観）業況判断（2015年〜） ………… 176

[図69] 日本の実質GDP成長率（2019年4月から。四半期） …………………… 177

[図70] 鉱工業生産指数 ………………………………………………… 177

[図71] 日本銀行全国企業短期経済観測調査（日銀短観）製造業の業況判断（2000年〜） …… 178

[図72] 2020年9月、OECD Economic Outlook の世界経済見通し ……………… 181

[図73] 1／2＋1／4＋1／8＋…の無限等比級数の和は1 …………………… 185

[図74] マクロ経済学の45度線図 ……………………………………… 187

[図75] 日本の植民地、占領地（〜1942年） …………………………… 193

[図76] 第二次世界大戦後の通貨と通商ルール ……………………………… 200

[図77] 近代資本主義からグローバル化・マクロ経済政策の普及までの経済史 …… 205

[図78] 飢餓率が35％を超える国：18カ国（2007年） …………………… 211

[図79] 米国の相手国別財貿易収支の推移 ………………………………… 219

[図80] 日米貿易摩擦と米中貿易摩擦の共通点と異なる面 …………………… 220

[図81] 自由貿易協定（A・B国）は域外に対しての関税を以前より高めないことが条件 … 221

[図82] 日本の完全失業率 ………………………………………………… 228

[図83] 通貨量（広義流動性）の推移 …………………………………… 229

[図84] 有効求人倍率の推移 …………………………………………… 232

[図85] 世界の経済事情のあらすじ ……………………………………… 235

[図86] 日銀短観（日本銀行全国企業短期経済観測調査）業況判断（製造業、1974年〜） …… 236

[図87] 東西ドイツとベルリン　ベルリン市のソビエト連邦、米、英、仏の分割統治 … 248

[図88] 欧州の鉄のカーテン ……………………………………248、369

[図89] 輸出入、外国為替と外国為替市場 …………………………………… 260

[図90] 3月に石油を仕入れてタンカーで運び、6月に日本で売る ……………… 267

[図91] 日本の経常収支 ………………………………………………… 272

[図92] マネジメントの全体像 ………………………………………… 280

[図93] 経営学の構成 ………………………………………………… 281

[図94] ステーシーマトリクス（将来が読めるとき／読めないときの経営理論の選択） ……… 283

[図95] ウォーターフォール型プロジェクトマネジメント ……………………284、324

[図96] おむつは赤ちゃんが使うが親が買う ……………………………… 288

[図97] マーケティング・ミックス、全体最適と部分最適 …………………… 290

[図98] 製品ライフサイクルとイノベーション普及理論 …………………… 292

[図99] 製品ライフサイクルとイノベーション普及理論は街の流行でも実感できる …… 293

[図100] 宣伝を見て期待したよりも実際の方が悪いとがっかりする ……………… 297

[図101] プロダクト三層モデル …………………………………………………… 298
[図102] ポジショニングマップ ……………………………………………………… 300
[図103] クローズドイノベーション（社内だけの経営革新）……………………… 304
[図104] オープンイノベーション（社外の経営資源も使う経営革新）…………… 306
[図105] 製造業（ものづくり）のバリューチェーンの例 ………………………… 310
[図106] キャリアデザインとキャリアドリフト・キャリアサバイバルのイメージ …… 316
[図107] 組織の目標を達成するための仕組み …………………………………… 323
[図108] プロジェクトマネジメントの10の知識エリア ………………………… 323
[図109] ステーシーマトリクス（プロジェクトマネジメントの類型選択）……… 325
[図110] 伝統的なひげそりと"替え刃モデル" ………………………………… 332
[図111] 損益計算書（P/L）の概念図 …………………………………………… 336
[図112] 貸借対照表（B/S）………………………………………………………… 337
[図113] 連結決算でグループ全体の会計を知る ………………………………… 339
[図114] 企業戦略と事業戦略の例 ………………………………………………… 343
[図115] なぜ部門化が必要か ……………………………………………………… 345
[図116] 権限と権力の関係 ………………………………………………………… 345
[図117] 信頼の連鎖 ………………………………………………………………… 346
[図118] 形式知と暗黙知 …………………………………………………………… 347
[図119] 知識創造は暗黙知と形式知の相互変換運動である …………………… 348
[図120] 知識創造とＳＥＣＩモデル・組織的知識創造の関係 ………………… 349
[図121] ＳＥＣＩモデル・組織的知識創造の基本理論 ………………………… 349
[図122] センスメイキング理論 …………………………………………………… 351
[図123] ＢＴＦ理論の概念図―高い志で好業績を続けるケース― …………… 355
[図124] ＢＴＦ理論の概念図―低い志の経営者が会社を倒産させるケース― … 356
[図125] 世界の宗教分布 …………………………………………………………… 361
[図126] 1942年の日本の占領地域（太平洋と隣接戦域―日本の前進限界）…… 366
[図127] 日本貿易保険機構のカントリーリスク評価 …………………………… 374

[表]

[表1] 日本経済新聞の頻出用語（主なもの）………………………………………… 19
[表2] Ａさんの需要とＢさんの需要（個）………………………………………… 27
[表3] 日本の全需要（個）…………………………………………………………28、30
[表4] 日本のリンゴ全部（20億個分）への価格別支出額（円）…………………30、33
[表5] $Y＝X^2$ ……………………………………………………………………… 65
[表6] 経済人の仮説と行動経済学が考える人 …………………………………… 128
[表7] マクロ経済学の基本用語 …………………………………………………… 162
[表8] 日経225企業 ………………………………………………………………… 170

[表9] 政府経済見通しの主要経済指標（2024年度）……………………………………… 175

[表10] OECD Economic Outlook の経済見通し（抄）………………………………… 180

[表11] 第二次世界大戦直後の東アジア諸国の独立 ………………………………………… 193

[表12] 冷戦 ……………………………………………………………………… 194、200、368

[表13] 先進国 新興国 準新興国 停滞国の一人当たり国民所得（一人当たり GDP, ドル）…… 211

[表14] 民主党政権による6重苦と自由民主党・アベノミクスによる
　　　　改善評価（2014年当時）………………………………………………………… 227

[表15] 主な電子マネー ……………………………………………………………………… 230

[表16] 第二次世界大戦後の日本の景気　参照 ☑ ……………………………………… 237

[表17] 為替レートの種類 …………………………………………………………………… 263

[表18] 石油現物市場と先物市場を利用したリスクヘッジの例（ドル／バレル）………… 267

[表19] 3月に石油を仕入れてタンカーで運び、6月に日本で
　　　　売るときの価格変動での損得 …………………………………………………… 268

[表20] 先物市場を利用したリスクヘッジの価格変動での損得 ………………………… 268

[表21] デリバティブ ………………………………………………………………………… 269

[表22] 国際収支 ……………………………………………………………………………… 271

[表23] 比較優位理論の解説 ………………………………………………………………… 273

[表24] 将来が読めるとき／読めないときに使うことわざ、経営理論 ………………… 283

[表25] STP マーケティング ………………………………………………………………… 289

[表26] 製品ライフサイクル理論 …………………………………………………………… 291

[表27] イノベーション普及理論の顧客の性格の5つのタイプ ………………………… 292

[表28] ＱＣＤＳ …………………………………………………………………………… 300

[表29] 多角化の顧客提供価値マトリクス …………………………………………… 303、330

[表30] タイムベース戦略と1時間当たり利益 ………………………………………… 312

[表31] キャリアデザイン理論の用語 ……………………………………………………… 315

[表32] 1945年以降の戦争・内戦 …………………………………………………………… 371

[写真]

[写真1] 日本の石油備蓄 …………………………………………………………………… 88

[写真2] リスクをリスクと考えなかった結果、大きな被害が起きた ………………… 106

[写真3] 深刻な災害でも略奪が起きず、静かに列を作る日本人に
　　　　世界が驚き称賛した ……………………………………………………… 120、364

[写真4] 男子用トイレの小便器に「ハエ」の絵を描いた ……………………………… 135

[写真5] 江戸幕府の通貨 …………………………………………………………………… 143

[写真6] 江戸時代の紙幣・藩札 …………………………………………………………… 144

[写真7] 1602年の世界地図。鎖国時の日本にも輸入された『坤輿万国全図』………… 146

[写真8] 官営 富岡製糸場 繰糸所 ………………………………………………………… 148

[写真9] 銀行倒産で預金がなくなることを心配してアメリカ連合銀行に集まった群衆 ‥‥ 155
[写真10] ＮＨＫニュースの市場動向の報道 ‥‥‥‥‥‥‥‥‥‥‥‥‥‥‥‥‥‥‥ 169
[写真11] 壁を壊して歓喜するベルリン市民 ‥‥‥‥‥‥‥‥‥‥‥‥‥‥‥‥‥‥‥ 203
[写真12] 2013年　ＡＰＥＣ観光大臣会合（旅行円滑化に関するハイレベル政策対話）‥‥‥‥ 224
[写真13] 天安門広場で毛主席語録を掲げる紅衛兵（1967年）‥‥‥‥‥‥‥‥‥‥‥ 244
[写真14] 無名の反逆者 Unknown Rebel、戦車男（Tank Man）‥‥‥‥‥‥‥‥‥‥ 245
[写真15] 米国同時多発テロ事件 ‥‥‥‥‥‥‥‥‥‥‥‥‥‥‥‥‥‥‥‥‥‥‥ 250
[写真16] 岩手県産㈱が開発・販売し、ヒットした「Ça va（サヴァ）？缶」‥‥‥‥‥ 299
[写真17] 宮崎県串間市の〝よろずや〟スーパーケンちゃん ‥‥‥‥‥‥‥‥‥‥‥ 309
[写真18] キャリアは自分が進めてきた馬車が残す轍（車輪の跡）‥‥‥‥‥‥‥‥‥ 318
[写真19] 1942年２月、シンガポールの英国軍の降伏 ‥‥‥‥‥‥‥‥‥‥‥‥‥‥ 366
[写真20] オランダ駐留軍の戦車を日本軍が奪い、インドネシア独立軍が受け継いだ ‥‥ 367

例　題　目　次

例題１　Ａさんのリンゴへの支出額 ‥‥‥‥‥‥‥‥‥‥‥‥‥‥‥‥‥‥‥‥‥‥　31
例題２　需要と供給の均衡点 ‥‥‥‥‥‥‥‥‥‥‥‥‥‥‥‥‥‥‥‥‥‥‥‥　38
例題３　リンゴの品種の特徴 ‥‥‥‥‥‥‥‥‥‥‥‥‥‥‥‥‥‥‥‥‥‥‥‥　38
例題４　需要と供給が一致する場合、価格が高い場合、価格が安い場合 ‥‥‥‥‥‥　43
例題５　計画どおり、豊作、不作のときのリンゴ農家の収入 ‥‥‥‥‥‥‥‥‥‥‥　46
例題６　需要の価格弾力性が小さい商品、大きい商品を考えてみよう。 ‥‥‥‥‥‥　48
例題７　供給の価格弾力性が小さい商品、大きい商品を考えてみよう 。 ‥‥‥‥‥‥　52
例題８　白菜が豊作のとき、農家が豊作貧乏になる（収入が減る）ことがあるのは
　　　　なぜですか？　弾力性という言葉を使って説明しなさい。 ‥‥‥‥‥‥‥‥　56
例題９　最初の価格が100円だとするとどうなるか、考えて文章で書いてみよう 。 ‥‥　86
例題10　消費者余剰と生産者余剰 ‥‥‥‥‥‥‥‥‥‥‥‥‥‥‥‥‥‥‥‥‥‥‥　93
例題11　消費税を導入する前と後では、日本全体の効用（満足度）は増えますか？
　　　　減りますか？　図44で示しながら答えなさい 。 ‥‥‥‥‥‥‥‥‥‥‥‥　97
例題12　図45で、完全競争のときの、企業全体の生産量と、そのときの企業全体
　　　　の生産者余剰を斜線で示したグラフは図Ａ，図Ｂのどちらか選びなさい。 ‥‥　99
例題13　保護者に、第二次世界大戦敗戦中や戦後の、親戚や近い人たちが
　　　　苦労した話の言い伝えを聞いてみよう。 ‥‥‥‥‥‥‥‥‥‥‥‥‥‥‥ 158
例題14　日経225企業 ‥‥‥‥‥‥‥‥‥‥‥‥‥‥‥‥‥‥‥‥‥‥‥‥‥‥‥‥ 171

推 薦 図 書 目 次

【推薦図書1】経済学の基本書 ……………………………………………… 107
【推薦図書2】ミクロ経済学の力 …………………………………………… 136
【推薦図書3】実践 行動経済学 完全版 …………………………………… 136
【推薦図書4】国際経営講義 ………………………………………………… 206
【推薦図書5】私の履歴書　コシノジュンコさん ………………………… 242
【推薦図書6】私の履歴書　天坊昭彦さん ………………………………… 246
【推薦図書7】私の履歴書　モフタル・リアディさん …………………… 252
【推薦図書8】クルーグマン国際経済学 理論と政策 …………………… 275
【推薦図書9】キャリア・デザイン・ガイド ……………………………… 325
【推薦図書10】PMBOK 第7版 …………………………………………… 325
【推薦図書11】稲盛和夫の実学 ── 経営と会計 ………………………… 339
【推薦図書12】経営学の入門書 …………………………………………… 357
【推薦図書13】経営学の古典、専門書 …………………………………… 357
【推薦図書14】地図で見る世界の宗教 …………………………………… 374

数 学 の 復 習 目 次

数学の復習1　絶対値 ……………………………………………………… 48
数学の復習2　微分 ………………………………………………………… 65
数学の復習3　数列、級数 ………………………………………………… 184

コ ラ ム 目 次

コラム1　厚生経済学の基本定理　なぜ完全競争の仮定が大事なのか …………… 101
コラム2　アレの逆説 ……………………………………………………… 131
コラム3　経済対策の執筆で不眠不休 …………………………………… 182
コラム4　仁徳天皇のマクロ経済政策 …………………………………… 188
コラム5　自由経済国の社会制度 ── 近代資本主義とは大きく違う ── …………… 195
コラム6　イングランド銀行を負かした男 ……………………………… 198

コラム 7　貿易自由化の力―Take it or leave it, Juggernaut effect― ·················· 202
コラム 8　貴重な経済政策の実験―社会主義経済運営はうまくいくか？― ·············· 204
コラム 9　個人の貢献と収入は概ね比例する ·· 214
コラム10　ＧＡＴＴ、ＷＴＯ、日米自動車交渉の現場 ···································· 217
コラム11　ＡＰＥＣを作るまで ·· 223
コラム12　アジア通貨危機 ·· 256
コラム13　アマゾン、アサハン・アルミプロジェクト ································· 264
コラム14　非鉄金属先物市場での日本企業の危機を再発させない手を打つ ·············· 269
コラム15　企業理念が組織の取り組みの方向性を決める ································· 343

経 済 事 情 目 次

経済事情 1　改革開放 ·· 244
経済事情 2　バブル・バブル経済・バブル崩壊 ·· 251
経済事情 3　アジア通貨危機 ·· 256

国 際 情 勢 目 次

国際情勢 1　第二次世界大戦 ·· 242
国際情勢 2　ヒッピー ·· 243
国際情勢 3　文化大革命 ·· 243
国際情勢 4　天安門事件 ·· 245
国際情勢 5　安保闘争 ·· 246
国際情勢 6　ベルリンの壁、東欧の社会主義国 ·· 247
国際情勢 7　イスラム原理主義 ·· 249
国際情勢 8　華僑 ·· 253
国際情勢 9　国民党 ·· 254

質問コーナー目次

Q1 経済学、経営学を好きになるには、まずどうすればいいですか？……………… 20

Q2 経済学を学ぶ上で心掛けた方がいいことは何ですか？ ……………………… 20

Q3 これから社会に出て、経済学、経営学で学ぶ専門用語は頻繁に出てきますか？ …………………………………………………………………………………… 20

Q4 経済学、経営学の知識は、会社に就職してからどのような場面で活かせますか？ …………………………………………………………………………………… 20

Q5 経済学を日常的に考えながら動くことはありますか？……………………… 20

Q6 経済学のニュースでオススメなものはありますか？………………………… 20

Q7 「見えざる手に導かれて」の説明における「おおまかに社会全体の利益が達成される」とは具体的にどういった状況ですか？……………………………… 23

Q8 アダム・スミスの「見えざる手に導かれて」を高校では「見えざる手」だけで覚えていたのですが何か違いはありますか？…………………………… 23

Q9 市場メカニズムの理論の思考法は経済学だけの話ではなく、普段の授業での課題解決の場でも重要な考え方だと気づきました。「おおまかに何が問題で何が正しいかスケッチするように思考し」おおまかに問題点と解決策、自分の考えをイメージしておいて、臨機応変に行動したいと改めて思いました。 ……………………………………………………………………………… 24

Q10 経済は世界と繋がっているというのは私たち一人一人の個人も、足せば需要曲線になるように、日本や世界と繋がっていることに気づきました。自分の需要も世の中の需要に関係していることを再確認しました。自分と経済のつながりを感じることができたのでもっと経済に関心を持つ良い機会になったと思います。 ………………………………………………………………… 29

Q11 需要曲線は、企業などが使うイメージが私の中で大きいため、需要曲線をあまり身近なものとして感じることができないのですが、私たちの日常生活の中で、需要曲線を用いることで理解がしやすくなる場面はありますか？ ……… 29

Q12 "ブランドもの"のように値段が高いほど買うという心理はなぜ起こるのですか？ …………………………………………………………………………… 31

Q13 需要と供給のグラフによれば、値段が安ければ安いほど買う数量が多くなるという理論になります。しかし、あまりに価格が安すぎると品質を疑いはじめて買わないという現象は起きないのでしょうか。もし仮に起きるとした場合、このグラフは正しくないということになるのでしょうか。 ………… 32

Q14 供給曲線を農家以外に活用している場所はありますか。 ……………………… 35

Q15 生産者が供給量を増やすのは、価格が高い以外の理由はありますか。 ………… 35

Q16 もし、リンゴを売るとして、他の農家とは違う時期（夏など）に売ったら、需要が多く、高く売れることにより、儲かりますか。 ……………………… 36

Q17 どのようにして均衡点を見つけるのですか？ …………………………………… 38

Q18 スーパーの割引シールを貼るのは供給（商品の数）に対して需要（買う人）が
少ないから、値段を下げて需要を少しでもあげようとしているからですか？ …… 38

Q19 価格が高いときは、消費者の需要が少ないため、たくさん供給しても余っ
てしまうのになぜ増産しようとするのですか？ ………………………………… 39

Q20 需要と供給が均等になりにくい仕事はありますか？ ………………………… 41

Q21 需要と供給が均等になりにくい仕事についての質問で、ほとんどの商品が
需要と供給が均等になりにくいという回答にびっくりしました。 …………… 41

Q22 意図的に生産量を減らして価値を高めて供給している企業も中にはありま
すか？ ……………………………………………………………………………………… 41

Q23 今回はリンゴ農家でしたが、これがおもちゃやお菓子など材料があればす
ぐに作れるものになったら一定以上の収入が見込めるようになるというこ
とですか？ ……………………………………………………………………………… 41

Q24 バブル時代が終わってしまったのは、需要と供給のバランスがあまりにも
とれていなかったからですか？ ……………………………………………………… 41

Q25 実際に需要、供給曲線を仕事で使用する機会はありますか？ ……………… 42

Q26 需要供給曲線を使って、生産だけでなく、スーパーなどの値引きも考えら
れていたりするものですか？ …………………………………………………………… 42

Q27 利益をちゃんと得るには意識しないといけないことが経済学概論で、今の
時点で学んだことですら応用できる気がしないのに社会人の方々はさらに
多くのことを知りつつ話を理解し応用できるというのはすごいなと思いま
した。 ………………………………………………………………………………………… 42

Q28 弾力性について、図があったのでわかりやすかったです。質問です。ゴム
ボールは握ると形が変化しますが（弾力性）、元に戻ろうとすると思います。
物理では弾性力と表現されると思いますが、市場も元に戻ろうとしますか？
見当違いでしたらごめんなさい。 …………………………………………………… 46

Q29 数学が苦手なのですが、経済学で使用する数学の勉強方法を教えていただ
きたいです ……………………………………………………………………………… 49

Q30 需要の価格弾力性が大きい例のなかにモノだけでなく、サービスも含まれ
るのでしょうか。 ……………………………………………………………………… 49

Q31 転売ヤーが、自ら購入した新商品を元の価格よりも高い価格で出品した上、
利益を得ているところを見ると、需要の価格弾力性の変化は小さいままで、
転売ヤーが味を占めてしまい、これからも本当に購入したい人に、商品が
届きづらい状況が続いてしまうのではないかと思っています。こうした問
題を経済学の視点から解決することは可能なのでしょうか。ご教授いただ
ければ幸いです。 ……………………………………………………………………… 49

Q32 供給の価格弾力性がよくわかりません。モノを生産販売するとき、安定し
て売れるものが弾力性が低い（小さい）ということであっていますか？ ………… 52

Q33 需要の価格弾力性が高いのも、供給の価格弾力性が高いのもブランド品の
バッグやアクセサリーだと考えたのですが、矛盾していますか？………………… 52

Q34 わたくしの考えなのですが、供給の価格弾力性の小さい商品はガソリンな
のではないかと考えていたのですが、正確に供給の価格弾力性を理解でき
ているか心配になりました。教えていただきたいです。よろしくお願いい
たします。 ……………………………………………………………………………… 52

Q35 都会では需要の弾力性が大きい自家用車だけど、田舎では必要なものなの
で、自家用車は需要の弾力性が小さいということですが、そうなるとすべ
てにおいてどこを中心に考えるかで需要の弾力性と供給の弾力性の大小の
例は変化するものだと考えたのですが、この理解であっていますか？………… 53

Q36 今回の授業で、農家にとって不作が悪いとは思いませんでした。不作だと
しても、その分価格が上がるからです。農家にとって不作はどのようなデ
メリットがあるのですか？ ………………………………………………………… 56

Q37 貧困農家にならないための方法などはあるのですか？ ………………………… 56

Q38 その年の気候などを予測して、豊作になりすぎるかを予測することはでき
ないのですか？ ……………………………………………………………………… 56

Q39 農作貧乏の対策としてどのようなことが効果的ですか。 ……………………… 56

Q40 美味しそうにできた農作物を畑に粉々にして埋めてしまわず、どこかで使
う方法はないのですか？ …………………………………………………………… 57

Q41 農業についての質問と回答を見て、本当に農家さんは大変なんだと感じま
した。普段野菜などが買えることに感謝したいです。また、経済学を通し
て、農家さんについて知れると思っていなかったので、こういう見方もあ
るんだと勉強になりました。 ……………………………………………………… 57

Q42 2022年、世界情勢によって半導体などが手に入りにくく供給が追いついて
いない状況が続いていますが、経済に大きく影響してきているのですか？
新入生のパソコンが4月に間に合わなかったり、知り合いが車の納期が遅
れたというのを聞いたのですが、スマホの価格が跳ね上がったりする可能
性もあるのでしょうか？ …………………………………………………………… 57

Q43 生産物ではなく、サービスにも同じことがいえるのですか？ ………………… 58

Q44 販売者にとっては、弾力性が高いものと低いもの、どちらを売るのが得な
のでしょうか？　需要がなくならないという点から低いものですか？ ……… 58

Q45 あるモノの価格弾力性を意図的に変化させることは可能ですか？ …………… 58

Q46 一時的な流行りは弾力性が大きいというのはタピオカにも当てはまります
か？ …………………………………………………………………………………… 58

Q47 弾力性がごちゃごちゃになってよくわからなかったです。 …………………… 58

Q48 女性と男性、大人と子供などで料金の違う価格差別は世間的に良いことな
のでしょうか？ ……………………………………………………………………… 60

Q49 ダイナミックプライシングと価格差別の違いがよくわかりません。経済学

的に、または経営学的に考えるという前提がなければどちらを使っても差はないのでしょうか。教えていただけると幸いです。 ……………………… 60

Q50 弾力性の様々な例を見て、どれが弾力性が大きいか小さいか判断できるようになってきたと感じました。物だけでなくサービスにもあると見て、確かにと思い面白いと感じました。弾力性の大きい物を取り扱っている店や、サービスは流れについていかなければならないため、大変だと感じました。…… 60

Q51 ダンピングがきっかけで国際関係が悪化することはありますか？………………… 62

Q52 ダンピングを行った国や企業を非難することが多いといわれていますが、法律には引っかかっていないのでしょうか。 ………………………………………… 62

Q53 経済学的な思考法と、現実的な国民的感情、住民感情が合わない場合はどちらが優先されるなどあるのでしょうか。 ……………………………………… 62

Q54 外生変数のことを無視しようとしたのはなぜですか？ 商品は発売した時から外生変数と一緒に需要と供給が変化するのではないかと考えました。……… 64

Q55 たまに、サービスを無料で受けられるなどと言っている企業などはどのような意図でそれを言っているのか疑問に思いました。 ……………………………… 69

Q56 サービスが無料でない理由がよくわかりませんでした。経済学においてのサービスは全てお金がかかるのですか。 ………………………………………… 69

Q57 限界効用の階段が"登りの形"になる例はありますか？ …………………………… 71

Q58 先日クレーンゲームの景品が取れなくてたくさんお金を使ってしまったのですが、これはお金の限界効用が逓減しないことと関係がありますか？………… 71

Q59 クレーンゲームも麻薬やスマホの依存症に近いものだと知り、アイドルを推すことも捉え方によってはそれに近いのかなと思いました。 ……………… 72

Q60 平均費用は、最初は、固定費があるので高いが、生産を増やすにつれて安くなる。その後も生産量を増やすと、限界費用が高くなる効果で、平均費用も高くなるというところのイメージをつかむのに苦戦しました。もし実例があれば教えていただきたいです。 …………………………………………… 77

Q61 固定費は毎年変化するものですか。 ……………………………………………… 78

Q62 スーパーなどで、夜になるとお総菜などが"おつとめ品"として売り出されるが、あれは利益はだいぶ少ないのでしょうか？…………………………… 78

Q63 生産する量を増やすほど、生産者側の費用が増えるはずなのに、まとめ買いをすると安くなる理由がわかりません。また、通販やフリマアプリなどではまとめ買いをすると重さが増え送料が高くなるはずなのに安くする理由がわかりません。 …………………………………………………………… 80

Q64 固定費の多くは事業への先行投資ということが書かれており、そうなんだと納得しました。利益を上げるために行われていることが他にも多くあるんだろうなと思いました。 ……………………………………………… 81

Q65 限界費用逓増の法則や限界費用逓減の法則がある限り、漁業で黒字を出すことは難しいのでしょうか。 …………………………………………… 81

Q66 企業は限界費用曲線と価格が交わる数量を生産すると、利益が最大化する
　　　が、計算で思いどおりに利益を最大化させることは可能なのでしょうか？ ……… 82

Q67 限界革命について詳しく教えていただきたいです。　………………………… 82

Q68 今回の授業を踏まえると、需要と供給をバランスよくものを生産していく
　　　ことってとても難しいことではありませんか？………………………………… 86

Q69 価格が高すぎるときの消費者余剰と生産者余剰と、価格が安すぎるときの
　　　消費者余剰と生産者余剰のグラフの見方について詳しく教えてください。 ……… 94

Q70 均衡点って誰が決めているのですか？　一定期間安定したらそこが均衡点？
　　　消費者と生産者双方の気持ちを考えても均衡点に合わせにいって己らの需
　　　要と供給を調整している気はしないです。　………………………………… 95

Q71 消費税が生まれたことにより損失が生まれたことに驚きました。そうなる
　　　と、社会的にみると、高齢者の安心や若者の未来のために大切ですが、経
　　　済的に見たら、消費税は低い方が良いのですか。　………………………… 97

Q72 経済学の基本概念の一つである歪みで、市場メカニズムでベストな状態に
　　　あったものを人為的操作でわざわざベストでない状態にするのはなぜです
　　　か。　…………………………………………………………………………… 97

Q73 誰の利益にもならない損失が発生しないと経済は回らないということなん
　　　だと感じました。　…………………………………………………………… 97

Q74 資源配分といわれてもピンとこないので具体例を知りたいと思いました。 ……… 102

Q75 ミクロ経済学もマクロ経済学も経営学も「科学」なのが不思議だなと思い
　　　ました。科学という言葉に理系のイメージを持っていたので、数学を使う
　　　ミクロ経済学はまだしも経営学なども科学の中に入ってくるのが気になり
　　　ました。　……………………………………………………………………… 102

Q76 通貨の価値は何によって決まるのですか。　………………………………… 145

Q77 差別、偏見、憎しみがなくなるめどはまだつかない。とありましたが、ど
　　　のようなきっかけがあればなくなっていくのでしょうか。　……………… 148

Q78 1930年代の不況はどのようなものだったのか気になりました。　………… 154

Q79 多くの質問や解答を読んで、経済を回すということは簡単ではないのだと
　　　感じました。様々な関係や影響を配慮しなければならないのだと感じました。 ‥ 155

Q80 日本はもうバブル経済が起きることはないのでしょうか？ ………………… 181

Q81 国際収支を足すとゼロになるのはなぜですか？………………………………… 271

参考文献

H. Igor Ansoff (1979) *Strategic Management*, Palgrave Macmillan（H. イゴール・アンゾフ，中村元一 監訳）(2007)『戦略経営論』中央経済社)

Richard Baldwin (2016) *The Great Convergence, Information technology And the New Globalization,* Belknap Press（R. ボールドウィン，遠藤真美 訳 (2018)『世界経済 大いなる収斂』日本経済新聞出版社)

Pauline Brown (2019) Aesthetic Intelligence: How to Boost It and Use It in Business and Beyond, Harper Business（ポーリーン・ブラウン（著），山口 周（訳）(2021)『ハーバードの美意識を磨く授業：AI にはつくりえない「価値」を生み出すには』三笠書房)

Chesbrough, Henry William (2003) *Open Innovation: The New Imperative for Creating and Profiting from Technology* , Harvard Business Press.（ヘンリー・チェスブロウ著，大前恵一朗訳 (2004)『OPEN INNOVATION――ハーバード流イノベーション戦略のすべて』産能大出版部)

Chesbrough, Henry William (2006) *Open Business Models: How to Thrive in the New Innovation Landscape,* Harvard Business Review Press.（ヘンリー・チェスブロウ著，栗原潔訳 (2007)『オープンビジネスモデル知財競争時代のイノベーション』翔泳社)

Henry William Chesbrough, Wim Vanhaverbeke, Joel West (2008)，*Open Innovation: Researching a New Paradigm,* Oxford Univ Pr（ヘンリー チェスブロウ（編）[長尾高弘訳] [2008]『オープンイノベーション 組織を越えたネットワークが成長を加速する』英治出版㈱)

Sir Churchill, Winston (1984) *The Hinge of Fate, Volume 4,* Houghton Mifflin Harcourt

James Coleman (1998) Foundations of Social Theory, Belknap Press（コールマン久慈 利武（翻訳）(2004)『社会理論の基礎〈上・下〉』青木書店)

Tim Dowley (2018) *Atlas of World Religions,* Fortress Pr（ティム・ダウリー (2020)（蔵持 不三也（訳)）『地図で見る世界の宗教』柊風舎)

Peter Ferdinand Drucker (1973)，*Management: Tasks, Responsibilities, Practices,* New York: Harper & Row（上田訳 (2008)『マネジメント』上中下 ダイヤモンド社)

Peter Ferdinand Drucker (1990)，*Managing the Nonprofit Organization:*

Practices and Principles, New York: Harper Collins（ピーター・F. ドラッカー（著）上田 惇生（訳）(2007)『非営利組織の経営（ドラッカー名著集〈4〉』ダイヤモンド社）

Will M. Gervais, Dimitris Xygalatas, Ryan T. McKay, Michiel van Elk, Emma E.Buchtel, Mark Aveyard, Sarah R. Schiavone, Ilan Dar-Nimrod, Annika M.Svedholm-Häkkinen, Tapani Riekki, Eva Kundtová Klocová, Jonathan E.Ramsay & Joseph Bulbulia (2017) *Global evidence of extreme intuitive moral prejudice against atheists,* NatureHuman Behaviour

Anthony Giddens (2006) *Sociology* , Polity Pr（アンソニー・ギデンズ, 松尾 精文 ほか（翻訳）(2009)『社会学 第五版』而立書房）

Geoffrey Jones (2005) *Multinationals And Global Capitalism: From The Nineteenth To The Twenty First Century,* Oxford Univ Pr（ジェフリー・ジョーンズ, 安室憲一, 海野巨利 訳（2007)『国際経営講義』有斐閣）

Daniel Kahneman and Amos Tversky (1979) *Prospect Theory: An Analysis of Decision under Risk,* Econometrica, Vol. 47, No. 2 (Mar.,), pp. 263-292, The Econometric Society

Kenny, M. and U. von Burg (2000) Institution and Economies: Creating Silicon Valley, in Kenny, M. [2000] Understanding Silicon Valley: The Anatomy of an Entrepreneurial Region, Stanford University Press.

Philip Kotler (2003) , *Marketing Insights from A to Z: 80 Concepts Every Manager Needs to Know,*（フィリップ・コトラー（著）、恩藏 直人, 大川 修二（訳）(2003)）『コトラーのマーケティング・コンセプト』丸井工文社）

John Maynard Keynes (1936) , *The General Theory of Employment, Interest and Money*（ジョン・メイナード・ケインズ (2008)『雇用・利子および貨幣の一般理論』間宮陽介（翻訳）岩波書店）

Paul Krugman; Maurice Obstfeld; Marc Melitz (2015) , *International economics : Theory and policy,* Pearson Education Limited（ポール・クルーグマン；モーリス・オブズフェルド；マーク・J・メリッツ、山形浩生, 守岡桜訳 (2017)『クルーグマン国際経済学 理論と政策 上：貿易編〔原書第10版〕』丸善出版）

John McMillan (1992) *Games, Strategies, and Managers: How Managers Can Use Game Theory to Make Better Business Decisions,*（ジョン マクミラン(1995) 経営戦略のゲーム理論)』

Abrahamv Maslow (1954) *Motivation and Personality,* Joanna Cotler Books（マズロー（小口忠彦訳）(1987)『人間性の心理学— モチベーションとパーソナリティ』産能大出版部）

Branko Milanović(2016) Global inequality: A New Approach for the Age of Globalization, Harvard University Press.（ブランコ・ミラノヴィッチ（著）、立木 勝

（訳）（2017）『大不平等エレファントカーブが予測する未来』みすず書房）

Pigou, Arthur Cecil（1920）*The Economics of Welfare*（ピグウ、気賀健三ほか訳（1995）『厚生経済学』東洋経済新報社）

Michael Porter（1980），*Competitive strategy: techniques for analyzing industries and competitors*, Free Press（M.E. ポーター（著）土岐 坤，服部 照夫，中辻 万治（訳）（1995）『競争の戦略』ダイヤモンド社）

Project Management Institute（2021）*The Project Management and A Guide to the Project Management Body of Knowledge (PMBOK Guide)*，Project Management Inst（鈴木 安而訳（2023）『PMBOK 第7版の活用』秀和システム）

Stephen P. Robbins, David A. De Cenzo（2012）Fundamentals of Management，8th Edition, Prentice Hall;（スティーブン P. ロビンス他，髙木 晴夫 訳（2014）『マネジメント入門 --- グローバル経営のための理論と実践』ダイヤモンド社）

Everett M.Rogers（2003），*Diffusion of Innovations, 5th Edition*, Free Press（エベレット・ロジャーズ，三藤 利雄（訳）（2007）『イノベーションの普及』翔泳社）

James G. March and Herbert A. Simon（1958）*Organizations*, John Wiley & Sons Inc

Adam Smith（1776），*An Inquiry into the Nature and Causes of the Wealth of Nations.*（アダム・スミス著，大河内一男訳（1978）『国富論』中央公論新社）

Joseph E. Stiglitz, Carl E. Walsh（2006），Economics, W W Norton & Co Inc (Np)，（藪下 史郎（2012）『入門経済学（第4版）』東洋経済新報社）

Ralph Stacey（1996）*Strategic management & organisational dynamics*, Pitman

Jr. George Stalk, Thomas M. Hout Jr.（1990）*Competing Against Time : How Time-based Competition is Reshaping Global Markets*, Free Press（ストーク，ジョージ，トーマス・M. ハウト，中辻 万治（訳），川口 恵一（訳）（1993）『タイムベース競争戦略ー競争優位の新たな源泉 時間』ダイヤモンド社）

Richard H. Thaler, Cass R. Sunstein（2021）*Nudge*, Yale University Press（リチャード・セイラー，キャス・サンスティーン，遠藤 真美（訳）（2022）『実践 行動経済学 完全版』日経 BP

V-Dem Institute（2023）*DEMOCRACY REPORT 2023*，V-Dem Institute

Leon Walras（1877），*Éléments d'Économie Politique Pure; Ou, Théorie de la Richesse Sociale*（ワルラス（著），久武 雅夫（訳）（1983）『純粋経済学要論 ―― 社会的富の理論』岩波書店）

阿部 誠（2021）『ビジネス教養 行動経済学（サクッとわかるビジネス教養）』新星出版社

池上 彰（2019）『イラスト図解 社会人として必要な世界の宗教のことが3時間でざっと学べる』KADOKAWA

伊藤 元重（2015）『入門経済学』日本評論社

稲盛 和夫（2000）『稲盛和夫の実学 ── 経営と会計』日本経済新聞出版

今村 良幸（1991）「六〇年安保闘争：戦後政治史の一断層」『中京大学教養論叢』2, 2（pp.631-653）

入山 章栄（2019）『世界標準の経営理論』ダイヤモンド社

加護野 忠男、吉村 典久（2021）『1 からの経営学 第3版』碩学舎

金井 壽宏（2002）『働くひとのためのキャリア・デザイン』PHP新書

金井 寿宏（2003）『キャリア・デザイン・ガイド：自分のキャリアをうまく振り返り展望するために』白桃書房

金井 寿宏（2005）『リーダーシップ入門』(日経文庫)日本経済新聞社

関志雄（2021）「米中摩擦の深層 ── 日米摩擦との類似点と相違点 ── 」『実事求是』経済産業研究所

神取 道宏（2014）『ミクロ経済学の力』日本評論社

神取 道宏（2024）「研究者として、教育者として：肌で感じた経済学の歩み」『経友』No.218, 東京大学経友会（pp.27-64）

楠木 健（2012）『ストーリーとしての競争戦略』東洋経済新報社

斎藤 元秀（1980）「日米安保条約改定とソ連の対日政策」『法學研究：法律・政治・社会 』53, 5（pp. 65-86）

桜井 啓太（2014）「最低賃金と生活保護の逆転現象発生のメカニズムとその効果」『大原社会問題研究所雑誌』No.663

サトウ タツヤ , 渡邊 芳之（2019）『心理学はこんなに面白い 改訂版』有斐閣アルマ

関沢 洋一（2018）「関税同盟と FTA：Brexit を理解するために」『コラム』独立行政法人経済産業研究所

総務省（2019）『情報通信白書令和元年版 』日経印刷

通商産業省（1997）『経済協力構造改革に向けて』通商産業調査会出版部

東京電力（2013）『福島原子力事故の総括および 原子力安全改革プラン』東京電力株式会社

東京基督教大学（2018）『JMR 調査レポート（2017年度)』東京基督教大学 国際宣教センター日本宣教リサーチ

内閣府（2011）『バブル／デフレ期の日本経済と経済政策』内閣府経済社会総合研究所

内閣府（2024）『経済見通しと経済財政運営の基本的態度』内閣府

日本銀行（2018）「最近の消費性向の推移について 」『経済・物価情勢の展望』2018年10月 , 日本銀行

野中郁次郎（2007）「イノベーションの本質 ── 知識創造のリーダーシップ ── 」『学術の動向』日本学術会議

深尾 京司（2010）「GDP の信頼回復急げ」『2010年3月30日　日本経済新聞「経済教室」』日本経済新聞社

防衛庁（2004）『平成16年版　防衛白書』防衛庁
真壁昭夫（2022）『知識ゼロでも楽しく読める！行動経済学のしくみ』西東社
三谷 宏治（2019）『新しい経営学』ディスカヴァー・トゥエンティワン
吉田 雅彦（2021）『地域マネジメント－地方創生の理論と実際－』鉱脈社
吉田 雅彦（2022）『文系学生のためのキャリアデザイン・就職活動入門』鉱脈社

索　引 ［アルファベット］

A
APEC　19、**223**
ＡＳＥＡＮ　19、**223**

B
B/S　328、335、336、**337**、338
ＢＴＦ理論　341、**354**、355、356

E
ＥＵ　19、**222**、229

G
GATT　**216**、217、221
GDP　19、**173**

M
M&A　19、**301**、303

O
OECD　19、**179**
OECD Economic Outlook　161、
　　179、180、181

P
P/L　328、335、**336**、338

Q
ＱＣＤＳ　295、299、**300**

S
SDGs　19
ＳＥＣＩモデル　341、347、348、
　　349、350
STP マーケティング　287、**289**、
　　291

索　引 ［五十音］

あ
アクティブ・リスニング　308、**321**
アジア太平洋経済協力会議（APEC）
　　19、**223**
アジア通貨危機　200、223、241、
　　256、257
アンカリング効果　127、**129**、136
安保闘争　241、**246**
暗黙知　341、**347**、348、349、
　　350、351

い
イスラム原理主義　241、**249**、
　　250、360、**363**、370、371、372
インフレ　150
インフレターゲット　166、227、
　　228、229

う

ウォンツ　**295**、296

え

エージェンシー理論　122、**123**、
　124

お

欧州連合（EU）　19、**222**、229
オープンイノベーション　225、
　295、**304**、305、**306**
オペレーション　100、308、313

か

会計基準　19
外国為替市場　259、**260**、261、
　263、266
外国為替証拠金取引　262
会社更生法　19、334
外生変数　25、62、63、**64**
外部効果　84、103、104
外部不経済　103、104
替え刃モデル　328、331、332
価格差別　25、58、**59**、60、98
華僑　253、360、366
格付け会社　251、252
家計　19、133、153、**163**、164、
　166、167、173、174、175、272、
　336、381
寡占　84、**107**
仮想通貨　230、231、251
価値　68
株価　41、161、**169**、171、251、
　266、269
株価指数　19、169、269
為替　168、169、172、198、199、

209、226、241、247、256、**259**、
260、**261**、262、263、264、265、
266、267、269
為替相場　19、**162**、197、198、
　199、261、263
為替相場・為替レート　162
完全競争　84、**98**、99、100、101、
　102、113
カントリーリスク　360、373、374

き

企業決算　19
企業戦略　279、281、341、**342**、
　343
企業の合併・買収（M&A）　19
危険回避的　122、**123**、124、267
危険中立的　122、**123**、124
期待値　123、132、262
規模の経済　76、**79**、80、81、82、
　140、295、301、302
逆選択　122、125、126
キャッシュフロー計算書　328、
　338、339
キャリア　13、308、314、**315**、
　316、317、318、325
供給　32
業績管理制度　314
共和制　372
均衡点　25、**37**、38、72、85、87、
　88、90、91、95、96、103、108
近代資本主義　18、140、141、
　145、146、148、149、150、153、
　154、156、157、160、188、192、
　194、195、205、234、254、362、
　365
金本位制　141、145、**150**、154、
　197

金利　41、**162**、166、167、168、
228、229、234、264、265、266、
304、363

く

繰り返しゲーム　18、114、**120**、
121
グローバル化　18、19、41、140、
141、192、203、204、205、208、
209、210、212、213、214、216、
236

け

経営資源　98、225、284、285、
301、302、304、305、306、308、
313、322、323、324
景気動向指数　162、176、178
経済協力開発機構（OECD）　19、
179
経済人　127、**128**、131、132
経済成長率　19、**162**、174、175、
176、177、179、180、181、204、
236
経済摩擦　201
経済連携協定　19、221、222
形式知　341、**347**、348、349、
350、351
経常利益　19、162
ゲーム　114
ゲーム理論　18、38、103、111、
112、**113**、114、115、116、117、
119、218、270
権威主義体制　370、371、373
限界革命　25、**67**、82、83
限界効用　18、25、65、67、**68**、
69、70、71、83、90、102、295
限界費用　18、76、77、78、79、

80、**81**、82、103、104、106
限界費用逓増の法則　76、79、**80**、
81
現状維持バイアス　127、129、
132、134

こ

交換価値　68、70、295、**296**、297
公共財　84、103、**104**、105、165
広告モデル　328、332、333
公正取引委員会　**107**、115
行動経済学　18、31、38、71、
103、111、112、**127**、128、135、
136
効用　18、25、49、65、67、**68**、
70、71、83、90、96、97、101、
102、107、108、113、123、124、
128、131、132、209、295、296
国債　19、152、**165**、196、229
国際収支　19、202、259、**270**、
271、272
国際通貨基金（IMF）　19、200、256
国内総生産（GDP）　19、**173**
国連安全保障理事会　19
ココム　195、205
コスト・リーダーシップ戦略
295、301
固定為替相場制　192、**197**、198、
199、256
固定費　76、**77**、78、79、81、**329**
コンプライアンス　61

さ

サーバント・リーダーシップ
309、320、321
サービス　69
財　26

財政収支　162、165、166
採用（人的資源マネジメント）　314
先物取引　19、262、267、268、269
サブスクリプション　68、328、333
サプライチェーン　19
差別化戦略　100、295、301
産業空洞化　171
サンクコスト効果　128、129

し

事業戦略　341、342、343
シグナル　18、122、**125**、126
資源配分　84、85、**96**、97、101、
　102、103、165
自己資本利益率（ROE）　19
市場　85
失業　19、104、141、**153**、154、
　155、162、187、188、195、213、
　214、228、231、233
自動システム　127、129
シナジー　302、303
シフト　63、64
社員教育　225、305、314
社会主義　156
収益モデル　76、282、328、329、
　331、357
収穫逓減の法則　76、**79**、80、81
収穫逓増　84、103、**106**、107
宗教　19、102、150、204、249、
　254、319、360、**361**、362、363、
　364、365、371、374
囚人のジレンマ　114
集中戦略　295、301
自由貿易協定　217、**221**、222、
　226、227
熟慮システム　127、129
需要　26

需要曲線　27
需要の価格弾力性　25、**47**、48、
　49、52、53、55、57、58、73、89
準新興国　208、**210**、211、212
純利益　19、338
使用価値　68、295、**296**、297、298
乗数効果　19、153、161、**183**、
　184、185、186、188
消費、消費者　26
消費者余剰　84、**90**、91、92、93、
　94、95、96、107、108
消費税　**95**、96、97、107、108、
　149、177
消費性向　183、**184**、185、186、
　201、202、219、272
商品　26
情報の非対称性　32、103、122、
　124
植民地　140、141、**145**、**146**、
　147、148、149、150、154、157、
　192、193、209、210、234、253、
　254、360、362、365、366、367、
　368、369、370、372、373
ジョブ型雇用　19
シリコンバレー　224、304、305、
　352
新型コロナ感染症　18、231
新興国　208、**210**、211、212、
　218、222、305
人種差別問題　141、146
人的資源マネジメント　308、314、
　317

す

スラッジ　128、134

せ

生産者余剰　84、90、**91**、92、93、
　94、95、96、99、107、108
成長率・経済成長率　162
製品ライフサイクル理論　287、
　291、292
政府開発援助（ODA）　19
政府経済見通し　175、176、182
政府財政収支　162
政府支出　**162**、165、173、174、
　175、196、205、272
先進国　13、88、165、179、208、
　209、**210**、211、213、222、223、
　224、305
センスメイキング理論　283、284、
　341、350、**351**、352、353
全体最適　208、**226**、287、290、
　291

そ

組織　344、345、346
損益計算書（P／L）　328、334、
　335、**336**、338、339
損益分岐点　18、76、**77**、302、
　328、329

た

貸借対照表（B／S）　194、328、
　336、**337**、338、339
ダイナミックプライシング　25、
　58、**59**、60、98
第二次世界大戦　365
代表性　127、129、**130**、136
タイムベース戦略　308、311、312
多角化戦略　295、301、302、329
ダンピング　25、60、61、62、202

ち

弾力性　18、25、45、**46**、47、48、
　49、50、52、53、55、56、57、
　58、60、73、89、98

ち

知覚価値　295、**296**、297

つ

通貨・貨幣　141、142
ツリー図　114、117、118、119、
　218

て

帝国主義　254
停滞国　208、**210**、211、212
鉄のカーテン　247、248、368、369
デフレ　153
デリバティブ　269
テレワーク　19、231
伝統的金融政策　161、**166**、168、
　234

と

投機筋　256、261
倒産　334
独裁体制　370、372、373
独占　61、84、100、106、**107**、
　119、204、330、372
ドラッカー　255、256、280、287、
　293、314、357

な

内生変数　25、62、63、**64**、65
ナッジ　18、122、128、**134**、135
ナッシュ均衡　113、**115**、116、
　117、119、380

に

ニーズ　70、71、153、289、**295**、
296、300、331
日銀短観　19、161、**162**、**176**、
178、236
認知システム　127、129

は

パーパス　341、342
バブル　41、42、150、178、181、
224、237、241、248、**251**、252、
304、386
バブルの崩壊　251、252
バリューチェーン　68、222、308、
310、311、313
範囲の経済　76、**79**、295、302
バンドワゴン効果　32、128、129、
133

ひ

PM 理論　309、**320**
非営利組織（NPO）　19
比較優位理論　259、273
非自発的失業　141、**153**、**154**、
187、188
微分　**65**、66、67、79、82
ヒューリスティック　127、128、
129

ふ

不確実性　84、103、105
富国強兵・殖産興業策　148
物価　144、150、152、153、**162**、
166、167、168、228、234、263、
267、268
部分最適　208、**226**、287、290、

291
プライステイカー　84、98
フリーミアムモデル　333
フリーライダー　104、105
ブルーオーシャン　36、84、100
フレーミング効果　127、129、
132、136
プロジェクトマネジメント　283、
284、285、**322**、323、324、325、
326
プロスペクト理論　127、128、
129、**130**、131、132、134、136
プロダクトアウト　296
ブロック化　154、221
文化大革命　241、243、244、369、
371

へ

平均費用　77、78、**79**、80、82
米中貿易摩擦　62、201、219、220
米連邦準備理事会（FRB）　19、234
ベルリンの壁　203、247、368
ベンチャー企業　19、224、225、
303、305
変動為替相場制　192、**197**、198
変動費　76、**78**、329

ほ

貿易収支　87、**162**、179、201、
202、219、259、270、271、272
貿易摩擦　19、62、192、199、
201、202、216、219、220、226
豊作貧乏　25、53、**55**、56、57、86
保険　18、**122**、123、124、125、
126、130、164、169、170、196、
205、252、303、330、373、374
ポジショニング　289、295、300

ボスマネジメント　321
保有効果　128、129、134、135

ま

マーケットイン　296
マーケティング・ミックス　287、
　288、289、290
マネジメント　42、174、207、
　209、256、**279**、280、281、283、
　284、285、286、302、308、314、
　317、321、322、323、324、325、
　326、331、339、342、357、382、
　396

み

見えざる手　22、23、24、65
ミニマックス法　113、115
民間設備投資　162

め

メンタルアカウンティング　128、
　129、133

も

モラルハザード　18、122、124

ゆ

有効求人倍率　19、231、232、233
有効需要　19、153、156、162、
　183、**186**、187、194
優先株　251、252
歪み　84、96、97
輸出　162
輸出ダンピング　60、61
輸入　162

よ

45度線図　161、187、188

ら

楽観と自信過剰　127、129、130

り

リーダーシップ　279、283、295、
　301、309、**318**、319、320、321、
　324
リスク　**105**、106、123、124、
　198、229、241、247、261、267、
　268、269、302、303、304、323、
　330、346、360、373、374、383
リスクヘッジ　198、267、268、383
立地ゲーム　18、114、116、117
リファレンスポイント　131
利用可能性　127、129、130、136
量的緩和　166、208、227、**228**、
　229、234、263、266

れ

冷戦　193
レッドオーシャン　36、84、100

ろ

6重苦　226、227

わ

ワークライフバランス　19

謝　辞

　本書は、多くの人からの教えによって書き著すことができた。著者が博士後期課程
以来ご指導いただいている宮本 光晴 専修大学名誉教授には、引き続き相談に乗って
いただきコメントをいただいた。

　根岸 隆先生の授業とゼミがなければ、今の著者はない。屈折需要曲線理論で「米
国の対日貿易赤字は、米国の主張を日本が受け入れても解消しない」と論証するゼミ
論を、卒業した後に提出し、結婚式のスピーチで褒めていただいた。結婚式までに出
さないと「まだいただいておりません」と言われ、提出していると褒めていただける
のが慣習だ。伊藤 元重先生、神取 道宏先生は、高名な経済学者で恐れ多いが、根岸
ゼミの先輩である。伊藤先生には学部で授業を受けた。学部、クラスの同級生、通
産省同期で岩手ゆかりの友人だった故 及川淳 君は伊藤ゼミの1期生で、伊藤先生と
の共著があったと記憶している。神取先生は、当時は大学院在籍であったが、ゼミの
懇親会に時々来ていただき、私たち後輩と親しく話しをしていただいた。社会人にな
って10年経てから経済学に触れる機会があったのは、カルフォルニア大学サンディ
エゴ校で指導教員をしていただいた星 岳雄先生 (のちに Stanford、東大経済学部長)、故
John McMillan 先生 (のちに Stanford) のおかげである。

　通産省・経済産業省の仕事を大別すると、貿易、産業、エネルギーの3分野であ
る。著者は、1984から2015年まで、31年半勤務した。若いころは、産業と貿易の仕事
が多く、中堅以降は、産業に関連して、製造業、中小企業、地域経済の仕事が多か
った。アマゾン・アサハンアルミプロジェクト、ロンドン金属取引所は、安達 俊雄
経済協力室長、宮本 恵史商務室長、大下 政司室長補佐、川面 慶四郎非鉄金属課長、
後藤 敬一課長補佐、塚本 修課長補佐、片山 啓係長、矢島 敬雅氏 (役職はいずれも当
時。以下、同じ)、住友軽金属工業の故 吉井 弘氏、神戸製鋼所の松吉 昭夫氏。GATT、
WTO は、今野 秀洋 国際経済課長、永塚 誠一 GATT 室長補佐。経済協力は、日下
一正 経済協力部長。アジア通貨危機は、今野 秀洋 貿易局長、青木貿易局総務課長、
石川 正樹 氏、表 尚志 氏、風木 淳 氏、田中 秀幸 氏、吉野 恭司 氏。日米自動車協

議は、林 洋和 機械情報産業局総務課長、柳瀬唯夫 自動車課長補佐ほかの先輩、同僚の皆さまに、親しくご指導をいただいた。

　道本 英之 道本食品社長、吉開 仁紀 道の駅とよはし副駅長、パーソルワークデザイン㈱ 安井 健氏、曽根悠子氏のお話しは文中に引用させていただいた。黒木 達郎氏には、宮崎県串間市のよろずやの経営内容を教えていただいた。本書は、多くの図表や写真で、読者の理解を助けている。岩手県産、黒木 達郎氏にご提供の御礼を申し上げる。

　宮崎大学、実践女子大学の学生には、本書の元になる教材に多くの質問をいただき、本書の内容の広さ・深さを、学生や若い社会人向けにチューニングすることができた。

　妻、独立した子供たち、親、兄弟は、ともに時間を過ごすなど、引き続き支えとなってくれている。

　ここに記して心から感謝申し上げる。

2024年2月　積雪の盛岡で岩手山を仰ぎながら

著者紹介

吉田雅彦(よしだ　まさひこ)　　博士(経済学)

　著者は、東京大学でミクロ経済学(根岸 隆ゼミ)を学んだ後、1984年、通商産業省(現 経済産業省)に入省し、1987年、国際経済課係長としてAPEC設立準備、米国・カナダ自由貿易協定締結への対応、ＧＡＴＴからＷＴＯへの移行準備、1995年、自動車課補佐として日米自動車協議対応、1995-96年、カリフォルニア大学サンディエゴ校 国際関係論研究科(UCSD,IRPS)留学、1996年、経済協力課長補佐として日本の経済協力の考え方の見直し、1997年、貿易局 筆頭課長補佐としてアジア通貨危機対応、1998-99年、経済企画庁調整局調整課長補佐(局筆頭課長補佐)、1999-2000年、中小企業庁長官官房総務課調査室長(2000年版中小企業白書執筆)、2015年まで多くの産業担当部署で産業政策や貿易摩擦対応に関わった。

　2007-09年、官民交流派遣で日立建機株式会社 経営企画室 部長に出向し、国際ビジネスの現場に関わる機会に恵まれた。

　2015年、経済産業省を勤め上げた後に宮崎大学で大学教員に転じ、2016-18年、同 地域資源創成学部長(初代)、2018年、専修大学経済学研究科で博士(経済学)取得、2020年から実践女子大学で経済学概論、国際経済学、国際企業論、現代企業論などを講義している。これらの学びと実務経験が、本書を書き著す動機となった。

ビジネスのための経済学・経営学
予備知識なしで読める。ビジネス会話がわかるようになる

2024年9月5日 初版印刷
2024年9月12日 初版発行

著　　者　**吉田雅彦**©

発行者　**川口敦己**

発行所　**鉱脈社**
〒880-8551 宮崎市田代町263番地　電話0985-25-1758
郵便振替 02070-7-2367

印刷・製本　有限会社 鉱脈社

© Masahiko Yoshida 2024　　　　　　(定価はカバーに表示してあります)

印刷・製本には万全の注意をしておりますが、万一落丁・乱丁本がありましたら、お買い上げの書店もしくは出版社にてお取り替えいたします。(送料は小社負担)

著者既刊本

地域マネジメント 地方創生の理論と実際 [改訂版]

地域振興、地域活性化からいま、地域マネジメントの時代へ。各地の実践に学ぶ、積みあげた学問の知見を生かして、地域全体としても、個々の組織が活性化する道を提示する。

A5判 定価2750円

総合的な探究の時間ハンドブック
地域問題解決編

生徒が輝くグループワークの理論と実践。"ティーチング"から"コーチング"へ。高校生の地域課題解決のグループワークと助言の実例を豊富に紹介。

A5判 定価1980円

文系学生のための
キャリアデザイン就職活動入門

キャリア形成がむずかしいとされる文系学生に向け、よりよい人生・キャリアを過ごすための指南書。人生の節目にどのように対応すればよいか、新しい理論とノウハウを紹介。

A5判 定価1980円

バリューチェーンと工業技術で学ぶ
新しい業界研究
文系学生、行政、金融職の方のために [企業研究入門改訂増補版]

学生の就職活動や、行政職・金融職など、幅広く企業研究をしなければならない人に最適の入門書。文系・理系の知恵をフル活用する、まったく新しい企業分析の視座。

A5判 定価2970円

予備知識なしで読める・わかる
国際ビジネスの理論と実務

「海外に行ってほしいんだけど？どう？」と言われても大丈夫ですか？ 国際ビジネスの理論と実務知識がつまったユニークな一冊。

A5判 定価2750円